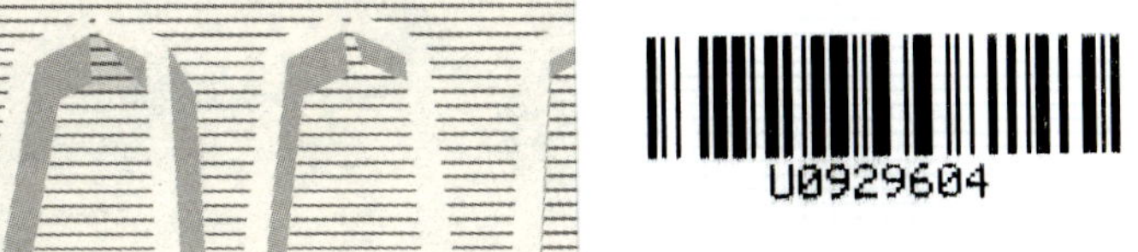

高等教育研究

(2013)

湘潭大学发展规划与学科建设处
湘　潭　大　学　教　务　处　编

湘潭大学出版社

目　录

多元主体协同参与的复合型知识产权人才培养研究*

刘友华

在全球化竞争与建设“创新型国家”的背景下，知识产权激励创新的功能愈发凸显，日益成为国家核心竞争力。知识产权战略成为国家发展的重要方略，而知识产权人才的培养又是战略实施的重要支撑与保障。因此，适应社会需要的高素质知识产权人才的培养成为近年来引发全社会关注的重要问题。

一、我国现有知识产权人才培养机制中存在的问题

通过 SWOT 分析表明，企业尤其是创新型企业对复合型知识产权人才的需求如饥似渴，但现实中知识产权人才培养却难言理想。

1. 纯法学的知识产权人才培养缺乏针对性，脱离现实需求

知识产权学科具有技术性、复合性与交叉性的学科特点，因而知

* 课题来源：湘潭大学教学改革重点培育项目“协同创新中高层次知识产权人才培养途径与策略研究”。

作者简介：刘友华（1977－ ），男，湘潭大学知识产权学院法学院副教授，法学博士。

识产权人才具有极强的实践性、应用性与复合性。而从我国知识产权教育与人才培养现状看,国内大多知识产权学院依托法学专业实施知识产权人才培养,在法学学科及其课程体系下培养知识产权法学人才。这种纯法学的人才培养模式未充分尊重知识产权专业的特点与人才培养规律,具有明显的局限,缺乏针对性,脱离现实需求。因而呈现的是:一方面社会亟需大量知识产权人才;但同时高校所培养的知识产权人才却因难以适应企业的需要而不为社会所接纳。

2. 知识产权人才培养体系相对封闭,仍有待完善

从全国来看,我国知识产权人才培养体系的问题主要在两个方面:一是学科专业设置和培养模式与社会实际需求脱节,多数源自法学专业,而社会特别是企业需要大量既精通法律,又熟悉技术,还懂经营管理的复合型知识产权实务人才;二是高校在知识产权学科建设、课程设置及师资队伍建设等方面与人才培养要求还不相适应,在知识产权学科建设中,对学科资源的整合还缺乏有效的机制,特别是政府、社会、高校之间在知识产权人才培养的沟通、协调与互动较少,这使得高校与社会、企业难以成功对接,这种相对封闭的知识产权人才培养体系亟需打破。

3. 知识产权人才培养激励机制等欠缺

自2008年我国实施国家知识产权战略以来,社会对知识产权人才培养的意识有很大提高,但对知识产权人才的关注与认同,仍存在“政府热、企业冷”的现象,与国外企业对知识产权人才的运用程度相比,我国还远远不够。一方面企业亟需吸收、引进知识产权人才,以促进企业知识产权的创造与管理等工作;另一方面,政府及有关管理部门却忽视了知识产权人才培养中的培养、使用中的衔接等激励机制,使各方特别是企业难以从知识产权人才运用中获得“立竿见影”的收益,从而缺乏引进、吸收知识产权人才的内在动力。无论是知识产权司法人才还是服务型人才等,均出现地区分布不均状态,主

要集中在一线城市和沿海一带，二线、三线城市知识产权人才相对缺乏。

可见，知识经济时代，知识产权的技术性、复合性与应用性日益凸显，对知识产权人才培养提出了更高要求。如何培养符合社会需要的人才，成为全国各大知识产权学院共同面临的难题。

二、多元主体参与的复合型知识产权人才培养：以湘潭大学为例

在考察全国大多数知识产权学院的培养方案和课程设计，调研国家和湖南省、市知识产权政府部门、最高人民法院、湖南省高级人民法院、湖南广东两省代表性企业和知识产权中介机构等单位的人才需求的基础上，进行全面细致的 SWOT 分析，复合型知识产权人才应是目前我国知识产权人才的培养目标，人才培养方案应以社会需求为导向，探索并实践政府、企业和高校等多方主体协同参与的培养机制。

1. 及时回应社会需求，努力实现两个转变

国际化和全球化竞争的加剧，使知识产权日益成为国家和企业的核心竞争力，企业尤其是创新型企业对复合型知识产权人才的需求如饥似渴。但国内大多知识产权学院依托法学院，培养纯知识产权法学人才的培养模式存在脱离现实需求的局限，难以满足社会对复合型知识产权人才的需求。

作为湖南首家知识产权学院，培养复合型知识产权人才既有优势亦有劣势。综合性大学的多学科优势、颇具实力的法学学科以及在知识产权学科由来已久的探索，是我们的办学优势，因而能较好地实现学科交叉与复合型人才培养的要求。但是，产业环境不理想和学校资金的不足，使我们面临困境，也更凸显人才培养中接触实践与社会的紧迫性。为抢抓机遇，扬长避短，学院准确定位，以培养社会迫切需要的应用型、复合型知识产权人才为主要目标，积极探索人才

培养模式与课程体系的改革,努力实现两个转变:一是人才培养模式的转变,即由高校独立承担转为高校、政府、企业共同参与。从经费投入、平台搭建、课程设计到人才培养的具体环节,政府、企业全程参与。二是课程设计理念的转变,即由封闭走向开放,从单一走向多元。除了实施高校传统的课堂教学与实践教学外,还为学生提供了一个由政府、企业直接参与的开放型课堂,即邀请知识产权政府主管部门、司法实务部门、企业知识产权管理部门以及知识产权中介机构的专家定期来院讲学和开设相关实务课程。开放性课堂的开设,不仅有助于学生更好地了解知识产权实务和知识产权前沿动向,同时还促成了学院订单式人才培养模式与模块化课程体系设计的诞生。学院根据社会对知识产权人才知识结构的需求,将知识产权课程分为四大模块,即公共课程模块、法学模块、知识产权模块与工科模块。其中工科模块又依据订单式培养的要求,将其具体化为机械模块、化工模块以及信息工程模块等。

2. 政府、企业、高校三方协同参与,加速高校与社会的无缝对接

2010 年,湘潭大学与湖南省知识产权局签署协议,共同重点建设湘潭大学知识产权学院。自协议签订以来,逐步形成了多方投入的常态化机制,即湖南省知识产权局以人才培养经费、培训经费、学科发展经费、实验室建设经费等专项经费进行投入。此外,湘潭市人民政府也依据《湘潭市知识产权战略实施意见》,通过市知识产权局向学院投入了一定的平台建设经费,使学院的发展步入了快车道。在此基础上,2011 年省知识产权局与湘潭大学共建了湖南省专利分析与评估中心;2012 年省高级人民法院与湘潭大学共同建设湖南省知识产权司法理论研究基地与研究生培养创新基地。通过人才培养平台与科研平台的共创与共建,初步形成了稳定的人才培养经费投入机制,也为人才培养提供了良好的平台。

为打破知识产权人才培养过程中高校与社会的分隔状态,及时

回应企业需求,2010 年学院通过与企业、中介机构签订定向培养协议,着重探索“订单式培养机制”;通过与三一重工、中联重科、三环知识产权事务所、深圳君胜知识产权事务所、湘潭电机集团等企业、中介机构共建实习基地,探索“社会主体参与人才培养过程的机制”及实习—就业、高校—社会无缝对接的“绿色通道机制”。这一过程中,既能及时、有效回应社会需求,又能及时反馈人才培养过程中的缺陷与不足,并依据社会需求作出针对性调整,从而提高人才的适应性。

除与社会共建科研与人才培养平台的同时,学院还邀请其相关实务专家直接参与人才培养全过程,具体体现在两个方面:一是聘请政府部门和企业界的专家担任实务导师,直接参与学生指导和学生培养,实现高校—社会人才培养的无缝对接;二是设置实务论坛,邀请实务专家讲授实务课程。

3. 文理工多学科交融,凸显知识产权人才培养的复合性

(1)实施知识产权本科双学位教育。学院以国家级“地方法学人才培养模式创新实验区”与“法学实验教学示范中心建设单位”为平台,在 2009 级与 2010 级法学本科班中,招收知识产权本科班,并分别同步选修化学工程与机械工程等工科学位,同步实施公共课程模块、法学模块、知识产权模块与工科模块相结合的模块化培养方案,以满足社会对复合型知识产权人才特别是专利人才的需求。

2012 年,学院经教育部备案,获准独立开设知识产权本科专业,并于 2013 年首次独立招收 2 个知识产权班(面向理工科学生),正式开启了复合型知识产权人才的培养。

(2)开设知识产权法律硕士班。以“法律硕士综合改革试点单位”为依托,从理工科与管理科专业选拔生源,在强化学生多元知识结构的同时,突出实践模块教学,凸显应用性和复合性,获得社会高度认同与肯定,已毕业的第一届知识产权法律硕士广受社会欢迎。

(3)创造性实施理工科本科生免试推荐攻读知识产权法律硕士

研究生的培养机制,实现生源的学科交融。充分利用“法律硕士综合改革试点单位”这一有利平台,实施理工科本科生免试推荐攻读知识产权法律硕士,同时将课程体系设计为工科模块、知识产权模块与法学模块,实施模块化方案,在全省具有开拓性与示范意义,并取得良好效果。

通过多年的探索,逐步形成了“政府加大投入,社会全程参与,高校主要承担”的知识产权人才培养机制,协同多元主体,共同参与知识产权人才培养的全过程,完善人才培养方案,强化人才培养过程,提高人才培养质量。概而言之,学院践行的“协同创新中复合型知识产权人才培养模式”主要有以下三个方面的创新:

第一,实现两个转变。一方面是实现人才培养模式的转变,即由高校独立承担培养转为高校、政府、企业协同参与培养。强调理论与实践的结合,根据实践需求,探索订单式人才培养模式与模块化教学。另一方面是实现课程设计理念的转变,即由封闭走向开放,从单一走向多元,加强与实践的对接,强化实务课程。

第二,形成两套机制。通过政府、企业与高校的协同参与,形成了两套常态化机制。一是政府与高校共同投入,共建科研与人才培养平台的常态化机制;二是高校与实务部门共同参与知识产权人才培养全过程的常态化机制。

第三,创新两种方法。一是从分割到互动对接,强调实务部门的有效参与,增强知识产权人才培养的应用性,实现高校与社会的无缝对接;二是从单一到复合多元,更新课程设计理念,强调学科交叉与融合,完善学生知识结构,增强知识产权人才知识结构与能力的复合性。

面向煤炭行业“卓越工程师”培养的教学改革初探*

——以湘潭大学能源工程学院采矿工程专业为例

向蓉　陈宾　刘波　谷舒

2010年6月，教育部启动了国家教育改革和发展的重大改革项目：“卓越工程师教育培养计划（简称“卓越计划”）”，旨在培养造就一大批创新能力强、适应经济社会发展需要的高质量各类型工程技术人才，为建设创新型国家、实现工业化和现代化奠定坚实的人力资源优势，增强我国的核心竞争力和综合国力。煤炭行业是我国国民经济发展的支柱产业，需要不断补充大量的创新型、实用型人才。在新形势下，如何以实施卓越计划为突破口，结合涉煤专业学科特点，促进煤炭行业高等教育改革和创新，全面提高教育人才培养质量，实现煤炭行业卓越计划培养目标和要求，成为涉煤专业高等教育工作

---

* 课题来源：2012年湖南省普通高等学校教学改革研究项目：“基于‘卓越工程师培养’目标的研究型教学方法研究——以煤炭行业本科生培养为例”。

作者简介：向蓉（1982－），女，湘潭大学能源工程学院讲师，文学硕士；陈宾（1977－），男，湘潭大学能源工程学院讲师，工学博士；刘波（1963－），男，湘潭大学能源工程学院党委书记，副研究员；谷舒（1971－），男，湘潭大学能源工程学院教务科科长，讲师，文学硕士。

亟待解决的问题之一。湘潭大学能源工程学院采矿工程专业办学历史悠久,向煤矿企业输送了大量的优秀技术人才,积累了宝贵的教学经验,素有湖南省煤炭行业"黄埔军校"之称。近年来,随着行业发展和急剧扩张,能源工程学院采矿工程教学也同样遇到了传统教育培养模式与现代采矿企业人才需求的矛盾。2012 年 1 月,湘潭大学"卓越计划"启动,能源工程学院采矿工程专业成为首批试点专业之一。此后,学院结合学科特点,立足实际,大胆尝试,针对专业教育存在的突出问题,根据卓越计划实施方针及指导思想在教学改革方面进行了有益的尝试。

一、煤炭行业高等教育主要存在的问题

我国煤炭行业高等教育历史悠久,但其教学培养模式受传统教育影响,缺乏活力和创造力,虽然人才培养数量可观,但学生动手能力、实践能力等综合素质却不足,专业水平及再学习能力往往不能满足行业及企业的发展需要。

进入 21 世纪后,快速发展的国民经济带来了巨大的能源需求,催生了煤炭工业的快速发展,也带动了众多涉煤高等院校的快速扩招和不同程度的教学改革。但是,新形势下的煤炭应用型人才培养体系仍存在不少问题,主要表现在:①教学主体上,教师本身受工程实践经历和能力所限,未能体现应用型本科教育教学的特色;②教学内容上,理论教学和实践教学结合得不紧密,两者互相割裂、相互孤立,内容抽象乏味;③授课方式上,形式单一,以教师教课为主,缺乏师生沟通,更缺乏对学生探究性学习的引导和启发;④教学目标上,仅以完成教学为目的,缺乏对学生兴趣的培养和知识应用能力的培养,忽视了学生获取知识的主动性和专业知识面的拓展;⑤教学考核上,多以考试为主,注重理论掌握,欠缺对应用能力和创新能力的考察考核;⑤人才培养模式上,缺乏与企业的联系,联合培养人才机制建设不足。

二、教改探索与实践

根据“卓越计划”突出对学生实践能力、创新能力培养的特点，能源工程学院结合实际修订了培养目标，对教学模式、教学方法、教学过程等进行了一系列的教学改革尝试。

1.加强双师型队伍建设

教师在整个教学环节中扮演了重要的角色。“课堂上讲什么？如何讲？如何激发学生的学习兴趣？如何引导学生的求知欲和创造欲?”等关键问题，均决定于教师的自身的素养与能力，是实现卓越计划目标的关键之一。因此，能源工程学院把加强教师队伍建设放在了首位。

在双师型教师队伍建设方面，能源工程学院主要采取了“走出去，引进来”的办法。所谓“走出去”，即通过提供校企联合平台，充分利用校友资源，鼓励任课教师利用课余时间走到生产企业，工作一线，积累实践经验。对参加“工程型”系列专业技术职务晋升与考核的教师，从侧重评价理论研究和论文发表，逐步转向同时重视教师的工程经历、工程项目设计、专利、产学研合作、技术服务和工程研发等方面，从而保证校内教师队伍的稳定性。2010 年至 2013 年期间，学院在煤矿生产能力核定资质等行业服务平台的支撑下，广泛地为湖南多个地市的 48 个煤矿企业开展了服务项目，并完成了“湘潭矿业公司谭家山一、三、四矿矿井通风系统优化技术研究”、“生产矿井立井垮塌修复治理标准编制”等多项横向项目，取得了很好的社会效益和经济效益，锻炼和培养了学院双师型教学队伍。所谓“引进来”，学院主要从企业聘请了工程经验丰富、理论水平高、懂人才培养规律的专家和工程师，特别是具有博士学位、发表过相关学术论文或具有副高以上(包括副高)专业技术职称的专家作为指导教师，参加学生的专业课程教学，指导学生的认识实习、社会实习、课程设计、毕业实习及毕业设计等。在这种机制下,教师能够在授课过程中将书本知识与实践紧密结合,能很好地引导学生按照“工程师”的思维习惯和工作方法思考问题,解决问题。

2. 鼓励教学方法改革

教学方法是教师为了实现教学目标,完成教学任务,在教学过程中运用的方式与手段的总称,不仅是完成教学任务、提高教学质量所采用的重要手段,也是实现人才培养模式的重要途径。能源工程学院根据卓越计划培养要求及目标,要求任课教师针对不同的专业课程性质和内容,灵活采取多样的授课方式;根据校内学习阶段和企业实习阶段特点,调整教学方法。学院通过开展教师教学研讨会、课堂评测结果分析等,集思广益,形成教学改革氛围及风气;通过开展教师教课比赛等教学比武活动,提高教师教学水平,激励教学改革。在不断地探索和实践过程中,学院逐渐构建了以启发式讲授法、案例教学法、研讨法、发现法、问题教学法等为核心的多元研究型教学方法体系。

3. 增加实践教学硬件投入

实践教学是“卓越计划”实施的重要环节,而实践教学的物质基础为实践教学的硬件设施。学院通过构建采矿工程综合实践教学平台,实行开放实验室制度,为采矿工程专业学生自己动手进行基本实验和探索性实验提供了基本条件,为学生进行科技创新、专业实习和科学研究提供了平台。近年来,学院加强了实践教学的硬件投入,充分利用2010 年争取到的中央财政支持地方高校实验室建设项目“采矿工程与安全工程实验中心建设项目”300 万元,建设了现代化矿井仿真实验室、矿井通风仿真实验室、综采工作面实训实验室等十三个实验室,拥有万元以上仪器设备 65 台,设备总值超过 600 万元,已能满足专业基础和专业课程实验教学的需要。

4. 校企联合培养模式

校企联合培养是培养高技能人才的最有效途径之一。校企联合培养使得企业由纯粹意义的用人单位转化为培养单位，并与高校共同参与人才的培养与教学计划的实施，能够加强各培养环节与学生未来工作实践的衔接与联系，可在很大程度上增强学生对未来工作和社会的适应能力，提高其实践能力与创新能力。为此，能源工程学院通过多种方式与一批在同类企业中规模领先、技术水平先进，拥有一批工程经验丰富、理论水平高、懂人才培养规律的专家和工程师的企业，如长沙矿业有限公司、湘潭矿业公司、湖南省第一工业设计院等十几家企业和单位签订了校企联合培养协议，建立了稳定的实习基地，为相关专业学生进行实验、实习、设计与专业实践提供优秀平台或项目指导。

5. 完善考核内容和方式

学院将4年制培养计划分为“3+1”模式：把大学学习分为校内学习和企业学习两个培养阶段。学生在校内学习三年，一年在企业实习实践和毕业设计，并以校企联合培养为主要实现方式。根据新的培养模式及教学目标，学院制定了相应的考核内容与办法。

(1)所有校企联合培养的内容均为必修课程内容。各阶段内容与形式根据培养计划执行。在校企联合人才培养过程中，学校与企业共同制订各阶段企业培养标准和考核要求，共同对学生在企业学习阶段的培养质量进行评价。最终按优、良、中、及格、不及格等五级评定成绩，并列入本人学籍档案。成绩不及格者必须重修。

(2)按照“知识、能力、素质”培养要求，考核采用实习总结与汇报、工程项目与案例分析、编写作业规程与采矿工程设计、毕业设计与答辩、导师评分等多重评定方法，以学生综合能力评价和人格养成作为核心，实现学生学习成绩评价方式多元化，包括大作业、综述报告、企业实习的综合表现、企业导师评价、实习答辩等均成为考核学生的重要方式。

(3)在企业实习过程中,学生参与的一些有意义的活动、取得的各类成果,均在毕业成绩单上反映出来。

6. 建立培养质量保证体系

在“卓越计划”的实施过程中,学院建立了质量保证体系,从四个方面对教育培养质量,进行全方位控制,即教学质量目标和管理职责控制、教学资源管理控制、教学过程管理控制、教学质量监控与分析和改进控制。

(1)教学质量目标(卓越人才培养标准)和管理职责控制。学院院长及企业分管领导为负责人,主要是确定卓越工程师培养的指导思想;卓越工程师目标与培养标准;校企联合培养模式;校企各部门职责、权限和沟通;质量控制标准制定和完善;管理评审及教学评估;年度教学质量报告。其中,针对理论教学、实践教学各环节的质量控制标准制定是关键。

(2)教学资源管理控制。学院院长、分管教学副院长及企业分管领导为负责人,负责校企人力资源管理(包括校内师资队伍建设和校外导师选聘);教学经费管理(包括专业建设经费、日常教学经费、校企联合培养经费等);校内教学基本建设与管理(包括专业学科建设、知识体系和课程建设、教材建设、教学设施设备建设、校内创新平台建设等);校外教学基地建设与管理;卓越工程师培养改革与研究(包括培养方案、教学大纲、知识体系和课程体系、工程教育改革理论研究、人才成长环境建设、学生的考核方式等)。

(3)教学过程管理控制。分管教学副院长、分管学生工作党委副书记及企业分管领导为负责人,负责卓越工程师培养计划(包括学校培养计划和企业培养计划);卓越工程师教育培养计划的学生遴选和招生;校企联合培养人才全过程管理(学籍管理、课堂教学、实验教学、课程设计、创新活动、国际交流、企业学习与实践、考核及毕业答辩、学风建设和学院文化建设等);教学文件档案管理。

(4)教学质量监控、分析和改进控制。学院分管教学副院长及企业分管领导为负责人,负责教学质量综合监控(包括课堂教学质量监控报告、实践教学质量监控报告、企业培养质量监控报告);教学质量综合分析(包括生源质量分析、试卷及成绩分析、毕业及学位资格审查、毕业生就业情况调查分析、社会满意度调查分析等);教学质量改进措施。

7. 形成教学质量控制体系

"卓越计划"作为一种工程教育改革项目,是一个不断探索、深化的过程,因此注重教学质量监控、分析和改进,形成循环闭合的质量保证体系非常重要。实施过程中,学院采用日常监控、定点监控、定期监控和公众监督等四种监控方式。

(1)日常监控。由教务部门、学工部门等管理人员和企业负责培养的管理人员,对卓越工程师培养的教学质量情况进行常态化监控,要注重加强对企业学习阶段的日常监控。

(2) 定点监控。根据需要,由教学督导团专家对卓越工程师教育培养质量保证控制进行监督,如组织专家听课、到相关企业巡查等形式进行定点监督。

(3)定期监控。指按学校定期组织的管理评审以及上级部门和学校定期组织的专业评估和专项评估的要求所作的自评工作,包括教育部组织的"卓越工程师教育培养计划阶段检查"及煤炭行业组织的专业评估等工作。

(4)公众监督。公众监督是通过网络、电话、信访、来访等多种渠道,接受教师、学生、家长、用人单位等对教学质量的监督。如采用教师评学、学生评教、学生自评、学生座谈会、企业导师调研、用人单位调研等形式进行公众监督,并就培养方案和课程设置、"知识、能力、素质"的实现方式、教学过程及管理等方面的内容进行调查讨论。

各项监控信息收集之后,及时准确地进行信息反馈,相关部门对发现的问题,及时整改和调控,并举一反三,制定相应措施或修改相关制度和标准,以保证质量为前提,形成一个闭合的质量保证体系,使“卓越计划”各个教学环节和实践环节始终处于可控状态。

三、小结

“卓越计划”是高等工程教育满足国家战略需求、强化主动服务行业企业需求、创新高校与行业企业联合培养人才机制、改革工程教育人才培养模式的重大教改项目。湘潭大学能源工程学院立足实际,结合专业特点及主要存在问题,根据“卓越计划”实施方针及指导思想,通过加强双师型队伍建设、推进教学方法改革、增加教学硬件投入、校企联合培养、完善考核内容和方式、建立培养质量保证体系、形成教学质量控制体系等措施进行了有益的探索和尝试。经过近一年的努力,从学生听课反映、考试情况以及参加创新性课题研究及专业比赛情况等方面来看,这些举措已经取得了立竿见影的效果。通过卓越工程师教育培养计划的实施,必将提升学生的工程实践能力、创新能力,推进我校高等工程教育改革工作。

参考文献:

[1] 卫广玲. 煤炭高职院校实践教学基地建设模式的研究与实践[J]. 高等职业教育(天津职业大学学报),2008, 17(3): 23 - 25.

[2] 王坚,谭兴龙,高井祥,唐艳梅. 煤炭特色测绘专业创新型人才实践教学改革[J]. 矿山测量,2011(6): 95 - 98.

[3] 吴济民. 基于工学结合的煤炭深加工与利用专业实践教学体系[J]. 实验室研究与探索,2011,30(3): 195 - 197.

[4] 周蔚宇,彭志刚,胡江. 煤炭高等职业教育教学改革思路及措施[J]. 职业技术教育,2010, 31(5).

[5] 祝木伟. 论煤炭应用型本科人才培养与教育教学创新[J]. 煤炭高等教育,2008, 26(6): 48 - 49.

[6] 梁飞媛. 教学方法的思变[J]. 教育学术月刊,2011(9):105-107.
[7] 孙荣良. 煤矿专业技能型人才职业能力与教学模式的研究:[硕士论文]. 石家庄:河北师范大学,2009.

关于本科人才培养方案修订的思考*

——以文化产业管理专业为例

周　益

湘潭大学新一轮本科人才培养方案(以下简称“方案”)的修订工作开始于2012年上半年,在接到学校相关通知后,哲学与历史文化学院即组成了以李佑新院长为组长、主管教学的宋银桂副院长为副组长、各系正副主任以及一些教学经验丰富的教师为组员的方案修订小组。修订小组对这项工作极为重视,前后召开了不下10次会议进行方案的讨论和修改,以系为单位进行方案的讨论和初步拟定,然后交小组进行讨论,再一次次地反馈交流,最好形成定稿上交学校教务处,而后再根据学校的意见进行进一步修改。文化产业管理系接到该项任务后,做了很多扎实认真的工作,已于2012年5月底将系里的定稿上交学院。整个方案的修订过程体现了大家的智慧,在其过程中,我也产生了很多想法,现将之贡献出来,以供大家参考。

---

* 作者简介:周益(1976—2013),男,湘潭大学哲学与历史文化学院文化产业管理系副主任,讲师,硕士,研究方向:文化产业教学与文化产业项目管理。

一、修订过程

修订过程共分为分配任务、大会讨论、精心修改和最后定稿四个阶段。

1. 分配任务

也就是学院修订小组召开全体组员会议，将任务分配到各系。因哲史学院专业众多，由学院统一组织方案修订十分困难，所以只能以系为单位进行方案修订，然后将其汇总到学院进行一一审核。学院规定系主任和副主任牵头，全系所有老师参加，并规定了初稿的最后上交时间。

2. 大会讨论

这是由文化产业管理系负责召集的。除了全系所有专职教师外，这次大会还邀请了宋银桂副院长、吴华云副书记、团委书记黎益君以及校纪委办公室主任周亮老师参加，这四位老师虽然不是本系的专职教师，但长期在本系授课，对课程设置有相当程度的了解。除此以外，本系还邀请了从2006级到2009级的学生代表参加会议，他们中有在读研究生和本科生，也有已经参加了工作的学生，邀请他们参加会议，是为了更好地听取来自学生方面的意见，毕竟我们的方案最终是为学生服务的。这次大会的目的在于充分地听取各方面的意见，为方案的修订收集资料，可以说是一次“头脑风暴”。这次大会讨论得很激烈，各方都畅所欲言，专业教师从专业角度提出了课程的增删、学生从他们读书和工作的经历畅谈了对专业的构想、抓学生工作的两位书记从就业的角度述说了社会对专业的需求。会议从下午2点持续到6点，收集了很多资料，大家对增加实践性课程和分方向培养基本达成了一致意见。

3. 精心修改

第三阶段是精心修改。这一阶段主要由两位系主任牵头,全体专业教师参加,召开了多次会议,对方案进行了多次讨论和修改。从国内文化产业管理专业的设置来看,由于文化产业涵盖面很广,面面俱到难以形成培养特色,因此各个高校在基础培养的同时都形成了自己的专业方向特色,如北京大学主要培养文化经纪人、山东大学主要培养文化资源的保护和利用方向的人才、上海交通大学主要以会展经营和管理为主、云南大学依托的是民族旅游与文化产业,等等,总之分方向抓特色培养是大势所趋。依托大势,根据我们自身的特点,我们决定文化产业管理系分成文化项目创意与策划和文化产业投融资两个培养方向,大一、大二进行基础培养,大三开始分方向培养,方向课程 26 个学分,占总学分数的 15%。另外,由于文化产业管理专业是一门实践性很强的专业,因此我们加大了实践类课程和实践性教学环节的设置,实践学分占到了总学分的 22%,涵盖文化产业项目管理、影视技术基础、影视后期特效、会展策划与实务、传媒项目实践等 9 门课程,尽可能做到让学生学以致用。在这一阶段中,我们对课程的增删、教师的选派、非本系教师的遴选等都进行了精心的策划、讨论与修改,最终形成初稿上交给学院。

4. 最后定稿

这一阶段主要是系里和学院商讨定稿。主管教学的宋银桂副院长多次和两位系主任进行商讨,宋院长亲自操刀对方案进行了多次修改,可以说是字斟句酌,并且与各外聘教师进行联系,敲定了上课人选、时间和学时,最终形成定稿于 2012 年 6 月上交到学校教务处。

二、一些思考

1. 文化产业管理专业前景广阔，但道路曲折

经过对方案的修订，通过各路人士的畅所欲言，我们对专业的前景十分看好。这个专业是个新兴专业，在我校开办于2006年，全国本科专业的设置也仅仅开设于2004年，但是发展很迅猛，迄今已有100余所高校开设了该专业和相关专业，属于新兴的热门专业。该专业就业情况良好，我校已产生3届毕业生，就业率在95%以上。随着十七届六中全会的召开和文化创意产业被湖南省定为战略性新兴产业，政策层面是十分支持文化产业发展的。但是前方的道路是曲折的，作为地方高校，实践性专业必须办出特色，也就是打出自己的品牌，才能在就业市场占有一席之地。从就业学生反馈的信息来看，工作好找，但好工作不好找；什么都能做，但什么都做不精。这就要求我们办出特色、打出品牌，我们之所以在新方案中增加了方向的培养，也增设了诸如“职业生涯管理”等课程，也是为了突出培养特色，为学生今后的就业打下良好的基础。

2. 方案的修订需要全校各单位的通力合作

在方案的修订过程中，我们深切地感受到全校各单位的通力合作是制定好方案的十分重要的方面。“职业生涯管理”、“出版业专题”、“财务管理”等课程我们专业无法派出合适的教师，只能向兄弟单位求援，我们联系了旅游管理学院人力资源管理系、公共管理学院出版编辑专业、商学院等相关部门，他们也给予了我们大力支持，认真选派了骨干教师来给我们的学生上课，并参与了我们的方案修订，这让我们非常感激。但是由于本院的课酬偏低，一直以来外院在本院上课的教师对此都有所意见，导致不少外院的教师不愿来本院上课或者不愿意上太久。为避免新方案中再出现该类问题，我建议由

教务处牵头,联系本院和外院共同座谈,制定出一个合理的课酬方案,以稳定外院教师队伍。另外,除了教学单位,学校其他职能部门也可以提供相关师资力量,如纪委的周亮老师,在新方案中就承担了“文化法规基础”和“知识产权法”两门课程的教学,其他如出版社、教务处、社科处、发展规划处这些单位也可以提供师资。对于这些教师,我们可以安排在晚间或者周末上课,课酬方面也可以适当提高。

3. 实践性教学是重中之重

对于文化产业管理专业来说,实践性教学是重中之重。我们在新方案的修订中,十分注重对实践性教学的加强,如“传媒项目实践”这门课程,我们只安排了8个理论课时,却安排了24个实践课时,我们的设想是每个月讲一节理论课,然后安排学生去做项目实践,月末交作业(调查报告、DV作品、影视剧本等),充分体现课程的实践特色。在“文化产业项目管理”、“职业生涯管理”、“影视后期特效”等课程中也有类似安排。但这些实践环节,在经费、场地、实验室、仪器等诸多方面都不是本系能够独立解决的,都需要学校相关部门的大力支持。另外,实践性教学环节很多并不在课堂内,这不仅仅是本专业,别的专业亦是如此,那么课堂的考核就需要学校教务部门制定相关条例进行安排。

4. 内练实力,外请强援

在方案的修订过程中,我们深深地感受到很多课程我们应该开设,但却没有师资,比如“战略管理”、“艺术品鉴赏”等。文化产业管理系只有8名专业教师,其中只有2名具有副高职称,且没有1名是科班出身,都是由历史、哲学、思政等专业转行而来,师资力量相对薄弱,很多课程上起来也很困难。面对这一困境,我们一方面要自身修炼,提高学历和职称水平,另一方面要引进具有管理学、经济学或法学背景的博士或副教授,全力提高我们自身的师资水平。另外,文化产业管理本科专业虽然开设的时间晚,但是实践却远远走在理论的前面，很多时候不是理论指导实践，而是从实践中总结经验，再升华为理论。所以我们应该多延请校外的多年从事文化产业实践的人士赴学校讲座、培训、授课等，为学生提供更加广阔的视野，同时也是对我们在职教师的一种培训，形式可以采取韶风名家论坛、短期培训班、外聘教师等多种形式，当然经费需要校方和学院共同解决。最后，我们应该多走出去，送学生去实习、去校外企事业单位争取横向课题甚至是到校外接受短期聘用，这样既可以提高教师和学生的实践能力，也可以提升专业的知名度。

5. 重视学生的意见

我们在方案的修订过程中充分听取了学生的意见，我认为这是我们做得比较好的一点，其实其他专业在进行方案修订的过程中也应该充分重视学生的意见，毕竟方案最终是为学生服务的，教师闭门造车是造不出真正适合培养学生的方案的。我们在方案制定之初就邀请了各年级的学生出席会议，让他们充分发言，笔者还在 2011 级学生中发动学生写自己的建议，其中很多建议是有真知灼见的，如尹婷同学提到："再加上有必要的学科例如会展学，我们学校还没有开课。然后希望学校可以支援我们专业做出真正的文化产业，这样也可以为全校服务，又可以学以致用。"周慧同学提到："目前为止，我们学到的课程中仅"多媒体技术"具有较大的实际操作性，且同学之间的反映良好，学习积极性很高，因此，我们需要更多的实际技术型课程。"王丹丹同学提到："师生利用各自的人脉关系调查另外的高校这一专业的课程开设情况、学习情况，再根据自身情况，取其精华，剔除糟粕，改善课程质量。"像这样的意见和建议还有很多，学生们对专业建设的想法让我非常感动，同时也觉得受益匪浅。学生的很多意见被我们收入到了新方案中，如我们增加了"会展策划与实务"课程；将"多媒体技术"扩展为"影视技术基础"与"影视后期特效"两们课程，课程时数由 64 学时扩展到 128 学时。其实，很多时候学生的想法是超过我们的，我们应该充分重视，尤其是实际性强的专业。

三、结语

在湘潭大学新一轮本科人才培养方案的修订工作中,文化产业管理系认真听取各方面意见、精心组织会议讨论、倾力打造专业培养特色,最终形成了新方案。方案的最终出炉和学校、学院以及各兄弟单位的支持和帮助是分不开的,也是全系各位教师和学生辛苦的结晶,虽然尚有许多不足之处,但和旧方案相比,在专业特色以及实践性教学等方面已有很大提升。当然,在方案的修订过程中我们也看到了很多自身的不足,希望我们以新方案的修订为契机,内外兼修,把文化产业管理专业越办越好。

参考文献:

[1] 周益. 文化产业管理专业实践性教学探索——以湘潭大学为例,高等教育研究(2010)[J]. 湘潭大学出版社,2010(12).

[2] 周益. 文化产业管理专业实践性教学方法的改革——以“文化产业项目管理”课程为例,质量的风(三)上卷[J]. 国防科技大学出版社,2012(11).

[3] 文管新视界——“文化产业管理专业实践性教学研究”学生习作汇编,湘潭大学文化产业管理系内部刊物.

高校思想政治理论课教学改革要解决的五个矛盾*

李雅兴　刘义群

高校思想政治理论课(以下简称"思政课")是在我国高校开设的极具中国特色的课程,是对大学生进行思想政治教育的主渠道,肩负着培养合格的中国特色社会主义事业建设者和接班人的重大任务。因此,党和国家高度重视高等院校思政课的教学实效性,从"98方案"到"05方案",思政课改革的步伐越来越大。而当前的思政课教学,虽然取得了很大成绩和进步,但仍然存在着许多问题和不足,其教学效果不理想,学生厌学的状况没有根本改变。所以,在总结教学经验的基础上,更新教学理念,调整思政课的教学内容,改革创新教学方法,努力提高教育教学实效,显得尤为必要。本文结合笔者多年的教学经验,认为高校思政课的改革必须解决五个矛盾,才能取得应有的实效。

---

* 课题来源:湖南省普通高等学校教学改革研究项目"高校思想政治理论课教学实效性研究——以科学发展观为视角"(湘教通[2011]315号)。

作者简介:李雅兴(1966－),女,湖南隆回人,湘潭大学马克思主义学院教授,主要从事马克思主义理论的教学与研究;刘义群(1987－),男,河南许昌人,湘潭大学马克思主义学院硕士研究生。

一、转变教学理念,解决教学"主体"与"客体"的矛盾

教学理念是人们对教学和学习活动内在规律的认识的集中体现,也是人们对教学活动持有的基本态度和观念,是人们从事教学活动的信念。贯穿于教学理念的一个重要话题就是教师和学生孰为主体孰为客体的问题。

随着我国普通本科院校办学规模的不断扩大,高等教育从精英化向大众化转变,其办学思想与定位、教育理念也随之改变,对教师的学历、职称、科研要求不断提高,教学任务也日益加重。思政课教师的任务尤其艰巨,一部分老师成了上课的机器,调查显示,有的思政课教师每天上课不少于6节,一天下来口干唇燥,不想再说话。然而,在这么繁重的教学任务下,思政课教师更重要的是面临学历和科研成果的挑战,因为教师在评聘职称的时候教学任务和效果都是软的,一般不做要求,主要是看发表了多少篇核心期刊(大部分学校规定CSSCI来源期刊的篇数)的论文和什么级别的课题,这才是硬性的东西。所以,思政课教师面对繁重的教学任务,还要提高学历、申报课题和撰写论文,为评聘职称做准备。这样一来,人的精力是有限的,教学就只好应付了事。教学只是为了完成任务,基本沿用传统的"填鸭式"、"满堂灌"的教学方式,其主要表现一是重视课本和理论的讲授和灌输,忽视教学方法的改革和运用;二是在师生关系方面,认为教师是教学的主体,学生是教学的客体,把学生当作接受知识的容器,忽视了学生主体作用的发挥。事实上,在教学活动中,学生不是被动填装知识的"容器",也不是被驯服的工具和对象,而是有自己思想的主观能动性的人,是学习的主体。正如陶行知所说"先生的责任不在教,而在教学,而在教学生学"。所以在思政课教学活动中,教师应该转变观念,必须充分信任学生,把课堂还给学生,当好学生学习活动的指导者,确立学生在教学过程中的主体地位,最大限度地调动学生的学习积极性,鼓励学生开动脑筋思考现实生活中的问

题,比如在《毛泽东思想和中国特色社会主义理论体系概论》(以下简称《概论》)课中可以让学生思考:为什么我们的就业那么难?为什么我们会出现贫富差距?为什么我们将长期处于社会主义初级阶段?从而引导学生了解我国国情,运用辩证唯物主义和历史唯物主义去分析问题和解决问题。

具体说来,科学解决教学主体与客体的矛盾,首先要求在教学中要遵循学生的身心发展规律,了解学生的真正需求和兴趣爱好,努力做到让学生爱学、会学;其次要体现尊重与平等,教师要充分尊重学生的思想和意见、民主与权利、隐私与尊严等,遵循师生平等的原则,找出问题的根源,化解学生的疑难问题,引导他们树立正确的世界观、人生观和价值观;最后要凸显教育的服务功能,教师在学生的学习过程中扮演着合作者的角色,一切为了学生,一切依靠学生,促进学生的全面发展,容许差异性,注重学生个性的培养。

二、充实和整合教学内容,解决“供给”与“需求”的矛盾

高校思政课05改革方案特别强调思政课要坚持马克思主义意识形态的指导,不仅包含马克思主义的基本原理、立场、观点、方法,而且包含马克思主义中国化的最新理论成果。在纵向上要研究马列主义、毛泽东思想、邓小平理论和“三个代表”重要思想以及科学发展观,在横向上要研究政治、经济、文化、社会、军事、外交、党的建设、统一战线和祖国统一等各个方面。所以,如何对思政课的课程内容进行整合,是当前教学改革面临的新问题和难点所在。高校思政理论课承担的主要任务是帮助大学生了解我国国情、提高大学生思想政治素养、培养大学生的责任心和脚踏实地的为人处世作风。而我们在课程教学中存在的突出问题有:一是生搬硬套的简单的政治宣传,即简单地把思政课等同于思政教育,让学生们误认为思政课只是“空喊口号”,是意识形态的产物,而没有学术性和科学性,让学生感到空洞、枯燥和乏味;二是理论与实际结合得不紧密或者是脱节。有

的教师总是就理论去谈理论,较少从生活中选取鲜活的实例去印证理论,让学生一提到思政课便产生"假、大、空"的阴影,从而形成"平时不管,考前攻破,考后即扔"的恶劣状况,教学效果大打折扣。且一届一届地传递下去,这种状况极难改变。据"浙江省暑期思政备课会"传达全国思政备课会情况时所称,思政课上学生的"抬头率"仅在20% ~40%之间。在这里,供给与需求的矛盾凸显。

要解决这一对矛盾,必须充实和整合教学内容,按照邓小平强调的学马列"要精要管用"的原则。所谓"精"是指内容选取要恰到好处,即是指思政课教师必须优化和整合教材的知识结构,在保证"05方案"规定的教学内容和教学时数的前提下,对课程内容进行必要的整合,可以尝试"专题教学"等。与此同时,学校党委要把思政课的教学和建设置于突出位置,要用"大思政课"的理念组建教师团队,要求教师必须具备驾驭思政课的能力,必须具有处理好四门课程相互间的重复关系的能力。比如"纲要"课与"概论"课重复内容较多,前者侧重对史实的叙述,后者则侧重于理论和影响的分析;"基础"课与"概论"课都在讲爱国主义,前者侧重从个人角度来讲爱国主义,注重个人情感的升华,后者则侧重从国家和社会的角度来讲爱国主义,强调个人责任的落实。因此,教师应注意把握各自的侧重点,不可面面俱到。当然,这一切是以小班教学为前提的。所谓"管用"是指要突出教学效果,要做到这一点,必须贴近学生思想和生活实际,让学生真心喜欢,终生受益。例如,在讲授《马克思主义基本原理概论》(以下简称《原理》)课时,可以将马克思主义基本原理与现实热点问题相联系,运用好基本原理帮助学生解决现实中的问题与困惑,从而帮助青年大学生树立正确的人生观、世界观和价值观。在讲授"概论"课时,利用当地改革发展的鲜活事例,充实"概论"课的教学内容,使学生真正明白学习"概论"课的重要性,增强实效性。

三、创新教学方法,解决"注入式"与"互动式"的矛盾

好的教学内容一定要有好的教学方法和方式来实现,而方法和方式的选择是以服务教学内容为目的的,必须有助于理解教学内容,有助于教学目标的实现。因此,教师必须根据教学的目的,认真选择恰当的电影、视频、图片等信息,并进行归纳整理,使之成为课题教学的一个有机部分。不论是哪种教学方法和教学手段,都要坚持"以学生为中心",通过启发思考和指导,不断满足学生思想和政治的需求,变被动为主动,让学生学会独立思考和探索,从中获得自我教育和自我提升的机会。然而,学生"在有限的课堂教学中,了解到一些马克思主义理论的 ABC,这种 ABC 又是他们从中学起到大学十余年中所反复接受","这些经年不变的内容灌输也容易使学生感到意识形态与社会现实之间的距离",容易产生反感与排斥。

为了让学生不反感、不排斥,从"要我学"到"我要学"或"我爱学",必须创新教学方式和手段,解决"注入式"与"互动式"的矛盾。毛泽东曾经用"过河要有桥或船"的生动形象的比喻,深刻说明了方法的重要性。他指出:"我们不但要提出任务,而且要解决完成任务的方法问题。我们的任务是过河,但是没有桥或没有船就不能过。不解决桥或船,过河就是句空话。不解决方法问题,任务也只是瞎说一顿。"无数事实证明,方法不当,事与愿违;方法得当,事半功倍。思想政治理论课是科学,是老老实实的学问,因此,要把课上好需要有艺术性。教师必须在创新教学手段和教学方法上下功夫,突破传统课堂教学单向注入式的教学模式,构建双向互动式的教学模式,倡导启发式、参与式、案例式、研讨式等教学方式,辅之以参观访问和社会调查等方法,使学生在主动参与的过程中达到自我教育和自我提升的目的。比如在讲世界贫困问题时,把非洲饥民骨瘦如柴的系列照片投射到大屏幕上,让学生思考其背后隐藏的深刻问题。这种教学方法能够培养学生的问题意识,锻炼学生独立思考和分析问题的

能力。再比如,开展课前十分钟"时事点评"的教学创新活动,这一环节主要由学生就一周内发生的时事新闻,挑选自己最感兴趣或对自己触动最大的一则,以多种形式进行述评,不是简单地传递信息,最主要的是阐述对这件事的看法和评论,教师则针对学生表达的观点做恰如其分的点评和引导,不仅较好地纠正了部分学生平时不看报纸、不关心时事的习惯,而且激发了学生的爱国心、责任心,有利于促进学生素质和能力的提高。在研究式教学中,教师与学生以平等的、朋友式的身份进入教学环节,学生既扮演学习实践者,又扮演学习目标、学习内容、活动安排的参与者和学习结果的创造者,带着问题,通过自主的研究、探索活动,在探讨的过程中"悟"出道理,培养探究技能,并感受马克思主义理论解决思想困惑及社会问题的魅力所在,增强了学习的针对性、开放性,激发了学生学习的主动性、积极性,从而对提高思政课教学的实效性大有裨益。

四、加强师资队伍建设,解决"输出"与"输入"之间的矛盾

提高教育教学质量,关键在教师。正如我国著名教育家陈鹤琴所说:"没有教不好的学生,只有不会教的老师"。高校思政课教师是党的理论、路线、方针、政策的宣讲者,是学生健康成长的指导者和引路人。中央宣传部、教育部颁发的《关于进一步加强高等学校思想政治理论课教师队伍建设的意见》(以下简称为《意见》),强调要建设一支政治坚定、业务精湛、师德高尚、结构合理的教师队伍,努力把高校思想政治理论课建设成为大学生真心喜爱、终身受益的优秀课程。"打铁还需自身硬",作为高校思政课教师,首先自己要真正信仰马克思主义,只有教师自己从内心信仰共产主义,才能理直气壮地宣传马克思主义,维护马克思主义的真理性、科学性和权威性,学生也才能信服你讲的道理;其次是要求思政课老师既要具有深厚的马克思主义理论功底,又要有宽泛的人文社会科学素养,缺少任何一

方面，都不能把课讲好，讲精，讲透，也不能正确解答现实中的热点、难点和焦点问题以及学生提出的一系列问题；三是要有强烈的工作责任心、事业心和无私奉献的精神，为人师表，做学生健康成长的引路人。

自“05 方案”实施以来，高校思政课教师队伍的整体水平有了显著提高，但仍存在一些不容忽视的问题：一是有的教师本来是专业课教师，但为了整合全校力量申报学位点或为了解决自己硕士生、博士生导师身份或为了享受思政课教师的系列优惠条件等而加入了思政课队伍，只应付式的上一点点思政课或根本就没有上过课，他们没有在思想上、工作上做彻底转过来的准备；二是有的教师提升了学历，拿到了博士学位，申请了省部级或国家级课题，发表了高级别的科研论文，却不愿意承担教学任务，认为浪费时间和精力，没有把科研成果转化为教学资源；三是有的教师整天忙于教学，教学任务繁重，却很少有时间去提升学历和做科研，又不改进教学方法。这样一来，整个思政课教师队伍的能力结构参差不齐，严重影响了学科建设和课程建设，从而影响教学质量的提高和教学目标的实现。

显然，这里存在一个“输出”与“输入”之间的矛盾，即教师资格的“进”与“出”，思政课教师的“准入”和“剔出”。为此，一是要建立思政课教师的准入制度和准出制度。《意见》制定了教师任职资格准入制度，从政治条件、思想品德、职业道德、教学水平、科研能力和学历学位等方面提出明确标准和要求。要通过马克思主义理论学科培养研究生，把优秀的人才输送到思政课的教师队伍中来，补充新鲜血液，增强教学力量。有了准入制度，也应该有准出制度，笔者认为，对于那些政治立场不坚定、教学水平不高、没有良好的职业道德或学历、职称不合格或从不做科研的教师要求其转出思政课教师队伍，严禁浑水摸鱼的人潜入。二是通过社会考察、办培训班和提高学历等途径，提高教师的素质。社会考察是开阔教师眼界的一种很好途径，因此，要让更多的教师到改革开放的第一线、西部和东北老工业基地、革命历史纪念地以及国外学习考察，使他们更多地了解实际，更好地将理论与实践相结合;办培训班可以提高教师的理论水平,优化教师的知识结构,不断深化岗前培训、课程轮训和在职培训;提高学历可以通过在职或脱产攻读硕士、博士学位,可以吸收政治学、法学、伦理学、中共党史、中国近现代史、经济学、哲学和马克思主义理论等学科的硕士、博士研究生充实教师队伍。让思政课老师不断“充电”,不断更新知识,用最新的理论成果武装自己,教育大学生,使研究和教学互相结合,良性互动,走出一条科研与教学并重的路子来。

五、改革考核方式,解决“分数”与“能力”之间的矛盾

考试考查是检验学生学习情况的主要手段,也是教育教学工作的重要组成部分,在传统应试教育的指导下,考试必不可少。于是学生上课记笔记,课后背笔记就成了应付考试最有效的方法。然而,在大张旗鼓进行素质教育的今天,考试制度必须改革,因为“只有考得活,学生才能学得活,教师才能教得活,真情互动,相互促进。”

如前所述,高校思政课是对大学生进行思想政治教育的主渠道,其目标是要运用马克思主义中国化的最新成果武装当代大学生的头脑,引导他们形成正确的世界观、人生观、价值观,把他们培养成为合格的社会主义公民。而传统的思政课的考试方式主要是“平时成绩+期末闭卷考试”,这就出现了弊端:在考试内容上只注重理论知识而脱离了社会实际;在考试方式上主要是靠死记硬背来应付,学生缺乏对现实问题的思考与分析,在考试形式上简单划一,学生真正的思想道德素质无法反映出来。这种考试方法显然不能考核学生的真实水平,不能科学地给予学生评价,于是咄咄怪事就发生了:《思想品德与法律基础》课考试90分以上的学生有的在平时生活中常出现品行不端正行为,而经常帮助同学为贫困地区捐款的学生有的却不及格。这种考试方式使学生分数与能力的矛盾凸显。为解决这一矛盾,必须改革考试方法。笔者在“概论”课教学中曾试行过如下考核方式的改革:

学生一律不参加期末统一考试，其成绩由“六个一”和平时表现组成，即一次发言或演讲、一篇调查报告、一篇小论文、一篇心得体会、一个PPT课件和一本读书笔记，平时表现由出勤、回答问题及思想道德表现组成。PPT课件和演讲由以小组为单位的团队完成，其余由个人独立完成。在以小组为单位的团队里，每个人必须完成相应的任务，而代表小组上台演讲的人必须具有良好的团队意识，这样就培养了学生的动手能力和团结协作的精神。在个人独立完成的项目里，一篇调查报告要求学生实地考察相关单位并写一篇调查报告，让学生接触和了解社会实际；一篇小论文及心得体会，要求学生查阅相关资料，提出课程改进建议，培养了学生查阅资料、撰写论文和评价他人的能力；一本读书笔记就是要求学生通篇阅读教材，听好教师的课并学会做笔记。通过以上尝试，细化了管理，将原来的死记硬背改为侧重对学生思想道德素质、团队协作意识、自主学习能力、文字表达能力及动手动笔动嘴的能力等能力的考查和培养，考核注重过程与结果、行动与思想、内在与外在三者的有机统一。实践证明，这种考核方式对调动学生学习的积极性、发挥学生的主体性和创造性、提高思政课教学效果起到了相当大的促进作用。这一经验还在省级年会上做了汇报，得到省内同行的一致认可。笔者将进一步总结经验，为提高思政课的教学实效性、吸引力和感染力而继续努力。

总之，思政课既有理论性、又有实践性，既有政治性、又有科学性，既有思想性、又有知识性，既有历史性、又有时代性。要真正把高校思政课建设成为大学生真心喜爱、终身受益的课程，不是一蹴而就的，还需要党中央的亲切关怀和政策的引导、高校党委的重视、全体思政课教师的努力和大学生的积极参与配合以及社会各界的大力支持。

参考文献：

[1]陈雄俊.高职思政概论课改革的再思考[J].中国电力教育，2011(35).

[2]邱柏生.试图摆脱困境的高校思想政治教育[J].思想理论教育,2003,(6).
[3]黄广晋.让思想政治理论课绽放异彩——关于高职院校思政课教学改革的思考[J].理论探讨,2011(16).
[4]邓小平文选(第3卷)[M].北京:人民出版社,1993:382.
[5]毛泽东选集(第1卷)[M].北京:人民出版社,1991:139.

微博在高校思想政治教育工作中的功能及应用研究*

张漫忆

微博(MicroBlog,即微博客的简称)在经过短短3年的发展之后引起了包括互联网网民、投资者、广告主、代理公司、政府机构等在内的各类人群的瞩目。追溯微博的发展历史,在互联网上第一次出现它的身影也仅仅是从2006年Twitter的出现开始的。在中国,2007年5月王兴推出大陆首个微博类应用——饭否;2009年8月14日,新浪微博开始内测,之后腾讯、搜狐、网易等网站陆续推出了各自的微博平台,影星姚晨成为“围脖女王”;2010年3月“两会”期间约30名代表委员开微博议大事;“微博打拐”掀起微公益热潮;“免费午餐”赢得政府回应;“小悦悦”事件唤起社会人性关爱;“郭美美”事件加快公益透明化进程……这些通过微博平台发布并引起重大反响的事件让所有人都清楚地看到140字+图片的威力,甚至2010年被人们称为中国的“微博元年”。[②] 2012年,微博进入到了一个全新阶段。互联网监测研究平台DCCI互联网数据中心2012年9月发布的

---

* 作者简介:张漫忆(1989-),女,湘潭大学旅游管理学院教师,主要研究方向:媒介经营管理、文化创意产业研究。

② “微博元年”的说法来自互动百科。

《2012 中国微博蓝皮书》称,经过 5 年的培育,19 岁及以上的微博用户占比达到了 88.81%,微博用户总量约为 3.27 亿,中国微博市场用户规模已基本稳定和成熟。

上述事实已证明了微博强大的舆论制造和引导能力,并推动我们应在这种工具尚未完全成熟时给予高度的关注和研究。大学生这个群体本身具有的高素质、年轻活跃、参与性强等特点与微博高科技、新鲜原创、交互性强等特点相契合,使微博在大学生中的普及和受欢迎程度远超社会其他人群,而这同时对高校思想政治教育工作提出了新的要求。我们应该有针对性地研究微博在高校思想政治教育方面的功能,进一步发挥微博的新媒体优势,尽量降低其不利影响,主动占领高校思想政治教育在新媒体领域的文化前沿阵地,牢牢把握新媒体环境下高校思想政治工作的主动权!

一、微博的概念与新媒体特点

1. 微博的基本概念

微博,即微博客(Micro Blogging)的简称,是一种非正式的迷你型博客,是 Web2.0 的一种表现形式,也是一种可以即时发布消息的类似博客的系统。微博是一个基于用户关系的信息分享、传播以及获取平台,用户可以通过 WEB、WAP 以及各种客户端组件个人社区,以 140 字左右的文字更新信息,并实现即时分享。微博是一种互动及传播性极快的工具,可以通过手机、IM 软件(gtalk、MSN、QQ、skype)和外部 API 接口等途径向微博客发布消息。最早也是最著名的微博即产生于美国的 Twitter。

2. 微博的网络新媒体特点

微博作为一种网络新媒体,除了具备网络媒体的开放性、交互性、即时性等一般特点以外,还具有以下三个新特点:博客内容的微型化与简明性、操作方式的多样化与便捷性、人际交流的个性化与群体性。

(1)微博内容的微型化与简明性,是说微博的内容由简单的只言片语组成,不需要长篇大论,只需简明扼要地说明用户的行为、状态和观点。这一特点,决定了微博对用户的写作能力没有博客那么高,在语言的编排组织上也无需精雕细琢,只要控制在140字左右,使用者不需要思考过多的写作技巧及框架,只需表达自己的看法、情感,因而这种只言片语的"语录体"式的即时表述更加符合现代人尤其是青年人的生活节奏和习惯。微型化与简明性并不等同于单薄和肤浅,众多文化名人的微博比文体明星更受大学生欢迎。这一方面说明在疲惫于长篇累牍或高谈阔论之后,大学生更喜欢用简单的语言表达深刻的思想;另一方面说明大学生对微博的选择保持着自己的判断标准和相对理性的思考。

(2)操作方式的多样化与便捷性,是指既可以通过网站也可以使用手机、IM软件和外部API接口等途径操作微博。此特性使得人们可以在任何场合、任何事件、任何想法发生时进行记录并通过相关媒介发布于网络微博上。尤其是微博与手机的结合,让每个手机用户不用使用电脑就可以发表自己的最新信息,基本实现了手机和互联网应用的无缝连接。这一模式可以使基本人手一部手机的大学生既享受高科技带来的新鲜和方便,又体验了作为事件组织者、参与者、观察者发布信息产生的舆论领袖的成就感。同时操作方式的多样化与便捷性还带来信息发布的即时性以及强烈的现场感,使未经历者可以分享到信息发布者第一时间的感受,也为大学生这一活跃的社交群体提供了一个新的交流平台。

(3)人际交流的个性化与群体性,是指基于微博的交流既有强烈的个人色彩又有同类呼应或群体反应,呈现了点与点、点与面的立体化场景。人际交流个性化体现在微博与发布者的个人生活紧密相连,是一个人生活中点滴的记录,必然带有强烈的个人色彩,更进一步说是私人化的生活展示。同时,微博的人际交流个性化特征还体现在其创新性的交互方式—"背对脸",即不需要与任何人交流,可以一对一,也可以一对多,当 follow 一个人时,会产生极大的粘性。微博人际交流群体性体现在对于普通人来说,微博的关注友人大多来自事实的生活圈子,用户的一言一行不但记录生活,更重要的是维护了人际关系,也就是说微博是满足个体对社区组建和同类寻求需要的一种手段。因此人际交流的个性化与群体性决定了大学生可以微博为平台展示自我、形成爱好共同体或兴趣同盟,既是群体中独特的"这一个",又将个人融合在丰富的群体中。独特与丰富,个性与多样,微博使大学生的生活展现了多种可能性,也就对大学生更具吸引力。

二、微博在高校思想政治教育方面的功能表现

大学校园媒体是高校意识形态领域的重要阵地,是加强大学生思想政治教育的主战场,在营造思想舆论和文化环境方面,有着特有的优势。在这些媒体中,报纸、广播、电视等传统媒体固然在思想政治教育方面发挥了重要的功能,但是以微博、手机短信等为代表的新媒体因前文所述的开放性、交互性、即时性、便捷性等特点备受大学生的青睐,也早已对大学生的生活、学习产生了巨大的影响,在高校思想政治教育工作中将发挥越来越大的作用。

概括说来,微博在高校的思想政治教育功能主要体现在六个方面:

1. 引导功能

(1)政治引导

对党的重要文件精神的学习和理解,是大学生思想政治工作的一项重要的内容。用马列主义、毛泽东思想、邓小平理论和"三个代表"重要思想、科学发展观武装全体师生的头脑,是高校思想政治教育的重中之重。这对于坚定当代大学生对党的热爱,对社会主义的

信心,对共产主义的信念极为必要,但有些文件精神过于抽象,对接触社会较少的大学生来说想要深刻理解并不容易。此时,微博可以发挥其传播信息快、视听兼备、生动形象、平易近人、易于被学生接受和认可的特长,通过宣传典型、人物专访、座谈、辩论、专题讨论等形式,全方位、多角度地对学生进行爱国主义、集体主义、社会主义教育,强化他们的政治观念和道德观念,帮助他们树立正确的世界观、人生观、价值观。此外,在理论教育和宣传活动中,微博能及时宣传党和国家的方针政策,报道国内外重大事件与热点问题,宣扬各地的好人好事、新经验和新措施,反映广大师生普遍关注与思考的问题。

(2)文化引导

微博高扬“主旋律”大旗,以繁荣社会主义先进文化为己任,不断加强大学生思想政治教育;帮助大学生了解历史、了解国情、了解当代中国面临的机遇与挑战,增强历史使命感和社会责任感。同时,还贴近生活、贴近实际,把塑造主流校园文化与反映师生心声结合起来,切实占领校园宣传舆论阵地。例如,湘潭大学校团委就在2011年3月利用新浪微博这一广阔平台发起和响应了“湖南千万青少年保护母亲河承诺行动”,这一行动受到了学校师生的大力支持和好评,既达到了良好的宣传效果,又对加强大学生的社会责任感起到了十分积极的作用。

大学校园文化的创建,一方面得益于校园历史传统和被全体教职工认同的共同文化观念、价值观念、生活观念(如校风、教风、学风等);另一方面,也需要微博的有力传播。随着大学校园中精神文明和物质文明的不断发展,微博从全方位、多角度将思想政治教育要求渗透到师生的思想中,因此在校园文化建设、文化引导中也发挥着越来越多的作用。微博既及时传播了信息,造就舆论环境,又致力于大学生素质的全面提高,营造积极健康的校园文化。比如各种社团组织的文化活动,学校中的新人、新闻、新气象等都能通过微博营造出一种特有的文化氛围。在这一点上我校是个很好的例证:三翼校园微博是由湘潭大学校团委推出的校园学生门户网站官方微博,校团委的老师们为了让学生们更多地了解微博这一新兴媒体,方便日后通过微博进行思想政治教育工作,特主办了三翼校园"超级班级"微博设计大赛并一直延续下去;此活动旨在培养大学生的爱国主义精神,倡导健康网络文化生活,提高班级凝聚力、提升班级学生的创新能力和团队协作能力。活动不仅为学生们创造了一个展示自己创意和技术的新舞台,同时也显示出了湘潭大学三翼校园微博作为校园新媒体,敢于创新,与时俱进,引导校园文化的巨大作用。

2. 培养功能

(1)微博可以培养大学生的创新能力。微博除了是一种新兴媒体外,它还代表了一定的时尚流行元素;微博的交互性和人际交流的个性化与群体性影响了大学生利用微博对自己的个性特征表达的具体方式。往往,大学生为了获得更多的社会或群体认同,吸引更多的"兴趣同盟者"或是"微博粉丝",他们会在微博内容上大下功夫,或语言,或图片,或视频,或音乐,凡是能充分体现个人特色和时尚气息的文化创意元素都将会被挖掘出来,这无疑大大培养了大学生的文化创新能力。

(2)微博可以培养大学生的思维与语言组织能力。微博的简明性和便捷性决定了微博文字发布版块的内容被控制在140字以内。使用者虽不需要思考过多的写作技巧及框架,只需表达自己的看法、情感,但这并不等同于微博的内容单薄和肤浅。为了更顺畅地用简单的语言表达深刻的思想,大学生们往往会也不得不十分注重个人微博内容的遣词造句和结构体现。因此,长久以来,那些经常使用微博的大学生们的思维与语言组织能力便得到了很好的培养和锻炼。

(3)微博可以培养大学生的沟通能力与团体意识。微博既是大学生展示自我的舞台,同时也是交流沟通的平台;微博的关注友人大多来自事实的生活圈子,大学生的一言一行不但记录了现实生活,更重要的是维护了已有的人际关系;大学生将微博作为相互沟通联系的一座新桥梁,如何表达自我,如何抒情达意,这都锻炼了大学生的沟通能力;同时,在沟通的过程中大学生既要保证自己是群体中独特的"这一个",又必须将个人融合在丰富的群体中,这无疑又是对大学生团体意识的培养。

(4)微博还培养了青年大学生热心社会活动的奉献精神。在微博的诸多内容中,往往会包含多种参与校园公益活动或是资助活动的信息,大部分有爱心的大学生微博用户受其号召都会主动参与到其中来,部分参与意识不强的学生也会因为受到微博里大量号召参与的"博友"和"粉丝"的刺激而加入。这些大学生虽然刚开始时并没有强烈的主观参与意识和奉献精神,但是经过微博的宣传和熏陶依然达到了参与其中并有可能慢慢演变为自主参与的效果,这无疑也是高校思想政治教育工作的目的之一。

3. 交流功能

(1)微博能促进学校师生员工与校领导及职能部门的沟通联系。对大学生的思想政治教育要体现学校对学生的人文关怀,而在高校中因其具有特定的教学模式,学生与教师、有关职能部门之间存在着很大的隔膜。学生对于行政部门发布的事情漠不关心,行政部门也难以摸清大学生的思想状况,这就给大学生思想政治工作带来一定的困难。微博的及时沟通作用,使学校领导拥有了在作出重大决定之前征求广大师生员工意见的渠道,师生员工也可以通过微博表达个人对学校各方面工作或与自己切身利益有关问题的意见和诉求,如食堂饭菜价格和质量问题、休闲活动场馆和运动器材、图书馆的使用以及升学毕业政策等一系列问题,都可以通过微博进行沟通,从而取得双方都比较满意的结果。

(2)微博能沟通校方、教职工和学生三者之间的情况和信息,能联络感情,增强凝聚力,统一思想行动。微博由于其快捷、开放、互动的特点迎合了大学文化生活的要求,成为了大学文化生活的主要活动场所。在微博里,学生们可以畅所欲言,聊社会,聊人生。通过微博论坛,可以促进校方和学生之间、校方和老师之间、老师和学生之间、老师和老师之间、学生和学生之间的全方位交流,构建一个平等的对话平台。通过这个平台,学生可以把自己心中的想法和对学校的意见表达出来,让学校对学生的心理有一个充分的了解,可以根据学生的需求,采取相应的措施,解决学生的问题,满足学生的需要;而学校也可以通过这个平台,让学生更加了解学校的管理机制,配合学校管理人员的工作,在学校管理层和学生之间建立起一座沟通的桥梁。

4. 服务功能

从内容上看,微博的服务性大致有如下几个方面:(1)政策性的服务。宣传党和国家的大政方针,宣传学校的规章制度。(2)知识性服务。现在是知识经济时代,人们在工作、生活、学习中的各种知识的需要越来越迫切,微博可以及时、丰富、多种形式地向读者介绍科普知识、文化知识、技术创新等,以满足广大师生的需要。(3)咨询性服务。比如心理咨询、大学生就业指导等。(4)信息服务。向师生提供各种教学、科研、管理、生活服务等类信息。(5)生活性服务。比如教职工住房、医疗保健和师生娱乐生活诸方面,师生们常有许多疑难,微博可以而且应该提供有关服务,帮助师生排忧解难。微博作为高校里的新媒体,高校师生不仅是宣传教育的对象,更是服务的对象。我们只有增强服务意识,强化受众观念,提高服务水平,学会在引导中服务,服务中引导,才能更好地密切与广大师生的联系,不断争取师生、团结师生,才能凝聚师生的力量,共同为学校的发展贡献力量。

5. 激励功能

一所大学的在校学生成千上万,他们的性格特征各不相同,但作为青年学生的共同特点是具备的。因此在做思想政治工作时,除了个别学生需要单独辅导教育,对大多数学生的教育可以通过典型影响、榜样示范的方式来进行。微博在树立典型方面具有生动、形象、真实的优势。微博的公开性,使典型事件和先进人物能够在最大范围内影响人们的思想和行为。通过宣传学校先进典型,突出建设成就,弘扬正气,抓住师生关心的热点,正确引导、大力宣传,激发师生热情,为学校的发展贡献自身的才智,激励师生奋发进取,以形成鼓舞激励受众前进的精神力量。同时,通过批评落后、错误与愚昧的思想,批评工作中的消极、失误等行为,用舆论的力量激浊扬清,鞭策后进,起到鼓舞与激励的作用。例如,我校可以充分利用微博宣传学校的先进典型人物,"全国道德模范、全国优秀导游"——文花枝、"全国孝老爱亲模范"——杨怀保、舍身救人的优秀大学生夏形义等,将先进人物的优秀事迹或经典视频上传到校园微博上,利用这种形式向广大师生介绍和宣传这些典型人物,号召广大共产党员、广大学生和理论宣传工作者向他们学习。所以,只要运用得当、操作得法,微博的激励功能就能发挥到实处,其思想政治教育的实效也就得以增强。

6. 娱乐审美功能

微博被广泛使用于大学校园后,给学生的业余文化生活注入了新鲜的血液。这一点,不仅仅在于微博可以为学生提供大量的学习材料,更重要的是通过微博寓教于乐,可以让学生学习并快乐着。微博在传播信息的过程中,不仅有显性的、刚性的、单一性的教育元素,发挥灌输和教育人的显性功能,同时还有潜伏在信息中的隐性的、柔性的、多方面的娱乐因素,发挥着寓教于乐的隐性功能。例如,微博中的图片和音乐版块,我们能将自己喜爱的或是自己原创的图片、音乐等上传到微博空间和大家一起分享;视频版块可以观赏或分享各类娱乐节目、flash、影片等,文字和论坛版块则可以进行原创文学和自由讨论,可以对自己感兴趣的话题进行自由的讨论交流,等等。这些都具有一定的娱乐性,可让大学生在工作学习之余净化心灵、陶冶情操,调节情绪和心理状态,培养良好的行为习惯,激励其积极向上的人生态度,有助于大学生良好品德的形成。

三、高校发挥微博思想政治教育功能面临的困难和挑战

因为青年人容易接受新事物,易受各种思潮和新奇观念的影响,也由于微博具有极强的渗透力和吸引力,对青年人会产生巨大的影响,所以,微博在发挥高校思想政治教育功能的过程中也面临着种种困难和挑战,对此,我们要有清醒的认识。

1. 文本碎片化

微博的微型化和简明化特征在给微博用户带来便捷的同时,也在其文字信息内容版块上对字数做了限制。对于高校思想政治教育部门或是工作者来说,每条140个文字的博文是远远不能满足思政教育内容需求的,一项通知或是相关教化信息以多条博文的形式发出去,造成信息内容缺乏连贯性和整体性,使文本呈现碎片化状态,这样既不方便受教大学生流畅地阅读和学习,也容易因数量太多、监管面覆盖不完全而产生监管漏洞,从而使大学生产生认知和思想上的偏差,这与高校思想政治教育工作的初衷不符,也达不到预定的效果。如何突破微博信息的字数限制,如何畅通无阻地在微博上进行思政教育,是微博在高校思想政治教育功能发挥过程中留给我们的一大技术性难题。

2. 缺乏有效监管

微博的"泛开放性"可能会导致其"议程设置"[①]功能(即文中所述的引导功能)有所丧失,信息上传和意见表达势必将会缺乏节制与约束,而信息泛滥所带来的垃圾信息和虚假信息容易使大学生的

---

① 关于议程设置:麦库姆斯认为大众传播具有一种形成社会"议事日程"的功能,传播媒介以赋予各种议题不同程度"显著性"的方式,影响着公众瞩目的焦点和对社会环境的认知。传播媒介给予的强调越多,公众对该问题的重视程度就越高。

认知和思想产生偏差。从“门户网站”、“博客”再到“微博”，信息传播的限制空间逐渐被打开，各种合法或不合法、健康或不健康的信息得以快捷方便地进入网民的视野，社会不再能够进行有效的监督。大学生在“微博”里寻求彰显自我的同时，更有可能不加辨别地去接受错误思想而被引向歧途。尤其是在“微博”中一旦某个“跟随”者众多的用户产生不良动机，并通过其影响力左右其“跟随”者的观念和言行时，就很容易在校园里造成极大的负面影响。正如陈维祥先生所说：“如果你有足够多的跟随者，传播病毒的能力就会发生突变。”这不仅仅是一种可能性，在一定条件下已然成为现实。

微博在大学生群体里的应用，大大突破了高校的监管范围，学校很难对所有大学生的微博网站进行监控或跟踪，海量的信息难以辨别和筛选，更别说屏蔽相关负面消息了。虽然微博的出现标志着社会言论更加开放，但开放不是没有限度的；没有限度的开放是放纵，而放纵必然导致众多的不良后果。如何应对微博的信息开放并对其进行有效的监管，将其带来的不良影响降到最低，是微博在高校思想政治教育功能发挥过程中面临的一大挑战。

3. 沟通平台缺乏普遍性和实效性

当前，每所高校里涉及思想政治教育的主要部门，如宣传部门、学工部门等，虽然为了应对网络时代的到来都相继建立了自己的内部网络，但由于起步较晚，很多网站都是有形无实，根本不能满足青年人对网络的需要，更满足不了网络时代思想政治教育工作开展的需求。当微博的出现使得青年大学生群体更加直接地面对各种信息诱惑时，高校大部分的思想政治教育工作部门甚至还没有意识到将它视为必须占有的载体和平台，建立官方微博与学生进行沟通的就少之又少了。如果抓不住微博这个教育平台，不能普遍加入到利用微博实施思政教育的战线中来，我们将无法全面了解到学生的思想动向，更难以对他们展开有效的思想政治教育。

另外，在传统的思政教育工作中，老师和学生虽说在法律地位上是平等的,但由于工作需要,师生之间往往保持着一定的上下距离感;而在微博被应用到高校思政教育工作中来之后,部分思政教育工作者往往一时难以转变角色,难以适应微博平台里绝对平等,超级互动,沟通无限又可以自主参与的模式,这在一定程度上影响了微博沟通功能的发挥。所以,在高校里如何普遍地利用微博建立形式多样、内容丰富、格调健康的网络思想政治教育平台,如何最大程度地发挥微博的沟通功能、达到沟通实效,也是摆在我们面前的大挑战。

4. 思政工作者的"微博意识"有待增强

"微博意识"是指思政工作者能够熟练使用微博并充分利用其来进行思政教育的意识和能力。传统的教育过程中,教育者处于一种信息优势的地位。如果说在"门户网站"时代和"博客"时代,思想政治教育工作者还比较容易树立威信、得到受教育者的认可,从而可以利用这些网络信息平台来促进思想政治教育工作的开展的话,那么微博的出现,将使思想政治教育工作者的这种信息优势在很大程度上丧失。大学生可通过微博所提供的特定社区方便地接触到各色信息,而未尝使用或不会使用微博或长期缺乏关注的思想政治教育工作者就要面临信息劣势的境地,于是,便不知道受教育对象在想什么、需要什么,更不知道如何开展教育才有效。此时,更让思想政治教育工作者尴尬的是,其所讲授的东西大学生也许早就知道,而学生嘴里时不时蹦出的新名词和新鲜事自己却可能闻所未闻,这种双方逆反的信息表达方式势必会造成认知差异和沟通困难。因此,如何提高自身素质,适应新形势的发展,是微博进入高校后给思想政治教育工作者带来的挑战。

四、高校充分发挥微博思想政治教育功能的有效途径

如何成功利用微博这一媒体新事物,来提高思想政治教育工作的有效性,保持思想政治教育对广大青年学生的吸引力和凝聚力,是

摆在当代高校思想政治教育工作者面前的一个重要而紧迫的课题。面对上述微博在发挥高校思想政治教育功能过程中面临的种种困难和挑战,我们更应该理性地对待微博,扬其长避其短,积极应对引导,探寻其充分发挥高校思想政治教育功能的有效途径。

1. 灵活应用"超媒体",开设思政"微博课堂"

应对微博信息的字数限制,让思政教育在微博上畅通无阻,我们一来可以利用超媒体的形式来传播思想政治教育内容,如此便可发挥网络的在线即时点播功能;二来可以开设思想政治教育理论课"微博课堂",作为课程教学的一个有益补充和教学方式的新探索。

例如,在高校思想政治理论教育过程中,教育者一方面可以通过微博即时发布热点新闻、政策及理论学习心得的网络地址链接,提供理论学习资料网址等;另一方面,可使用微博回答学生在学习过程中即时反馈的问题和观察到的现象,并可以在微博上针对热门话题发起讨论,由教育者主持引导讨论并参与其中,让教育对象畅所欲言,讨论过后再给予适当评价。这种讨论能使其大胆发表意见,克服面对面的拘束,使每一个人都能参与到讨论中来,在讨论中学习并获得提高,有效培养学生的独立思考能力,增强其学习政治理论的自觉性;教育者还可以使用微博将即时发生的社会事件与正在讲述的实际课堂内容联系在一起,达到跨越校园教学的目的,使课程更加生动和具有说服力。

2. 广泛搭建微博思想政治教育的新平台

微博成为当下年轻人尤其是大学生人际沟通和信息传递的重要工具,已经成为不争的事实。当前对于高校思想政治教育部门而言,拥有属于自己的微博网络和信息平台至关重要,这将使新媒体之下思想政治工作的创新和拓展具备相应的物质基础、物理界面和技术支持。通过这些平台的搭建,主流思想、舆论引导将与微博之间实现对接、渗入和逐步融合,潜移默化地产生积极的思想政治工作效果。

(1)高校宣传部门应该率先搭建微博平台。高校宣传部门的职责是在党委领导下,负责主持学校的思想宣传工作、精神文明建设、校园文化的策划、组织与管理工作,努力营造积极、健康、向上的校园文化氛围,构建学校全方位、多层次、宽领域的宣传格局。目前,党委宣传部大多拥有各类传统媒介及网站媒介,但对新兴的微博平台却较少涉及。因此,作为党委喉舌的宣传部门,应时刻关注舆论宣传,包括使用微博的大学生群体的意识形态,故其应积极开通专门的微博平台,并由此努力吸引学生关注学校的各项建设,如学校的发展方向、学科建设、专业建设及发生的各类大事等,营造积极、健康的高校形象和校园氛围。

(2)高校学工系统要积极建设微博平台,注重教育养成。学生工作部门是在学校党政领导下,对全校学生实施日常思想教育和管理的职能部门。在新兴网络媒介微博迅猛普及的情况下,学生工作部门应积极建设学工系统校方微博,吸引大学生加关注,加链接。通过校方微博发布正面消息,宣传时事大事、校方举措等,加强舆论导向;同时,在微博上开展介绍学习、生活经验等方面的讨论和交流,鼓励大学生积极参与到其中,引导他们合理利用各类网络资源,交流思想,表达观点,答疑解惑,处理人际关系,维护信息传播的透明与公正,形成明确的奋斗目标等。

(3)政工干部要积极开设微博,增强沟通交流。政工干部,尤其是辅导员,作为大学生的领路人、知心朋友,要做到高校思想政治教育的“三贴近(贴近实际、贴近生活、贴近学生)”,更应关注大学生的学习、生活、思想、情感各个方面。学校应支持和鼓励辅导员开通个人微博、博客、QQ、MSN等现代化的信息平台,加强辅导员与学生的即时沟通和交流,保持信息渠道的畅通,针对学生的思想热点、难点和焦点问题,释疑解惑、发布信息,引导学生正确看待敏感事件,更好地了解学生的心声,为学生服务。

3. 扮演引导微博舆论传播导向的新角色

尽管微博舆论高度分散、错综复杂、变化多端，但依然具有引导的必要和空间，这要求高校的思想政治教育工作应该积极扮演好引导微博舆论传播的新角色。要想深入全面地进行监督管理，就必须通过建立各种特色微博网站来渗透进去。这些网站应该主题轻松活泼、议题时尚新颖，具备吸引力大、凝聚力强等特点，能够吸纳大量的大学生，并产生介绍陌生者加入的连带效应。具体而言，可以建立以下三种特色突出的主题微博：

(1)发挥微博的集聚或明星效应，以知名学者、知名校友、学生领袖为骨干组建各种类型的微博“绿色社区”。大学生正值青春年少时期，人生观、价值观尚未完全成形，对事物的判断容易受外界干扰。与其不加干预让大学生们成为个别道德品质败坏、社会形象恶劣的所谓明星微博的“粉丝”，不如积极行动，发掘校内资源，为一些道德修养高、学术水平高、社会影响力高的专家学者，社会贡献大、社会形象好的校友，以及积极进取、健康向上、在学生中有影响力和号召力的学生领袖建立微博，并积极支持他们的微博向“铂金”[①]发展，引导大学生多关注学术明星、明星校友、明星同学，立足校园，放眼社会，既增强自豪感和凝聚力，也增强责任感和使命感。

(2)以班级为单位，以学生辅导员为纽带，组建“微博班级”。学生辅导员在“微博班级”建设中要始终扮演引路人角色，既要注意筛选支持“脖领儿”[②]，又要劝服引导“脖梗儿”[③]，同时还肩负“议程设置”责任，敏锐把握社会和学校热点，经常开展一些主题轻松活泼、时尚新颖、健康向上的讨论，让“微博班级”在亲切轻松的氛围中讨论问题，达成问题，实现润物无声的效果。建设“微博班级”还要注

① “铂金”是指含金量高、很有名望的微博。

② “脖领儿”是指微博一族中的领袖人物。

③ “脖梗儿”是指微博一族中的那些刺儿头，喜欢讥讽、恶搞等。

意与实际班级建设的区别和联系,"微博班级"中的"脖领儿"未必就是班级学生干部,"脖梗儿"未必就是平时的问题学生,一定要注意虚拟空间和实际生活的距离,要掌握虚拟空间的规则和技巧,做到"微博班级"建设的巧和妙。

(3)以"红色社团"①为先导,其他校园学生社团为基础,建设基于同一爱好的微博"社团社区"。现在高校中的各类学生社团都是因具有某种共同爱好的大学生而组建的,在学生生活中具有重要地位,对学生的影响力也很大。以学生社团为基础建立微博"社团社区",因社区成员具有共同的爱好,因此话题的设置和讨论相对容易,并容易激起学生共鸣,形成良好的互动。红色社团的微博社区建设在学生社团微博社区建设中尤显重要,对其他学生社团微博社区建设应起到引领和示范作用。因此红色社团的微博社区建设应纳入高校思想政治教育工作的新平台建设中,从技术和物资等多方面给予支持,而红色社团的指导教师也应有强烈的责任感帮助社团的学生负责人做好社团的微博社区建设,使党的理论、方针、政策通过微博这一新的媒体形式在大学生中传播。

4. 提高思想政治教育工作者的综合素质

任何思想政治教育方法在理论上都是有效的,但具体操作起来并不一定能达到预期的效果,这与思想政治教育工作者有很大关系。因为同一种教育方法为不同的教育者所采用,可能会有不同的教育效果。所以,在建构思想政治教育的"微博"模式之后,必须注重思想政治教育工作者素质的培养和提高。

首先,各级教育权威部门不但要成立专门的网络思想政治教育机构,还要在具有深厚思想政治教育理论功底的人群中培训一大批专门的网络思想政治教育工作者,定期对其进行网络技能培训、心理

① "红色社团"是大学生理论社团的形象称呼,一般是指由高校在校学生组成的研究马列主义、毛泽东思想和中国特色社会主义理论体系的理论宣传和学术研究社团。

教育培训等,使他们成为具备心理学知识、能利用"微博"与受教育者进行平等交流的新一代思想政治教育工作者;确保有足够多的过硬素质的思想政治教育工作者成为"微博"世界中具有号召力的领军人物,通过其与大学生开展良性互动,及时发现问题,防微杜渐,对"微博"中大学生所表现出来的思想动态及时进行疏导,从而使思想政治教育工作真正起到引导潮流的功效。

其次,这些受过培训的思想政治教育工作者要始终保持"微博态度",习惯使用"微博语言",长期和持久地关注大学生的微博动态。要真正使用网络聊天和虚拟交谈的自然沟通方式,以年轻人的语言与年轻人交流,充分展示亲和力和感召力,消除思想政治工作给人的政治说教刻板印象,在自然生动的语境中营造主流舆论氛围。

结　语

研究表明,大多数微博客用户开设微博客的主要目的在于日常交谈(daily chatter)、对话(conversations)、信息共享(sharinginformation)与新闻报告(reportingnews),因此目前关于微博客在教育中应用的研究并不多见,对微博的高校思想政治教育功能及其应用的结合探析更是微乎其微。而以微博为代表的新型传媒不仅仅是传播工具,也在发挥着塑造思想和建构观念的政治功能。微博的兴起在带来挑战的同时,也为新时期的高校思想政治工作提供了新视角、新理念和新方式,促使高校充分利用机遇,全面开启思想政治工作的新探索。

参考文献:

[1]范文生,李晓萌.全国"两会"看微博[J]. 新闻前哨,2010(5).

[2]吕辛福.微博客的新闻传播特征分析[J].今传媒,2010(8).

[3]郑燕林,李卢一.微博客教育应用初探[J].中国教育信息化,2010(2).

[4]林书兵,徐晓东.微博客及其教育应用探析[J].电化教育研究,

2010(3).

[5]阙道远.微博兴起视野下的思想政治工作[J].思想政治工作研究,2010(4).

[6]百度百科.微博[EB/OL].(2010-09-03)[2010-09-06] http://5baike. baidu. com/view/1567099. htm.

[7]陈维祥.推他,你有多少跟随者?[EB/OL].[2009206225]. http://caihuanet. com/zhuanlan/meiti/cfz/200906/t200906252831955. shtml .

“概论”课落实十八大精神“三进”的思考*

李碧云

高校思想政治课是落实十八大精神“三进”的主阵地和主渠道，其中“毛泽东思想和中国特色社会主义理论体系概论”（简称“概论”课）在落实十八大精神“三进”方面有着独特的优势。

一、“概论”课落实十八大精神“三进”的意义

1. 十八大精神“三进”是对大学生进行党情和国情教育的绝佳契机

现在的大学生绝大多数是“90 后”，都是在我国改革开放过程中成长起来的年轻人。他们一方面享受着改革开放的成果长大，一方面却对中国的未来充满迷茫。因为我们的大学生面对的当前成长的外部环境发生了很大的变化：一是西方敌对势力对我加紧实施“西化”、“分化”，意识形态领域的斗争依然复杂；二是目前社会上出现的拜金主义、享乐主义、极端个人主义等腐朽思想及各种社会丑恶现

* 作者简介：李碧云（1972 – ），女，湘潭大学马克思主义学院副教授，主要研究方向：马克思主义中国化。

象也给大学生带来了许多消极影响;三是因特网的使用对学校思想政治工作提出了许多挑战。另外,目前有部分反动分子故意在网络等媒体上发布歪曲甚至丑化中国共产党历史的观点。这样,大学生往往容易受到各种反动言论的影响。因此,要加强对大学生进行党情和国情方面的教育。

十八大通过回顾总结十六大以来全面建设小康社会10年来改革发展取得的辉煌成就以及夺取中国特色社会主义新胜利的基本要求,对中国共产党这10年来的历史进行了全面、系统、客观的梳理,在立足中国国情的基础上,提出了经济建设、政治建设、文化建设、社会建设、生态文明建设五位一体重大部署。这正是最好的党情和国情教材,通过对这些材料的学习,使他们对我们的社会主义建设有个全面的了解,明白我们中国在新世纪该举什么样的旗,走什么样的路以及我们的奋斗目标。

2. 十八大精神“三进”是贯彻落实十八大精神最有效和最直接的方式

十八大精神是“继续推进中国特色社会主义伟大事业的纲领性文献”,我们必须通过各种方式来认真、深入地贯彻学习,以便更好地发挥其指导作用。而在大学中,“概论”课推动十八大精神“三进”是贯彻落实十八大精神的最有效和最直接的方式。十八大精神“进教材”是前提,“进课堂”是途径,“进头脑”是目的。“概论”课推动十八大精神“三进”其实就是一个层层递进、环环相扣、完整地贯彻落实十八大精神的系统过程。

3. 十八大精神“三进”帮助高校学生树立“三个自信”

十八大通过回顾总结十六大以来全面建设小康社会10年实践取得的辉煌成就,集中展示党领导人民团结奋斗、砥砺前行的不平凡历程。将党的十八大精神“三进”工作结合到“概论”课教学中,在十八大精神的宣讲中,突出实践成果,讲清楚当前我国取得的成就,是党和国家几代领导人带领人民努力奋斗的积累成果。实践成就证明,这是坚持中国特色社会主义道路、中国特色社会主义理论和中国特色社会主义制度的结果,通过从思想上启发学生,使学生树立道路自信、理论自信和制度自信,同时进一步增强学生民族自尊心和自豪感。

4. 十八大精神"三进"是讲好"概论"课的关键

"概论"课贯穿着"三个一",即:"一个主题"——以中国化马克思主义为主题;"一条主线"——以马克思主义中国化为主线;"一个重点"——以中国特色社会主义为重点。它系统地回答了为什么马克思主义要中国化?什么是中国化的马克思主义?马克思主义中国化的现实意义和历史意义等重大理论和现实问题。可见,"概论"课是最直接、最充分反映马克思主义中国化及其理论成果的一门课程,因为这门课的主题就是马克思主义中国化和中国化的马克思主义,就是要向大学生介绍马克思主义中国化的历史进程及其理论成果,特别是中国特色社会主义理论体系。

讲好"概论"课的关键是要理论联系实际。而十八大精神就是当前最好的实际。十八大报告集中体现了我们党对马克思主义中国化理论成果的最新概括。十八大精神既是"概论"课教学的指针,又是"概论"课根本的、核心的教学内容。因此,要想讲好"概论"课,就必须在第一时间内把十八大精神纳入"概论"课教学中来:学通吃透十八大精神,准确地把握其精神,并把它融入教材,转变为成熟的教学体系,搬进课堂传授给学生。

二、"概论"课落实十八大精神"三进"的有效方式

"概论"课落实十八大精神"三进"的有效方式是发挥其课堂的主阵地和主渠道作用,创新教学方法和教学形式。"概论"课的教学模式有第一课堂、第二课堂和第三课堂。第一课堂是指传统的课堂

教学,是有形的。第二课堂是介于有形和无形之间,是教学计划之外的各种学生活动。第三课堂是虚拟的,即网络课堂。我们必须针对第一、第二和第三课堂,改进和创新教学方法和教学形式,切实增强教学的吸引力和感染力。

1. 精心设计和组织“概论”课第一课堂教学

“概论”课的第一课堂教学是十八大精神“三进”工作的主渠道,教师应该精心设计和组织课堂教学,根据湘潭大学的情况,结合各学科特点潜移默化对学生进行十八大精神教育。

(1)内容上追求“实”

“概论”课的主要内容和绝大多数章节都是讲授中国特色社会主义理论。党的十八大报告的内容,正是中国特色社会主义理论最新内容的浓缩版本。如何把抽象的理论和概念转化成学生易懂且乐于接受的内容,需要教师从历史、从学生的生活中举出可感的事例,尤其是从当下的丰富多彩的生活中选择具体可感的事实来验证所学理论。越是贴近学生生活的内容越能激发学生的兴趣和积极性。当然,我们老师应该结合院系和专业进行讲解,例如,湘潭大学学生来源既有文科学生,又有理科学生,还有艺术类学生。按院系来分,除了来自本部以外,还有来自兴湘学院的学生。他们对十八大报告的知识储备不尽相同,如果以完全相同的内容给文科生、理科生及艺术类学生上课,就可能出现文科生“吃不饱”、理科生“吃不了”、艺术类学生“难以消化”的问题。在这种情况下,教学内容和教学方法就不能一概而论,而应有所区别。唯有如此,学生才能既了解中国特色社会主义理论体系的基本内容,又了解新时期新阶段中国特色社会主义理论的创新内容。

(2)方法上讲究“活”

在教学方法上力求摆脱“我讲你听”的一言堂现象,在课堂教学中可以充分利用多媒体,采取“大班讲授和大班交流”的教学模式,将党的十八大精神“进教案、进讲稿、进课件”,通过专题讲授、读书研讨、师生互动和博客等方式，以通俗易懂的语言、生动鲜活的事例、新颖活泼的形式，激发学生的主体意识和学习积极性，真正实现十八大精神“进课堂”和“进头脑”，提高“概论”课的实效性。

(3)评价上力求“综”

对学生的评价应该是全方位的，要把学生的自我评价和他评结合起来，把量化评价和质性评价结合起来，让同学和老师都参与到评价中来，既有分数，又有综合评语。

在湘潭大学，“概论”课的成绩由两部分组成，平时成绩占30%，卷面成绩占70%。这改变了在对学生的“概论”课学习的评价上一张试卷定高低的局面。平时成绩决不能瞎给，必须从学生的上课表现，到课外调查报告的质量，到课堂汇报的内容，到博客内容及其点击率等各方面综合评价一个学生的“概论”课学习成绩。

2. 优化好“概论”课第二课堂教学

围绕“概论”课推动十八大精神“三进”教学目标，以第二课堂为载体，通过专题报告、自主学习、校园征文、主题演讲、参观访问和各种社团活动等多种形式，把党的十八大精神融入学生课外学习和活动之中，延伸和拓展第一课堂，在更加开阔的时间和空间上，以更为丰富多彩的教育形式宣传党的十八大精神，提高“三进”工作的实效性。

学校党团组织、各院系可以结合湘潭大学地域特点及专业特点，创建品牌学生活动，使这些活动成为传统，一届一届传承下去。如历史传统为教育、组织学生到韶山、花明楼和乌石去参观。也可以利用暑假组织学生三下乡，让学生了解中国的国情。各院系针对学生专业特点，结合专业学习，开展主题班会、主题学术讲座、主题学生社团活动等，这些活动包括文体类，学术类，娱乐类，政治类，技能类；因为课外活动学生参与面广，形式多样，生动活泼，具有群体性，实践性，生动性，渗透性特点，使学生感到乐趣，易于接受，从而提高十八大精神“三进”工作的实效性。

3. 要善于运用“概论”课第三课堂教学

21世纪是信息的社会,是网络的时代。现在“90后”的大学生的业余时间有很大一部分是在网络上度过的,利用第三课堂,是至关重要的。相对于第一、二课堂而言,“概论”课第三课堂是开放的和虚拟的,而参与其中的“90后”大学生身份具有隐蔽性。在此,他们真实的内心世界可以最大限度地敞开,他们对现实社会的种种看法、对现实生活的种种抑郁和苦闷可以尽情倾诉,甚至各种扭曲和病态的心理也会尽情展现。

在推动十八大精神“三进”工作的时候,我们除了占领课堂及课外活动的教育阵地,还要开辟更多的“概论”课第三课堂平台。诸如网络,报刊杂志,手机短信等。如何利用网络资源,把学生的兴趣与爱好吸引到有特色的主页上来。学校可以建设生动活泼的红色主页,建立教师学生互动平台,设置党的“十八大”理论热点,就热点和敏感问题展开讨论,进行学习心得的交流,教师与学生进行网络对话时,该答疑的一定要答疑。对于学生的各种扭曲和病态的心理,宜疏不宜堵,必要时我们必须实行心理干预;利用BBS交流平台,正确引导学生的舆论导向;倡议建立班级博客和学生个人博客,开展十八大精神学习竞赛,激发创作和发表的欲望。唯有如此,才能帮助学生深入理解党的十八大精神,进一步提高“概论课”教学的实效性。

三、“概论”课落实十八大精神“三进”的长效保障机制

“概论”课落实十八大精神“三进”,绝不仅仅是一个老师的事,必须调动一切积极因素,建立一个长效保障机制。

1. 加强对十八大精神“三进”工作的领导

各级教育主管行政部门、学校党委和承担思想政治课教学的部门都要从战略的高度来认识“概论课”推动十八大精神“三进”的重

要意义,为“概论”课教师开展各种教学活动大开绿灯。

2. 加强“概论”课师资队伍的建设

组织教师开展党的十八大精神的理论研究和研讨交流,鼓励和支持教师申报有关课题立项,选派骨干教师参加教育部、湖南省和学校有关学习党的十八大精神的培训班,为“概论”课教师购置有关的教学参考资料,认真开展集体备课,发挥“概论”课教师集体的智慧,形成党的十八大精神“进课堂”的基本教案,合理进行教学内容上的有机整合和衔接、融合。

3. 搭建学生参与的平台

学生也是“概论”课推动十八大精神“三进”的一个关键主体。十八大精神“三进”绝对不能以搞运动的方式进行,而应该贴近学生,在学生日常学习、生活中潜移默化地推进。学校应该创造条件,为学生搭建参与的平台。

既然大学生学习和生活都离不开网络,因此,建立十八大报告专题网站具有独特的优势。网站由“概论”课教师和宣传部共同负责指导、审核和监督,网站资料主要由学生自己收集为主,教师提供资料为辅。因为学生收集学习资料的过程其实就是一种学习的过程,也是发挥其主动性的一种方式。网站开设学习论坛,供师生交流。网站资料有多种表现形式,如视频、图片、文字、漫画等,同时,资料还可以随时更新,方便学生随时利用。

面向理论与实践的“知识产权管理”课程教学改革探析*

邱洪华

一、大学开设“知识产权管理”课程的背景

1.“知识产权管理”课程开设的制度政策环境

为提升我国知识产权创造、运用、保护和管理能力，建设创新型国家，国务院于2008年6月5日颁布了《国家知识产权战略纲要》，明确提出要加强知识产权人才队伍建设，设立知识产权二级学科，支持有条件的高等学校设立知识产权硕士、博士学位授予点，大规模培养各级各类知识产权专业人才，重点培养企业急需的知识产权管理人才。从中可以看出，一方面，知识产权管理能力的提高是我国制订与实施知识产权战略的主要目标之一；另一方面，设立知识产权专业，培养知识产权管理人才是我国知识产权战略纲要实施的战略性措施。而所有这些为大学，尤其是那些设立了知识产权专业的高校，

* 作者简介：邱洪华（1978－），男，汉，广西梧州人，知识产权管理博士，湘潭大学知识产权学院讲师，研究方向：技术创新与知识产权管理。

开设"知识产权管理"课程奠定了坚实的政策基础和提供了可靠的制度支撑。

2."知识产权管理"课程开设的基础

自从北京大学和上海大学于1994年成立知识产权学院之后，目前全国共有包括湘潭大学在内的15所高校成立了专门的知识产权学院。除此之外，还有厦门大学知识产权研究院（与福建省知识产权局共建）、山东知识产权研究院（烟台大学与山东省知识产权局共建）和湖南知识产权研究院（中南大学和湖南省知识产权局共建）等省级知识产权教学科研单位。以上这些机构是中国知识产权人才培养的主要阵地，而作为专门的知识产权科研和教学单位，它们能够为学生提供全面而系统的知识产权理论与实务课程体系。因此，在单一的法学院或管理学院通常不会开设"知识产权管理"课程，而知识产权学院的成立，培养全面、专门知识产权人才的目的，为"知识产权管理"课程的开设提供了迫切的需求。

二、"知识产权管理"课程的现有教学模式及其存在问题

1. 模式1：以《知识产权法》为体系的"知识产权管理"课程教学模式

该教学模式的主要特征在于以《知识产权法》为体系，将"知识产权管理"课程划分为著作权管理、专利管理、商标管理和商标秘密管理，在内容上以相关的法律为基础，重点阐述与实务相关的法律原理，如：著作权法领域当中的职务作品、合作作品、版权登记、著作权利用和权利救济等；专利法领域当中技术创新成果的专利临时保护制度、职务发明的认定、发明人的奖励与报酬、专利权内容与许可模式、合作发明与委托发明的权利归属、专利权侵权与救济；商标法当中的驰名商标的法律保护机制；反不正当竞争法当中的商业混同行

为的表现、企业商业秘密的秘级认定和保密措施等内容。

该教学模式的优点在于能够让学生对知识产权相关法律规定和基本原理有更深层次的理解和认识,而主要的不足在于该教学模式是法律基础教学的延伸,虽然所讲授的相关法律规定与实际应用密切相关,但更多地偏向于法务管理视域下的知识产权管理,而不是真正的企业管理视域下的知识产权管理。

2. 模式2:以知识产权相关案例为基础的"知识产权管理"课程教学模式

该教学模式的主要特征是以知识产权的典型案例为内容,阐述知识产权基本原理与实际的应用问题。在案例选排上通常包括以下两个方面:(1)法律领域的典型判例。如数字版权保护的百度文库案、专利适格性判断的 State Street Bank & Trust Co. 诉 Signature Financial Group, Inc 和 Bilki 案、商标权保护唯冠诉苹果案,等等。(2)管理领域的典型案例。如中国 DVD 产业专利收费案、美国"337 调查"与知识产权壁垒以及拜尔、华为、海尔等知名企业知识产权管理案例。

案例教学是以学生为中心的理论与实践相结合的互动式教学(何志毅、孙梦,2005),因此该教学模式的优点是显而易见的,能够给枯燥的法学原理赋予活灵活现的生命力的同时,实现教与学的充分互动。但与此同时,该模式也存在自身的不足,主要表现为系统性和全面性问题。一个典型案例,其只能就知识产权管理当中的一个或几个方面的问题给予足够而充分的印证,而无法反映知识产权管理各个环节、各个层次的所有问题,再加上案例与案例之间的独立性,使得学生对知识产权管理的理解虽然是典型的,但也是松散的、零碎的,而无法完整、系统地掌握知识产权管理的基本原理。

3. 模式3:以知识产权信息检索为内容的"知识产权管理"课程教学模式

该教学模式的主要特征是以知识产权信息检索,尤其是专利文献检索和商标信息检索为教学主要内容。在专利文献检索方面教学主要内容包括:(1)专利文献检索的基本理论,如检索字段、检索表达式、检索类型、检全率和检准率等;(2)常用的国内外专利检索平台,如SIPO、EPO、USPTO和JPO等;(3)检索结果的数据清洗和专利信息分析的主要指标与内容。在商标信息检索方面的教学主要内容包括:(1)商标信息检索的主要平台及检索方法;(2)相同商标和相似商标的检索与分析,等等。

该教学模式的优点在于能够让学生充分理解知识产权信息的基本原理(内涵、特征和价值),了解知识产权信息的来源,掌握知识产权信息查找途径,这对于实现理论联系实际、学以致用而言是非常重要的。但该教学模式也有其不足之处,主要体现在:知识产权信息的检索与利用是知识产权管理的基础,但其充其量只是知识产权管理的一个前提工具,如果仅停留在知识产权信息的检索与分析,在内容上没有延伸,则教学只会浮在面上,而没有落地生根,因为如何利用知识产权信息进行有效的管理才是知识产权信息检索的根本目的和价值所在。

三、"知识产权管理"课程教学模式改革的基本要求与内容

1. 课程设计理念与定位

在教学理念上,坚持"以理论为基础,面向应用与实践"的基本原则,实现培养目标与学科教学目标相统一,围绕着管理学的基本原理和主要环节,结合知识产权的内容和特征,讲授企业如何实现对知识产权的有效管理;在教学执行上,以有效教学为目的,关注学生的

进步与发展,通过真正有益有内容的教学,提高学生课堂参与课后自主思考的积极性和能动性,强化学生的创新意识,提高学生的创新思维能力;在学科定位上,“知识产权管理”将以法律为背景和基础,但无论是教学方法还是内容还是以管理为目标方向和落脚点。

2. 教学目的实现的基本要求

管理是知识产权本身所具有的一面,而随着近年来国家知识产权战略纲要的实施往纵深方向的发展,知识产权专业的学生的学科结构呈现明显的多元化特征。在本科阶段学习知识产权专业,除了学习法律课程之外,通常还会选修一个理工科专业,又或者由攻读理工科专业的学生,选修知识产权双学位;在研究生阶段,除了以往的法学背景的学生之外,有相当一部分是非法学背景的学生(包括各理工科专业、外语、管理、经济、新闻等)。因此,要真正实现“知识产权管理”课程的有效教学,就离不开“教师——教材——学生”三个方面的协同。

教师应能够对知识产权跨学科的特性和内容有较为全面的理解。单一的法学或管理学背景的学者对知识产权的理解,无论是内容还是方法,都有可能存在这样或那样的不完整。而教师的知识体系在相当程度上决定着课程讲授的方法和内容,也决定着学生对专业知识的吸收和理解。因此,作为“知识产权管理”这一跨学科门类的课程的任课教师,最适合的是兼具法学和管理学的综合知识结构和背景。事实上,这正是我国大学开设“知识产权管理”课程的软肋。

教材应真正从管理学角度阐述知识产权问题。最近几年,“知识产权管理”教材的数量呈现较快增长的趋势。这些教材的内容编排可以归纳为以下五类:第一,分别从专利、商标、著作权和商标秘密等角度分析知识产权管理问题(朱雪忠,2008);第二,从国家知识产权战略所提出的创造、运用、保护和管理四个能力的角度去阐述知识产权管理(朱显国、杨晨,2010);第三,以知识产权法基本内容为体系阐述知识产权管理(何敏,2003;柯涛、林葵,2004);第四,从公司角度探讨知识产权管理问题，着重于执行和操作的基本步骤和程序，如软件登记程序、专利申请程序、商标取名与商标注册程序等（王瑜、王晓丰，2007）；第五，就某特定产业发展过程中的知识产权保护现状和管理问题进行探讨（朱三元、寿步、周庆隆，2005；徐康平，2009）。

应当肯定的是，这些教材从不同侧面阐述了知识产权管理的问题，丰富了我国知识产权管理领域的体系化研究文献，奠定了我国知识产权管理的理论基础。但也应当指出，能够充分反映管理学原理，或者说真正从管理学的角度去系统研究和分析知识产权问题的著作，在我国学术理论界还较为缺乏。

学生应当具有一定的综合学习能力和创新性学习的意识。教和学是一体的。知识产权专业的跨学科性，使得知识产权专业学生的知识背景呈现明显学科多元化特征，同时也要求学生具有创新性学习的思维意识和能力，在“知识产权管理”课程当中尤其如此。对于法律背景的学生，需要先行了解管理学的基本原理；对于非法学背景的学生而言，则需要先行对法理、民法等基本法律有个初步的理解。此外，无论法学还是非法学背景的学生，都应当对国家的创新政策有较为清晰的认识。只有这样，才能积极融入到课堂组织当中。

3. 教学模块与内容

结合作者三年来的课程讲授经验和体会，本文提出了关于“知识产权管理”课程的教学模块与内容的设计，如表 1 所示。本文所设计的“知识产权管理”课程教学，围绕着计划、组织、领导、控制和创新等管理学基本原理的核心内容展开，共 48 课时，总计六个单元。

表1 “知识产权管理”课程教学模块与内容设计

课程进度	内容维度	理论维度	实践维度	课时安排
第一讲	创新与知识产权制度概述	产权理论； 制度经济学理论（公地悲剧、囚徒困境）； 创新激励理论	知识产权制度对创新保护的价值	8
	知识产权管理概述	管理行为的特征与知识产权管理的内容	国外代表性企业知识产权管理案例分析；知识产权管理的缺失对中国的影响（以 DVD 等产业为案例）	
第二讲	知识产权管理之计划	基于 PEST 模型的知识产权管理环境分析	国内企业如何有效规划适合自己的知识产权发展路线	10
		基于波特五力模型的知识产权内外部竞争力分析		
		基于 SWOT 模型的知识产权战略选择		
第三讲	知识产权管理之组织	企业组织架构与人员配置基本理论	中国企业知识产权组织机构设置的典型案例分析	4
		国内外常见的知识产权组织机构及其各自的优劣	中国企业应当如何建立适合自身发展的知识产权组织架构	

续表

<table>
<tr><th>课程进度</th><th>内容维度</th><th>理论维度</th><th>实践维度</th><th>课时安排</th></tr>
<tr><td rowspan="3">第四讲</td><td rowspan="3">知识产权管理之领导</td><td>企业领导与激励基本理论</td><td rowspan="3">企业应当如何制订和实施有效的知识产权激励措施</td><td rowspan="3">8</td></tr>
<tr><td>国内外知识产权典型企业的激励措施</td></tr>
<tr><td>中国知识产权激励措施的法律规定</td></tr>
<tr><td rowspan="5">第五讲</td><td rowspan="5">知识产权管理之控制</td><td>控制与绩效评价基本原理</td><td rowspan="5">科学评价企业知识产权经营的绩效</td><td rowspan="5">10</td></tr>
<tr><td>回归模型与知识产权绩效评价</td></tr>
<tr><td>主成份分析模型与知识产权竞争力评价</td></tr>
<tr><td>层次分析法与知识产权绩效的模糊评价</td></tr>
<tr><td>大战略理论与企业知识产权战略的选择</td></tr>
<tr><td rowspan="4">第六讲</td><td rowspan="4">知识产权管理之创新</td><td>创新基本理论</td><td rowspan="4">中国企业如何根据自身发展需要选择合适的创新路径；中国企业如何充分利用知识产权制度保护各创新环节的成果</td><td rowspan="4">8</td></tr>
<tr><td>创新路径</td></tr>
<tr><td>创新成果保护的途径</td></tr>
<tr><td>中国的创新政策与环境</td></tr>
</table>

各单元的内容模块可简述如下:

第一讲,课程概述。该部分在理论层面上,主要结合产权理论和制度经济学阐述“企业创新发展为什么需要知识产权制度”,并通过分析管理行为的基本特征,讲授“知识产权为什么是个管理问题”;而在实践层面上,通过国外知名企业在知识产权管理领域的成功案例和中国产业发展中面临的知识产权困境案例的分析,让学生充分认识到知识产权不仅仅是个法律问题,同时也是个典型的管理问题,同时也能够全面理解知识产权制度对创新的作用与价值。

第二讲,知识产权管理之计划。该部分在理论层面上,通过PEST、波特五力和SWOT分析等管理模型,讲授企业制订知识产权制度或发展规划的基本原理;在实践层面上,讨论中国企业在制订自身知识产权发展规划或战略的时候,应当进行的基础性分析研究。

第三讲,知识产权管理之组织。该部分在理论层面上,主要是结合国内外知识产权管理代表企业的知识产权事务组织架构的案例分析,讲授企业知识产权组织架构和人员配备的类型及其适用的基本原理;在实践层面上,探讨不同性质、不同类型、不同发展阶段的企业应当如何构建适合自身发展的知识产权管理组织架构体系及其结构关系。

第四讲,知识产权管理之领导。该部分在理论层面上,结合激励理论,讲授知识产权管理活动中所需要的领导行为和激励措施;在实践层面上,探讨中国的企业应当适用怎样的激励措施,才能更好地推动企业及其员工致力于创新和知识产权保护。

第五讲,知识产权管理之控制。该部分在理论层面上,将结合回归、主成分分析、层次分析法和大战略理论等评价模型,讲授企业知识产权管理的绩效评价的基本原理、指标选择等问题;在实践层面,探讨企业应当如何对知识产权活动的绩效进行科学评价,并为下一步战略或规定的决策提供有效支撑。

第六讲,知识产权管理之创新。该部分在理论层面上,将讲授创新的来源、种类和路径等基本原理,并进而探讨创新成果的保护途径;在实践上,讨论中国企业的创新政策和所适用的创新路径与实现。

四、研究结论:思考与讨论

"知识产权管理"是一典型的跨学科的课程,因此,要实现本文所探讨的教学模式,至少应当在以下几个方面给予足够的注意:

1. 加强理论与实践的紧密联系

这虽然是一具有概括性的"万金油"式的原则,但因为"知识产权管理"课程归根结底是一门管理课程,而管理本身即是围绕着实践而开展的活动,因此在课程讲授过程中,只有真正贯彻落实"理论与实践相结合"的原则,才能够避免课堂落入俗套,实现课程教学的目的。

2. 着重培养具有综合学科背景的知识产权管理师资人才

由于课程本身所具有的"跨学科"性,而对任课老师提出了更高的要求。单一学科背景的教师,不可避免地在内容或方法上无法对课程有全面的把控,所以要通过"跨院系、跨院校"交流等多途径培养多学科融合的任课教师。

3. 提高学生创新性学习的主观能动性

跨学科课程的教学,首先要拉近学生心里的课程距离感,消除因为不熟悉而先入为主的"畏惧或厌烦"的学习情绪。为此,教学过程中要采用更加多样灵活的考核方式,使学生主动参与课堂,成为教学活动过程的主角;充分利用现代的教学设备、仪器及手段,在增加教学信息量的同时,降低学生在教学活动中的疲劳感;通过互动式教学,营造和谐、积极、活跃的课堂氛围。

随着中国知识产权保护意识的不断提高,知识产权竞争力的不断增强,企业对复合应用型的知识产权人才的需求也日益凸显。结合作者几年以来的授课经验及亲身感受,本文探讨了“知识产权管理”课程的教学模式及其实现,与同行进行交流,文中所提观点或许幼稚甚至错误,还请同行给予批评指正。

参考文献:

[1]何志毅、孙梦. 中国工商管理案例教学现状研究[J]. 南开管理评论,2005(1):91-95.

[2]詹映. 我国高校知识产权管理教学研究[J]. 科技创新导报,2009(35):240-242.

[3]朱雪忠. 企业知识产权管理[M]. 北京:水利水电出版社,2008.

[4]朱显国、杨晨. 企业知识产权管理实务[M]. 北京:知识产权出版社,2010.

[5]何敏. 企业知识产权保护与管理实务[M]. 北京:法律出版社,2003.

[6]柯涛、林葵. 知识产权管理[M]. 北京:高等教育出版社,2004.

[7]王瑜、王晓丰. 公司知识产权管理[M]. 北京:法律出版社,2007.

[8]朱三元、寿步、周庆隆. 软件企业知识产权管理[M]. 北京:清华大学出版社,2005.

[9]徐康平. 现代物流企业知识产权管理[M]. 北京:中国财富出版社,2009.

“机械原理”课程教学改革初探*

刘柏希　聂松辉　冯建军　赵又红　龚曙光

传统的“机械原理”教学体系自20世纪50年代建立以来，一直被广泛用于指导教学活动。这种以机构分析为主贯穿教学始终的教学体系，虽然对培养学生分析问题的能力曾起过重要的作用，但随着我国加入WTO，出口外向型经济迅速发展，为适应世界范围内的产品竞争，产品更新换代周期明显加快，对工程技术人员的综合设计开发能力提出了新要求，继续沿用传统的“机械原理”教学内容，已经难以适应21世纪人才培养的需求。因此，对《机械原理》课程教学的改革也提上了议程。

一、优化整合课程教学内容

我院机械原理和零件教研组多位在教学一线的老师经过多年的探索和实践，从理论和实践教学方面初步提出了“机械原理”课程教学内容的优化整合方案。

---

* 课题来源：湘潭大学第六批教学改革研究项目“构建机械原理网络教学平台 增强师生互动交流”。

作者简介：刘柏希（1978－），男，湘潭大学机械工程学院副教授，工学博士。

1. 理论教学

理论教学的目的是传授本门学科的知识和技能。其落脚点是提高专业人才的专业素质和综合能力。教研组坚持以科学发展观为指导,重新调整了“机械原理”课程内容。新的课程内容在培养目标上突出了学生机械系统综合设计能力和机构原理方案创新设计能力;在课程结构上体现了“以机构设计为主线,机构分析为设计服务,以机械系统方案设计为基础”思想;在课程内容上全面、系统介绍了机构的运动、传动性能,减少了平面机构运动分析、力分析等,提高了“机械系统方案设计”章节在教学中所占比重;在课程优化上加强了与工程实践的联系,并适当增加了有关机构创新的内容。

新的理论教学内容由“机构的运动设计”、“机械的动力设计”和“机械系统方案设计”三部分组成。机构的运动设计论述机构的组成和结构分析的基本原理,介绍各种常用机构的类型、运动特点、功能和运动设计的方法。目的在于使学生在进行机电产品设计时,既有广阔的视野,又有坚实的基本功。机械的动力设计是机械系统方案设计中必须考虑的重要问题之一,着重讲授机械在运转过程中出现的若干动力学问题,以及如何通过合理设计和试验改善机械动力性能的方法。机械系统的方案设计讲授机械系统方案设计在整个机械设计过程中所处的地位,以及和机械系统方案设计的设计内容、设计过程、设计思维和设计方法,包括机械总体方案的设计、机械执行系统的方案设计、机械传动系统的方案设计及原动机的选择、机械控制系统简介等内容。

2. 实践教学

“机械原理”作为专业基础课程,与工程实际结合极其密切。实践教学是培养学生的观察分析能力,实验研究动手能力、综合设计能力、以及培养创新意识与创新能力的极重要教学环节。它不仅是课堂教学中重要概念和理论的验证与应用,更是全面培养学生素质与能力的需要。由于我国与国外一些先进国家在教育教学方面的主要差距在于实践环节，因此在新的课程中，把加强工程实践训练作为教学研究与改革的重点，以此建立和完善新的实践教学体系。

新的实践教学内容由实验教学、机械实例分析、机械创新设计三部分组成。三个模块均以加强自学能力、研究能力、动手能力及创新意识与创新能力的培养为目标。

（1）在实验教学中我们将计算机技术和网络技术与现代实验技术相结合，将虚拟实验室与综合实验室有机融合，既提高了实验的时间和空间，又加强了实验内容的综合性与设计性。如开通典型机构网络陈列室，学生使用学号登录即可反复观看典型机构的组成和三维运动，从而增强了学生对典型机构的理解，提高了学习兴趣。又如增开了典型机器与机构分析、机构系统创意组合、机械系统创意组合等综合性实验，对启迪学生的创新意识和培养学生的设计能力起到非常积极的作用。

（2）本课程传统的课程设计内容是对给定的简单整合机构进行组成和运动学分析。虽然对一些基本概念、定义的应用起到一定的作用，但是由于结构过于简单，且涉及的理论内容相对单一，导致设计方案千人一面、与实际机构相距甚远等问题，让学生感到枯燥无味，故抄袭难免。同样的问题也存在于机械设计课程设计中。为了解决此问题，教研组老师在部分学生中将“机械原理”和“机械设计”两门课程的课程设计结合起来，作为一门“大作业”，从工程需要、运动方案设计到结构设计，形成一套完整的产品设计方案。这样就增强了学生解决问题的成就感，极大程度上提高了学习积极性，自觉地投入时间和精力完成自己的“作品”。结果是增强了学生综合应用所学理论知识的能力，减小了学校理论学习与企业工程应用之间的衔接差距，学生能够很快地适应企业实际产品设计的要求。另外，在学生中组织创建类似于学习兴趣小组的创新实验俱乐部，结合“挑战杯”和“机械创新设计大赛”，将“大作业”进行外延，定期开展综合创新实验活动。学生通过分工与合作，增强了集体意识和协调合作能力。

本课程教学内容的设置,经过多年的实践,符合机械类专业培养目标的要求,较好地处理了少而精与博而通、先进性与传统性、知识性和趣味性、理论教学与综合训练等关系,体现了以有效知识为主体,构建了学生终身学习的知识基础。采用启发式教学引导学生入门,互动式教育激发学生兴趣,研究式实践培养学生能力等符合教育规律和认知规律等措施,取得了可喜的成果。

二、完善教学条件、改进教学手段

1. 多媒体课件的研制和网络交流平台的开发

“机械原理”课程与工程实际联系密切,其研究的主要内容是机构的运动分析及运动设计。因此,利用多媒体教学手段,可以解决黑板、粉笔、简单模型无法表达的机构运动形态等系列问题。经过多年的努力和不断完善,我们从课程建设的实际出发,研制开发了“机械原理”多媒体教案和多媒体网络课件。新教学手段的引入和实施,不仅增大了课堂信息量,提高了课堂教学的质量和课外自学的效率,同时提高了学生对机械的感性认识和形象思维,大大丰富了学生对求知工具的了解和掌握,对提高学生的全面素质发挥了积极的作用。同时,针对高校教学“以学为主,以教为辅”,课堂教学时间紧凑的特点,开发了课程网络师生互动交流平台。老师在课前将讲义挂到平台,方便学生课前预习;学生课后可以就一些疑点和难点在平台留言,老师跟踪解答。这样很多在课堂上不能当场解决的问题,在课后就可以通过交流平台很方便地进行师生互动交流,老师在课堂教学过程中出现的某些口误也可以通过平台反映,有利于提高老师的教学质量。

2. 系列教材建设

教学目标的实现、课程体系和课程内容的实施,必须有优秀教材和教学参考书的支撑,以及良好的教学软、硬件条件的保障,这些也同样是课程建设的重要内容。近年来,围绕课程体系改革和课程内容的整合,我们在教材建设中倾注了大量心血,主持和参与编著完成《机械设计基础》、《机械基础实验教程》、《机械原理课程设计指导书》等教材多部,形成了主教材、参考教材、辅助教材有机结合的系列配套教材。新的系列教材体现了时代新特色,配合了课程新体系,吸纳了科研新成果,反映了当代机械学科的新发展。

3. 实验条件更新

我们在“中央财政支持地方高校实验建设”等项目的支持下,更新和增加实验设备近百台套,保证新的实验教学体系和实验内容的实施。同时,开发研制了机械创新设计网络平台以及典型机构网络陈列室,充分发挥互联网的优越性,实现了资源共享;在学生中使用得到很好的反响,改变了传统实验因设备有限而造成的一人操作、多人观看的不足。学生实验不受时间和空间的限制,每个人都得到了更多的实践机会,提高了学生学习与探索的积极性和热情。

三、强化教员自身素质

坚持面向工程实际教学,紧紧围绕提高人才综合素质和创新能力而进行的课程建设与改革,教师的主导作用依然重要。多年来,本教研组每名教师都自觉地以师德规范要求自己,不断提高自身素质。教研组全体教师在上好每堂课、指导好每个实践环节的同时,潜心进行教学研究和科学研究。继承老一辈爱岗敬业、不计名利的光荣传统,一丝不苟、通力合作是全体专业基础课教师始终坚持的工作作风。近年来,教研组多人次被选派到国外高校访问交流、遴选为湖南省青年骨干教师培养对象,获得湖南省青年教师教学能手、学生心目中最喜爱的老师等荣誉。组内教师也经常开展教学交流和竞赛活动,通过互相听课、集中研讨等形式互帮互助,使每一位教师的教学水平和教学质量都得到极大提高,为新的教学体系的广泛推广应用提供了师资保障。

四、结论

课程建设与教学改革必须适应社会对人才培养的需求,符合科学发展的规律,是动态、且永无止境的。以科学发展观指导理论教学,转变教学理念、完善立体化教学方式与手段、实现研究式教学的新局面,是“机械原理”课程今后一段时间改革的重点。为此,我们将继续深入研究与探索,使其不断适应各方面快速发展的要求。

试论新形势下我国高校的战争法教学问题*

李伯军

一、应以“居安思危”的心态来推进我国高校的战争法教学

一般而言,国际法包括两部分内容:一是支配和平时期国际关系的法律,二是调整战争时期国际关系的法律。因此,战争时期国际法是和平时期国际法相对称的一个分支,简称“战争法”(Law of War),后来也称其为“武装冲突法”(Law of Armed Conflict),现在在红十字国际委员会(ICRC)的推动下又叫“国际人道法”(International Humanitarian Law)。所谓战争法,它是指调整战争中交战国之间、交战国与中立国或非交战国之间关系以及有关战时人道保护方面的原则、规则和制度的总和。

不可否认,战争是一种暴力的、大规模的争端解决方式,它可以

* 课题来源:湖南省普通高等学校教学改革研究项目“‘复合式教学法’在国际法教学中的应用研究”(湘教通[2011]315 号)。

作者简介:李伯军(1976—),男,湖南益阳人,湘潭大学法学院副教授,法学博士,湘潭大学战争与武装冲突法研究中心主任,主要从事国际法学、军事法学等研究。

被看作法律的对立面,因为终究法律的目的在于用非暴力的方法来协调各国关系。古罗马著名的法学家西塞罗在“法律在战时归于沉寂”一文中首次提到这一点。而这被理解为任何战争的合法性都存在于国际法的管辖范围之外,因为国家自身便是最高权威,可以自由选择是否发动战争。根据这一观点,既然没有比国家更高的权威,便没有人可以断言国家是在非法发动战争。然而,冷战以来的历次战争,特别是近几年所发生的具有高科技背景的现代战争,交战各方都把战争法作为克敌制胜的另一种“武器”。为保证我军在未来军事斗争中立于不败之地,磨砺战争法这柄正义之剑,战争法的学习已成为当务之急。世界近几次高技术战争,尤其是伊拉克战争的实践表明,战争法的基础已发生了动摇,战争法的核心内容——作战法规已出现真空;但从另一方面也出现了一个十分有趣的现象:战争法在现代战争中已成为交战方克敌制胜的“新武器”。可以说,法律战场的开辟,已经使现代战争阔步走进了“斗力”与“斗法”并重的时代。还有学者也表达了类似的观点,认为,“随着世界新军事变革的深入发展,人们对战争的正义性、公理性更加关注,以武装冲突法为主要武器的法律战也越来越突显出特殊的重要性。重视对它的学习、掌握和运用,已经成为世界各国军队建设的共同规律。因此,为了完成我军新的历史使命,我们每一名军人如何从实战出发,提高运用武装冲突法为军事斗争服务的法律意识,从而增强打赢现代战争的能力就显得非常重要。”这就是我军近来所积极倡导的“法律战”、“舆论战”、“心理战”,即所谓的“三战”问题。显然,我军已经意识到了战争法在现代战争中的重要性。

进入21世纪以来,尽管世界性的大战不大可能爆发,但是,基于宗教矛盾、民族矛盾、国家领土和资源争议以及国家内部纷争而导致的世界局部战争和国家内战频发。古人云:“忘战必危、好战必亡!”尤其是近年来,我国与周边邻国大多都存在边界领土的纠纷,典型的如我国与印度关于藏南问题的争端、我国与日本关于东海划界争端和钓鱼岛主权争端、我国与部分东南亚国家关于南沙群岛主权争端以及我国和韩国关于领海划界争议，等等，这些区域热点问题随时都有可能酿成武装冲突和局部战争的危险。另一方面，“如果说，以前我军主要从事的是国内战争，主要在本国的领土、领空、领海范围内进行反侵略的自卫战争，那么，随着我国政权的巩固，随着世界政治、经济一体化的加速发展，我军以后履行对外职能的机会将显著增多，参与处置国际性武装冲突的可能性将增大。”在这种新形势下，作为调整战时国际关系的战时国际法依然不可或缺，在某种程度上，战争法的价值和意义已经变得日益凸显。在国外，特别是欧美国家的军事院校非常注重对国际法和战争法等课程的设置和教学，典型的如：“比利时的皇家军校在20世纪40年代末就开设了法律课，至今已形成比较完备的法学课程体系，具体课程依照军官的分类而各有侧重：一般军官学习法学概论、公法原理、私法原理、军事刑法和军事刑事诉讼法、武装冲突中的人道主义法等课程；工程技术军官学习法学基本原理、工业法基础理论、战争人道主义法知识等课程；特种部队预备军官学习法学基础理论。学员学习这些课程，均要参加并通过国家统一考试才为合格。”因此，无论是我国周边面临复杂的国际局势以及发生战争与武装冲突的潜在危险，还是国外战争法教学的普及和开展，这些都要求我们在新的形势下必须以一种“居安思危”的心态来推进我国高校的战争法教学。

二、我国战争法教学的现状及存在的问题

二战结束以来，从国际法的编纂角度而言，战争法显然受到了国际社会的冷落。战争法是国际法中最古老的一个分支之一。现代国际法上，由于已经针对武力使用予以了禁止，并且还宣布战争为非法，因此，1949年联合国国际法委员会通过决议将战争法的编纂排除在外，战争法事实上没有再研究的必要。联合国机构决定将战争法的讨论从其工作范围中排除出去。联合国采取这一做法的原因是，他们相信如果联合国就这一法律分支进行讨论，将减损宪章中所

宣示的反战权的力量,同时对于该国际机构维护和平能力的信心也将产生动摇。例如,1949 年当联合国国际法委员会考虑将何种事项列入编纂范畴时,就决定将战争法排除在外。无怪乎 1952 年,英国著名的国际法学者赫希·劳特派特爵士就曾经说:“某种程度上说,如果说国际法处于法律的尽头,那么,战争法或许更明显地处于国际法的尽头。”受上述这种情况的影响,现在有关战争法的教学在我国也没有受到应有的重视。

受战争法主要直接拘束军人在战时的作战行为这一事实之影响,我国高校在战争法教学方面的重视程度和投入方面均存在明显的不平衡。一方面,大部分军事院校,如国防大学、西安政治学院、南京政治学院、国防科技大学、解放军空军指挥学院、武警学院、武警指挥学院、大连海军舰艇学院等一般比较重视战争法的教学和科研工作。如在军事高等院校中,西安政治学院现已经成为我国高等院校中战争法教学和科研的一个重镇和标杆。1991 年开始,西安政治学院在全军率先开展武装冲突法教学和科研工作,经过 20 年的建设、实践和总结,武装冲突法教学研究取得了丰硕的成果:建立了稳定的学科专业机构,拥有一支素质结构合理、教学科研能力强的学科专业队伍;加强对武装冲突法的学科专业研究,取得了一批高质量的教学科研成果;构建了系统完善的课程、教材和资料体系,形成了与武装冲突法课程特点相适应的教学方法;建立了以红十字国际委员会和意大利圣雷莫国际人道主义法学院为主要平台的国际学术交流合作机制,充分展示我军传播武装冲突法的良好风范。总政治部于2000 年将该学院确立为全军武装冲突法培训基地。2005 年,武装冲突法课程被评为全军优质课程、国家级精品课程。2007 年,学院接受全军教学工作评价,将武装冲突法作为办学特色之一,受到专家充分肯定。20 年来,西安政治学院培养武装冲突法研究方向的博士研究生 8 人、硕士研究生 71 人,培训各层次学员 6000 多人次。目前,一批武装冲突法和法律战人才已在部队武装冲突法和法律战研究、教育训练中发挥着重要作用。

然而,尽管如此,从教学资源的投入来看,西安政治学院也依然存在很大的不足,主要限定于研究生的教学体系这个范围。而另一方面,地方高校在这方面的表现更加不尽如人意,普遍不重视战争法的教学和科研,战争法这门课程并没有能作为一门独立的学科来在本科课堂上开设,而只是作为国际法学这门课程的一个章节来进行教学,即便如此,国内绝大多数高校指定的国际法教材都将战争法这一章节的内容编排到了最后一章。更为令人不安的是,许多教师在讲授国际法这门课程时,由于受国际法教学计划课时有限以及不重视战争法内容的教学等因素的影响,而往往将这部分占到国际法“半壁江山”的内容直接省略了,也没有引导学生如何来进行课后自学。高校教师这种对待战争法内容随意取舍的状况严重影响到战争法在我国的有效传播和普及,尤其是对我国军队的法制建设造成了非常消极的影响。

另外,我国高校战争法教学计划课时严重不足。国际法是全国高等学校法学专业开设的十四门主干课之一,是针对具有一定国内法基础及相关知识的本科生开设的必修课。然而,许多高校在开设国际法这门课程时,其课程设置中计划拟定的教学课时总量偏低。有的高校对国际法这门课程设定的教学时数是54课时,有的高校配备的是64课时,有的高校更少,只安排了36或32个教学课时。在这种情况下,具体分配到战争法部分的教学课时就更少了。加之,我国现有的国际法教材的编排在体例上几乎全部都是分为总论和分论两部分,总论主要是对国际法的概念、历史发展、国际法的渊源、国际法与国内法的关系、国际法的基本原则、国际法的主体等基本概念和基本理论问题进行梳理;而分论部分主要是涉及到国家领土、国家责任法、国际人权法、国际法上的居民、国际海洋法、国际空间法、国际条约法、国际环境法和战争法等内容,这样,战争法这部分内容常常被放到分论部分和国际法其他分支并列编排。这样一来,加上国际法总课时不足这个因素的制约和影响,许多教师在进行课堂教学时很有可能将战争法这部分教学内容省略不讲。

最后,我国高校普遍存在战争法师资严重不足的瓶颈问题。如上所述,相对于国内民商法学、刑法学、宪法学、经济法学等传统的国内部门法学,国际法在我国法学教育和科研中的地位很低,一直以来就是个“偏门”和“冷门”。这其中涉及到的原因比较复杂,既有国际法这门学科本身所具有的高度政治性这个因素,也与教学主管部门以及广大师生对国际法这门学科产生的种种误解有关,认为国际法的教学和学习无足轻重,当然,还包括一些功利性的因素等,所有这些都极大地限制了有关部门对国际法师资培养的热情,也挫伤了许多中青年教师投身于国际法的教学和科研的热情。尽管近年来我国国际法学界开始意识到了国际法教学师资的严重不足,中国国际法学会每年在全国各个高校轮流主办各种国际法师资研修班,但获得的效果仍然不尽如人意。而战争法作为国际法的“冷门”这个因素使得战争法方面的师资就更加少得可怜了。

三、战争法的教材与教学内容体系问题

我国高等院校中现有关于战争法内容方面的教材主要有三种模式:一是战争法成为军事法的一个部分而被编写进军事法学教材里,如薛刚凌教授主编的《军事法学》(法律出版社 2006 年版)、许江瑞等教授主编的《军事法教程》(军事科学出版社 2003 年版)、陈学会教授主编的《军事法学》(解放军出版社 1994 年版)、张建田教授等主编的《中国军事法学》(国防大学出版社 1988 年版)、图们教授主编的《军事法学教程》(法律出版社 1992 年版)、莫毅强等教授主编的《军事法概论》(中国人民公安大学出版社 1990 年版)等一般都在教材最后一章单独设置战争法章节的内容。二是战争法作为国际法的重要组成部分而被编写进国际法教材里,而且,一般也被放置到了教材的最后一章。国内几乎所有的国际法教材都是将战争法这部分内容放到了最后的章节,典型的如王铁崖教授主编的《国际法》教材(法律出版社 1995 年版)和梁西教授主编的《国际法》教材(武汉大

学出版社2003年版)就是如此。三是专门针对战争法的内容进行编写的教材,诸如中国人民解放军西安政治学院俞正山教授主编的《武装冲突法》教材(军事科学出版社2001年版)、中国人民大学朱文奇教授编著的《国际人道法》教材(中国人民大学出版社2007年版)、清华大学法学院贾兵兵教授编写的英文版《国际人道法简明教程》(清华大学出版社2008年版)、周健教授撰写的《战时军事法》(法律出版社2008年版)、丛文胜教授等编写的《法律战100例:经典案例评析》(解放军出版社2004年版)、周江陵教授主编的《武装冲突法概论》(东南大学出版社2007年版)以及许江瑞教授主编的《战争法》(中央广播电大出版社2010年版)等;国外引进的战争法方面的教材主要有法国著名的战争法权威夏尔·卢梭撰写的《武装冲突法》(中国对外翻译出版公司1987年版)等。另外,西安政治学院在战争法教材的编写和人才培养给我们树立了一个榜样:"近年来,法律在现代化战争中的作用日益显现,这给军法系也带来了严峻的挑战。对此,西安政治学院不断调整战争法的教学科研方向,并且从无到有不断完善和充实了战争法教学体系。在理论研究方面,系里集中精兵强将,对我军信息化战争条件下如何开展法律战进行研究、攻关,同时还加强了对军事斗争准备和现代化战争中法律服务规范的研究探索,对我军在未来高技术局部战争中可能遭遇的有关法律问题进行了专题研究,先后出版了《武装冲突法》、《战争法知识讲座》、《军事斗争法律手册》等书籍,并与国际红十字会举办了8期武装冲突法讲习班,为部队培养了近3000名法律战专业人才。"

对于战争法内容的教学体系问题,学界一般有所谓狭义战争法和广义战争法之说。所谓狭义战争法,就是主张战争法的内容应该只包括海牙法体系和日内瓦法体系这两个部分的内容。而广义上的战争法内容不但包括战争中的海牙法和日内瓦法,而且还包括战前正义的内容,即禁止使用武力法以及联合国成立后对战争法的发展部分,另外还包括战后法的部分内容。因此,就整个武装冲突法体系而言,有西方国家学者认为除了"日内瓦法"和"海牙法"之外,还有所谓“纽约法”(New York Law)。按照两位荷兰学者的说法,联合国成立后对战争法的发展所作的贡献可以统称为“纽约法”。迈克尔·沃尔泽教授也认为,正义战争论通常由开战正义(Jus ad Bellum,这是关于开始战争的决定的部分)和作战正义(Jus in Bello,这是关于战斗行为的部分)组成,这最初是中世纪的天主教哲学家和法学家提出的。现在我们必须再增加一个战后正义(jus post bellum)。因此,从战争法学在我国的传播和普及以及学生全面掌握战争法内容的角度而言,我们认为,战争法至少应包括以下两个部分的内容:一是开战正义法,即所谓的禁止使用武力法;二是战中正义法,即所谓狭义上的战争法。

首先,开战正义法或禁止使用武力法的形成有一个历史过程。依据传统国际法的理论与实践,战争作为推行国家政策和解决国际争端的强制手段,国际法律体系是一个“自助”的体系,是被承认是合法的,国家有“诉诸战争权”(jus ad bellum),发动战争是国家不容置疑的绝对权利,如干涉就是传统国际法上国家用来作为一种解决国际争端的有效手段。20世纪以来,战争在国际法上的地位发生了重大变化。鉴于战争给人类带来巨大的灾难和创伤以及世界各国人民热切渴望和平与发展,国际社会反战运动开始蓬勃兴起,在强大的国内外舆论压力下,各国政府开始意识到有必要对于战争进行限制。1899年海牙和平会议缔结的《和平解决国际争端公约》规定,各国应尽力于免除诉诸武力,尽力于国际纷争之和平解决。1907年的海牙公约则进一步对战争权利加以了限制,并对斡旋和调停作为和平解决国际争端的方法作了较具体的规定。1919年国际社会制定的《国际联盟盟约》进一步限制“战争权”。1927年9月24日国际联盟第8次大会一致通过的《关于侵略战争的危害宣言》,是第一次认定侵略战争是国际罪行的国际性文件。1928年巴黎《非战公约》(Anti-warpact),亦称《白里安——凯洛格公约》(Briand - Kellogg Pact),全称《关于废弃战争作为国家政策工具的一般条约》,则第一次在法律上禁止了以战争作为推行国家政策的工具。1945年《联合国宪章》

明确禁止战争和非法诉诸武力。《宪章》在序言开宗明义，宣布联合国组织的目的是“欲免后世再遭今代人类两度身历惨不堪言之战祸”，因而为达此目的“保证非为公共利益，不得使用武力”。《宪章》第2条第4款继而规定：“各会员国在国际关系上不得使用威胁或武力，或以与联合国宗旨不符之任何其他方法，侵害任何会员国或国家之领土完整或政治独立。”至此，禁止使用武力法正式得以确立。这部分的战争法内容对于学生正确而全面地了解战争和战争法在国际关系中的地位和作用有很大的帮助，教师在讲授战争法时应该预留部分教学课时进行讲授。

其次，战争法的教学内容重点应集中在战中正义法上，即狭义上的战争法，这具体包括海牙法体系和日内瓦法体系。

海牙法体系的教学内容主要涉及规范交战各方的行为以及交战国与中立国关系方面，以两次海牙和平会议达成的国际法律文件为主要内容。第一次海牙和平会议（1899年5月18日~7月29日）主要通过了三项公约、三项宣言以及一个最后文件：第1公约：《和平解决国际争端公约（Convention (I) for the Pacific Settlement of International Disputes, 29 July 1899）；第2公约：《陆战法规和惯例公约》及其附件《陆战法规和惯例章程》（48个国家批准或加入）（Convention (II) with Respect to the Laws and Customs of War on Land and its annex: Regulations concerning the Laws and Customs of War on Land. The Hague, 29 July 1899）；第3公约：《关于1864年8月22日日内瓦公约的原则适用于海战的公约》（Convention (III) for the Adaptation to Maritime Warfare of the Principles of the Geneva Convention of 22 August 1864. The Hague, 29 July 1899）；第1宣言：《禁止从气球上或用其他新的类似方法投掷投射物和爆炸物宣言》（Declaration (IV,1), to Prohibit, for the Term of Five Years, the Launching of Projectiles and Explosives from Balloons, and Other Methods of Similar Nature. The Hague, 29 July 1899）；第2宣言：《禁止使用专用于散布窒息性或有毒气体的投射物的宣言》（Declaration (IV,2) concerning

Asphyxiating Gases. The Hague, 29 July 1899);第3宣言:《禁止使用在人体内易于膨胀或变形的投射物,如外壳坚硬而未全部包住弹心或外壳上刻有裂纹的子弹的宣言》(Declaration (IV,3) concerning Expanding Bullets. The Hague, 29 July 1899);《海牙第一次国际和平会议最后文件》(Final Act Of the International Peace Conference. The Hague, 29 July 1899)。第二次海牙和平会议(1907年6月15日~10月18日)重新修订了第一次海牙和平会议上达成的3个公约和1项宣言。另外,这次会议还通过了有关中立问题、海战法规等10项新公约、1项宣言以及1个最后会议文件:第1公约:《和平解决国际争端公约》(Convention (I) for the Pacific Settlement of International, 18 October 1907);第2公约:《限制使用武力索偿契约债务公约》(Convention (II) for the Limitation of Employment of Force for Recovery of Contract Debts October 18, 1907);第3公约:《关于战争开始的公约》(Convention (III) relative to the Opening of Hostilities. The Hague, 18 October 1907);第4公约:《陆战法规和惯例公约》及其附件《陆战法规和惯例章程》(Convention (IV) respecting the Laws and Customs of War on Land and its annex: Regulations concerning the Laws and Customs of War on Land. The Hague, 18 October 1907);第5公约:《中立国和人民在陆战中的权利和义务公约》(Convention (V) respecting the Rights and Duties of Neutral Powers and Persons in Case of War on Land. The Hague, 18 October 1907);第6公约:《关于战争开始时敌国商船地位公约》(Convention (VI) relating to the Status of Enemy Merchant Ships at the Outbreak of Hostilities. The Hague, 18 October 1907);第7公约:《关于商船改装为军舰公约》(Convention (VII) relating to the Conversion of Merchant Ships into War – Ships. The Hague, 18 October 1907);第8公约:《关于敷设自动触发水雷公约》(Convention (VIII) relative to the Laying of Automatic Submarine Contact Mines. The Hague, 18 October 1907);第9公约:《关于战时海军轰击公约》(Convention (IX) concerning Bombardment by Naval

Forces in Time of War. The Hague, 18 October 1907);第 10 公约:《关于 1906 年 7 月 6 日日内瓦公约原则适用于海战的公约》(Convention (X) for the Adaptation to Maritime Warfare of the Principles of the Geneva Convention. The Hague, 18 October 1907);第 11 公约:《关于海战中限制行使捕获权公约》(Convention (XI) relative to certain Restrictions with regard to the Exercise of the Right of Capture in Naval War. The Hague, 18 October 1907);第 12 公约:《关于建立国际捕获法院公约》(Convention (XII) relative to the Creation of an International Prize Court. The Hague, 18 October 1907);第 13 公约:《关于中立国在海战中的权利和义务公约》(Convention (XIII) concerning the Rights and Duties of Neutral Powers in Naval War. The Hague, 18 October 1907);第 1 宣言:《禁止从气球上投掷投射物和爆炸物宣言》(该宣言扩展了 1899 年会议的第 2 宣言,将其他类型的飞行器包括在内)(Declaration (I) extending Declaration II from the 1899 Conference to other types of aircraft Declaration (XIV) Prohibiting the Discharge of Projectiles and Explosives from Balloons. The Hague, 18 October 1907);第 2 宣言:《强制仲裁宣言》(Declaration II in favor of Compulsory Arbitration, The Hague, 18 October 1907);《海牙第二次国际和平会议最后文件》(Final Act of the Second Peace Conference. The Hague, 18 October 1907)。

日内瓦法体系的教学内容主要侧重于保护战争中的受难者,如战俘、平民、伤病员等。基于国际人权保护理念的传播以及在红十字国际委员会(ICRC)的推动下,1948 年于斯德哥尔摩举行的第 17 届红十字国际大会上各国对修订以前的日内瓦公约达成共识,并在作为《日内瓦公约》保存国的瑞士政府正式的召集下,1949 年 4 月 21 日,关于修改日内瓦公约的外交会议在日内瓦的总理事会宫(Palais du Conseil Général)开幕。4 个月之后,8 月 12 日,与会各国代表缔结了下列四部公约:1949 年日内瓦第 1 公约:《改善战地武装部队伤者病者境遇》(Convention (I) for the Amelioration of the Condition of the Wounded and Sick in Armed Forces in the Field. Geneva, 12 August 1949)、1949年日内瓦第2公约:《改善海上武装部队伤者病者及遇船难者境遇》(1949 Geneva Convention II for the Amelioration of the Condition of Wounded, Sick and Shipwrecked Members of Armed Forces at Sea)、1949年日内瓦第3公约:《关于战俘待遇的公约》(1949 Geneva Convention III Relative to the Treatment of Prisoners of War)、1949年日内瓦第4公约:《关于战时保护平民的公约》(1949 Geneva Convention IV Relative to the Protection of Civilian Persons in Time of War1949)。后来,历届日内瓦会议又相继在上述四公约的基础上订立了三个附加议定书:1977年《1949年8月12日日内瓦四公约关于保护国际性武装冲突受难者的第一附加议定书》(1977 Geneva Protocol I Additional to the Geneva Conventions of 12 August 1949, and Relating to the Protection of Victims of International Armed Conflicts)、1977年《1949年8月12日日内瓦四公约关于保护非国际性武装冲突受难者的第二附加议定书》(Geneva Protocol II Additional to the Geneva Conventions of 12 August 1949, and Relating to the Protection of Victims of Non - International Armed Conflicts)、2005年《1949年8月12日日内瓦四公约关于采纳一个新增特殊标志的第三附加议定书》(Protocol III additional to the Geneva Conventions of 12 August 1949, and relating to the Adoption of an Additional Distinctive Emblem (Protocol III), 8 December 2005)等。

由上可知,战争法的教学内容体系非常繁多而庞杂。因此,教师如何编排有关教材以及统筹教学内容就变得相当重要。在这方面,西安政治学院做出了有益的探索。传统的战争法教学,以承认国家的战争权为基础,以阐述战争的法律状态为要务,以讲授交战法规为主体,这已经不能适应高技术条件下的军事斗争准备和打赢战争的需要。为了改变这一教学现状,该院把原来讲授的四部分内容扩充为现在的导论、武力使用法、交战法规、中立法、惩处战争犯罪、战争法运用艺术探讨等六部分;把以讲授战争法规为重点转移到运用战争法规的艺术探讨方面。学院先后派出20多人次到总部、有关科研机关及部队进行调查研究，组织力量多次进行论证，编写了《法学概论》、《武装冲突法大纲》、《战争法文献选编》、《武装冲突法教学研究资料》、《国际法》等全军“九五”重点教材和教学资料，完善并形成了新的武装冲突法教学内容体系。

四、关于完善我国高校战争法教学机制的几点意见

可以预见，我国高校战争法教学的现状及存在的种种问题不大可能在短时间内获得解决。因此，在我国高校既定国际法教学课程设置、国际法教学计划时数以及国际法教学现有资源没有根本性变动的情况下，我们到底应如何积极推进我国高校的战争法教学的问题就显得至关重要。概括起来，从完善我国未来高校战争法教学机制这个角度出发，笔者拟提出以下几点粗浅的意见和建议：

首先，在法学本科生教学阶段，在开设国际法这门课程时，应适当增加战争法这部分内容的教学时数比重。可行的做法是，教师在讲授平时国际法这部分内容时，应注意衔接好与战时有关的教学内容之讲授。如教师在讲授国际条约法这个章节时，涉及到战时条约法律关系的变化这部分内容，就应适当就战时条约的终止及暂停实施的问题进行重点讲述，而不是一笔带过，这样，就将平时法和战时法的内容很好地统一起来了，使得学生意识到国际法内容之间的有机联系。

其次，在国际法教材编写方面，应该改变战争法这部分内容只作为国际法的一个章节来编排的习惯性做法，这一点非常重要，因为国际法的内容体系本身就包括平时法和战争法两个大的部分，将战争法作为一个章节显然是矮化了其应有的地位。因此，教材内容的编排在很大程度上是对任课教师课堂教学计划的一个指引和导向。正确的编排做法应是，将国际法教材内容按照导论部分、平时法部分以及战时法部分来进行编排，扩大战争法这部分教学内容所占的比重。

在国际法专业研究生教学阶段,应该直接开设战争法这门课程,作为必修课来进行设置,并且适当提高该学科的学分分值。

最后,战争法教学方法的选择问题是一个关键性环节。依据战争法的教学内容体系以及战争法本身的特点,笔者以为,教师无论在给本科生讲授战争法的基本概念和基本理论问题,还是在指导研究生开展战争法的专题研究型教学时,都必须尊重一般的教学规律而注意恰当的教学方法。概括起来,就战争法教学而言,有关教学方法主要包括理论教学法、战例教学法和案例教学法三种。所谓理论教学法就是传统的由教师主讲的方法,这种方法固然有利于学生系统掌握战争法的基本概念和制度,但同时可能难以调动学生学习的积极性。因此,教师应有条件地积极开展战例教学法和案例教学法。战例教学法是战争法教学的一个独特方法,即教师在课堂教学时应特别注意结合一些已经发生或正在发生的战争来讲授,如伊拉克战争、利比亚战争、阿富汗战争和科索沃战争等,都是调动学生通过具体的战例来学习战争法的极好素材。其次,还有案例教学法,这主要涉及战争犯罪审判的问题时更应采取的教学方法,如国际法院、纽伦堡国际军事法庭、远东国际军事法庭、前南国际刑事法庭、卢旺达国际刑事法庭以及国际刑事法院的司法实践就是很好的案例来源。另外,在我国有的军事院校还推出了独特的"演练教学法",如西安政治学院投资 300 多万元建成了法律战教育训练中心,组织研制了法律战模拟演练系统,预设了未来军事斗争特定作战背景下可能出现的不同法律情况,还要求学员及时提出处置意见,并进行红蓝军双方的对抗,教员进行总结讲评,增强了学员理解和运用武装冲突法、开展法律战的能力。

参考文献:

[1]赵秀敏.《武装冲突法及其运用》一课的教学设计方案[J]. 中国教师, 2009(1):157.

[2]许宝栋,孙志. 军事斗争准备与武装冲突法教学[J]. 海军院校

教育, 2002 (5).
[3]寿援朝、于树力、吕孟庄. 强化依法作战观念, 适应军事斗争需要[J]. 国防, 2006(2):50.
[4]陈耿. 开拓进取, 加强合作, 推动武装冲突法学科专业创新发展——西安政治学院开展武装冲突法教学研究20年回顾[J]. 西安政治学院学报, 2011(4) : 91.
[5]李伯军. 简明国际法实用教程[M]. 武汉:武汉大学出版社, 2010 : 314.
[6] [美]大卫·巴拉什、查尔斯·韦伯著. 刘成等译. 积极和平——和平与冲突研究[M]. 南京: 南京出版社, 2007 : 380 - 381.
[7][美]迈克尔·沃尔泽著. 任辉献. 段鸣玉译. 论战争[M]. 南京: 江苏人民出版社出版, 2011, 导言.
[8]夏勇. 外军院校的法学课[N]. 解放军报, 2007 - 07 - 11(9).
[9]李昂,何山. 西安政院形成武装冲突法教学体系[N]. 解放军报, 2000 - 11 - 5(3).
[10][瑞士]罗伯特·科尔布. 国际人道法与人权的关系:简要回顾1948年《世界人权宣言》和1949年《日内瓦公约》的历史[J]. 红十字国际评论, 1998 (324) : 409 - 419.
[11]陈太富. 战争法:不可或缺的战争"法"宝[EB/OL]. 资料来源于: http://military. china. com/zh _ cn/critical/25/20040316/11645156. html, 2012 - 6 - 22.
[12]刘毓川. 张延峰. 普法延伸在第二课堂[EB/OL], 资料来源于:http://www. legaldaily. com. cn/bm/content/2005 - 12/27/content_242080. htm,2012 - 9 - 16.
[13]See H. Lauterpacht, *The Problem of the Revision of the Law of War* [J], BYIL, 1952 (29) : 382.
[14]See Flits Kalshoven and Liesbeth Zegveld, *Constrains on the Waging of War—An Introduction to International Humanitarian Law*[J], Geneva: International Committee of the Red Cross, 2001 : 19 - 32.

“高级英语听说”课的教学探索与实践*

余　璐　吴群涛

我国目前大多数高校的英语教学仍然属于以教师为中心的传统式教学，教师扮演了控制者与评判者的角色，忽视学生的认知特征和主体作用，导致教学的“聋哑现象”。倘若这种师生交互缺失的课堂教学仍被当作传递知识的唯一手段，学生的语言综合应用能力将很难提高，《大学英语课程教学要求》中提出的教学目标也就无法实现。要想改变这一状况，作为主讲教师，必须在现有的网络环境下将传统课堂教学与学习者的个性化自主学习有机结合起来，把自主学习教学模式应用于大学英语听说教学，激发和调动学生学习英语的积极性、主动性和创造性，培养学生的自主学习、听说等综合能力。本文以“i+1语言输入理论”为理论基础，以丽塔·里奇的教学模式为主要框架，以“高级英语听说”课为例，重新界定学生、环境、内容变量，重点对传递变量进行探究；具体从教学材料选择（内容/输

---

* 课题来源：湘潭大学第七批教学改革研究项目“非英语专业高级英语听说课程教学探索与实践”；湖南省优秀青年项目（11B127）阶段研究成果。

作者简介：余璐（1971—），女，河南信阳人，湘潭大学英语教学部副教授，硕士，主要研究应用语言学与英语教学；吴群涛（1981—），女，湖北武汉人，湘潭大学英语教学部讲师，在读博士，主要研究方向：英语教学和英美文学。

入)、课堂情境构建(环境/传递)和课外活动安排(传递/输出)3个方面具体论述笔者在"高级英语听说"课堂教学中所作的有别于传统教学的探索与实践。

一、引言

"高级英语听说"(以下简称"听说")是我校国家级精品课程"大学英语"的有机组成部分,该课程为专门面向我校二、三年级非英语专业本科生的选修课,旨在提高已通过四六级水平测试学生的英语听说能力和自主学习能力。理论上,"听说"课程,要求教师树立建构主义教学观,采用启发式、引导式教学,摈弃填鸭式满堂灌的僵硬教学模式,贯彻以"学生为主体、教师为主导"的双主模式。笔者作为主讲教师,总结三年来的教学经验,认为"i+1语言输入理论"和丽塔·里奇的教学设计模式对该门课程很有启发。"i+1语言输入理论"是美国语言学家克拉申于1985年首次提出的输入假设(Input Hypothesis)理论,该理论认为"可理解的输入"是语言习得的关键,当学习者接触到"可理解的语言输入"——略高于他现有语言技能水平的第二语言输入,并且他能集中注意力于有意义信息的理解时,才能产生习得。如果习得者现有水平为"i",能促进他习得就是"i+1"输入。"i"和"i+1"之间的差距恰恰就是学习者学习的动力所在。

里奇认为教学模式设计的成败一般取决于4个变量:学生、内容、环境、传递。它们一起构成一个紧密联系、相互影响的有机整体。我们认为如果想取得《大学英语课程教学要求》中提出的教学目标,达到理想的教学效果,精选合适的教学内容是前提与基础,构建仿真的教学情境是桥梁,课堂与课后展开的各种教学活动(传递)则是教学效果的保证。

本文所指称的学习者是已经通过四六级水平测试的大二学生,他们具有一定的英语自学任务的能力,但由于多方面的因素导致了他们学习观念错误,学习方法不当,各项英语能力发展不平衡,学习效率低下。因此扬长避短,提高他们的学习效率及英语综合应用能力是教师的教学目标。在里奇的模式里,环境被分为教学领域和教学氛围两个次变量,教学领域当属高等学校,而我们主要探讨的是教学氛围——具体的课堂情境。在内容方面,"听说"课没有指定的教材和固定的课程考试,这有别于传统的大学英语其他课程,对于授课老师来说是个很大的挑战,因此挑选合适的学习材料与内容显得尤为重要。模式的最后一个变量——传递被认为是最重要的可控变量。课堂教学是完成教学任务必不可少的重要手段,但不是传递知识的唯一手段。下面从教学材料的选择(内容/输入)、课堂情境的构建(环境/传递)和课外活动的安排(传递/输出)3 个方面对"听说课"的教学实践详加探讨。

二、教学材料的选择

为了充分发挥课堂教学与课后自主学习的联动作用,实施精细的课堂管理,提供丰富的课堂教学材料和课外自主学习材料,选择满足学生需求、适合学生水平、激发学习兴趣的教学材料是取得教学效果的前提与基础。根据"i+1 语言输入理论",选课的学生必须具备相当的英语水平,能够理解目标语信息时才能习得语言。该课程教学材料的选择必须难度适当,如果语言输入超出或低于学生的现有水平,都会影响学习效果,更难以激发学生的学习兴趣和学习动机。因此"可理解性的、有机输入的语言信息"就是"听说"课教学材料选择的标准。学生口语能力的培养和提高需要有长时间的足够的可理解性语言输入,在学习外语过程中,信息输入的质和量都是至关重要的,它起着决定性的作用。因此教学材料的选择不应偏于一种形式,而应在各种艺术表现形式之间穿插进行,通过教材的多样性增加教材的趣味性,通过趣味性更好地提高教学效果。具体说来,多样性体现在:紧跟时代脉搏、内容生动、形式新颖的脱口秀类电视节目;故事情节性强，生活气息浓的英文原版电影、流行美剧、经典纪录片、热点新闻和英语学习网站相结合的教学素材等。教学材料最好具有时效性和多元性，融知识和趣味为一体，能激发学生的口语交际欲望，以实现语言与文化、工具与功能相结合，提高学生的跨文化交际能力和英语综合应用能力。

三、课堂情境的建构

1.课堂气氛的营造

建构主义理论强调以学生为中心。学生是主动参与、发现、加工信息的主体，知识意义的主动建构者，而教师的角色则应该从过去的掌控者、评判者转变为学生学习的指导者、促进者和活动组织者。教师在有限的时间内讲授完课前准备的教学材料、组织听力和口语活动，大部分时间让学生参与活动，形成师生、生生互动的场面。要精心布局与用心营造良好的课堂氛围，教师的自身言行与教学魅力是成功组织“听说”课的重要保障。西方心理学家罗杰认为“轻松和谐的学习气氛是学生自由表现的重要心理环境。而沉闷的学习环境令学生造成焦虑和不安全感，创造性不能自由发挥并且会产生抵触心理”。因此，听说课上教师要尽量营造一种轻松愉快的教学气氛，改变那种满堂灌的僵化教学模式，努力降低学生的焦虑程度。

输入假设认为语言输入必须通过情感过滤才可能变成语言“吸入”。学习者的学习态度、情绪、动力、自信心等情感因素越正面积极，情感过滤程度越低，语言输入的损耗越小，习得的收效就越大。因此课堂中老师应该培养、强化学生正面积极的情感，尽量避免负面消极的情绪对课堂的不利影响。具体来说，一方面，教师可以一直保持微笑，既可以展现亲和力，拉近师生心理距离，提升学生听说练习的兴趣和信心。教师还可以利用某些肯定式的动作，如点头、鼓掌等，来表扬学生在做听说练习时取得的进步和成绩。笔者的做法是用掌声带动全班一起来为某一位同学加油,为每一个同学的精彩表现喝彩。“Eyes can speak”(你的眼睛会说话),课上教师应随时注意与学生进行眼神交流,及时发现学生的疑惑和需求,答疑解惑,形成良性互动。另一方面,在课堂用语方面,当然用全英授课最好,而且要以简单口语为主,少使用生僻词。即使有需要运用生僻词,教师也应提前准备好浅显易懂的解释。教师应尽量避免在课堂上使用负面批评词语,因为负面情感使学生输入损耗大、习得收效低。教师不仅要多用正面词汇来评价学生,而且表扬学生不要含糊其辞,使学生意识到自己的优点,提高对英语听说的自信与兴趣。更重要的是,教师要有一颗博爱、包容的心,对学生的期望、爱护、热情和关注是影响学生学业成绩和人格品质的一个重要因素。如果教师喜欢某些学生,对他们抱有较高期望,经过一段时间,学生感受到教师的关怀、喜爱和信任,他们会更加自尊、自爱、自强,同时诱发出一种积极向上的学习激情,因而这些学生也就易取得教师所期望的效果。反之亦然,这就是“罗森塔尔效应”。

2. 课堂情境构建

课堂教学是传递知识的重要手段,如何构建课堂情境,充分调动大家的参与热情和积极性,是课堂教学的关键所在,而逼真的教学情境是通达良好教学效果的桥梁。首先教师在备课时,要因地制宜,因材施教。虽然选修听说课的学生都通过了四、六级考试,但他们来自不同地区,风格各异:来自省会重点中学来的发音标准,口语流利,而来自地市普通中学的同学学习态度认真,词汇量大,复述和背诵积极;男女生在口语方面差异明显,女生明显优于男生。鉴于此,尽量让不同专业班级、不同地区、不同性别的学生搭档分组练习口语,即使开始大家会有点放不开,但随着时间的推移,接触机会增多,情况就会好转,学习热情会不断高涨。

其次,建构主义教学观认为,学习者的知识是在一定情境中,借助他人的帮助,利用必要的信息和手段,通过意义的建构而获得的。

因此,在课堂教学中,教师要根据课堂内容和教学目标创设与当前学习主题相关的、尽可能真实的学习情景,引导学生进入预设情景。胡壮麟教授认为:“在中国外语环境下学好外语,谁能在模拟或构建接触和使用外语的环境上下功夫,谁就将获得好的教学效果。”所以在活动设置时,教师要加强模拟情景的仿真性,减少课堂气氛带来的焦虑感,从而最大限度地激发学生的联想,调动学生的学习积极性,完成对问题的理解、知识的应用和意义的构建。在课堂上,教室可以是聊天教室,对大学生活、恋爱婚姻、公共交通、物价房价、医疗保险等话题畅所欲言;可以是表演的舞台,唱歌跳舞、诗歌朗诵、戏剧表演各显神通;可以是辩论会场,赞你所喜,驳你所恶,各抒已见;可以是采访现场、求职招聘、工作面试等各种情境。这样的课堂形式多样、不拘一格,很有新鲜感与吸引力,极大地激发了学生的参与欲望与学习热情,寓教于乐,从而有效地提高学生的英语实际应用能力与教学效果。

四、课外活动的安排

传递是教师最重要的可控变量,也是取得教学效果的重要保证。上文课堂情境构建中谈到课堂教学是传递知识的重要方式,但不能被当作传递的唯一手段与全部过程,因此课外教学活动显得尤为重要。如果安排、引导得当,它能激发学生学习激情,调动学生的积极性,有限的课堂得以延伸,所学的知识得以巩固,教学效果也会随之提高。一般说来,英语口语课外活动大致包括学唱英语歌曲、看英文电影、欣赏诗歌、讲故事、参加演讲辩论比赛、参加英语角,等等,简单概括即“利用一切机会去接触英语”。教师可以根据不同性别的学生,不同英语水平进行适当的引导。如果选课学生已过英语六级,可组织一些英文演讲、英文歌曲和英文诗歌大赛等较难的活动;如果选课学生多数只有英语四级水平,则可以进行分角色对话、朗读、背诵、讲英文故事等稍易的活动。开展这些活动既可巩固学生课堂所学知识，又可增长学生的见闻，加强学生对所学语言国家的文化背景的了解，培养他们的综合文化素养。

作为“听说”课外活动最重要的内容，跟读模仿乃至熟读背诵经典短文、小诗、名人名言等语料必不可少，让学生初步养成开口讲英语的习惯，培养语感，而后逐步加强训练。因为“读”是“说”的前提，只有读好，才能张嘴说好，但“听”应同步进行，每个人都难免有发音缺陷或错误，必须虚心模仿标准的语音语调，坚持不懈地练习，一定会取得进步。首先我每周会挑选 100 个单词左右长度的名诗或经典美文给大家，一般放在我们高级英语听说课的公共邮箱，下周准备好背诵的学生就可以逐一登台表演。不仅如此，还常和学生们在博客里交流，QQ 里聊天。在网络里，笔者充当学习引导和促进者的角色，尽量扮演学生协作学习的伙伴，并注意英语语言的输入，加强情感因素的渗透。共同创建一个自由交流的平台，使学生在网络情境中自由地交流和学习。其次，笔者精心考虑和安排所设计的教学问题，使其具有开放性，让各种层次的学生都能参与进来。根据学生发表的评论以及反馈，给予了相应的、及时的回应。值得注意的是，部分性格内向、平时在课堂上少言的学生在博客里却表现得很活跃。在课堂上笔者有意安排这些性格内向的学生发言。当他们用英语流利地说出写在博客上的评论时，他们的成就感溢于言表。听、说、读、写、译等语言技能是一个互为依存，相辅相成的有机整体，学生在博客上写作能力的不断提高促进了听、说、读等其他技能。从这种意义上说，教育博客拓展了学生学习和运用英语的视野，是一种可理解的语言输入、输出渠道，是大学英语课堂教学的有效延伸与有益补充，并在建立和促进师生和谐关系的过程中发挥积极的作用。

五、结语

由于“听说”课程开设较晚，还未普及到所有通过四六级的非英语专业学生，加之主讲老师较少，即使已经积累了三年的教学经验，缺陷和不足之处在所难免。因此,"听说"课程教学仍然存在很大的提升空间,但是对它的探索和实践活动还将继续。坚持科学的理论指导并不断补充新的内容,探求新颖并且符合学生实际的教学模式,实现把"有限的课堂"延伸到"无限的课外",真正有效地提高大学生英语综合实际应用能力与文化素养,是我们每一个大学英语教师责无旁贷的责任。

参考文献:

[1]胡壮麟. 论中国的双语教育[J]. 中国外语,2004 (2).

[2]杨英.精诚所至:罗森塔尔的期望效应[J].基础教育,2008(3):62-64.

[3]Krashen SD. The Input Hypothesis: Issues and Applications [M]. London: Longman, 1985.

谈高等学校课堂教学的几点体验*

张安珍

课堂教学是教学最重要的环节，是教师传道、授业、解惑的重要场所，是培养国家高等专门人才最重要的阵地之一。对此，我就以下几个问题谈谈个人的体验。

一、"爱"与"严"有机结合

所谓"爱"，就是对自己的教育对象有"爱心"。要喜在眉头，爱在心中。让学生从内心里觉得你平易近人，关爱有加；要为学生的未来着想，使其成为对国家和人民有用的、能作出杰出贡献的人才。只有如此，学生才喜欢你，崇敬你，才爱听你的课；你才能真正成为学生的良师益友；不然，学生会觉得你高高在上，距你于千里之外。即使你的课讲得再好，也是徒劳的。所谓"严"，就是对学生要求严格，要学生对你所布置的作业一丝不苟地完成，对所学的课程，要在充分理解的基础上，创造性地思维，创造性地学习；对从教学中提出的研究题目，要在网上、书刊中采集资料的基础上，深入社会进行调查研究；

---

* 作者简介：张安珍（1937－），男，教授，湘潭大学老年大学校长，研究方向：信息管理学、图书馆管理学、高等教育。

要能提出与别人不同的见解，并能进行充分的论证。严禁学生马虎从事，敷衍塞则，严禁人云亦云，抄写了事。足见，“爱”是“严”的出发点、前提与基础；“严”是“爱”的具体体现与手段。二者只有有机结合，学生才不会敬而远之，才能学到知识，增长才干，成为国家栋梁之才。

我教本科学生时，是非常关爱他们的。对他们既教书又育人。讲课时，常常结合教学内容，适当地进行一些道德品质、为人处事、前途理想的教育；对他们的专业教学，在备好课、讲好课的同时，主动地、有针对性地进行个别指导；课后有空余的时间，就深入寝室，与他们聊天，打成一片。他们有心里话愿与我交谈，课堂上没听明白的问题，随时问我，我不厌其烦地给予解答。对优秀的学生，我更是关爱备至。有两位学生，对我所布置的课程论文写作，写得相当不错。为了鼓励其进步，我打了90分。不仅如此，还指出了论文的一些不足之处，要求进行多次修改后，寄到相关的专业杂志上去发表。他俩听了我的鼓励与严格要求，在心中燃起了希望之火的同时，又感到老师要求很严，希望值高。我见他俩面有难色，便说：“唯有奋斗，不怕困难，才能见到胜利的曙光。”他俩听了我的话后，又进一步收集资料，进一步探索、修改，经过我过目之后，分别寄往了《信息与决策》、《图书馆》等核心刊物。一个月后来了采用通知，三个月后，先后分别刊载了。两人都兴奋不已。我趁此之机，又鼓励他俩“百尺竿头，更进一步”。

我退休前后，对所带的研究生文庭孝、罗贤春，更是既“爱”又“严”。在我的内心世界中，把他俩看成像自己的孩子一样，爱他们，关心他们，定要把他俩造就成国家的栋梁之才。在生活上，过年过节，把他俩接到家中“打牙祭”，改善生活；经济上有困难，主动解囊相助；在学习上，给他们上基础课与专业方向课，一开始，就给他俩开了书目单，要求写出读书笔记与读后感，并进行不定期的检查、点评，以起到督促作用；待我系统、深入地讲完每章之后，又布置一些题目要他俩在调查、收集材料的基础上写成文章，待一、两周后，就上台讲解,进行讨论、交流,以培养他俩的创造性思维和调查、分析、解决问题的能力;在毕业论文的写作指导上,我向他俩提出了两点:一是要根据自己的专业基础,爱好与特长,明确自己的研究方向,确定硕士学位论文的研究课题;二是将课题分成若干小题目,逐个分析研究。每个小题目写出一篇论文。这样做的好处是化大为小,化难为易,各个击破,剖析深刻。他俩根据我的指点,分别将所选定的《论网络信息咨询》(文庭孝)、《经济信息分析研究》(罗贤春),分成多个小题目。每个小题目,在我的指点下写出了有相当高质量的论文,到毕业前一个多月,文庭孝发表了15篇论文,罗贤春发表了6篇论文,且在CSSCI源刊上发表的论文占了40%-50%。在此基础上所撰写出的硕士学位论文,通过通讯评议与论文答辩。文庭孝的学位论文被评为优,罗贤春的学位论文被评为良。文庭孝毕业后,经过我的推荐考上了武汉大学信息管理学院的博士;博士毕业后,又考上了中国科学院博士后;博士后出站后回湘潭大学执教两年后,被评上了教授(当时年仅32岁)。罗贤春毕业后,在宁波大学执教。在教学过程中经过我的推荐,也考上了武汉大学的博士,博士毕业后回宁波大学,继续任教,被评上了副教授,现已调到广西民族大学执教,并评上了教授,成了该校信息管理学的学术带头人。

二、教学与科研紧密结合

教学与科研是相辅相成、辩证统一的关系,是相互依存、相互促进的关系。教学是科研的基础,是科研课题的来源之一;科研是教学的深化与提高,是充实、丰富教学内容的手段。

我在教授"经济信息学概论"课程中,发现"经济信息学研究对象与内容"、"经济信息的开发"、"经济信息人才培养"等问题,内容不充实,分析不透彻。要提高教学质量,还需要编著出版一部科学性、系统性、实践性强的著作。

我利用教学空余的时间与寒暑假,撰写并在《湘潭大学学报》上发表了与此有关的三篇学术论文。论文发表后在社会上产生了一定的影响。

在此基础上,为满足高等院校课堂教学的迫切需要,我编著出版了《经济信息学理论与应用研究》专著兼教材。此书出版后,武汉交通管理干部学院图书馆研究馆员倪春发在《湘潭大学学报》1997 年第 1 期上发表了一篇评论性文章,从"理论上的突破"与"实践方面的新探索"两方面进行了评论,给予了高度评价。当年被湖南图书馆学会评为学术著作一等奖。这些科研成果,不仅解决了课堂教学内容上的一些难题,充实了教学内容,而且使教材更加系统化、科学化与正规化了。

为了进一步提高教学质量,丰富教学内容,更深入地解决课堂教学的一些大难题,我对"伪经济信息鉴别"、"信息产业"的一些理论与实践问题,进行了深层次的研究,发表了八篇在全国有重要影响的学术论文。这八篇学术论文中所取得的学术成果,为进一步丰富"经济信息学理论与应用研究"的教学内容创造了优异的条件。于是 2002 年,我又交湖南科学技术出版社再版了此书,书中增加了第三篇"信息产业"中的第十二章的"信息产业与经济可持续发展"。事实说明,教学与科研是相得益彰、密不可分的。

三、备课与上课相互关联

备课与上课是密切相关的。备课是上课的必要准备、前提与基础;上课是备课的延续、效果与展现。

备课,不仅要写好教案,更要牢记于心。我所上的"经济信息学"教材《经济信息学理论与应用研究》,虽是我自己编著的,但我并不以此为满足。而是针对学生的需求,时代的变化,按照教本的章节顺序,重新补充一些新的内容与典型案例。既写出详细的讲稿,又拟出简要的授课提纲。讲稿与提纲写好了,不等于就备好了课,还要熟记于心,储存脑中,直至能自由表达为止。只有如此,才能做到胸有成竹,信心十足;才能信手捻来,抑扬顿挫地表达;才能自然地与学生互动,挖掘学生的智力;才能活跃课堂气氛,增强学生听课的趣味,培养出杰出的人才。否则照本宣科,看一句讲一句,无论如何是讲不好课,是不受学生欢迎的。

上课,就是要科学、艺术地表达所要讲授的内容,让学生受益。如何才能做到此点呢?从我几十年的教学体验来看,就是要做到"准确"、"清晰"、"概括"、"深刻"、"生动"、"应用"的完美统一。

所谓"准确",就是对概念、理论、特点、模型、技术、方式、方法等的讲解,要科学、客观、实际,经得起推敲、质疑;不能有丝毫的差错。否则,就会误人子弟,贻害后代,造成损失。

所谓"清晰",就是所讲解的内容,要符合逻辑性与层次性,要体现事物本身的结构、联系、顺序与发展规律;不能杂乱无章,前后颠倒,理不清一个头绪,令人心烦。

所谓"概括",就是要将零散的事实、状况、形态、数据、过程等,依其本身或共同的特征,用最简洁的语言加以科学、合乎实际的综合,以便于学生记忆,理解与掌握;不然,就是一盘散沙,不得要领,学生费了九牛二虎之力,绞尽了脑汁,也难以理解和掌握。

所谓"深刻",就是要讲清:是什么、为什么、怎样做;事物的现象、本质与规律;事物的状态、类型、相互间的联系与区别。

所谓"生动",就是授课要感人、有趣、活跃。要做到此三点,既要透彻地分析理论,又要用典型的实例加以说明;既要用干净利落的语言予以表达,又要用肢体语言予以有效地配合,做到以姿势助说话;既要抑扬顿挫地表达语言,又要快、慢适度,慢时,平稳前行,快时,势如破竹;既要讲解教学内容,又要与学生互动,不能"包打天下"。互动的方法,多种多样:可以启发诱导,引起学生的思考;可以深入分析,引起学生心灵的共鸣;可以列出题目,要学生课后写成文章,确定时间自由讨论,相互启发,展开争论,开发智力,而后教师点评,得出结论。既要列出授课提纲,又要绘出彩色图形,做到图文并茂;既要生动地讲解,又要适当地插入视频,以增强课堂教学的趣味性。

所谓"应用",就是要实践,以增强学生的实际操作能力。

以上几点,我在高等院校30余年的教学中,依据课堂教学内容的差异,灵活予以运用,效果颇佳。

四、实践与讲课密切结合

讲课是实践的前提条件,实践是讲课的延伸与运用,二者是紧密相联的,要密切地结合。讲课的目的,不仅仅是要学生弄懂、弄通所传授的知识,更重要的是要学生能将老师所传授的知识予以应用。能应用,说明学生已经掌握:不会应用,说明学生没有真正地掌握,还要进一步在实践中边学边用,边用边学,密切结合。

如何让学生将课堂上学的知识在实践中加以运用呢?我认为:对于理论性强的知识,就出一些题目要求学生写成了3000字左右的文章,而后分小组展开讨论。小组讨论完后,推选出写得好的文章在全班的讨论会上进行交流,以加深学生对知识的掌握,锻炼学生演讲、沟通的能力,最后由教师点评,肯定优点,指出不足;对于操作性强的内容,可出一些实用性的题目,让学生具体操作,教师给予指导,纠正错误之处。同时,还要求学生将操作的结果写成文字,交教师评阅,以检验学生对应用知识掌握的程度,明确今后努力的方向;对于需要调查的问题,要布置学生预先写好调查的方案,包括对象、目的、内容、技术、方式、方法等,而后分别进行实地调查、或网上调查,最后写成调查报告,交老师批阅,以检验学生的人际交往、采集、写作的能力。

高等数学多媒体教学的优势及其利用*

岳　慧

高等数学是大学理工科以及文科财经类专业学生的一门非常重要的基础课。近年来，越来越多的高校都加大了硬件设施的投入，教室里配置有多媒体控制台、投影仪等设备，许多公共课的教学包括高等数学的教学也更多采用多媒体教学来进行。

多媒体教学具有自己的优势，可是也有着自己的缺点，尤其是在数学的教学过程中，对于数学的定理证明以及习题的求解，仅利用多媒体教学，远远没有传统教学中边讲解边板书的效果好，但是传统板书教学又适应不了高等学校教学少学时多内容的要求。因此，采用什么样的教学手段和教学方法，如何将多媒体教学与传统教学有机地结合在一起，以提高高等数学课堂的教学效果以及教学质量，对于高等数学的教学者，是一个非常重要的问题。

本人认为，在高等数学的多媒体教学中，应充分利用多媒体课件的优势，并将传统教学中的一些有效手段引入到课堂教学中来，扬长避短，可以更好地改善课堂的教学质量以及教学效果。扬长避短的过程，可以分成两个部分：一是在课件中引入动态演示或者图形图像

---

* 作者简介：岳慧（1980— ），女，湘潭大学数学与计算科学学院讲师，硕士，研究方向：生物数学。

来加深对数学概念或者过程的直观性理解，并且通过对已有课件的修改以适应自己的教学要求；二是在课堂教学中要注意控制讲课节奏，突出授课重点，并通过数位板，利用 PowerPoint 软件中的绘图笔，引入传统教学边讲边写的教学手段，引导以及启发学生进行学习。

一、发挥多媒体课件的优势，制作适合自己的课件

数学的教学难点之一就在于教学内容过于抽象，尤其是概念的引入又或是空间图形图像和数据知识。传统教学只方便以语言描述，或简单作图，复杂的空间图形，画图又会占用较长课堂时间。而多媒体教学就能够较好地解决这个问题，用多媒体教学更为直观以及形象，学生的接受效果更好。比如说利用动态的演示，来展示定积分定义中的“大化小，常代变，近似和，求极限”的过程，有利于学生从直观的角度来了解定积分的概念，加深学生对于概念的理解。又例如，讲解多重积分的过程中，对于投影区域，积分区域，仅通过语言描述，学生往往不好理解，无法想象，而手工作图既不太好体现图形的立体特征，又会占用过多的课堂时间。而利用数学软件，比如 Matlab 等，描绘出图形以及围成的区域，甚至可以让图形进行多角度的旋转，更有利于学生在头脑中形成具体的三维图像，对积分区域也就能更好地把握。这是高等数学多媒体教学的主要优势。

如果要体现多媒体课件教学的优势，就需要将教学内容精心地设计并制作于课件之中，充分利用 PowerPoint 软件的可分步展示的特征，并且结合其他绘图软件，将教学中的一些需要动态展示或者立体展示的图形图像甚至是动画加入到课件中去。这样的课件不仅能够节省教师在课堂上大量的板书时间，使得课堂教学的信息量增加，而且使课堂教学内容更加紧凑。

高等数学作为一门公共基础课，已经有着许多现成的、完善的优秀电子课件，其内容、版式甚至是动画效果等各方面都制作得很好，可供我们参考以及使用。

但是,不同的教师授课都有着自己的思考以及讲解习惯,所以适当地修改教学课件,才能更适应自己的需要。在这一点上,本人主要有以下几点理解:

1.课件制作需要充分利用 PowerPoint 软件的分步展示能力

利用自定义动画的功能,使得课件放映时不以整页播放,而是以课堂实际教学的需要,根据内容的详略,证明推理过程和计算过程中悬念的设置,处理每次操作需要出现哪些内容,出现多少,体现出一个渐渐展开,逐步放映的过程。这样,教与学在思维上才能同步起来,学生才能跟着教师的思路走,不会受到提前展示出来的内容干扰,也方便课堂教学中控制教学的节奏。

2.课件中插入图像或者动画,或者外链其他数学绘图软件

正如前面所说的,图形图像以及动画的演示对学生理解数学概念或者演算过程有着非常重要的作用。所以,在课件中应插入图像或者动画,以便于学生直观地了解数学概念或者立体图形,掌握所学。由于现有课件中多数是图像和较少的动画以及可调整角度的三维图形,所以,适当利用 Flash 制作动画,或者是利用数学软件(比如 Matlab, Mathematic)绘制三维图形,不但可以加深学生对于所授内容的直观印象,有利于学习相应概念或者解题方法,还可以加强学生学习数学的兴趣。

3.课件制作应简洁,突出重点

有些内容需要重点讲解,有些内容只需一笔带过即可。那么非重点内容无须大篇幅地描写,只需要在课件中点到为止,而重点内容则需要适当地铺展开来,尽量详实、醒目。对于重要定理、公式以及结论,又或者是解题的重要思路,可以通过不同色彩的文字,往往是突出的、醒目的颜色,或者利用边框给标注出来。这样可以吸引学生的注意力,让学生清楚地知道这是重点内容。

4. 解题或证明过程应完整而有条理

对于一些复杂的解题或证明过程,不需要重复累赘的将讲解的内容从头到尾一一地制作到课件里,可以将分析思考的部分留白,在课堂教学中利用绘图笔即时板书,而将解题或证明的主要过程有条理地、清晰地制作在课件中。留白,使用绘图笔即时板书的过程,可以有效地将启发式教学手段引入到课程的教学中来,引导学生主动地学习、分析、思考,培养学生发现问题、分析问题、解决问题的能力,并增强学生学习数学的兴趣。而课件中条理清晰的证明过程,也减少了过多的信息造成学生难以理解,被灌输知识的可能。

5. 课件中适当设置超链接

高等数学教学的一个特色就是介绍了一个知识点之后就马上要用到这个知识点练习。有些简单知识点可以在练习中处理在当前页面上,标注出来。但更多时候会由于幻灯片篇幅有限,无法将知识点与练习处理在同一页面上。这时需要通过 PowerPoint 中的超链接功能,将练习与知识点的页面链接在一起,方便地实现练习与知识点的切换,避免在多张幻灯片之间临时去寻找所需要的内容,以节省课堂时间。

6. 注意承上启下

高等数学利用课件教学的一个缺点就是一个问题往往需要多页幻灯片才能进行展示,无法集中在一页上。所以课件制作过程中,注意每一页与上一页的衔接也就显得非常重要。比如一道需要占据较多页面的例题,将上一页的最后一个结论固定在第二页开头,承上启下,有利用延续学生的思路,不至于产生跳跃感;将要用到的重要公式框示并在该页显示;运用的重要方法或者技巧,在题目相应位置进行标注。这样,学生在听课的过程中,才能够保持思路的延续性,并且清楚地了解解题的过程以及用到的重要公式或者定理。

二、将传统教学方法引入到多媒体教学课堂

多媒体教学的优势是明显的,可是也有着公认的几个缺点,比如课件容量大,课堂节奏不好掌握,定理的证明、公式的推导缺乏培养学生主动分析、思考解决问题的能力等。

而传统教学在这些方面就有着自己的优点。传统教学模式中,随着教师的板书,学生的思维有一个渐渐展开的过程,教学双方在思维上基本是同步的。比较好把握课堂节奏,也不至于一下子灌输给学生过多内容。

对于数学定理的证明或者是习题的解答,如果是单纯利用多媒体课件一点点地展示演算步骤,学生更多的时候觉得是这样一回事,可是回头再看时,就不清楚由来。而在传统教学中,教师往往先分析定理条件结论,通过语言来一步步启发以及引导学生(这过程可能是顺向的也可能是逆向的思维)形成解题的思路,最后再整理思路,一步步地进行证明或者解答。这样一个边写边讲的过程,有助于教师控制课堂讲课的节奏,也有助于学生理顺思路抓住重点,不易理解的步骤或者过程可以马上提出来并得以解决,并通过这个时间来消化所讲授的内容。

另外在课堂教学中,教师在讲解过程中往往会根据学生的反应对讲课作出相应调整,讲解中的灵感、临时举例、即兴发挥等在传统的板书教学中都比较好实现。

那么究竟如何避免多媒体教学中的缺点,并引入传统教学中边写边教的方式,引导学生去发现问题,探索问题,并解决问题,提高多媒体课堂教学的效果呢?在经过实际教学的尝试,与学生以及其他老师的探讨,本人总结出以下几点。

1. 控制好课堂播放课件的节奏

首先,课件的制作要充分利用 PowerPoint 的功能,将内容逐条

地，或者按一定时间间隔播放。另外，在课堂教学中要掌控课件播放的节奏，不要过快或者过慢。课件播放过快，学生还没有来得及看懂该条讲述的内容，或者没有开始思考，就进入到下一条内容中去，影响学生进行记忆或者思考；播放过慢，学生会偏离老师教学的引导，走神，注意力不集中，无论怎样，都会导致学生对知识点的学习掌握不好。而数学的学习，往往是逐步进行的，前面的知识往往是后续的知识的基础，前面掌握得不好，会导致后续的思维受到阻碍，学习起来觉得困难，最终学生的学习积极性受损。所以节奏的掌握在教学过程中是非常重要的一环。

2. 配合数位板，充分利用绘图笔，边讲边写

在实际的讲课过程中，教师往往不会完全拘泥于事先准备好的课件，而是根据学生听课的实际情况，灵活地改变教学方法、教学策略，有时需要即兴讲解一些教案之外的内容。而 PowerPoint 中的绘图笔能够较好地实现这一需要。在演示幻灯片的状态之下，点击鼠标右键，指针选项中有荧光笔、绘图笔（快捷键为 Ctrl + P）以及橡皮擦（快捷键 E 或者 Ctrl + E）。可以利用荧光笔划出所选内容，用绘图笔进行即兴书写或者绘图，对于标识错误的曲线，还可以通过对应的橡皮擦功能进行部分擦除（快捷键 Ctrl + E）或者全部擦除（快捷键 E）。绘图笔与荧光笔的色彩都是可以调整的，为了避免在讲课过程中，因为笔的颜色处理不好而影响课堂讲课的延续性，事先应该在课件的制作过程中尝试放映，并选择适合、且区分度较高的颜色，在讲课之前设置好。

比如说，临时需要强调课件中某条定理或者某个公式、某条结论，但课件制作过程中并没有事先对该突出的地方进行改变字体颜色、加粗之类的处理，就可以选取荧光笔功能，用它划出所需强调的内容，或者通过绘图笔功能，在内容的下方进行划线标识。而这个过程，能吸引学生将注意力集中到需强调的内容中来。

另外，在讲课过程中，会有临时需要补充的内容，又或者在备课

时就设定好要通过临时书写的方式进行引导式教学的内容,也可以通过绘图笔来进行书写。比如讲解一道例题,一般是先将题目展示出来,让学生思考几分钟,然后分析题目,讲解思路,最后完整地按解题的过程一一计算或者证明。如果将这个过程中所有的内容都放在课件中的话,要不就是一页中放下非常多的内容,要不就是需要利用好几页的课件来进行展示,课件显得复杂而不清晰。我们可以利用绘图笔直接在幻灯片上书写,配合幻灯片上已有内容进行讲解,又或者打开一张全白页,边讲边写边画,讲解解题的思路与想法,将整理好的解题的具体过程通过课件来展示。这样,解题的思维过程清晰,课件完整而有条理,有利于学生体会和理解所授方法的应用,也比直接放映解题过程的方式更加能够吸引学生的注意力,调动学生的学习积极性。

在教学中即时板书,大部分教师都有想到过,但往往会面临一些问题,然后放弃这样的想法。一种是对于 PowerPoint 软件不熟悉,不知道有绘图笔以及相应的橡皮擦功能,而其他的电子白板软件要不就是收费,要不就是不好用。只需对教师做简单的培训就可以改变这一状况。而另外一种就是即使会使用绘图笔,可利用鼠标写字,大部分的人都写不好。而数位板就能够很好地解决这一问题。数位板,又名绘图板、绘画板、手绘板,等等,是计算机输入设备的一种,通常是由一块板子和一支压感笔组成,就像画家的画板和画笔,是电脑作画者必备的工具。数学教学只需要一个基本功能的数位板就能够满足教学的要求。使用数位板之后,就可以利用数位板的压感笔来替代鼠标进行书写,就跟自己在纸上写字一样,非常灵活,能够准确定位笔尖在屏幕中的位置,也能让自己写出来的字或者是公式不变形。

利用数位板与绘图笔功能,对于数学课堂教学中需要即时发挥,即兴书写的内容也就得心应手了,而且有助于教师采用启发式或引导式的教学方法,调动学生学习数学的兴趣。

3. 擅于利用鼠标指针或电子激光笔

课堂讲解过程中，有时候会根据需要指出页面上的某一处，或者某一点，光靠嘴皮说，学生的眼睛需要在课件中找到所说的内容并不容易，这也是教学过程中经常会遇到的问题，“老师到底讲的是哪儿啊”？要解决这一问题，一是可以在前期课件的制作过程中突出显示该条信息，二是利用荧光笔或者绘图笔标注出来，三是利用“教鞭”指出来，吸引学生的注意力。

可是现在的教学中，教鞭几乎已经销声匿迹了。因为合班教学，会导致后排的学生看不清楚教鞭，我们需要找到教鞭的替代品，替代品必须适应大课堂教学的需要——清晰、醒目。

替代教鞭的，可以用翻页激光笔，或者称之为“电子教鞭”。激光笔可以成为一个较好的手段进行补充，用于指出课件中需要强调的部分。但利用激光笔进行高等数学的授课会对教师制作课件提出更高的要求。数学教学，意味着我们随时需要对讲授内容进行强调或者补充，利用鼠标或者数位板进行书写，更多时候，我们会需要站在讲台前面，面向学生。而激光笔需要面对着屏幕，才能更好地指出对应的内容。因此对于课件的制作要求更高，课件必须做得完整，能够体现教师在课堂教学中绝大部分的设想，在授课中才可以尽量少地走到多媒体讲台前去进行补充。另外还必须配备无线话筒或者扩音器进行辅助讲课。

另一替代教鞭的工具就是鼠标，鼠标是多媒体教学设备中必备的工具，无须教师自备。授课时，可以将鼠标指针指着自己正在讲述的部分，起到教鞭的作用。但在这个过程中，有许多教师忽略了鼠标指针颜色上的缺点。默认的鼠标指针偏小，并且是白色的，在放映幻灯片时，并不醒目，往往不能起到引导学生跟着教师思路，看向教师讲述内容的作用。所以利用鼠标替代教鞭一定要改变鼠标的颜色与大小，使得指针颜色尽量与课件的背景色以及前景色形成明显的反差，并且足够地大。我们可以利用网上的资源，下载鼠标指针主题包,在讲课之前安装到电脑中。这样,鼠标指针就能替代教鞭,即时指出提及的内容,吸引学生的注意力,让学生的目光跟着鼠标指针走,跟上教师讲解的内容。

总之,在高等数学的教学中,教师首先要在多媒体课件的制作过程中下功夫,完善已有课件,使之能充分利用多媒体教学的优势,又能够适合自己的教学需要,详略分明,重点突出。然后还要在课堂中控制好讲课节奏,并利用数位板即时板书,适当引导学生进行思考以及分析,并应用“教鞭”,作为多媒体课件的有益补充,充分地吸引学生的注意力,引导以及启发学生进行学习,有效地提高课堂教学的教学质量以及教学效果。

参考文献:

[1]杨学南.高等数学多媒体教学与传统教学之有机结合探析[J].高教研究,2011(2):57-59.

[2]张红军.对多媒体数学教学的几点思考[J].中国教育技术设备,2011(28):76-77.

[3]魏春艳,郎晓林.多媒体技术在高等数学教学中的应用[J].安徽电子信息职业技术学院学报,2009(5):79-80.

“概论”课程实施五步教学法探析*

熊　辉　李雅兴　吴　晓

教学方法是提升教学实效的基础，科学的教学方法能够充分发挥学生在教学过程中的主体作用，调动学生的学习主动性和积极性，在增强学习效率和效果方面起到事半功倍的作用。笔者在借鉴和吸收国内外教学方法的基础上，在实践中逐渐摸索了一套思想政治理论课教学方法并作了经验概括和总结。本文以在《毛泽东思想和中国特色社会主义理论体系概论》（以下简称《概论》）这门课程中实施五步教学法理论和实践为例，探寻一套行之有效的思想政治理论课教学方法，以切实增强高校思想政治理论课的实效性、针对性、吸引力和感染力，试图探索出一种适合我国国情的新的高校思想政治理论课教育教学模式。

* 课题来源：2012 年全国高校优秀中青年思想政治理论课教师择优资助计划项目“思想政治理论课教学中的五步教学法研究”（批准号：12JDSZK030）。

作者简介：熊辉（1971－），男，湘潭大学马克思主义学院教授、博士，研究方向：思想政治教育；李雅兴（1966－），女，湘潭大学马克思主义学院教授，研究方向：思想政治教育；吴晓（1975－），女，湘潭大学档案馆，研究方向：教学档案。

一、实施五步教学法的意义

长期以来,高校“概论”课教育主要以课堂教学为主,采取的是一种传统的理论灌输的教学模式,普遍存在着“满堂灌”、“填鸭式”教学方式,教育对象的学习主动性没有得到很好地发挥,教学仍然是以教师为中心,学生被老师牵着鼻子转,相当一部分学生对高校思想政治理论课不感兴趣甚至厌恶。长此以往,高校思想政治理论教育既不能担负起“对大学生进行思想政治教育主课堂、主渠道”的重任,也不能让马克思主义占领学生思想阵地,因此,中央一直高度重视思想政治教育,注重思想政治理论课的改革。2004 年 8 月,中共中央、国务院下发《关于进一步加强和改进大学生思想政治教育的意见》(中发[2004]16 号),对大学生思想政治教育提出了新的要求。根据文件的精神,中共中央宣传部、教育部在 2005 年先后下发了《关于进一步加强和改进高等学校思想政治理论课的意见》(教社政[2005]5 号)和《〈关于进一步加强和改进高等学校思想政治理论课的意见〉实施方案》(教社政[2005]9 号),对高校思想政治理论的课程建设和教学工作提出了新的要求,并从 2006 年 9 月起启动了包括开设“概论”课在内的课程新方案。为了加强新课程的建设,中宣部、教育部在 2008 年下发的《关于进一步加强高等学校思想政治理论课教师队伍建设的意见》(教社科[2008]5 号),进一步强调切实改革教学内容、改进教学方法、改善教学手段等,使思想政治理论课教育教学情况明显改善。正是在中央和中宣部、教育部文件精神指引下,为了提高教学效果,笔者开始了思想政治理论课的改革和教学方法创新。经过笔者多年实践,并借鉴吸收国内外其他同行教学经验的基础上,提出并实施思想政治理论课五步教学法。笔者认为,思想政治理论课五步教学法是“概论”课教学模式的一种创新,是针对长期以来高等学校由教师单向传授灌输思想政治理论的方式、忽视学生的能力培养而提出的一种教学改革思路。五步教学法,打破了过去静态的封闭型的教学过程，显示了动态性的教学过程，使课堂的涵义得以延伸，有利于“概论”课教学者更直接地了解学生的思想理论认识和水平，并做出相对有效的、正确的教育引导和帮助，使“概论”课的效果更加显著。

二、在“概论”课中实施五步教学法的五个步骤

常言道，教无定法、教学有法、贵在得法。五步教学法是指在“概论”课教学中按五个教学步骤或环节进行教学的方法，具体地讲，就是通过教师精讲内容、精心导学，师生思辨、探讨交流，教师讲评、学生领悟，自我探究、撰写心得，典型发言、总结提高等五个步骤完成学习任务，无限反复，循环进行。具体步骤如下：

第一步：精讲内容，精心导学。第一步骤主要是教师精讲或串讲教学内容，明确教学目的或目标。这是五步教学法得以成功的基础。这要求“概论”课教师在课中讲授教学内容是，注重以点带面、点面结合，同时要求思想性、知识性、逻辑性、趣味性的统一。人们常把重点和难点喻为“网上之结”或“线上之珠”，点的结合便是面，珠的串联便是线。“点”和“珠”都不是孤立的，而有其内在的逻辑联系。重点和难点通常是内容的核心，抓住它讲透它，就能抓住一串，理解一片。例如“概论”课中的重大理论问题应讲透、讲清。因此，教师在讲课时通常是在学生预习思考了整体内容的基础上抓重点、讲难点，同时注意讲清楚点与点之间的内在联系和逻辑关系。这样既避免了面面俱到的老生常谈，又可使学生耳目一新地掌握更多新的知识和解决某些突出的思想认识问题。“概论”课的独特内容决定了在表达方式和讲授技巧上要讲求思想的深刻性、知识的广博性、逻辑的严密性和趣味的丰富性，并将它们完美地统一起来。“概论”课要靠逻辑力量和艺术力量的有机结合来打动人说服人教育人。这就要求我们在讲课时努力做到：吃透教学大纲，深刻领会主题思想，真正熟悉课堂内容体系的逻辑连接关系以及每一逻辑层次转换承接的基本内

涵及其要点,不断增强阐述的严谨性和逻辑性;占有和搜集大量新鲜材料,选取典型生动、形象感人的事例充实论据,加强阐述中的条理性和趣味性;注重课堂上的情感交流、现场多项思维以及语言的准确精炼和生动活泼,力戒表情呆板、照本宣科、空洞无物的枯燥说教。

第二步:师生思辨,探讨交流。在第一步骤完成之后,进入教师和学生以"问题"为中心进行探讨交流阶段,以"思辨"为主要特征。这是五步教学法得以成功的重要环节。这一步骤的实施分两个小环节:

第一个小环节是:教师提问、学生探究。这一小环节主要是教师应精心设置小思考题、让学生进行思考,谈认识和观点。这是五步教学法得以成功的重要环节。在教师讲或串讲教学内容,完成第一步骤之后,教师根据掌握的学生思想状况结合本课内容,提出几个小问题供学生思考,激发他们的学习思想政治理论课的兴趣和自觉性,所提的问题既应是学生普遍关心的热点问题或是学生喜闻乐见的新鲜话题,又要注意与本课的重点或难点内容密切相关,以引起学生的兴趣,使学生在与教师一起分析讨论解决某个问题的过程中学习理论,接受教育。学生在教师的鼓励下将自己的所学所想讲出来,并对别人的观点予以评论,既要"研",又要"讨",在这一过程中,使思想政治理论传授与能力培养的结合得到进一步深化。在这一阶段,学生通过对教师提出的问题的分析和探究,揭示理论问题之间的联系,以培养学生多角度多层次思考问题的能力、迁移知识的能力、寻求变异的能力,使理论和实际有机结合,以培养学生分析问题和解决问题的能力。

第二个小环节是:学生提问、教师解答。这一小环节的任务主要是按照"学须善疑"的教学原则,思想政治理论课教师应引导学生大胆发言、大胆提问,教师答疑。这是五步教学法得以成功的重要步骤。通过教师提问、学生探究讨论的过程,学生对课堂学习内容的掌握已达到了相当的程度,问题会随之越来越集中,但见仁见智的情况也是存在的。学生自己把对重大理论问题、对社会问题和现象的疑惑;学生自己心中的疙瘩或对某些思想政治理论问题的认识,大胆表达出来。在提问时做到:基本问题,学生提;小组讨论,代表提;普遍问题,全班提。思想政治理论课教师应认真倾听并记录学生发言内容包括针锋相对的辩论。在学生提出问题完成之后,教师对每位学生的提问,都应作回答。教师解答学生提出的问题,既要能给学生解疑,又要能继续引导学生的发散性思维,不打击学生高涨的表现热情。教师采用启发式手段,点拨诱导学生思维,授之以渔,带着学生走向知识,走向感知,培养学生独立分析问题、解决问题的能力。在这一阶段,教师以良好思想政治素养有意识地、有目的、有组织地对学生的疑惑进行释疑,抓住学生需要解疑的心理,通过启发、归纳,进行科学的引导,把思维引向主题,达到画龙点睛的效果。

第三步:教师讲评、学生领悟。在前两个步骤完成之后,教师应对整个讨论予以讲评和分析。这是五步教学法得以成功的关键。教师在每个章节教学、讨论结束之后应做一些必要的讲评,进行正确引导,增强学生学习思想政治理论课的主动性和自信心。教师应总结学生讨论中的正确部分和指出不足之处,并分析教学目的或目标的实现程度,提出学生进一步努力的方向,并适量提供学生自学参考书目。教师作总结时要做到目的明确,善引博喻;条理清晰,要言不烦;循序渐进,步步深化。通过教师的总结,引导学生有所悟、有所收获,使学生树立起社会责任感及优患意识,激励学生对祖国、对家乡的热爱,明确自己的社会责任,这对其良好政治素质的形成起着重要的作用。

第四步:自我探究、撰写心得。教师在课堂学习、讨论后,要求学生课后进行自我思考、撰写心得体会。这是五步教学法得以成功的重要措施。一是教师针对课堂讨论的问题,要求学生自己以书面形式写出心得体会文章,篇幅不宜过长,可就某个问题提出自己的见解,其中包含课程学习后有哪些收获,还存在什么问题,等等。二是教师给学生布置思考题或提出重大理论问题和社会热点问题,要求学生撰写政治小论文,提出自己的思想观点。三是教师要求学生利用假期进行社会调查,学生就某一方面进行社会调查后写出 4000 字左右的调查报告。无论是心得体会还是调查报告、政治小论文,教师都应要求学生谈真实感受,不讲假话和违心的话,并力求将切实感受写得具体一点,避免空发议论。学生将写好的心得体会、政治小论文和调查报告交给教师。教师对每篇心得体会、政治小论文和调查报告进行批改,选择其中几篇在课堂让学生作典型发言。通过这种方法进行回顾总结,使学生加深对所学思想政治理论的理解及运用。

第五,典型发言,总结提高。在第四个步骤完成之后,进入教师在课堂上让学生作典型发言、总结提高阶段。这是五步教学法得以成功的重要措施。教师应对每篇心得体会、政治小论文和调查报告进行批改,选择其中一些有代表性的心得体会、政治小论文和调查报告,在若干周时间里,在课堂上让学生作典型发言,也可让学生自由发言,师生一起评论,最后教师作总结。通过这种方法进行回顾总结,使学生加深对所学"概论"课的理解及运用。总之,这五个步骤互相联系环环相扣又各具功能,实现教师和学生互动。思想政治课的最终成绩是:学生课堂研讨和回答问题占20%,心得体会或政治小论文或调查报告占30%,期末考试占40%,学习态度等占10%。

在"概论"课实施五步教学法的过程中,要使"五步教学法"取得良好的效果,应当注意以下几个问题:一是所提问题应联系学生的生活实际和心理实际,使学生有兴趣、有可能思考和回答。二是给学生以准备的时间。如果不让他们经过一些准备就进行讨论,就无法保证课堂讨论的质量,课堂讨论就容易流入肤浅和形式主义。三是注意课堂气氛的调节和控制。课题负责人在五步教学法的实施过程中发现,有不少学生缺乏主动发言的积极性。教师应有意识地提问那些想发言而胆子小的和没有发言积极性的学生,以便使更多的学生受到必要的锻炼。四是正确引导讨论过程中可能出现的消极、偏激甚至错误的思想。教师既不能无原则地同意学生的观点,也不能横加指责,而应当运用自己的理论分析能力,客观地指出这些观点的不合理之处。

三、实行五步教学法的效果

“五步教学法”是一种全新的教学模式，从根本上改变了教师向学生单向传授枯燥的政治知识的讲授式，而代之以教师指导学生在一定政治知识理论领域内进行探索和交流。结合多年的“概论”课教学实践，笔者认为，针对目前高校“概论”课教学所普遍存在的“满堂灌”教学方法，这种全新的教学模式凸显出特有的价值，主要体现在以下几个方面：

1. 发挥了思想政治理论课励志育人的功能和政治导向作用

提高大学生的思想政治素质，把他们培养成中国特色社会主义事业的建设者和接班人，并能经受得住各种考验、抵制得住外来诱惑的人才，是思想政治理论课教学最主要和最重要的功能。“五步教学法”教学就是让学生自己在独立思考的过程中去接触、认识与研究毛泽东思想、邓小平理论、“三个代表”重要思想、科学发展观等党的指导思想，不断深化认识和加深理解，潜移默化，使他们在不知不觉中就接受了其精神实质与科学内涵。当前，大学生思想政治状况的主流是积极、健康向上的，然而，由于国际敌对势力与我国争夺下一代的斗争更加尖锐复杂，大学生面临着大量西方文化思潮和价值观念的冲击，某些腐朽没落的生活方式对大学生的影响不可低估。一些大学生不同程度地存在政治信仰迷茫、理想信念模糊、价值取向扭曲、诚信意识淡薄、社会责任感缺乏、艰苦奋斗精神淡化、团结协作观念较差、心理素质欠佳等问题。为解决上述问题，就必须改革传统思想政治理论课的教学方法，切实提高教学效果，让学生对思想政治理论课真学、真懂、真信。

2. 增强了课堂教学的生机与活力

在“五步教学法”的实践中，由于教师精心准备和策划，能给学生带来一个又一个的惊喜,一次又一次地把课堂推向高潮。教师有时播放与教学内容相关联的情调高雅的歌曲,有时根据内容巧妙地运用诗词歌赋导入新课,有时穿插动画,有时进行电影剪裁,有时设疑制造悬念,还有时以故事开头……优美动听的旋律不仅活跃了课堂气氛,调动了学生的学习积极性,而且能陶冶学生的情操,还能通过歌曲主题使教学内容得以升华。如讲对外开放内容时播放歌曲《春天的故事》,讲爱国统一战线时播放歌曲《大中国》,讲"一国两制"内容时播放歌曲《东方之珠》等,抒发情感、隽永含蓄,对教学起到画龙点睛的作用,使枯燥的内容趣味化、通俗化,从而让学生情趣盎然,增强政治课的感染力。如讲台湾问题时,用余光中的《乡愁》、闻一多的《七子之歌》导入,让学生领会台湾就像离开母亲怀抱的游子企盼回归的强烈愿望。穿插动画、电影剪裁,生动、直观、形象,给人以身临其境的感觉。设疑制造悬念,可紧紧抓住听众的注意力。色彩斑斓、图文声像并茂的课件,风趣幽默的语言,给人以美的享受,使整个教学过程充满了生机与活力,学生在轻松、和谐、愉快的气氛中学习知识、培养能力、陶冶情操、接受教育,极大地提高了学生参与教学的热忱,调动了学生学习思想政治理论课的积极性。

3. 提高了学生学习思想政治理论课程的兴趣

俗话说:兴趣是最好的老师。学习兴趣是学好功课的前提,是创造能力发展的必要条件,浓厚的兴趣是一种巨大的推动力,能吸引学生的注意力、思考力和想象力,驱使学生去积极思考、观察和研究。在"两课"传统教学模式中,由于"一言堂"式的灌输,抑制了学生主体作用的发挥,学生对政治理论课感到厌烦,丧失了学习的兴趣。"五步教学法"的应用,由于改变了传统的教学模式,在整个教学中都以学生为主体、为中心,教师不再居高临下,而成为学生学习和成长道路上的引导者、合作者和促进者,建立了一种平等和谐的师生关系,善待每一个学生,对学生的动作、语言都使用欣赏的眼光对待,为学生搭建起平等展示自我的平台,使每个学生都能正视自己的长处和短处,树立起自尊心、自信心和自豪感,调动学习热忱,促进学生健康发展。同时,在教学过程中还运用了录像、幻灯片等多媒体直观材料,充分调动学生的感官,使教学更生动、形象,大大提高了学生学习的积极性。

西方经济学课程的案例教学探索*

——以"看不见的手"理论为例

何　晖

"西方经济学"由微观经济学和宏观经济学组成。它揭示了市场经济运行的机理和一些重要的经济变量之间的关系,具有一套较为完整的分析框架和较为有效的方法体系,用来解释经济当事人的行为和经济现象,为制定经济政策和进行经济管理提供了思路。改革开放以来,西方经济学被大规模引入我国。目前在我国高等院校,"西方经济学"这门课程已经成为管理类、经济类专业的主干基础课程之一。但是,"西方经济学"具有内容多、模型多、系统性强的特点,往往因为其中充斥着大量的数据、图表和统计计算公式而让学生觉得枯燥乏味,尤其是以文科生居多的经济管理类专业的学生,对各种用几何图形和数学公式来阐述的理论望而生畏。因此要树立他们学好"西方经济学"的信心,提高教学效果,必须"多管齐下"。而案

---

* 课题来源:湘潭大学教学改革研究项目。

作者简介:何晖(1979－),女,湘潭大学公共管理学院副教授,研究方向:社会保障。

例教学便是一种通过通俗易懂的方式，结合学生生活中常见的案例来提高教学效率的重要途径，可以有效地实现让学生容易接受、乐于接受的学习效果。

一、“看不见的手”的理论及其传统教学方式

“看不见的手”的思想起源于亚当·斯密的《道德情操论》。在《道德情操论》出版17年后，即1776年出版的被视为系统阐释经济增长理论的经典之作《国富论》中，斯密又一次论述了“看不见的手”的作用。作为古典经济学的祖师，斯密指出，在现代社会中，每个人都力图尽可能地使用他的资本去支持本国的劳动，以争取最大化的收益。在这一过程中，“他通常既不打算促进公共利益，也不知道他自己在什么程度上促进那种利益。由于宁愿投资支持国内产业而不支持国外产业，他只是盘算他自己的安全；由于他管理产业的方式目的在于使其生产物的价值能达到最大程度，他所盘算的也只是他自己的利益。在这场合，像在其他许多场合一样，他受一只看不见的手的指导，去尽力达到一个并非他本意想要到达的目的。他追求自己的利益，往往使他能比在真正出于本意的情况下更有效地促进社会的利益。”在商品经济条件下，人的经济行为所具有的利己倾向，致使每个人在从事经济活动中都以追求自身利益最大化为动机和目的，尽管个人通常不打算促进社会的公共利益，他只是盘算他自己的安全和利益，但他无形中受到一支“强制性力量”的引导，尽力达到了一个并非他本意达到的目的——增进社会公共利益，并获得了社会资源最优配置的良好效果。“看不见的手”则代表着约束和引导人们追求自身利益行为的一种制衡力量。

作为经济学教学中的基本概念，“看不见的手”是一种重要的经济分析工具，对其的研究越来越多地应用了数学、统计的方法。一般在教学中，通过讲述大量的公式、图表，也成为一种惯例。知识点这

样讲下来,老师虽然认真负责,但是学生听起来枯燥呆板,课堂效果也无法调动,学生没有任何主动思考的空间,教学效果差强人意。构建和论证某种经济理论,数学语言可能必不可少,但如果是去阐述某个观点,通过案例讲解既能够达到相同的教学目的,又能实现更好的效果。

二、"小摊扎堆"案例的引述

"小贩扎堆"的案例最早是经济学家樊纲在《经济导刊》的第一期中提出来的。文章通过新颖的形式,把上述深奥的"看不见的手"的理论概念形象化,让初学者很感兴趣。案例首先提出一系列问题来引发学习者的思考:为什么大街上修鞋的工匠们非要"扎堆"坐在一起?他们做的生意是一样的,彼此是竞争者,为什么要坐在一起相互抢生意?分开一些不是更好吗?坐在一起,难道是为了"聊天"?或者为了能有一种"广告效应",吸引雇客们的注意?与修鞋的相类似的,还有摆水果摊的、卖菜的也都喜欢扎堆在一起;再比如司空见惯的小商品一条街、汽车配件一条街等的出现,都揭示着同行业的人非但不怕聚在一起加剧竞争反而很乐意聚集到一起做生意。

"小贩扎堆"是一个非常生动并且学生司空见惯的日常生活现象,小贩扎堆在一起明显是加剧了竞争,属于自己给自己找麻烦,但这样却实现了资源的最优化配置。通过这个案例的分析可以形象且深刻地让学生们明白"看不见的手"的作用和机理,同时让学生从感性上了解到经济学的分析都是建立在一定假设条件之上并经过抽象和简化进行的。具体分析是这样的:现在假定一条街道两侧平均分布着许多居民,大家都要吃一种水果。由于水果是相同的,同时规定大家知道各水果摊上同质水果的价钱也都一样。大家上街买水果,买哪个摊的,就取决于哪个摊离自己更近。因此由于买者都选择最近的摊买水果,小贩对市场的占有率就取决于他的摊离消费者的距离。现在假定一条街上只有两个小贩,开始时分别设在街的两头,这时两个摊的市场占有率是相同的，各占二分之一，即街上的消费者会从街的中央分开，离左边近的去左边的摊，离右边近去右边的摊。这时假如其中的一个小贩（比如街道右边的）想扩大他的市场占有率，怎么办呢？只要它往街中间的方向移动一点，他的占有率马上就会提高。因为他这样做，在他右边的顾客，仍然会买他的水果，而原来街中间的一部分去左边买水果的人，由于离右边摊更近了，也会调转去买右摊的水果，因此，这个小贩越往左边移，买他水果的人就越多。由于经济学中"理性人"的假设，所有的人都一样"聪明"或一样"蠢"，因此，左边的小贩也会学着往街道中间段移，最终两人会移到街道的中央，重新"平分市场"——人们从街道两头跑到中央来买水果，买两个摊的水果概率相同。于是我们看到了"小贩扎堆"的现象。并且这种扎堆是不会改变的"静止状态"——市场均衡，即无论两个小贩中的哪一位，都不再愿意往两边移动了，因为不管往哪边移都会失掉一些顾客，而降低的市场占有率。

这个案例形象地刻画了市场"看不见的手"的内在机理，揭示了市场机制实现资源的优化配置的作用。在小贩追求自身收益最大化（即提高市场占有率）的过程中，却实现了资源的有效配置。一方面对于消费者而言，为了买到更心仪的商品，需要进行一番调查"搜寻"、"货比三家"，以便获得更充分的商品信息，找到最低价、最高质且最想要的产品。同类商店聚集在一起，不仅可以节省买方消费者的"鞋底钱"，还能实现他们买到物美价廉商品的效用最大化；另一方面对于卖方而言，扎堆在一起刚好能够满足消费者商品比较的愿望，成为大家最愿去的地方，从而能增加他们的客流量，提高他们赢利的空间。卖方在"适者生存"的过程中由分散在各处的商店逐步向某一处"扎堆"，便形成了一条一条的专业商品街、商业城，等等。同时，商店扎了堆，卖者之间的相互加剧的激烈竞争又会使价格下降到相同的水平、质量提高到相同的水平，并在此基础上进一步开展成本、质量与服务的竞争，使消费者得到更大的好处，进而使资源配置得更加合理、更有效率。

因此“小贩扎堆”的案例,不仅可以让学生深刻地领会到“看不见的手”的力量,同时也体会到“理性人”、“效用最大化”、“成本最小化”以及“均衡”的经济学概念和理论。

三、小贩扎堆案例教学的启示

1. 通过讲述很多生活中的经济学故事,培养学生学习兴趣

经济学本身是一门非常有趣的关于个体如何做出理性选择的学科,其中不乏很多有趣的生活的经济现象。在上课的过程中穿插着介绍一些著名的经济学家写的随笔和传记、以及关于经济学的小品文,这些书本和材料本身充满了经济学的魅力和对课本上经济学理论的活学活用。为了让学生培养学习的兴趣,每节课的备课内容里适时适量地增加一些经济学小故事,可以帮助学生从枯燥的课本理论学习中解脱出来。比如:通过《铅笔的故事》[①]讲述市场经济“专业分工”的原理和重要性;通过《小贩扎堆的背后》讲述经济学中两大假设前提之一的“理性人”假设;通过《男女交往应该谁买单》[②]帮助学生们理解成本的概念;通过《美国的共用电话》讲述“产权”的含义和重要性;通过《怎样提高超市购物效率》加深学生对“均衡”这一贯穿经济学始终的重要概念的理解;通过《汽车上的安全带》讲述微观经济政策的制定的审慎和激励效果的多方考虑,等等。通过这些生动的经济学故事让学生们觉得其实经济学就是教会我们怎么“像经济学家一样思考”,激发他们学习经济学的热情和兴趣。

---

① 原名为《I, Pencil》,刊于经济教育基金会(the Foundation for Economic Education)出版的Freeman杂志1958年12月号上。作者Leonard E. Read(1898-1983)于1946年创立经济教育基金会,并担任主席至去世。这是他最著名的文章。

② 见《经济学家茶座》2003年第一期(总第十一期),文中的《美国的共用电话》、《怎样提高超市购物效率》等几个案例均出自该书。

2. 讲述同龄人学习经济学的真实经历，树立学生学习信心

随着教学计划的内容的调整，很多管理类的专业都开设了西方经济学作为基础课程之一，而这些专业的学生很多在高考进校之前都是文科生，数学成绩不好或者对数学不太感兴趣，因此对于学习充斥着数学计算和图表的经济学学习感到很乏味，经济学的教学也就达不到开设的目的和要求了。因此给学生讲一些同龄人或其他学生学习经济学的经历，讲他们的真实感受，讲他们是怎样克服和战胜这些学习中的困难的，尤其是一些学得很好的学生的感受将起到意想不到的效果。以下是在教学过程中，笔者收集的一些优秀的学生最初学经济学的真实体会。“我真的挺后悔的，像我这样一个没有数学细胞，生平最痛恨数理的人怎么会来到这一群经济学的精英里？很长一段时间我觉得心虚，真的心虚。大概因为困难，我的表现总是很不积极。在两头拉扯中，我强迫自己静下来，慢慢去梳理那些知识。虽然在一开始，我一拿起经济学书就觉得那是一个错误，但一遍一遍地疏通过后，我渐渐发觉它并不像想象那么难。经济学比起其他科学，投资更大，耗时更长耗力更多，见效更慢。但我后来觉得这确实是一门让平凡人快乐和自信的学科。我甚至觉得，我们学习的是一种精神甚于学科知识，前提是我们从扎堆的经济学课本中解放，自主愉快地学习经济。从这个层面讲，经济学确实能够为我们打开一扇优质生活的大门。”通过这些跟他们有着相似想法的学生的亲身经历，而不是讲要学好经济学的大道理（实践证明，这通常没有多大效果），让学生们觉得“本校别的院系文科生都能学好，我为什么学不好？而且经济学真的像他们讲的那么有趣吗？”，抓住青年学生个性张扬，不轻易服输的特点，逐渐激发他们的学习主动性。

3. 趁热打铁，经常性地组织学生自己讨论分析，同时结合阶段性的小测试

经济学的学习贵在“熟能生巧”，要多想多用。所以定时组织学

生根据所学得的进度范围和主题做实践经济现象和问题的讨论，引导学生主动思考，认真观察，特别是当他们有所发现和成果的时候，极大地肯定他们的成绩，这样学生就会产生巨大的成就感，并激发进一步深入学习下去的热情。同时，由于经济学本身的特点，它更类似于重在平时积累的学习规律，不像其他文科的课程，只是在考前“突击”，否则是很难取得合格成绩的。因此，对于经济学的基础内容每隔一段时间做一次基本概念和公式的小测试，督促学生及时掌握所学的理论，把期末备考的压力分散到平时，也进一步强化学生学习的自主性，在此基础之上进行的案例讨论和教学也才能真正做到“有的放矢”。

4. 尽量用生动的生活化语言，加深学生们对基础概念的理解

比如：微观经济学里有一个理论叫做“边际报酬递减规律”，这个概念是这样的：“在短期生产中，在技术水平不变的条件下，随着一种可变要素投入量的连续增加，它所带来的边际产量先是递增的，达到最大的值以后再递减。”对于这个概念的讲解可以打一个这样的比方：就好比是厨师在厨房做菜，由于短期内厨房的大小是不变的(这好比在短期生产中技术水平不变)，当厨师的人数从一个人增加到两个人，由于当初的一个厨师有了帮手，做菜的效率会提高，如果该厨房比较大的话，可能随着第三个厨师的增加，会做出更多的菜。但随着厨师的人数逐渐增加，厨房里的厨师越来越多，我们可以想象由于厨房的空间有限，由于厨师人数过多，可能造成最后连转身的空间都没有了，厨师们根本没办法抽出手来做菜了，所以做菜会越来越慢，做出来的菜越来越少，到最后根本连一个菜都没办法做了。这里的“厨师”就好比是一种“可变要素”，随着厨师人数从一个开始增加时，所做出的菜是递增的，就类似边际产量是递增的。但当厨房里的厨师人数超过了一个最佳的人数的限度以后，再随着厨师人数的增加，所做出的菜是递减的。这样举例解释以后，学生们都能很好地理解了。又比如为了说明这样一个规律还可以用证伪法，即“如果边

际产品递减规律不成立，世界食品的供给一个花盆里就能解决了”。这说明了固定要素的重要性，也可加深学生对边际报酬递减规律的普适性和正确性的认可。

总之，案例教学在“西方经济学”教学中十分重要。案例教学可采用穿插安排、小案例讨论、综合案例讨论、专题讨论等多种方式进行，尽可能实现案例本土化、生活化、娱乐化，根据教学需要合理安排，以实现以系统的理论教学为主、以案例教学为辅，达到较好的教学效果的目的。

参考文献：

[1]亚当·斯密. 道德情操论[M]. 北京：商务印书馆，1997.

[2]亚当·斯密. 国民财富的性质和原因的研究，下卷[M]. 北京：商务印书馆，1997.

[3]高鸿业. 西方经济学[M]. 北京：中国人民大学出版社，2009.

[4]布鲁克菲尔德著，周心红、洪宁译. 大学教师的技巧：论课堂教学中的方法、信任和回应[M]. 杭州：浙江大学出版社，2005.

联系实际教学法在法学本科教育中的运用*

——以民法课为例

周晓晨

在人文社会科学中，法学属于理论性与实践性都很强的学科。由于我国是大陆法系国家，法律规范比较抽象，法学教科书一般由系统的论著和法条注释构成，直接涉及实际运用和具体社会问题的内容较少；教育内容也多注重对抽象的概念和原理加以阐释和分类。在教学上，多是由老师集中讲授基本概念、原理，对现实案例与实践操作涉及不多。这些都导致法学课程的教学内容相对比较晦涩和枯燥。但法学同时也是一门实用性很强的学科，它与我们的社会生活紧密相联。尤其是民法，更是与每个人的日常生活息息相关：小到吃饭、购物，大到贸易、运输，许多生活中的真实案例都离不开民法的规范视野。因此，在法学本科教育的过程中，应联系实际发展一些教学方法。这不但可以避免课堂上的枯燥乏味，而且可以理论联系实际，增强学生的实际应用能力。本文将结合我国法学教育的自身特点，以本科"民法"课程为例，对联系实际教学法在本科教育中的具体运

* 作者简介：周晓晨，（1984 - ），女，湘潭大学法学院讲师，法学博士。

用进行探讨。

一、举例教学法

传统的理论讲授教学在我国仍然具有重要的意义，它能够在短时间内有效地帮助学生掌握基本的概念和体系，起到提纲挈领的作用。举例教学法的目的正在于辅助传统的理论讲授教学，从而使学生更好地理解法学抽象理论。但是，若所列举的案例过于抽象或表现形式过于单一，则可能无法达到应有的效果。以民法课程为例，举例教学法的运用，应注意以下两点：

1. 选择的案例应通俗易懂、贴近生活且具有典型性。

举例教学法只在于帮助学生理解相关的理论知识点，所以案例应相对通俗易懂。若案例过于疑难复杂，学生不仅在有限的时间内无法将案例理解透彻，而且可能会分散学生对于重点的关注度，不利于对当下知识点的学习和掌握。教师在自己的生活中接触或体验到的真实案例普遍鲜活生动，用来举例说明或解释理论最为恰当。例如，笔者在讲授侵权法中商场经营者的安全交往义务时，讲自己在某商场亲身经历的被盗窃背包的故事，并让学生思考商场经营者是否有义务保护顾客的财产安全；在讲授合同法中的要约制度时，讲自己在美国看到"办卡送苹果 iTouch"的银行活动宣传册，虽然已经构成不可撤销的要约，却因领取 iTouch 的人太多而提前结束活动的故事。由于教师自己亲身经历的事情比虚构的案例更具立体性与丰富性，所以，学生对于教师的"故事"更加感兴趣，印象也最为深刻。笔者曾对教授过民法的班级做过问卷调查，结果显示，多数的学生表示"很爱听老师的故事"，并希望"老师能多讲一些故事"。这类案例不但能够有效地吸引学生的注意力、增强课程的趣味性、活跃课堂气氛，而且能让学生在快乐与轻松的氛围中掌握相关的理论知识，达到寓教于乐的最佳效果。此外，也可以多举一些学生在日常生活中能够接触到的事例,既容易为学生接受,又能够引导学生多关注身边的法律问题,达到学以致用的目的。例如,讲买卖合同时,可以学生去超市购物为例;讲租赁合同,可以学生考研租房为例;讲运输合同,可以学生乘坐公交车为例;讲侵害肖像权,可以最近在网上出现的“杜甫很忙”涂鸦为例。当然,任课教师只有多关注社会和生活,才能在课堂上对各种案例信手拈来,达到灵活自如的境界。

此外,案例还应具有典型性和代表性,即能够将相关的知识或理论问题清晰地反映出来。曾经发生的或者正在发生的社会热点案例,可以作为典型案例讲授给学生。例如,十几年前的“四川泸州遗赠案”是当时影响较大的热点案例。该案件涉及的问题是,死者通过遗嘱将自己的遗产留给自己的情人而不是妻子的行为是否合法。法院的判决认为,死者基于与原告有非法同居关系而立下遗嘱,将其遗产赠与原告,是一种违反公共秩序和社会公德的行为;因此,该遗嘱因违反了公序良俗原则而无效。这一案例非常适合教师在讲解公序良俗原则或继承法中的遗嘱问题时作为素材。为了扩大学生的视野,教师应尽可能地将典型案例的来龙去脉、争议的焦点、存在的不同观点都介绍给学生。如有时间,课堂上还可以进行简短的讨论。

2. *表现形式应多样化。*

有调查显示,人对于图像的视觉感知相较于单纯的文字更为敏感。因此,教师除了以口头形式、文字形式将案例呈现给学生外,还可以通过视频或图片形式向学生呈现案例。例如,讲到“北京宋庄画家村小产权房案”,笔者播放了从网上下载的与该案有关的法制节目,使学生了解农村小产权房的现实问题;讲到“要约”时,为了引入美国一起著名的“喝百事可乐,积分换飞机”的案例,笔者播放了当年百事可乐引发纠纷的广告视频,让学生思考广告的夸张成分是否有约束力;讲到“重庆钉子户”,笔者以醒目的图片向学生展示钉子户事件的来龙去脉及社会影响力,使学生知晓公共利益与个人权利在拆迁中的冲突关系。这些图像表现形式不但可以缓解学生长期阅读文字造成的视觉疲劳,重新吸引他们的注意力,也可以丰富教学手段,避免案例教学的单一性。

二、启发式案例分析教学法

根据20世纪70年代末的建构主义学习理论,知识只是一种解释、一种假设,不是问题的最终答案;知识具有相对性、主观性、参与性的特点;学习不是教师简单地向学生传递知识,而是学生自己接收知识的过程。由此,教师不能简单强硬地从外部对学习者进行填鸭式教学,而是应当通过共同针对某些问题的探索,引导学习者从原有的知识经验中发展出新的知识。建构主义学习论对于法学教育具有重要的启发意义。因为相对于自然科学知识,法律知识的相对性和主观性的特点更为明显:任何法律规定或学说理论都不是最终答案,都可以质疑。在这种意义上,可以认为法学就是一门"教人讲道理"的学问。因此,如何启发学生"讲出自己的道理"使别人信服,是法学教育的重点。而启发式案例分析教学法正是通过案例分析题来启发学生运用知识分析问题、解决问题并养成正确的法律思维的教学方法之一。

具体到民法课程,启发式案例分析教学法主要是运用历史的方法和请求权的方法,教会学生如何正确地分析案例。具体而言:

1. 历史方法,是指就案例事实发生的过程,依序检讨其法律关系。该方法只要求学生按照事情发展的过程,从时间上一一检讨当事人之间的法律关系即可。试举一例:"甲于4月1日借某名贵照相机给乙,乙于4月3日擅自将照相机卖于善意的丙,丙再将其出售给恶意的丁,并交付。问:丁是否取得该照相机的所有权,理由为何?"按照历史方法,应先考察甲与乙的法律关系,其次是乙与丙的法律关系,再次是丙与丁的法律关系,这样关于照相机的所有权问题也就自然一清二然。具体的解题步骤是:"首先,甲借照相机给乙,在甲乙使用借贷合同;乙为直接占有人,甲为间接占有人,但甲仍是照相机的所有权人。其次,乙擅自将照相将卖于丙,乙与丙之间成立买卖合同;因属于无权处分,效力未定;但丙是善意相对人,可以依据善意取得成为照相机的所有权人。再次,丙作为照相机的所有权人,将其卖给丁,是有权处分,即使丁明知乙无权处分的事实,丁仍能取得所有权。"

2. 请求权方法,则是指处理案例应以请求权基础为出发点,主要解决谁(诉讼上原告)得向谁(诉讼上被告)依据何理由主张何种权利的问题。请求权方法相对于历史方法而言,具有一定的难度,不但要求学生对于案例所涉及的请求权基础十分熟悉,而且还须具备严谨的法律逻辑思维。再以上述题目为例。若题目的问题换成"甲是否向丁请求返还其照相机",运用请求权方法解答最为合适。依请求权方法,首先应找到甲可能向丁主张的请求权,是《物权法》第 34 条的返还原物请求权。其次,应分析返还原物请求权的构成要件为何,在该案中,返还原物请求权的要件是否一一已经具备。如此,则本题的解答思路应是:先说明"甲若依《物权法》第 34 条向丁请求返还相机,其条件是丁为无权占有人,且甲是该相机的所有人。"接下来就一一讨论甲是否为相机的所有权人,以及丁是否为无权占有人,然后再得出最后的结论。

请求权方法,是大陆法系概念法学发展出来的一种独特的法律思维方法。相对于历史方法而言,请求权方法更合目的性。一方面,此方法更适合实务需要,因为诉讼上所争执的多是一方当事人有无某种义务,另一方当事人有无某种请求权;另一方面,此方法要求从法律的规范立场思考问题,避免个人主观价值判断及未受节制的衡平思想,能够锻炼学生严谨的逻辑思维能力。

在运用上述方法进行案例教学时,教师应以启发学生主动学习和思考为主要导向,避免用标准化答案的模式来限制学生的思维。教师可通过定期布置课下作业,允许学生查阅相关资料、相互讨论,使学生能主动自觉地查找需要的资料并独立地思考。如有时间,教师最好对每位学生的报告进行批改、打分,并在课上统一点评,指出普遍存在的问题与解决的办法。教师对学生作业的评价，不应以结论的正确作为主要标准，而应着重考察学生的思路是否清楚、逻辑是否严谨、论证是否充分、法律条文的适用是否妥当等。只要学生的理由能自圆其说、有凭有据，就应该给予高度的评价。

除了培养学生的法律思维外，启发式案例分析教学法还可以达到举一反三、以小见大的效果。因为法律是一个完整的体系，它不仅表现在法律规范的外在形式上，也蕴含在法律内部各概念、原理之中。虽然法学的分类会随着社会变化而日益细化，法学的知识也日益增多，但法律"牵一发而动全身"的体系特点仍然存在。就民法而言，从民法总论、物权法，到合同法、侵权责任法、继承法，每一部分所包含的理论知识都十分丰富。若教师只是传授分散的知识给学生，学习民法就变成了知识的简单堆积，民法教材就会越读越厚，学了新的就忘了旧的。但启发式案例分析教学法能使学生通过一个案例联想到所有相关的知识点，并如同"串珠链"或"织网"一样，将已经学到的知识在这个案例中整合起来，从而起到温故而知新的良好效果。

三、模拟法庭教学法

法学教育不只是单纯的知识传授和思维培养，还是一种职业训练。如何培养学生在将来的法律职业生涯中应具备的一系列的专业技能，使法科学生成为合格的法律工作者，是法学本科教育的另一重要任务。模拟法庭教学法和上述启发式案例分析法相比，其实践性、综合性、角色性的特点更强。通过模拟法庭教学，至少可以起到以下几点作用：第一，通过角色模拟（例如担任原告或被告）使学生深入地体验司法审判实践；第二，有助于提高学生在法庭上的心理素质和应变能力；第三，增强了学生的法律文书写作能力。为此，除了常态化的模拟法庭课程外，还应鼓励学生积极参与省级或国家级的模拟法庭竞赛。一个优秀的模拟法庭竞赛活动，其赛题的设计十分重要。一般而言，赛题应以真实案件为蓝本，尽量将赛题设计得更加接近真实。但是,由于模拟法庭跟真实法庭仍有很大区别,案件的事实没法调查和取证,在模拟法庭竞赛中,选手只能就已经给定的证据对事实进行判断。这就要求赛题给定的证据必须保留充分的解释空间,既可以被解释为有利于原告一方,也可能被解释为有利于被告一方,关键在于选手如何运用法律知识对证据进行合理的解释。

模拟法庭教学,应与启发式案例分析教学相结合。一方面,模拟法庭教学的实施应以启发式案例教学为前提和基础。启发式案例分析教学一般使用抽象过的、没有证据的简短案例,主要涉及法律问题的处理。模拟法庭教学所用的案例则以附有证据的真实案例为基础,不仅涉及法律问题,还涉及事实问题。所以,模拟法庭教学对学生的要求更高,参与的学生须先掌握基本的案例分析方法才能应对更加复杂的真实案例。另一方面,模拟法庭教学与启发式案例分析教学可以相互补充。在启发式案例分析教学中,学生被假设处于法官的中立地位,必须对一个案件做出不偏不倚的判决;而模拟法庭教学中,学生扮演一方当事人的角色,必须从对自己最有利的角度出发看待一个案件。因此,模拟法庭教学能培养学生的"当事人"视角,为将来做一个合格的律师或者代理人打下良好的基础。

结论

法学本科教学方法应结合本科生的特点与法学学科的特色而有所创新。由于本科生缺乏足够的社会经验,其分析和解决问题的能力还有所欠缺,所以,我国的法学本科教育仍然必须以大陆法系的理论讲授为主,不能照搬英美法系的开放式案例教学。但考虑到法学作为一门实践性很强的社会科学,我们必须适当增加理论联系实际的教学方法,来培养学生实际解决问题的能力。举例教学法、启发式案例分析教学法以及模拟法庭教学法,都是将法律理论与生活实践相结合的有效教学方法,应该得到法学教育工作者的重视和推广。

参考文献：

[1]周景安、王瑀．试析模拟法庭教学的功能意义[J]．法学教育研究，2012(1)．

[2]燕良轼：高等教育心理学[M]．长沙：湖南人民出版社，2010：54－56．

[3]王泽鉴．法律思维与民法实例[M]．北京：中国政法大学出版社，2001．

“传热学”案例式教学方法探讨*

夏小霞　王志奇

一、“传热学”课程的特点

“传热学”是一门研究热量传递规律的科学，与人们的生活息息相关。“传热学”作为能源动力类专业的学科基础课，对后续专业课程的学习非常重要。该课程上接“高等数学”、“大学物理”、“工程热力学”、“流体力学”等基础课程，下连“锅炉原理”、“燃料与燃烧”等专业课程，对相关专业的教学、人才培养起着重要的衔接作用。

“传热学”课程的特点可以用“三多”来概括，即：概念多、内容多、公式多。

1. 概念多，抽象难懂

“传热学”涉及到的概念繁多，而且有些概念很抽象。例如，集总参数法、时间常数、黑体、角系数等概念学生都是初次遇到，觉得很难理解。Bi 数、Nu 数、Pr 数、Re 数等准则数的物理含义对于初学者

* 作者简介：夏小霞（1980－），女，湘潭大学机械工程学院讲师，研究方向：热工过程数值模拟；王志奇（1979－），男，湘潭大学机械工程学院讲师，研究方向：余热利用。

来说也是很难掌握的。

2. 内容多,相互交叉

“传热学”内容涉及面广,主要内容包括导热、对流换热和辐射换热三部分。并且这些内容之间又不是互相独立的,而是相互交叉与联系的。例如,分析室内取暖的暖气片的换热时,既有管内热水与管内壁的对流换热、管壁本身的导热,又有管外壁和室内环境的对流换热和辐射换热,必须加以综合考虑。

3. 公式多,应用条件复杂

“传热学”公式繁多,既有三种传热方式的基本方程,又有导热微分方程和对流换热边界层微分方程。最复杂的要数对流换热的实验关联式,按有无相变、流动起因、流动状态等有不同的分类,每一个小类别下面又有不同研究者得到的各种实验关联式。由于是实验得到的结果,在运用公式的时候,就要特别注意公式的应用条件。

由于“传热学”课程具有较强的综合性和实践性,使得这门课程的教与学都存在一定的难度,学生在学习过程中普遍反应这门课程比较抽象、理解困难,导致学生的学习兴趣不高,存在生搬硬套的现象。并且,目前高校教学改革的指导思想是“厚基础、宽口径”,教学计划修订要求压缩专业基础课程的课时,我校热能与动力工程专业的“传热学”由原来的 64 学时减少为 48 学时。如何在有限的学时内使学生更好地掌握必需的“传热学”的基础理论及工程应用知识.是目前“传热学”课程改革面临的主要问题。

案例式教学目前广受关注,它不仅可以灵活合理地安排教学内容.使学生在较少的学时内掌握教学大纲要求的知识点,而且可以加深学生对理论知识的感性认识,提高学生的学习兴趣,培养学生综合运用已学知识分析、解决实际问题的能力。

二、案例式教学应注意的关键问题

案例式教学的重点在于案例的设计能否激发学生的兴趣、提高课堂授课效果,这是决定案例式教学成功与否的关键。要想成功运用案例式教学法,必须做好以下两个方面:

1. 案例准备

教师在选择和准备案例时不能随心所欲,而要根据教学内容和教学目标的要求精心设计。对于理工科专业,所选择的案例应达到以下标准:

(1)案例贴切、恰当,能全面反映教学内容

案例式教学法是一种教学方法,本质上服务于教学目的,如果案例与教学内容相差太远,离题千里,就容易给教学对象造成知识体系上的混乱,所选择的案例就没有了存在的价值,因此,贴合教学内容选择案例是实施案例教学的前提。

(2)案例生动、具有吸引力,能提起学生的兴趣

一般来说,所选案例应能调动学生的积极性。只有吸引学生积极思考了,才能起到帮助学生提高分析与解决问题能力的效果,使学生真正掌握所学内容,这是提高案例式教学效果的关键。

(3)案例难易适度,能被大部分的学生理解

学生本身存在学习能力的差异,对于相同的案例,他们的理解和接受能力也会有所不同。所以,在选择案例时要充分考虑到学生的个体差异,尽量选择所有学生都可理解接受的案例,否则容易使学生产生畏难心理,达不到预期的教学效果。

(4)案例贴合生活与工程实际,能被大部分的学生所认知

所选案例最好与日常生活或工程应用息息相关。这样的案例容易使学生产生认同感,觉得所学的知识能够解决生活中的问题或者将来参加工作后遇到的实际问题,这样的案例贴近学生的生活实际,

他们的参与兴趣会更高,更有助于对所学内容的理解。

2. 课堂授课

教师的授课方法要选择得当,对于整个教学过程要准确掌控。案例教学的整个过程,就是要适时适度地提问引出案例,组织学生以个人或以组为单位进行思考、讨论,教师再进行点评与总结,最后让学生进行课后反思,最终完成教学目的。

在教学过程中要着重注意以下几点:

(1)案例的数量和难度

案例式教学以提出问题开始,并以提出问题结束。对于问题的准备要适度,同时具有一定的目的性,不能“乱问”。同时,问题的数量和难度上也要注意,不能“多问”与“难问”。提问过多势必会延长教师的课堂时间,减少学生的思考时间;提问过难会使学生难以得到正确的结果,如果由教师解答出正确的答案,这就失去了案例教学的意义,甚至还会使学生失去兴趣。

(2)案例的提出顺序

案例的提出要有科学的设计,有一定的层次性,通常来说要由易而难,逐渐深入。同时,考虑到不同能力的学生对问题的认知差异,利用难易不同的问题诱导学生多层次思考,最终得出结果,从而达到全面掌握所学知识的目的。

(3)案例式教学中学生作为主体,教师起引导作用

案例式教学是一种以学生为主体的教学过程,教师只发挥着引导作用。教师在教学过程中应侧重于引导学生,尽量让学生自己来判断、评价案例中问题的正确性,使学生在分析案例的同时将各个知识点融会贯通,最终自然而然得出结果。同时,要尽可能吸引所有的学生参与进来,对于内向型的学生应尽可能鼓励其回答问题,对于回答问题出色的学生应给予表扬,并计入考核成绩。总之,要造就活跃的课堂气氛。

三、"传热学"案例式教学示例

下面列举一个"导热系数的比较及应用"案例加以示范。

具体的教学步骤如下:

1. 知识点讲解

在课堂上进行理论知识的讲解,介绍导热系数的概念,并列出常见气体、液体和固体的导热系数,引导学生注意它们之间数量级的差别。即使是同样相态的不同物质,导热系数也有很大的差别。

2. 现场提问

准备不锈钢材质和塑料材质的教学道具,在课堂上引导学生用手接触同样温度下的两种道具,让学生说出自己的感觉:不锈钢材质的教学道具比塑料材质的要凉。要求学生用传热学知识来解释此现象。提出这个问题后,留出时间让学生思考,并采用现场回答问题的方式,得到最终的结论:不锈钢的导热系数比塑料要大,因此从手传递走的热量更多,手感觉更凉一些。

3. 举一反三

在此基础上,要求学生自己举出更多的生活中的应用实例,可以采取小组讨论、自由发言的形式。在学生无法想到的时候,可以举出例子,让学生加以分析。例如:北方的建筑一般采用双层玻璃,因为夹层中的空气导热系数很低,因此传递的热量很少,从而达到保暖的目的。

4. 引申到工业应用

为了帮助学生充分认识到所学专业知识的作用,可以和生产实践联系起来,向学生介绍在工业上的应用,如工厂中蒸汽管道外保温材料的选择等。

5. 布置课后思考题及反馈

除此以外,还可以布置课后思考题,要求学生从日常生活和工业实践中发现更多的应用实例,并及时听取学生的反馈意见。鼓励和启发学生从中发现好的点子,进行大学生创新性实验项目的申报。

四、备选的"传热学"案例

由于传热学的知识和我们的日常生活紧密相关,因此能举出的案例也比比皆是。

1. 不同物质对流换热系数的比较

例如:用铝制水壶烧开水时,尽管炉火很旺,但水壶仍然安然无恙。而一旦壶内的水烧干后,水壶很快就烧坏。

如果掌握了不同物质对流换热系数的大致范围后,就可以得出以下原因:当壶内有水时,由于水的对流换热系数大,壶底的热量很快被传走,温度不至于升得很高;当水烧干时,与壶底发生对流换热的是空气,因为空气的对流换热系数很小,壶底的热量不能及时被传走,故此壶底升温很快,容易被烧坏。

2. 不同对流换热方式的差异

例如:一杯开水搅拌可以冷得快一些。

这是静置和搅拌分属两种不同的对流换热方式而导致的差异。静置时,属于自然对流换热,换热系数较小,因此开水冷得慢;搅拌时,属于强制对流换热,换热系数较大,因此开水冷得快。

3. 材料对不同波长辐射的选择性吸收

例如:暖房利用温室效应来种植蔬菜。

主要的原因在于暖房玻璃对于不同波长的辐射具有选择性吸收的特点。太阳表面温度较高,辐射能主要集中在短波(即可见光)范围内,暖房玻璃对其的吸收率比较小,大部分太阳光可以进入暖房;而暖房壁面温度较低,辐射能主要集中在长波(即红外线)范围内,从而阻止了辐射能的损失。太阳能集热器吸热表面涂层材料的选择与温室效应有异曲同工之妙,为了吸收更多的太阳辐射,应选择对短波辐射吸收率很高、而对长波辐射吸收率极低的材料。

这些案例的教学方法与上述示例类似,在此不再详述。

五、总结

“传热学”是能源动力类专业主要的学科基础课,本文针对“传热学”课程的特点,对案例式教学的设计进行了初步探讨.并围绕导热、对流换热和辐射换热三个方面的教学内容,对案例式教学在“传热学”课程中的应用进行了示例。案例式教学能很好地激发和调动学生的学习主动性和积极性,培养学生自主思考的能力,使该课程的教学质量迈上一个新台阶。

参考文献:

[1]贾春霞.模块式教学在传热学中应用设计与实践[J].化学工程与装备,2010(9):223-224.

[2]王学仁,艾春安,宁超. 高等院校"传热学"案例式教学法探讨[J].中国电力教育,2010(12):74-75.

[3]李敏,凌长明,谢爱霞. 三种教学法在“传热学”教学中的应用和实践[J].中国电力教育,2011(4):93-94.

[4]郭晓娟,左远志.基于CDIO教育理念的“传热学”课程教学改革探讨[J].东莞理工学院学报,2011,18(3):113-115.

论“犯罪学”教学中的“嵌入式”教学模式*

万志鹏

“犯罪学”这门学科独立登上科学舞台的历史并不长，从意大利学者龙勃罗梭(Cesare Lomroso,1835～1909)于1876年出版其划时代的著作——《犯罪人论》(L' Uomo delinquente)时算起，犯罪学不过经历百余年的历程。美国著名犯罪学家萨瑟兰(Edwin Hardin Sutherland,1883～1950)曾指出，犯罪学的实践目标，是运用所掌握的犯罪学知识减少人类社会的痛苦和损害。如何在高等院校犯罪学专业教学中达成犯罪学的实践目标？这是一个值得深思的问题。以我国的现状，高校开设“犯罪学”课程主要面向法学或者公安学专业的本科生，有的院校作为必修课，有的作为专业选修课，有的作为公共选修课。然而，普遍存在的问题是：教与学脱节、理论枯燥、缺乏实践、形式主义严重，从而造成教学效果不好，难以达到这门学科的目的。为此，十分有必要提倡一种新的教学模式——笔者称之为“嵌入式”模式，应不失为改革教学方式的一种新思路。

---

* 基金项目：湘潭大学教学改革研究项目：“‘嵌入式’教学模式在“犯罪学”课程中的应用”(湘大教发[2011]30号)。

作者简介：万志鹏(1976 －)，男，湖北黄陂人，法学博士，湘潭大学法学院副教授、硕士生导师。主要研究领域：刑事法学、犯罪学。

“嵌入”,本意是将较小的物品卡入较大物品的凹处,多为美术装饰之用。在此,笔者借用此意并加以引申,意指将实践参与和情景互动融入教学活动之中,充分实现理论与实践相结合。具体而言,“嵌入式”的犯罪学教学模式,指教师和学生突破传统的“讲授—接受”模式,围绕犯罪学所要求的实证研究品格,分别以自己的角色参与到真实的犯罪场景之中,在犯罪人、被害人、刑事司法系统的情景互动中学习和领悟犯罪学的基础理论,从而达成犯罪学的实践目标。为此,作为犯罪学教学活动主体的教师、学生应当深入到一线犯罪场景中进行现场教学,教育主管部门和有关政法机关应该给予充分的保障和支持。唯有如此,才能打破呆板的课堂教学,真正实现教学模式的革新。

一、“嵌入式”教学模式要求教师具备丰富的实践经验

建国以来,由于长期的“左倾”思想干扰,犯罪学的学科地位一直没有得到应有的重视。大约从上世纪80年代初开始,我国犯罪学的研究开始逐渐恢复,部分政法、公安院校开始为本、专科学生开设“犯罪学”课程。这对于法学、社会学、公安学等专业的学生来说犹如久旱逢甘露。然而对于教师而言,这门课程却是在摸索着进行的。因为犯罪学这一学科的性质决定其特别重视实证研究,如果教师不具备同犯罪打交道的实践经验,不具备实地调查研究的能力,担当这门课程的教学是非常吃力的。犯罪是一种社会现象,但也是一种个人行为。如果教师没有亲自体会与犯罪人交往的感觉,没有身临其境地到过犯罪现场,没有任何刑事办案的经验,是难以将种种犯罪学的基本理论贯彻到教学之中的。正因如此,笔者所提倡的“嵌入式”教学模式绝非仅仅具有“装饰”作用,而是要求教学方式的彻底改变。

从教师的角度,“嵌入式”教学需要教师在自身对犯罪生成过程十分熟悉的前提下带领学生接触具体的犯罪案件。这就要求教师具

备丰富的实践经验。有学者早就指出，承担犯罪学教学的教师应该定期深入实际部门工作一段时间。这里的实际部门，主要是指公安部门。笔者认为这一建议是非常中肯的。公安机关在我国承担了绝大部分刑事案件的侦查工作，并且公安机关的治安管理部门所处理的也是犯罪学中所研究的犯罪、违法和越轨行为，与社会犯罪现象和犯罪人的接触范围最广。不仅如此，笔者还认为作为检察机关、法院以及监狱等机关对犯罪人的处理过程以及效果都应该为教授犯罪学的教师所熟悉，有条件的话，应当尽可能安排教师到这些司法实务部门进行锻炼。然而，目前各高校面临的难题是如何将教师安排到实务部门进行实践锻炼？采用什么形式以及多长时期的锻炼才足以胜任犯罪学的教学？这需要实务部门的大力配合与支持。笔者认为，各地司法实务部门特别是公安机关不应当将教师的实践活动当作负担和累赘，也不应抱着唯恐“泄密”的态度排斥教师的参与。大家都是服务于与犯罪做斗争的工作，只是分工不同，应当通力合作。不仅理论界可以借助实务界的平台更好地体验社会中活生生的犯罪实例以及司法机关的处理流程，从而为教学积累“临床”经验，实务界也可以借助理论界的知识积淀形成系统化、理论化的实践总结，双方的合作研究前景是广阔的。具体而言，为使犯罪学教师具备处理犯罪问题的实践经验，公安机关应该安排教师在刑侦、治安部门进行一段时期的锻炼，赋予临时“协警”的身份，参与各项刑事、治安案件的侦查、预审及其他工作，时间不应少于6个月。在层级上，教师应首先参与基层派出所的日常工作，包括接待立案、日常巡逻、出警、勘查现场、开讨论会、抓捕犯罪嫌疑人、突审、写报告等日常警务工作都应深入参与。这一阶段的锻炼时间不应少于4个月。其后，教师应参与上级公安机关如公安分局、县市级公安局的相关工作，特别是刑侦部门的工作，从而接触到重、特大刑事案件、群体性事件的处理过程。这一阶段的锻炼至少应在2个月以上。只有具备基本的公安业务素质，才能对社会的犯罪现象以及形形色色的犯罪人有初步的感性认识和经验判断，也只有在公安机关工作过，才能积累丰富的犯罪实践素材,从而使犯罪学的教学得心应手。在经过公安机关的锻炼后,检察机关也应对犯罪学的教师大力支持,提供相应的岗位以利于教师实践经验的积累。教师参与检察机关的活动并不是为了进行刑事诉讼活动,因此,教师无须以检察官的身份进行审查起诉、出庭公诉等法律活动。教师的目光应集中在已经被作为犯罪嫌疑人的人在羁押期间的种种表现,他们对司法机关活动的反应以及内心真实的想法。为此,教师需要得到特别授权,以科学研究者的身份接触犯罪嫌疑人,与他们当面交谈,探讨他们对自身处境的想法和期望,是否感到后悔,是否觉得公正,等等。当案件进入到刑事审判阶段,法院应为犯罪学的教师提供便利的听审机会,同时赋予作为研究人员的教师列席合议庭、审委会的权利,以使教师能全面观察刑事案件的审判过程。作为最后的执行阶段,监狱、少管所、看守所等部门也应为犯罪学教师提供入监接触犯罪人的机会。采用的方式,既可以是公开的(如公开研究人员的身份,直接与服刑人员面谈),也可以是秘密的(如教师假扮为犯罪人进入监狱“服刑”)。当然,这些都涉及到比较复杂的部门协调以及法律问题,这需要在配套改革中予以解决。通过完整的刑事案件的参与过程,犯罪学教师应该具备较为全面的实践经验,掌握了一些素材和数据,真正完成了“嵌入式”的教学模式的先导工作。

二、“嵌入式”教学模式要求学生深入真实犯罪现场

“嵌入式”犯罪学教学模式的另一个特色是,学生作为被施教者不再是被动机械地接受课堂知识,而是以一个观察者和调查者的身份置于犯罪现场之中,切身体会犯罪的惊心动魄和给社会带来的灾祸,从而为预防、阻止犯罪建立牢固的心理基础。

深入真实的犯罪现场,是笔者所提倡的学生实践“嵌入式”教学模式所必需的活动。所谓“深入真实的犯罪现场”,在这里指两方面的含义:其一,学生必须到犯罪的实际发生地点进行现场体验。作为

犯罪学的学习来说,没有去过犯罪现场和没有见过犯罪人,同样是不可思议的。缺乏二者之一都缺乏最基本的感性认识。犯罪行为一定是在特定时空范围内发生的,犯罪地点作为可以固化的“犯罪场”,在刑侦、犯罪预防教育等方面具有重大的意义。这种学生应该亲临现场的“犯罪场”,可以是街头巷尾、车站码头等人流密集的公共场所,也可以是办公室、卧室等相对封闭的私密场所。不同刑事案件有不同的发案规律,犯罪地点的选择对犯罪人的犯罪行为选择是十分重要的考虑因素。犯罪学的学生对犯罪实际地点进行事后观察、研究对于了解犯罪行为的生成是十分必要的。其二,学生对犯罪现场的调查研究应该全面而细致。比如一个已经发生凶杀案的居民住宅内,教师带领学生做现场学习,在不影响公安机关现场勘查、取证等活动的前提下,应在现场学习该案件发生的特定环境条件有哪些,有哪些利于和不利于犯罪实施的物理因素,侦查人员是如何寻找犯罪线索的(当然需要遵守保密规则),进而总结出此类犯罪的规律,提出预防此类犯罪的思路。

应该要指出的是,深入犯罪现场进行教学互动的目的并不在于刑事侦查,而在于直接、具体地领会犯罪学中犯罪时空、犯罪类型、犯罪方法和被害人特征等诸多方面的理论知识。即我们不是带着侦破具体案件的目的去犯罪现场的,而是为了求得一种理论与实践相结合的效果去实现教学互动。在这样一个个真实而不是模拟的犯罪现场之中,教师用自己实践过的办案经验结合理论上的知识点,生动形象地解释犯罪学的种种理论,如“犯罪场”、“犯罪流”、“被害性”等,能达到课堂教学所不可想象的效果。在犯罪现场的教学过程中,师生们还可以就困惑的问题请教实际办案人员,从而了解公安司法机关是如何面对和处理不同类型的犯罪案件的。当然,现场教学的前提除了保证不影响办案机关的正常工作外,还应注意师生自身的安全,在刑事案件危险尚未完全消除之时不能介入。

三、"嵌入式"教学模式需要相应配套改革措施支撑

正因为"嵌入式"教学模式是从两个方面使教与学的活动深入到犯罪活动及其痕迹之中,其中必然触动了现有体制的方方面面。为此,有必要提及相应的配套改革以支持这种教学模式的改革。

首先,作为教育机构的学校和教育主管部门应该在时间、经费和教学条件等方面充分支持犯罪学教学的改革措施。学校应该保证每一个从事犯罪学教学的教师(无论职称高低)都有在公安、司法机关从事锻炼的机会。对于在实务部门学习锻炼的教师,应以进修、访学的性质看待,保证其工资、福利不受影响,必要时(譬如在偏远地区锻炼)还应该给予一定的津贴补助,从而调动教师从事实务锻炼的积极性。教育主管部门也应充分重视实践型课程的教师培训工作,发挥自身的协调职能,积极与公安、检察、法院、监狱等机关进行协商,妥善安排教师在其中的工作岗位。教育主管部门还应该制定稳定的规范对参与实践锻炼的教师和学生在实践课程设置、时间、学分、考核标准等方面进行原则性的指导性规定,同时在教育经费的预算中给这种实践课程的开支留下一席之地。教师的补贴、交通费、误餐费、教学工具的配置、学生的交通费、误餐费以及其他开支等都是具体需要解决的费用问题,这必须纳入教育经费的日常预算之中。必须指出的是,犯罪学的这种教学模式并不同于毕业之前的实习,教学经费不能与实习经费混为一谈,二者在性质上是有区别的。

其次,作为配合犯罪学教学工作的政法机关,应在人员、设施、场地等多方面为师生们提供便利。在目前法律制度下,政法机关并没有法定的义务来配合这种教学活动,这也是"嵌入式"教学模式所遇到的最大障碍。如果公安机关拒绝配合,教师的实务锻炼、学生的现场观摩等实践活动都无从谈起。为此,应考虑在更高层面上修改立法,在《刑事诉讼法》、《人民警察法》、《监狱法》、《看守所条例》、《教

育法》、《高等教育法》等相关法律法规中增设公安司法机关的相关义务，为实践教学的开展提供法制保障。同时，各地区应根据自己的实际情况，以地方性法规的形式出台相应的实施细则，明确各机关对实践型教学活动的支持义务和方式。笔者设想，作为主要支持机关的公安机关，应根据当地政法院校开设"犯罪学"课程的规模、师生的人数来配置兼职的辅导员，负责指导、协调与安置工作，这是在人员上的支持。公安机关还应在不影响自身办案的基础上尽量为师生们提供警务器材、工具上的便利，这是在设施上的支持。同时，公安机关还应在具体的案发地点为师生们保留参观、学习、研究的范围，为教师的锻炼工作提供必要的办公条件，这是场所上的支持。其他政法机关也应结合自身的工作特点，适应新的犯罪学教学模式的改革。各实务部门应转变观念，从服务于建设和谐社会、提高政法专业后备人才素质的大局出发看待这一变革，而不应该只看到"添麻烦"的一面。

结语

犯罪学是极具实践性品格的复合型、交叉型学科，其性质和特点决定了以往的理论脱离实际、灌输式的课堂教育必定无法达到人才培养的目标。"嵌入式"犯罪学教学模式的改革是新型实践教学改革路径的一种新尝试，它不仅要求教师具备深厚的犯罪学基础理论知识，更要求其深入政法实务部门锻炼，具备相当的社会学、人类学、刑事侦查学、犯罪心理学、刑事诉讼法学以及刑罚学等理论与实践经验。同时，它还要求学生在教师和实务工作者的带领下深入接触真实的犯罪现场，了解犯罪发生的实际过程，将现场变成一种课堂。为此，教育部门、司法实务部门等机关都必须面临观念乃至制度上的转变，为这一教学改革的成功创造良好条件。

参考文献:

[1]王宏玉. 浅谈犯罪学教学改革[J]. 法制与社会,2007(2):560—561.

[2]埃德温·萨瑟兰等. 犯罪学原理(第11版)[M]. 吴宗宪等译. 北京:中国人民公安大学出版社,2009:18.

论美国调解实务技能培训方法*

——基于三期培训的观察

胡军辉　饶汝啸　张宝成

引　言

在2011年11月初到2012年12月底，由湘潭大学法学院、美国马萨诸塞州大学、马萨诸塞州法官协会、湖南省司法厅等联合举办了三期调解国际培训会议。第一期调解培训会议于2011年11月9日至15日在湖南浏阳举行。主讲专家是马萨诸塞州高等法院法官温蒂·葛申刚、JAMS调解公司资深调解员哈佛大学法学院教授詹姆斯·麦圭尔、Ropes & Gray, LLP律师事务所合伙人克莱·麦圭尔律师、萨福克大学法学院前任院长罗伯特·史密斯教授、法兰克林一罕布什尔青少年法院莉莲·美兰达法官。第二期调解培训会议于

---

* 课题来源：湖南省学位与研究生教育教学改革研究重点课题“法律硕士专业学位研究生实务技能培养机制创新研究”（JG2012A009）。

作者简介：胡军辉（1976－ ），男，湖南娄底人，湘潭大学法学院副教授，法学博士。

2012年6月25日至6月29日在湖南长沙举行。培训专家组由美国麻州多切斯特地区法院首席法官米勒女士、美国萨福克大学法学院前任院长史密斯教授、美国麻州大学争端解决研究中心主任麦茨教授、美国调解集团资深调解专家霍诺罗夫先生、资深律师霍诺罗夫女士五位构成。第三期调解培训会议于2012年12月3日至12月6日在湖南省司法厅培训中心举行。培训主要由美国德克萨斯卫斯理大学法学院教授弗兰克·伊利奥特和凯·伊利奥特法官两位专家完成。笔者有幸全程参与了这三次培训,在接受培训和协助培训的过程中,深感美方实务技能教学方法形式新颖、灵活多样、效果显著,认为这些教学方法值得总结和借鉴。鉴于此特撰本文加以总结,以期有益于我国法学实务技能教学与培训。

一、互动式教学法

互动式教学(Interaction)是目前西方国家普遍采用和推崇的教学方式,这种教学方法强调以学生为中心,要求学生成为信息加工的主体,同时亦要求教师不再只是专业知识的提供者,而是推动学生主动学习的帮助者、促进者,以便师生在和谐、愉快的情境中实现"互动"。互动式教学包含了教、学两方主体之间的相互沟通、相互作用和相互影响。从"教"的角度来看,无论是"互动式"教学法还是传统的"灌输式"教学法均强调老师的积极主动性,因而互动式教学法其突出的含义不在于教师积极主动地教,而在于学生积极、主动地学。美方调解培训专家通过一系列的方式让学员们积极、主动地参与到培训过程中来,这些方法主要是:(一)逼你开口——从自我介绍开始。调解工作是一项以语言沟通为主的工作,作为调解员必须敢于说话,善于表达。培训导师会通过各种方式让学员开口,比如要求学员作自我介绍、开展发言点评、案情复述、技巧总结等活动。在学员无法流利表达或者"卡壳"时导师会及时地引导或者提示,以确保学员表达的顺畅和连续。(二)结对介绍——让你学会聆听。善于聆听是调解员必须具备的技巧和能力，训练聆听的最主要方法是结对介绍。具体做法是让学员分组结对，每对由一名学员作演讲，另一名进行聆听，然后互换角色。（三）参与游戏——在快乐中领悟调解的理念。在调解培训过程中，培训师组织了诸多有趣的游戏，通过游戏让学员们在快乐的过程中领悟调解的理念。（四）角色扮演。所有受训学员均需要在培训过程中扮演一定的角色——当事人、调解员或者代理人，并且需要进行角色互换。

二、角色扮演教学法

角色扮演（role - playing）源自心理剧（psychodrama），最初用于心理咨询和心理治疗，尤其是儿童心理治疗和社会技能训练。心理剧在1920年左右，由J. D. Moreno在维也纳创立。这种方法主要使参与活动的被试暂置于他人的社会位置，并按这一位置所要求的方式和态度去完成一系列的任务，在这个过程中增进对他人社会角色及自身角色的理解，从而学会更有效地履行自己的角色。通过对调解进行全程的模拟，学员对调解中各角色的扮演，然后在培训导师的指导下对学员的扮演进行讨论、反馈，总结相互间的优点，改进不足，为更高阶段的调解培训做好准备。角色扮演法对学员有以下要求：（一）了解角色扮演的程序。学员在扮演过程中以小组为单位，可三人（当事人双方和一名调解员）一组，也可以四人（其中两人共同担任调解员或者以第四人担任记录员和观察员），等等。学员在一定时间内完成角色扮演，演练有时候可侧重调解员的开场介绍以及第一次全体会议，也可走完调解所有阶段，结束前也不一定要达成协议，但双方与调解员要记录演练中止的地方，以及曾经考虑过的哪些意见。（二）了解角色扮演的基本原则。学员不能脱离自己在扮演中的角色，学员必须使用角色的背景材料来扮演角色；学员要用自己的技巧在动态调解过程中塑造这个角色；学员也要学会正确地将自己的信息在合适的情况下交给自己的律师或者对方当事人。（三）了解角色扮演中的调解员角色。调解员角色扮演过程中要求调解员掌控调解程序。调解员不决定案件的结果。调解员在调解程序过程中是倾听者和信息传递者。在调解演练过程要像真正的调解员那样工作,而不再是培训学员。(四)认真进行角色扮演之后的讨论和反馈。这一程序对学习最为有效,最有价值。通过非正式的迅速反馈和小组的自我反馈总结经验,这个回顾与总结的过程是最能提高学员调解技巧的时候。在有经验的培训导师的指导下,学员可以审视在扮演过程中自己的技巧以及所使用的言词,总结自己的优点,反思自己的不足,从而提高调解技艺。(五)了解角色扮演的价值。角色扮演是一种仅次于全真案例演练的实训办法,它能够为学员提供一个具有相当真实感的案件环境,学员在演练过程中能够感受到调解员应当完成的各种任务、面临的各种困难,需要解决的问题和可能有效的调解手段。

三、影视教学法

所谓影视教学法,是指使用影音视频资料开展教学活动的方法。这种教学方法的前身是电影教学法或视听教学法。影视教学法是在多媒体技术的基础上,利用影视作品,充分发挥多媒体教学环境优势开展教学活动的方法,是教学改革的一次有益尝试,它以鲜活的教学方法激发学生的学习兴趣、学习动机和创造力,实现了先进的教学方法与现代教学手段的最佳结合。影视教学法体现了影视作品、教师与学生三者之间是紧密联系的,教师通过优秀的影视作品演示来教导学生,学生在教师的指导下观看影视作品,通过影视教学法这种新型教学模式,让学生更加直观、更加深刻地掌握教师教授的内容。此次美方调解培训专家也通过影视教学的方式让学员们积极、主动地参与到培训过程中来,具体的作法是:(一)选取适当的影视作品。在教学活动中,选取影视作品是开展影视教学法其他步骤的基础,选取适当的影视作品在影视教学法中是至关重要的。换言之,影视教学法的使用能否取得预期的效果取决于影视作品的选定。每一部影视作品都有它独特的表达内容及意义,因此教师在选取影视作品的时候应当围绕讲课的主题并紧紧结合讲课内容。影视作品的具体内容又包括:作品的定性,影片的意义、影评、时间长度,影片与教学的结合等。在调解培训过程中,美方专家精选了他们曾经调解过的成功案例视频,通过观看视频,学员们对美国调解流程和技巧有了更直观的感受,教学效果较好。(二)要求学员谈观后感。观看影视作品的目的在于让学生通过观看影片进而掌握该作品中的应有之意。然而,每个人对影片的理解并非完全一样,因而有必要让学生集体讨论该影视作品的内容和意义。通过组织学生以讨论发言的方式来谈谈对该影视作品的观后感,锻炼学生的语言表达能力以及思维分析能力,从而深化对影视作品的认识。(三)教师对影片以及学生的讨论进行点评。在这个环节中,首先,教师应该对选取该影视作品的目的做简要介绍,并结合讲课主题对该影视作品的内容进行必要的分析。其次,针对学生的讨论发言进行评论,对正面的发言进行积极的肯定以及对负面的发言进行必要的纠正。最后,对整个观看影视作品的教学情况做总结,其中可以谈谈观看影视作品取得的实际效果,以及学生在观看影视作品后仍需要继续思考的问题等。(四)形成书面形式的观后感。整个观看影视作品的课堂结束后,仍应当要求学生以书面形式提交观后感,课后的观后感写作有助于让学员将思维由抽象上升到具体,同时也能将学员对该内容形成的新思考进行及时的反馈,这样才能进一步掌握学员对该部分内容的学习情况。

四、示范教学法

示范教学法就是有目的地以教练员的示范技能作为有效的刺激,以引起学员相应的行动,使他们通过模仿有成效地掌握必要的技能。示范教学是教学的一种基本方法。示范教学法包括语音的示范、动作的示范和书写的示范等几个方面。语音的示范主要是通过语言和声音进行的,如外语的语音教学、语文的朗读教学和音乐的唱歌教学等。动作示范主要通过各种动作进行,如体育的各种示范动作、自然科学的各种实验操作等。书写示范主要是通过书写方法和格式进行的,如写字的方法、符号和公式的书写要求、解题的步骤、实验报告的格式等。在中美调解培训的过程中,美方的调解专家几乎每堂课都要运用这一方法,他们始终认为调解培训是技巧导向的训练,而不是侧重知识的学习。学技巧最好要实际操作,次为观摩专家的示范。在中美调解培训过程中专家示范分为几个部分:(一)开场介绍。这一环节,调解员开场发言,解释调解基本原则和介绍调解员。(二)首次全体会议。在这一环节,双方当事人分别陈述案情,并提出自己的请求和理由。(三)单方会谈。在这一环节,调解员希望进一步了解事实的细节,挖掘双方当事人背后真正的利害关系及其利益所在,这个时候不应太专注于他们在法律上的立场是什么,在发现当事人双方真正的利益所在后,调解员要用创造性的方法来找寻解决问题的方案。(四)探讨和传达解决方案。调解员的调解目标就是让当事人拿到他们想要的,通过引导,让双方当事人提出自己的解决方案。(五)查找和去除谈判障碍。调解员要尽力打破调解中的僵局,要想方设法消除障碍以达成调解协议,调解员不要因为两方有分歧而气馁,尽管他们分歧还很大,但只要他们的方向是相互靠近的,调解员就要有耐心继续调解。(六)记录和解协议或者结束调解。调解是一个自愿的过程,如果调解实在无法进行下去,也不能强制调解,可以适时结束调解。如果双方当事人达成了调解协议就要将调解协议记录下来,调解成功。

在中美调解培训过程中,美方专家特别强调,安排专家示范时,培训导师不应把台词编得太细而缺乏弹性,以免显得不够真实。示范最后应预留总结时间,参加者可以讲述观摩心得,并就示范进行提问。总体上来说,“听、看、做”就像教人骑自行车一样,调解培训开始也是程序总体性的描述——角色和目标。观看专家示范基本调解技术能够巩固之前对调解的学习,帮助学员做好角色扮演的准备。

比起纯粹的讲座或者观察,这个方法学习渠道多样,为未来技能发展打好了更坚实的基础。

五、反馈式教学法

"反馈式教学"是把教学过程中的教师与学生两个方面看成一个整体控制系统,作为控制与被控制系统的教师和学生是一种相互的双边关系,教师不但根据教学计划指导学生进行练习,而且还注意通过各种手段(如观察、询问、测定等)和学生表现出的各种外在形式(如语言、动作、测验、比赛、机能、素质等),收集学生练习后在技术、技能、素质、心理等方面的现状信息,即反馈信息,并把这些反馈信息加以处理,与原监侧模型或各课目标进行对比分析后,重新修订计划,并将这一新的"反馈输入信息"重新输入到控制系统中,同时它还注意老师和学生的自我反馈。美方专家在几次调解培训过程中,一直运用这一种方法来了解学员对课堂的感受,大致有以下具体作法:(一)鼓励学员记日记。在长达一周的高强度调解技能培训中,参加者会接受大量的信息和经验。鼓励参加者记日记,是一种强化培训、巩固基础的方法,也能够记录学员在下一阶段培训中想要或需要提出的问题。为使这个过程更有价值,培训导师必须营造一个安全的场合,即一个参加者可以自在地记录他们内心最深处想法的环境。以下基本原则会有所帮助:1、日记必须保密,经学员同意后,只能和培训导师分享;日记不用于任何评估。这些不是必须具备的要求,但根据经验,没有类似原则性的保障,日记可能会缺乏应有的坦率和自我省思。日记也可以用建议的形式来做:每天都应问一些特定问题,回答一些问题。比如,"你看到或听到了什么","你对所见所闻怎么想","有用吗"等。(二)准备问题箱。几次中美调解培训过程中,美方专家都准备了问题箱,学员可以写下自己的感想以及想要美方专家回答的问题,投入问题箱,美方专家第二天会专门抽出时间回答前一天的问题,并进一步调整自己的课程中心和讲课的思路以及进度。(三)互动性的讨论。无论是在小组讨论中还是在调解中,总有不愿意说话的人。互动性讨论中的一些简单练习会帮助他们开口。其实参加者对冲突的来源和纠纷解决的基本要素已经有所了解,因为冲突和协商本来就是我们日常生活的一部分。让参加者在安排好的小组讨论中讲讲他们对冲突和协商的了解,能够有效地进行信息分享,树立参加者的信心。美方专家通过互动性的讨论,了解学员的性格等情况,非常有效。

参考文献:

[1]张会新.互动式教学模式的探讨[J].商场现代化,2011(3).

[2]刘波涛,刘奎.角色扮演法在新闻心理学中的应用[J].科技信息,2010(14).

[3]林常清,王海平.影视教学法在马克思主义基本原理教学中的运用[J].西北医学教育,2008(4).

[4]谢正义.反馈式教学初探[J].南京教院学报,1994(2).

[5]廖永安.如何当好调解员:中美调解培训启示录[M].湘潭:湘潭大学出版社,2012:186、187、192.

[6]参见百度百科,教学示范法词条.网址:http://baike.baidu.com/view/8161804.htm,最后访问时间2013年1月8日.

法学专业本科生小论文写作*

郭树理

本文将尝试回答下列问题:法学专业本科生为何要重视写作小论文?写作的意义是什么?可能会有什么样的贡献?选择什么样的写作主题合适?如何写作"挑战杯"大学生课外科技作品大赛的小论文?如何写作关键词、摘要、注释和参考文献?小论文写作可能要用到的技术工具有哪些?

一、学习写作小论文的意义

有些法学专业本科生可能会觉得今后自己的发展不会走学术型道路,要走的是实务型道路,以后要做律师、法官、检察官、公务员,认为进行学术研究、写学术论文对自己的发展意义不大。其实并非如此。自2008年开始,大四的同学可以参加国家司法考试了。通过司法考试、取得司法资格证书,是法学专业本科生进入司法实务界的必备条件。司法考试第一到第三卷是客观题和选择题,第四卷全都是

---

* 作者简介:郭树理(1975－),男,湘潭大学法学院教授,博士生导师,法学博士,研究方向:国际私法学、体育法学。本文系作者在湘潭大学法学院本科生科研创新论坛上的发言稿。

主观题,有分值非常大的题目可能是学术论证方面的,即需要写作一篇小论文。另外,国家和地方各级的公务员考试的申论也是主观大题目的写作测试。因此,即使将来只想从事实务方面的工作,为了顺利通过司法考试和公务员考试,也要掌握好小论文的写作方法。虽然现在中国还不是特别注重法律文书的写作,但是可以看到最高人民法院目前态度有所改变,在各级法院都举行了优秀裁判文书的评比,随着法治建设发展的进程,对法律文书的写作要求将越来越高,如果想写作好法律文书,必须在学生阶段就打好功底。学术论文的写作,将提供最大的帮助。而那些准备以后从事学术研究的学生,以后还要继续读硕士研究生、攻读博士学位,从事真正意义的学术科研工作,更应该在本科生阶段就培养论文写作方面的技能。从功利的角度谈,在以后考研面试的时候,如果某位学生就某个学术问题进行过研究,撰写甚至发表过小文章,会帮助他在考研面试时增分很多。

二、学习写作小论文的目的

法学专业本科生学习写作小论文的目的是什么?笔者个人觉得可以分成两类:第一类是为功利写作,为了提高学分、获得保研机会、争取奖学金和荣誉;第二类是为了兴趣而写作——“为抽屉而做”,即写论文仅仅是为了自己的兴趣,写出来之后不求发表,放在抽屉里面,不时拿出来看一看、改一改,又放回抽屉去了,这种写作有可能是真正意义上的学术研究。本文强调的是第一个方面:为功利而写作,写作出来的小论文如何发表?怎样为了参加“挑战杯”大学生课外科技作品大赛而写作?

三、如何进行小论文的写作

1. 小论文的不同类型

法学专业本科生应当怎样去进行小论文写作？不同类型的文章的要求是不一样的。严格地进行区分，学术刊物刊发的文章可以分为三种类型：第一是学术论文；第二是学术随笔或学术评论，也包括学术书评（比较基础的即读书笔记）；第三是调研报告。外文的法律期刊，比如《哈佛法学评论》（*Harvard Law Review*），在封面上有当期发表的文章的目录，其将文章进行了分类：第一类就是“论文”（Article），是严格意义上的学术论文，字数很长，一般两三万字以上；第二类称之为“评论”（Note 或 Comment），就已有的立法、案例或以前刊登过的文章进行评论；第三种称之为“报告”（Report），“报告”必须经过实证的调查分析，如问卷调查、实际访谈等田野工作，然后经过社会学方法的统计和分析，得出结论。本科生需要根据自己的实际需要选择写作的小论文类型，例如要参加“挑战杯”大学生科技作品大赛的学生，需要注意“挑战杯”侧重的是一种应用性的研究，如发明创造，文科的学生参加“挑战杯”，主要参赛的作品是调研报告。本科生的毕业论文更多的是一种学术论文，当然篇幅短一些。湘潭大学法学院本科生主编的《湘江法苑》上面刊发的文章更多的是一种学术评论，这本刊物的思想性比较强，并非一种严格的学术论文刊物，而更像一本学术评论性刊物，文字以思想性和可读性见长。

2. 小论文的选题

小论文的写作选题非常重要。选题首先要结合自己的兴趣，比如某学生民法学得好，或者刑法学得好，或者诉讼法学得好，对某个具体问题感兴趣，就可以以这个部门法中的具体问题作为选题方向。再有，本科生毕业论文都会安排指导老师，包括准备参加“挑战杯”

的学生,法学院也会安排指导老师,如果学生的研究兴趣和指导老师的研究方向结合到一块来,会更有好处。

本科生在选题的时候,往往都会选那些比较大的题目,如"论社会主义法治建设"这些宏大的主题,这些题目就学生们现在的理论功底是很容易写泛的,没有实际意义。有个比喻,写论文,到底是想造一个"湖"还是挖一口"井"?想造一个湖,口径就必须很宽大,题目就会很宽泛,但如果仅仅选择一个很小的题目,就像造一口井,就要越挖越深。现在有些本科生很有雄心壮志,想要造湖,但是由于积累不够,造出来的只是小水洼,就像下雨的时候地面上积的一滩水,太阳一出来就蒸发了——不会留下它任何的贡献。所以要注意选择小的问题,就这个选题一直坚持深挖下去,那么井水就越甜,井水会源源不断地冒上来,滋润的不仅仅是作者自己,还包括以后就这个选题而研究的人,这个才是你的贡献。所以建议要多去挖井,不要造湖。选题"宜小不宜大"。

选题第二个要注意的方面是"宜新不宜旧"。"新"可以体现为三个方面。第一,观点新。比方说,人们都说法治好,但是北京大学法学院的苏力先生就写过一篇文章《认真地对待人治》,他说人治也很好呀,我们也应该认真地对待它。尽管这篇文章发表后遭受的批评比较大,有人认为:作为法学界的领军人物竟然写这样的文章,是很容易引起误导的,对法治的舆论走向是不利的。但是《认真地对待人治》的观点提出了与通说完全相反的意见,而且能够自圆其说,让人们重新审视法治与人治的关系。这叫观点新。

第二,论证新。观点和别人是一样的,但是论证方法不一样。本科生英语精读课本里有一篇文章,提到就"地球是圆的"这一命题进行论证有很多的方法。例如,在海边上看到船只航行过来先是看到桅杆的尖,船越来越近,能看到的桅杆就越来越多,证明地球可能是圆的;另外一种论证方法就是去证明地球不是方的,不是扁的,也不是平的,用排除的方法来证明地球是圆的;还有用实证的方法,如麦哲伦航海的方法,朝一个方向航行,可以回到原来的出发点;等等。

第三,资料新。中国的法学是泊来的学科,法学领域非常强调对其他国家立法经验的借鉴以及对国外判例素材的研究。例如,湘潭大学法学院在非洲法这一学科的研究在全国处于领先地位,向全国法学界引进、介绍了极其丰富的非洲立法和判例资料。非洲法方向的研究,也许进行论证的观点和方法不是很新,但是向国内第一次介绍了关于非洲法律这方面的内容,这就是我们的贡献。

如果要进行苏力先生式的追问:作为一个研究人员,“什么是你的贡献?”也许回答是:观点新是你的贡献,论证新是你的贡献,资料新也是你的贡献。所以本科生进行小论文的写作,在选题、选材的时候就要从这些方面考虑。

四、小论文的发表

需要强调的是,不仅仅是为了发表而写作。但是西谚有云:“publish or perish”(不发表,即死亡)观点需要发表出来,有更多的受众,才能产生更大的影响。法学专业本科生有可能进行发表、能上书、上报纸的文章类型有哪些呢?

第一种就是读书笔记,即对某一经典著作或者是引起强烈反响的著作进行评论。几年前吉林大学法学院的邓正来老师出版了《中国法学向何处去》一书,这是一本反响强烈的书,现在关于它的评论是非常多的。对这本书感兴趣,本科生可以写自己的评论。曾经担任湘潭大学法学院本科生刊物《湘江法苑》主编的肖洪泳,曾经在著名的《读书》刊物上发表过对邓老师该书的评论文章,文字不长但很有思想性和启发性。这是一种读书笔记似的写作。苏力先生主编的以书代刊的《法律书评》是专门收录读书笔记的。《法律书评》大都是研究生写的文章,当然也有本科生写的文章。另外就是《人民法院报》、《法制日报》都有关于法学方面书籍的评论的栏目。

第二就是可以做一些研究综述。可以就某一个问题,比方说,就新继承法的起草,关于继承法起草中的某一个条款:关于继承的特留份问题进行研究综述。传统古代中国的法律实践是怎样的?国外的继承法是如何规定的,现有的继承法为何没有规定?广泛查阅所有的立法和研究文献,对这些文献进行梳理,进行整理,归纳出哪些问题已经研究清楚了,哪些问题还值得研究。这种研究综述的写作,对本科生在学术方面的训练是一种非常好的方法,需要看很多的著作、文章才能写得出这种综述。还可以就某一个时间段,例如去年一年关于某个问题的已有研究进行综述。如对经济法很感兴趣,对反垄断法很感兴趣,可以把去年一年就中国反垄断法实施后的一些争论、一些讨论的有关文章全部收集起来。然后一篇篇地仔细研读,找出哪些观点是研究得很好的,哪些观点还没有研究透,这样做会对自己以后的进一步研究有很大的帮助。研究综述也很容易发表。不过需要注意的是,写研究综述时很容易将其写成一个清单罗列,就好像开药方一样:这篇文章的中心思想是什么,反映了什么观点,有什么影响,仅仅是个罗列。好的综述必须是"批判性评论"(critical review),需要有综述写作者自己的观点:对已有的文献必须要读透,要知道什么地方写得好,什么地方写得不好,哪些地方还得进一步研究。

第三种就是篇幅短小的"评论",可能就四五千字。这种小评论的内容可以是三个方面的:第一个是关于时事方面的,比如说,2008年北京奥运火炬的传递在欧洲一些国家遭到藏独势力的侵扰。这个问题会不会是有关国际法的问题?大家可以进行研究。再有,为什么火炬没有能够进台湾?这都是涉及到一些时事的问题。如果能够用法律的观点来分析这些问题,会是很好的选题。

另一方面是就经典的、社会规范关注的案例进行评论。像"许霆案",许霆用200元的储蓄卡在自动取款机提取了十几万现金,是不是构成盗窃罪?应不应该判处无期徒刑或者是五年有期徒刑?不过要注意的是,案例评论不要跟风。对于一个问题的讨论如果已经很透彻了,你再去研究,想获得发表是很困难的。

再一个就是商榷性的文章。可以和刊物上已经发表的文章的观点进行商榷。湘潭大学法学院民商法专业的一名研究生胡宇鹏,他写了一篇刑法的论文，最后发表在一个级别很高的刊物上面——华东政法大学的《法学》(CSSCI 来源刊物)，是和刑法学界的泰斗陈兴良老师商榷的一篇文章。还可以就某些案件的评论观点进行商榷。《人民法院报》有一个关于案例讨论的专栏，有法官、有研究者、也有学生写的文章发表在这里，接着又有一些人写文章进行商榷。商榷文章的内容不用太长，只要讲透就好。有人会问这样的研究有意义吗？答案是可以提高你的学习兴趣。在本科阶段就能够在《人民法院报》上发表文章，对本科生是有很大帮助。如果以后想走实务类的道路，做法官、做检察官、做公务员，面试的时候，如果曾经在《人民法院报》发表过文章，这样可能会给你加很多的分。因为现在各级人民法院都把在《人民法院报》上发表文章作为一种评价的指标。

第四种就是对国外的一些新的法律资料的编译。有一些比较浅显的英文法律杂志像《国际商业律师》(*International Business Lawyer*)，上面刊登的文章只有两三个页码，都是各个国家的一些著名的律师、商人就这些国家的商法、经济法等领域的最新动态进行介绍的文章。比如说最近几期它都刊登了各国商事仲裁立法书评的文章，就这些新资料可以作一些编译工作，写作文章，由于资料新，发表的可能性是比较大的。

有可能刊登本科生作品的有哪些刊物？研究生发表文章都这么难，本科生的文章能发表吗？只要努力是有可能的。报纸采用本科生的文章的可能性大一些。像《知识产权报》、《人民法院报》、《法制日报》等。有一些法律新闻类的杂志，也可能采用本科生的文章，如《检察风云》、《法治周刊》等。另外，可以考虑投到湘潭大学法学院本科生主办的《湘江法苑》。

五、“挑战杯”课外科技作品大赛小论文的写作

“挑战杯”大学生课外科技作品竞赛主要是为理工科的同学设计的，比赛的评委大多是院士和科学家们，所以它主要评的是科学发

明、科学创造。文科同学参赛的作品类型,第一是学术论文,第二是调研报告。从往年的获奖作品的类型比例来看,调研报告的获奖率高一些。笔者指导的一位同学夏骄阳,她写作的调查报告“北京奥运会期间可能遇到安全保障问题”,获得了湖南省的特等奖和全国的优胜奖。这个选题是很切实际的,很新颖的。另外湘潭大学法学院获得最好成绩的是王显勇同学,王显勇同学读研的时候曾经写过一篇文章《论资本权》,获得全国的三等奖。就文科类作品而言,这是非常难得的。湖南师范大学文科的同学连续几届都获得了全国的特等奖。四年前得奖的一篇文章是关于珠江三角洲地区湘籍农民工权益的保护情况。获奖的同学做了非常扎实的调研工作,整个暑假以及九月份三个月时间,他在那边自己打工,跟农民工一块吃一块住,去了解他们的生活,收集到了很多第一手的材料,才写出这篇调研文章。湖南师大另外一个特等奖作品是调查关于长株潭三地孤寡老人的赡养问题。这些同学在长株潭地区进行了广泛的调研问卷和实地走访,然后形成了数据和文字。文章写出来之后,他们魄力很大,直接向中央写信,直接向温家宝总理寄,温总理把这个转给了民政部,民政部的部长在上面签了字。由于上层的关注和媒体的报导,这篇文章产生了很大的社会反响,最后参加“挑战杯”获得了特等奖。“挑战杯”的选题一定是要离现实很近的,能够找到社会素材的,而且是能够影响国计民生的。

另外,“挑战杯”强调协作。“挑战杯”的比赛不像单独的论文写作比赛,它需要做很多的社会调研,需要做调查问卷、调查笔录。法学专业本科学生所受的社会调查技能训练不够,就可以邀请社会学系的同学一起来参加,组成一个比较合理的调查组,甚至还可以包括数学系的同学,因为他们可以利用数学模型来计算、处理数据,还可以邀请计算机系的同学,他们可以利用一些软件对数据进行分析。这样就需要有一个组织能力强的同学做协调,要有写作水平高的同学来写作定稿,有很好人际交往的同学去跑实地调查,要有很好技术的同学来做数据统计和分析。它体现的是一种整体实力,也就是说,

"挑战杯"最终获奖是团体奖。

六、关键词、摘要、注解、参考文献

什么叫关键词？什么叫注释？什么叫摘要？什么叫参考文献？这看上去是很简单的问题，但却是目前在写作论文时大部分人没有掌握好的。

第一个问题是关键词（Keywords）。一般每一篇文章都需要有3到5个关键词。关键词是给后面阅读这篇文章的读者用来检索用的，像CNKI学术期刊数据库，就可以使用关键词来进行检索。关键词应该是文章中使用的频率最高的且最具实际意义的实体词，是代表你这篇文章的主旨的。容易犯的错误是关键词与文章大标题完全重叠，例如有一篇文章，标题是《论科索沃宣布独立的国际法问题》，关键词分别是"科索沃"、"独立"、"国际法"，这就与文章的标题完全重叠，关键词这个检索项目就没有意义了，因为完全可以通过题名进行检索。《论科索沃宣布独立的国际法问题》一文的关键词可以选什么呢？"科索沃"可以选，第二可能是"北约"，第三可能是"联合国"，第四可能是"主权"，这些词汇是这篇文章必须涉及的基本要素。

第二个问题是摘要（ Abstract ）。写作"摘要"有几个误区，第一个误区就是把摘要写成引言，用来说明写这篇文章的意义，这不是一个"摘要"，而是一个"引言"或"导言"（Introduce 或 Preface），是放在文章正文前面第一部分的内容。而摘要是对整篇文章的归纳，是可以单独形成独立的小文章的段落。即使读者不看你的文章全文，通过阅读摘要，他就可以了解你文章的基本内容和观点。第二个误区是有人把摘要写成了他文章各个小节的标题的一个罗列，比如说他的文章一二三四五个大标题，第一个标题是什么、第二个标题是什么、第三个标题是什么、第四个标题是什么，他的摘要就是这五个标题的叠加。因为摘要不是提纲，摘要要用最简洁的语言，把文章的基本内容和观点表达出来。第三个误区是使用第一人称。摘要应该以第三人称写,但很多人都是用第一人称写作摘要,在摘要中经常出现"本人认为",摘要应该以第三人称的身份,就是别人看你这篇文章时,如何把它转述出来,以第三者的身份来进行内容和观点的概括,这就是摘要。

第三个问题是注解,许多同学往往把注解与参考文献混为一谈,可能有很多老师也不是很清楚它们之间的区别,注释是对实际引用了他人的文字的情况进行说明,而参考文献应该是在做研究时所参考过的(无论是否引用过)有价值的、对其他人以后的研究也会有参考意义的所有文献,包括期刊、论文、著作、电子文献,等等。其中要引用别人的观点的时候,把实际作为引证的部分作为注释,当然这种注释仅仅是引证式的注释,事实上注释还有其他几种作用,第一种是用于说明解释的注释,例如在文章中使用的某一个概念和别人使用的不一样,在注释当中进行解释说明,注释中没有文献名称,里面就是一段话来说明你使用的概念的涵义;第二种就是引证性的注释,引用某某人在某某文献中的某某话。如果有超过 200 字以上的注释引用别人的文献在自己的文章中,还要在正文中把别人的 200 字进行缩排,并且要变换一种字体,读者一看这篇文章就会明白这个部分不是你的,是你借鉴别人的。200 字以内的,如果是直接引用的话,用引号;如果是转引或者是转述的,那么不需要加引号。注释还有另一种功能——题外话,作致谢,例如说本文感谢某某老师的指导,感谢某某学者给我提供的观点,或者是对在正文中有关问题的引申讨论。

目前注释的格式有好几种,社会学论文的注释与法学论文的注释格式就不一样,前者是在正文中采用夹注的方式,打一个括号,括号内加上作者名字,出版年代。读者必须到正文后面的参考文献中找相关出版信息。法学论文的注释格式大多是采用页下的注释方式,也有文末注的方式。学报类刊物的注释和参考文献是非常严格的,其要求参考文献必须标明文献的类别,比如引用的是一篇文章,刊登在某杂志上,参考文献必须使用方括号,用 J(期刊)表示文件的类型。如果引用的是报告,用R(报告)把这个文件类型表示出来。如果引用的是一本书,那么采用M(著作)来表示。这些都是有严格要求的,通过这样的分类标识可以进行数据分析,文章出版电子版之后,可以建立数据库,可以对其进行技术分析统计,来反映文章发表之后的被引证率。这是从自然科学里面借鉴过来的方法。

七、小论文写作需要掌握的一些技术工具

本科生小论文写作必须掌握一些技术工具。有一些数据库、网络资源文献是一定注意要利用的。第一是传统的纸质文献,比如人民大学出版的《人大报刊复印资料》。其中法学类是根据法学学科的九个分支进行分类的,像民商法学、经济法学、刑法学、国际法学,等等。《人大报刊复印资料》将最近一两个月发表的比较重要的文章进行全文转载,对其他的文章进行篇目索引。所以通过这种刊物可以了解整个学科的动态,尤其是准备考研的或想就某部门法的某个问题进行研究的同学都要去翻阅、浏览《人大报刊复印资料》,掌握本学科的前沿动态。

第二是网络电子数据库的资料。目前湘潭大学校园网用户可以使用的电子数据库值得关注的有:清华的CNKI期刊数据库、万方硕博优秀论文数据库、Westlaw英文法律数据库、Heionline英文法律数据库,等等。关于数据库的使用,学校图书馆有专门培训的人员,还可以十二个以上的同学预约要求图书馆办辅导班,培训是免费的。Westlaw、Heionline这些数据库包括了美国、加拿大、英国、澳大利亚等英语国家的所有法律、法学资料,内容极其丰富,更新非常及时。在普通网络环境下如果要进行检索,要多用Scholar Google——学术谷歌,还有Books Google——书籍谷歌。

有两本涉及论文写作的书籍值得推荐。一本是梁慧星先生的《法学学位论文写作方法(第2版)》(法律出版社2012年版)。梁先生曾经审阅过一百多篇博士论文,数百篇硕士论文。论文应该具体

怎么做,哪些论文写得好,选题怎样,结构怎样,行文怎样,都有具体分析。第二本是台湾学者毕恒达著的《教授为什么没有告诉我》(法律出版社 2007 年版),以很风趣、很亲切的笔调告诉大家怎样写作论文。

参考文献:

[1] 毕恒达. 教授为什么没有告诉我[M]. 北京:法律出版社,2007.

[2] 梁慧星. 法学学位论文写作方法(第 2 版)[M]. 北京:法律出版社,2012.

[3] 陈瑞华等. 法学论文写作与资料检索[M]. 北京:北京大学出版社,2011.

[4] 朱景文. 研究生学位论文写作笔谈[M]. 北京:中国人民大学出版社,2009.

[5] 蔡镇顺等. 法律专业学术论文写作[M]. 广东:广东人民出版社,2009.

[6] 刘国涛等. 法学论文写作指南[M]. 北京:中国法制出版社,2009.

[7] 马立民等. 法学毕业论文写作[M]. 天津:南开大学出版社,2008.

[8] 吴勇敏等. 法律类学生毕业论文写作指导[M]. 杭州:浙江大学出版社,2004.

[9] 刘潇潇等. 法学学术论文写作方法论[M]. 南京:南京大学出版社,2011.

大学生心理危机教育研究*

向立文　胡敏捷

高校内外部环境的急剧变化，学习、生活、情感、就业的巨大压力，使得不少当代大学生的心理行为处于一种失衡、失范和失控状态。在高校校园中，大学生心理危机现象非常普遍，因心理问题而引发的大学生自伤、他伤事件时有发生，严重影响了大学生的成长与成才，也影响着高校的稳定与发展。加强大学生心理危机教育，促进大学生心理健康，是高等教育工作亟待解决的一项重大课题。

一、加强大学生心理危机教育的必要性

1. 大学生身心健康发展的内在需要

学生的求知与成长，实质上是一种持续不断的心理活动和心理

* 课题来源：湖南省教育科学规划课题“高校危机教育模式创新与体系建设实证研究”。

作者简介：向立文（1976 - ），男，湘潭大学公共管理学院副教授，博士，研究方向：政府应急管理，政府信息资源管理，电子政务；胡敏捷（1989 - ），女，特变电工，衡阳变压器有限公司，档案管理员。

发展过程。大学生处于生理与心理发展转变的特殊时期,独立性与依赖性交织、情绪化与理智并存、理想与现实悬殊,种种心理与生理的矛盾使得大学生成为心理危机潜在的高危群体。新华网调查表明:95%的大学生退学是因心理障碍。目前大学校园里,学生精神失常、无端辍学、非正常死亡等现象不断增加,严重影响着大学生正常的学习生活。加强大学生心理危机教育,引导大学生群体树立正确的人生观、价值观、世界观,科学进行人生定位,积极把握生活方向,提高抗压能力,强化心理素养,将有利于大学生心理危机的有效防范与及时化解。

2. 大学教育体系完善的必然要求

著名教育学家苏霍姆林斯基曾说过:“教学的效果在很大程度上取决于学生的内在心理状态如何,积极、热情的情绪是推动学习的内在动力。”教育是社会的子系统,乃立国之本,是社会对人们提高道德情操,以及传授知识、技能,开发智力和培养人才的形式和手段。《中国青年报》早期调查显示:我国14%的大学生存有抑郁症状,17%的人存有焦虑症状,12%的人存有敌对情绪。高校作为大学生心理教育的重要场所,理应承担起相应的责任。教育部印发的《普通高等学校学生心理健康教育工作基本建设标准(试行)》,要求各高校将大学生心理健康教育纳入学校人才培养体系,建设大学生心理危机预防与干预体系,明确工作流程及相关部门的职责。可见,加强和改进大学生心理健康教育是全面落实党的教育规划纲要,完善大学教育体系的必然要求。将心理危机教育纳入高校人才培养体系、将大学教育融入学生生活,必将有利于素质教育改革的推进和心理学学科体系的完善。

3. 人才强国战略目标实现的有力保障

社会发展步伐的加快和竞争的加剧使得人们的生活节奏越来越快,生活压力越来越重,由此引发的心理冲突越来越多,心理危机也愈加突出，这无疑形成了大学生心理危机的宏观背景。相关调查表明，大学生心理障碍人数从20世纪80年代中期的23%，增长到90年代的25%，近年来已经在30%以上，大学生自杀人数也在近些年呈急剧上升趋势。心理危机人群是国家安全的高危人群，严重影响着社会的长治久安，而大学生作为祖国的未来，其危险举动或关乎国泰民安。党的十八大报告明确要求到2020年进入人才强国和人力资源强国行列，教育现代化基本实现。科教兴国、人才强国，国家兴盛、人才为本，大学生作为社会发展潜在的中坚力量，其综合素质的高低直接关系着人才强国战略目标的实现。从长远来看，加强大学生心理危机教育，有效防范及应对大学生心理危机，促进学生健康成长，培养造就高素质复合型人才，必将有利于人才强国战略目标的早日实现。

二、现阶段大学生心理危机教育面临的主要问题

1. 评定标准不明，大学生心理危机管理体系欠缺

一般认为，大学生心理危机主要表现为：情绪上，表现高度的焦虑、紧张、空虚、恐惧、愤怒等；认知上，沉浸在悲痛中，导致记忆和知觉改变；行为上，性情行为改变，不能专心学习，回避他人，行为与思维情感不一，出现过去没有的非典型行为；躯体上，有失眠、头晕、食欲不振、胃部不适等现象。但如何根据这些表象的组合，联系细节来判定该学生是否具有心理危机、具有何种心理危机、心理危机的严重程度、心理危机的诱因、心理危机干预方案等各方面的具体细则，学术界并无具体、统一的评定标准。情绪紊乱或仅为一时反应，若因此评定失误，会给人心理带来极其破坏的影响。全面、系统、科学的全过程心理危机管理体系的缺失无疑是制约大学生心理危机教育的一大瓶颈。加强大学生心理危机的全程管理，做到"事前防范、事中干预、事后跟踪"，这是当今高风险社会环境下加强大学生心理危机教

育的必然要求。

2. 教学氛围严肃,大学生心理危机教育避重就轻

心理学课堂教育现为大学心理危机疏导教育的基本方式,但普遍存在的照本宣科、理论讲解的教学手段,难以满足学生日趋“求奇”的心理需求;不少高校的心理学教育课堂上,学生听课做笔记者甚少,心不在焉、谈笑睡觉成为听“副课”的时尚。心理课老师如何提升课堂教育质量,调动学生学习的积极性,这是一个亟待解决的现实问题。从宏观上看,由于我国教育环境处于应试教育向素质教育的过渡期、大学生群体处于被动生活向主动探索的过渡期,多重矛盾错杂,大学心理危机教育难免避重就轻。一方面,大学生心理危机导致的自杀或他杀行为,因严重影响学校的声誉、影响学生的生活,学校往往对严重心理危机导致不良后果的事件进行遮掩,大学生很难对相应事件予以切实了解。另一方面,爱情教育与性教育在我国教育体系里长期羞于启齿,而开放的大学氛围,往往让学生陷入思想与行为的困惑,夹杂于传统教育思想与开放社会环境的罅隙,部分学生难免会出现心理上严重的苦闷与压抑。

3. 资源有限,大学生心理危机教学手段与教育途径单一

高校心理健康教育普遍以课堂宣讲教学为主、选修课选定为辅,专业的心理危机干预往往仅限于大学生自主求助于心理咨询中心。而大学生因缺少社会历练,普遍鲜有经济来源且极其重视各种自认的“名誉”,校外专业持续的心理咨询需以较强的经济基础为支撑、校内咨询则需大学生走出盲区充分认识,大学生心理危机团体普遍难于求助、羞于求助。现阶段,高校心理咨询一般需要提前1-3天预约,预约指定心理咨询师或需一周;而校园非专业的心理团队尚未形成有序的管理模式,心理健康协会等往往是心理问题爱好者思想交流的场所,并非完全立足于帮助心理危机者解决困惑。众所周知,严重心理危机者的求助意识往往迸发于一刻或短暂几天,高校较为

单一的专业心理危机干预手段必然不利于大学生心理危机的及时化解。

三、加强大学生心理危机教育的几点思考

1. 基于危机管理基本流程，构建心理危机管理体系

一般来说，危机的发生发展，有一个生命周期，大都会经历潜伏期、爆发期、蔓延期、治愈期等阶段。相应地，危机管理的基本流程可以分为事前的预防准备、事中的紧急应对、事后的善后处理等阶段。将心理教育与危机管理有机结合起来，构建全面的心理危机管理体系，这是加强大学生心理危机教育的一种手段。

第一，心理危机预防体系。树立科学的价值观、加强环境适应力、建立健康的人际交往、合理管控自身情绪、不断完善自我，保证心理健康是大学生不断充实自我、调整自我的前提。预防大学生心理危机是高校心理危机干预工作的基础。为了尽可能减少大学生心理危机的发生，高校需树立以心理危机预防为主的理念，大力开展预防心理危机的心理健康教育工作。大学生心理健康教育应涵盖世界观、人生观、适应性、人际交往、情绪管理等各方面的内容。全面细致地建立心理危机预防机制、掌握心理危机防范措施、构建心理危机评估方案是构建预防体系的题中之义。

第二，心理危机干预体系。构建心理危机干预体系应以充分了解其危机性质与危机来源为前提，以求助者咨询主体为导向，合理借鉴各种心理危机教育理论与防御实践，充分调动可利用的支持系统，制定全面的心理危机干预流程及应对措施。一般而言，大学生心理危机可分为三类：成长性危机、境遇性危机、存在性危机。大学生心理危机的来源包括六个方面：人际关系、学习、受惩罚、亲友与财产丧失、健康与适应问题；而根据 Gilliland 和 James 的危机干预六步法，大学生心理危机干预体系构建可从确定问题、保证求助者安全、给予

支持、提出并验证变通的应对方式、制定计划与得到承诺等方面予以完善。

第三,心理危机跟踪机制。把握好保密与跟踪调查的微妙尺度,建立心理健康调查问卷,强化心理档案建设,构建学校、院系、班级等多级别心理健康管理体系均为加强心理危机跟踪机制建设的有效举措。完善的心理普查可为心理咨询者后期效果评定提供依据;完备的心理档案可利于危机后续查阅调查;逐层设立管理员反馈心理信息则可使心理咨询师在保密的前提下跟踪了解咨询者后续动态。

2. 积极营造良好的教育教学氛围,将心理危机教育全面纳入大学课程

心理危机的诱发与日常生活环境有着密切联系,校园成长氛围时刻影响着学生的情绪情感,而情绪情感波动关乎学生的身心健康。良好的校园文化、积极轻松的成长环境可为大学生身心发展赋予正能量。

第一,高校应为学生广辟释放情感的渠道,开辟大学生表达思想感情的平台,为其宣泄情绪提供相对宽松的校园环境。大学教育不应局限于理论考试,而应从素质教学的本质出发,完善心理危机教育课程,多维度思考、多途径落实,营造积极的学习成长氛围,缓解大学生心理危机的外在动力,这是完善大学教育体系的必要途径。

第二,注意把握大学生心理危机干预方法。有效干预大学生心理危机,认清问题、遵从保密、富有同理心、积极应对是基本前提,乐观、积极、理智是思想保障。1976 年美国临床心理家 Butcher 和 Maudal 对帮助危机中人尽快度过危机进行了研究,提出了危机消除的基本策略,心理危机干预者应主要为处于危机中的人们提供:精神支持,宣泄,希望和乐观精神,有选择的倾听,劝告、直接建议和限制等五个方面的帮助。

第三,将心理学教育课纳入课堂教学,化大班心理教学变为小班心灵探讨。教师以同理心融入课堂,将宣讲形式的教学授课变成师

生互动探讨、扩大观察单个学生心理问题的视野、加强单个学生的发言时间、透析学生言语举止的细微差异，如此可为心理压抑者提供宣泄平台，甚至发现并治愈潜在的心理危机者。

3. 优化大学生心理危机教育手段，创新大学生心理危机教育模式

有关研究发现，90%的因自杀未遂急诊就医的患者，在精神检查时，均发现在试图自杀前有严重的焦虑症状。而在相关调查中，90%的个案表示产生自杀念头后会对周围的人有所暗示，有倾述欲望。由此可见，心理危机爆发前一般会有一定的发掘与可控制时期。潜在心理危机群体的周边人员，包括大学生同学、辅导员、教师等，应加强心理常识及心理危机疏导教育，充分认识各类常见心理危机出现前的突发异端反应，富于同理心，运用积极的心理暗示与危机人群进行及时的沟通与疏导，遇到重大心理危机人群及时向心理咨询室专业导师寻求帮助，可有效防范与干预心理危机导致的严重后果。

第一，建立学校、院系、班级等多级别危机干预网络，在充分利用学校心理咨询中心的前提下，加强对辅导员、班主任、学生心理委员的培训。高校可通过邀请心理专家授课等方式对高校师生进行培训，提高高校各类群体的心理危机知识水平，及早识别自身或他人心理危机，采取有效干预措施将危机遏制于萌芽。

第二，充分利用心理危机筛查问卷，定期委婉地发放问卷。大学生在面临心理危机早期，往往会向周围人群有所暗示，愿意向身边人群求助，这是实施心理危机干预的最佳时机。定期对大学生进行心理健康普查，分析心理危机指数，将有利于找出具有自杀意念或其他危险举措的高危人群，而周边师生协同专业心理咨询师及时干预可以及时避免学生自杀等其他危险举措。

第三，建立并充分地使用大学生心理档案。迅速有效地收集并处理危机案例，从宏观上分析大学生群体的心理特性，从微观上化解单个学生的心理障碍或心理疾病，建立并科学利用心理档案对加强

心理危机化解、提高心理问题研究效率有着积极作用。

第四,重视家庭的影响,建立学校与家庭的沟通合作机制。家庭氛围极大影响着大学生的心理健康,有研究表明,一半以上的自杀意念者是由于家庭因素而致,而大部分放弃自杀的人也是出于为父母和家庭考虑。因此,在大学生心理危机教育过程中,要积极建立学校与家庭的沟通合作机制,加强高校、家庭、学生三者间的对话,共同关注应对大学生心理危机问题。

4. 拓展高校常规教育课程,积极运用多种心理危机教育方式

坚持教育为本,大力开展大学生心理危机教育工作不应局限于常规的思想政治教育、心理健康教育等范畴,积极引进情商、逆商等多类型教学课程,可以促进大学生心理危机教育体系的不断完善。

第一,加强对自杀、他杀等严重心理危机干预的教导与讲解。回避事实难以解决问题,防范心理危机导致的严重后果需要的是宣传与解析。高校可针对社会或校园热点心理危机话题组织相关的心理讲座、研讨会或主题班会,深入探讨与讲解心理知识,倾听学生心声、强化学生的危机感与危机意识。联系校园各团体,与学生探索预防心理危机的有效手段,通过广播、社团、班会进行宣传,通过讲座、选修课予以讲解,帮助学生建立积极的人生观、价值观、世界观,建立独特的人格魅力,这是大学生心理危机教育的有效方式之一。

第二,适当的情感教育与性健康教育在高校教育体系里不可缺失。联合国教科文组织曾指出:青春期性教育是帮助青少年健康成长的必要课程,对于形成健全的人格、培养良好的行为习惯,减少与性有关的疾病发生,乃至减少未婚怀孕和性犯罪都有很大的作用。近期我国计生委一项报告显示:大学生同居现象日益普遍,因缺乏性教育,大学生已成为我国人流的主要人群。而相关调查表明:63.59%的学生认为学校有必要开展青春期性健康教育,并希望在学校接收系统、科学的性健康教育。正视教育课程的缺失,高校应根据各自实际,采用积极的教育对策,将性卫生、性健康、性道德教育纳入

大学教学,以知育性,正面疏导;以德育性,完善人格;以情育性,升华感情,使大学生在两性关系上正确认识,及时化解学生心理困惑、避免其走入心理误区。

第三,探索诸如逆商教育等提高大学生心理危机有效干预的新型教导手段。古希腊哲学家伊壁鸠鲁曾说过:"人们不是被问题本身困扰,倒是被看待问题的方式困扰。"既然逆境已客观存在,那么大学生学习直面逆境,掌握克服逆境的动力,正确认识生活中的波折就极为必要。培养学生独立、健全的人格,培养学生对多元化环境的批判和选择能力,增强抗压训练,加强社会实践均应是心理危机教育的重要课程。高校可通过摆正大学生心理咨询观念、注重教师价值引导和学生自主构建等有效举措来提高学生逆商,设立专门指导机构、开设专门教育课程、加强逆商心理测试监控、在实践和模拟中开展逆商教育,多方位创新教育教导手段将有利于学生增强抗压能力,减小心理危机风险。

参考文献:

[1]刘萍,方乐坤.大学生心理健康教育的现状及对策研究[J].重庆大学学报,2003(6).

[2]刘瑜等.大学生心理危机研究现状的评述[J].中国医学伦理学,2008(12).

[3]李璟.大学生心理危机的成因及教育策略[J].中外教育研究,2009(5).

[4]蔡哲,赵冬梅.大学生心理危机的干预与调解[J].河南师范大学学报(哲学社会科学版),2001 (4).

[5] 冯霞.当代大学生心理问题与对策[J].星星(下半月),2007(3).

[6] 陈志霞,杨静.大学生心理危机的问卷筛查与个案分析[J].中国青年研究,2006(2).

[7] 杨洪玲,大学生心理危机特点及干预机制探索[J].吉林省教育

学院学报,2009(10).
[8] 孙卫华,靳秀兰.大学生青春期性教育现状调查和教育对策的研究[J].洛阳大学学报,2005(1).
[9] 杨安,董广发.大学生逆商教育浅析[J].教育教学论坛,2012(36).
[10](美)吉利兰著.肖水源等译.危机干预策略[M].北京:中国轻工业出版社,2000.

大学生廉洁职业素养的培育路径探析*

蔡一文

所谓大学生廉洁职业素养，是指大学生通过在校期间的学习、实践，形成在学习工作中的廉洁观，做到在学习工作中遵守廉洁规范，遵纪守法，诚实守信，崇廉尚廉，艰苦奋斗，自觉筑起反腐倡廉的心底钢铁长城。加强大学生廉洁职业素养培育是建立健全教育、监督、制度并重的惩治和预防腐败体系的重要环节，是传承中华民族传统美德、造就高素质人才的有效途径，也是加强和改进大学生思想政治教育工作的重要举措。

一、加强大学生廉洁职业素养培育的价值分析

一直以来，廉洁被视为执政者的重要从政品格而备受推崇。在古今中外历史上，多少感人至深的廉洁故事和廉洁警句，至今仍散发着蓬勃的生命力和感召力，激励和鞭策着人们积极向上，执政为民，

---

* 课题来源：湘潭大学教学改革研究项目“大学生廉洁意识现状调查及廉洁教育形式创新研究”。

作者简介：蔡一文（1975－）男，湘潭大学纪委办公室主任，法学硕士，讲师，研究方向：高教管理和反腐倡廉研究。

立党为公。历史和现实表明,廉洁不仅是道德伦理规范,还是人们的公共行为准则;不仅是一种品格和人格要求,还是衡量人们行为的尺度标准。一个政党,一级组织,一个集体乃至个人,什么时候保持了廉洁品格,什么时候就发展、稳定、和谐;什么时候背离了廉洁要求,什么时候就停滞、混乱。仔细检索一系列贪污腐化分子的堕落轨迹,从刘青山、张子善到胡长清、王怀忠、李真等,无不是放弃信仰追求,背离廉洁规范,追求享乐,最终成为被历史和时代唾弃的人民罪人的。进入新世纪以来,党中央、国务院高瞻远瞩,战略性作出在大中小学生中开展廉洁教育的重大决策,这无疑是在新的历史条件下加强大中小学生思想政治教育、培育高素质人才的战略抉择,是从源头抓好全社会惩治和预防腐败体系的重要部署,必须坚决贯彻,狠抓落实。

总体上讲,当代大学生思想政治状况的主流是积极、健康、向上的,但也存在不少的问题。以廉洁意识和廉洁素养作为观察视角,我们就会发现在大学生中有些问题亟待解决。比如,一些学生存在重科学素质轻人文素质的倾向,缺乏对理想、信念和道德的追求;一些学生诚信意识淡薄,考试作弊、替考、抄袭论文、证书造假、恶意拖欠学费等现象屡禁不绝,有的高校学生拖欠学费率高达50%;一些学生模仿腐败甚至“提前”腐败,部分学生干部收受礼品、向教师行贿等不良行为也时有发生;一些学生重利轻义,与人交往总是以是否实惠作为价值判断标准;一些学生生活奢侈浪费现象严重,存在讲名牌、摆阔绰等庸俗消费行为。种种现象表明,在市场经济条件下,高校大学生思想、行为呈现多样化、差异化、社会化、世俗化、功利化等特点,特别是一些大学生廉洁意识的缺失,严重影响了整体思想素质的提高。大学是通往未来的地方,是社会、家长和学生寄存未来的“银行”。有专家学者预言,如果在廉洁问题上高校不能为大学生把关,那么未来的领导力量就会遭到严重削弱。

大学生是一个特殊的社会群体,其特殊的社会角色、社会地位、生理及心理特点等决定了加强大学生廉洁素养培育的必要性。首先,大学生是知识层次较高的“社会精英”,是社会主义现代化建设的“准人才”。他们拥有较丰富的科学文化知识和娴熟的专业技能,是科学素质较高的群体。他们最可能成为未来社会主义现代化建设中的中坚和骨干,也最可能成为未来党政干部的后备军。这种特殊的社会角色和身份特征,决定了大学生不应只是“知识精英”,具备较高的科学文化素质,还应该成为社会道德的风向标和灯塔,具有较高的思想道德素质,特别是廉洁素养。其次,大学生正处于世界观、人生观和价值观完善的黄金时期,他们思维活跃、富有激情、可塑性很强,正处于“近朱者赤,近墨者黑”的时期。在这个关键阶段接触什么样的思想道德观念、受到什么样的思想道德教育,对于他们形成什么样的世界观、人生观、价值观具有十分重要的影响。最后,加强大学生廉洁素养的培育,在大学这个非常关键的人生阶段,开展“先入为主”的廉洁教育,把反腐倡廉建设的关口前移,无异于为大学生步入社会有针对性地注入了“免疫针”,对于提高大学生科学素质和人文素质,增强拒腐防变能力,科学判断形势以及驾驭人生的能力,确保大学生成长为健康的社会主流力量具有非常重要的意义。

二、大学生廉洁职业素养培育的实践困境及原因分析

诚如上面所述,加强大学生廉洁职业素养的培育,既是大学生自身成长的需要,也是学校、家庭和社会的共同义务与责任。但从现实实践来看,还存在以下不足,制约和阻碍了大学生廉洁素养品质的培育与塑造:一是高校开展大学生廉洁教育活动的自觉性和主动性不够,有的高校结合学校特点,开展了一些活动,但有的停留在文件上,口头上,往往以文件贯彻文件。二是教育的形式和内容不够丰富,满足于一些零散的活动和内容,缺乏系统的、理性的课程内容;三是保障措施不够,经费投入不足,缺乏协调和统一的组织领导;四是缺乏专任教师,对廉政建设方面的研究、理论指导不足;五是大学生接受廉洁教育的热情并不高,在认识上存在不到位的情况。

分析当前对大学生廉洁素养培育中存在的难点,原因是多方面的。归纳起来,有以下几个方面的原因:其一,认识上不平衡。从高校来讲,虽然从纵向比,高校给予大学生廉洁教育的重视程度大大增强,但从事关大学生未来和战略层面赋予廉洁教育的重大意义还存在较大距离。大部分高校在实施廉洁教育方面满足于应付,主动性和创新性尤显不够。其二,客观来说,廉洁是针对为官者设计的,原本是对从政者、管理者和各类从业人员提出的戒律和规范,大学生相对身份单一,缺乏现实公权力以及与之相匹配的人、财、物的支配,对大学生提出廉洁要求和设置廉洁规范,在实践中存在知行脱节的现象。其三,市场经济条件下,大学生就业压力增大、竞争日趋激烈,大学生更关注的问题是如何掌握技能,如何应对各种各样资格考试和升学考试,如何在谋取职业门路上下工夫。其四,从社会大环境的影响来看,一些不利于廉洁教育和廉洁素养培育的因素还长期存在。比如读书无用论、诚实无用论、就业关系论等还有相当市场。人是社会的人,社会环境对人的影响是潜移默化的,对大学生的廉洁教育更是如此。当今不讲廉洁的现象比较常见,一些虚假行为非但没有受到惩罚反而还获利不小,而廉洁的人常常受到奚落甚至伤害。不廉洁在某种程度上成为一种社会风气,在这种环境下耳濡目染的大学生必定会受到各种不正之风的腐蚀,对社会的认识和判断上也必定会出现很大的偏差,这些都给当代大学生的廉洁教育产生了不良影响。其五,缺乏廉洁教育效果评价机制,一些配套措施还不完善,且由于廉洁教育以及所产生的效果具有即时模糊性和隐性特征,建立健全大学生廉洁素养培育机制将是一个漫长的过程。

三、加强大学生廉洁职业素养培育的路径选择与原则把握

廉洁是一个人在职业生涯中安身立命的一条道德底线,是职业道德建设的重要内容。一个人无论是为民还是为官,都应当以廉洁立世。尽管当前加强大学生廉洁职业素养培育存在诸多障碍,但人

们都慢慢意识到工作的重要性和紧迫性。中共中央《建立健全教育、制度、监督并重的惩治和预防腐败体系实施纲要》明确指出:“反腐倡廉教育要面向全社会,把思想教育、纪律教育与社会公德、职业道德、家庭美德和法制教育结合起来。大力加强廉政文化建设,积极推动廉政文化进社区、家庭、学校、企业和农村。”“教育行政部门、学校和共青团组织要把廉洁教育作为青少年思想道德教育的重要内容,培养青少年正确的价值观念和高尚的道德情操。”2007 年,教育部专门下发《关于在大中小学开展廉洁文化进校园的通知》,指出在大学生中开展廉洁教育的目的和意义在于:“以社会主义核心价值体系为引领和主导,加强法制和诚信教育,加强社会公德、职业道德和家庭美德教育,组织学习党和国家关于党风廉政建设和反腐败方面的方针政策、法律法规等,引导大学生树立报效祖国、服务人民的信念,不断提高大学生的道德自律意识,增强拒腐防变的良好心理品质,逐步形成廉洁自律、爱岗敬业的职业观念。”笔者认为,加强大学生廉洁职业素养培育,应着重把握好路径与原则,既要在更新观念、创新理念、提高认识上下工夫,又要建立切实可行的措施,完善机制体制,落实保障,重点突破,逐步推进。

第一,适度把握大学生廉洁职业素养培育的目标和节奏。大学生群体毕竟不同于国家公职人员和党员领导干部,他们没有现实的可支配的权力和资源,没有丰富的实践的历练和磨砺,也没有对国家政治生活的实践体验和深刻感悟。因此,按照对国家公职人员和党员领导的要求,来培育和塑造大学生廉洁素养,是不现实也是不可能的。也基于此,深入分析大学生身心特点、心智状况,适度把握大学生廉洁职业素养培育目标和节奏,显得尤为重要。笔者认为,主要应从以下方面把握:一是从思想层面来讲,应大力倡导勤俭节约、艰苦奋斗、诚实守信、孝老爱亲、遵纪守法等在内的传统道德和优良作风,牢固树立社会主义荣辱观,打牢思想道德基础;二是从制度层面来讲,教育学生从遵守校级校规、社会公德入手,牢固树立纪律意识、法治意识,确信制度面前人人平等、法律面前人人平等的观念;三是从认知层面来讲,加强对大学生的反腐倡廉形势教育,宣讲党的反腐倡廉方针政策,教育学生认清腐败可能给个人、家庭、社会和国家造成的危害和损失,让学生明辨是非,认清形势,坚定理想信念。

第二,营造崇廉尚廉的良好舆论氛围,加强学校、家庭、社会立体共建。大学生廉洁素养的培育,是一个系统的、长期的、立体的工程,需要学校、家庭和社会的共同努力,需要有良好的社会和校园廉洁文化氛围做支撑。“培养什么人、如何培养人”是我国高等教育事业发展中必须解决好的根本问题。面对影响大学生健康成长的各种严峻挑战,高校应站在对祖国、对人民、对大学生高度负责的政治高度,加强对大学生廉洁职业素养的培育。具体讲,要以社会主义核心价值体系为引领和主导,以思想道德教育为主线,以我党反腐倡廉的理论和实践教育为着力点,帮助大学生树立正确的世界观、人生观、价值观、地位观、权力关、金钱关,形成“廉洁光荣,腐败可耻”的荣辱观,从而使大学生不仅成为合格的公民,而且成为德智体美全面发展的社会主义事业的合格建设者和可靠接班人,成为推动社会发展的健康主流力量。

第三,切实加强师德师风建设,充分发挥一线教师的牵引功能。百年大计,教育为本;教育大计,教师为本。教师从事的培育人类灵魂的工作,是太阳底下最光辉的事业。教师是廉洁教育活动的主要实施者和组织者,也应该是廉洁文化的弘扬者和廉洁行为的示范者。“教师个人的范例对于学生心灵的健康和成长是任何东西都不可能代替的最灿烂的阳光”。教师的师德师风如何,直接影响着大学生对廉洁价值的选择和判断。加强高校师德师风建设,重点把握三个层面:一是要加强以“爱岗敬业”为主题的职业道德建设;二是加强以“诚信科研”为主题的学术道德建设;三是加强以“廉洁从教”为主题的师风建设。只有教师知行合一、言行一致,以身作则,率先垂范,就能带领和感召学生共同唱响廉洁自律和反腐倡廉建设工作的主旋律。

第四,进一步丰富廉洁教育的内容与形式,切实增强培育的实效性和针对性。加强廉洁教育是提升大学生廉洁职业素养的重要途径。当前,应进一步丰富廉洁教育的内容与形式:一是要坚持示范教育和警示教育相结合。要通过正面典型树旗帜、立标杆,反面典型严纪律、强警示,达到教育的感召力和震撼力的作用。二是坚持从大学生的实际情况出发,寓教于乐、寓教于学,通过考察参观、专题讨论形式,把严肃的反腐倡廉教育寓于学生的认知实践,培育大学生责任感和使命感。三是要发挥大众传媒的优势,通过专栏、访谈、评论、言论、电视专题片等各种形式,加大反腐倡廉宣传力度,教育大学生科学认识反腐倡廉形势,增强反腐倡廉信心,坚定理想信念。

第五,加强廉洁职业素养培育机制建设,以制度保障培育效果。高校要充分认识加强大学生廉洁职业素养培养的战略意义,统一思想,加强领导和指导,统筹安排部署。要坚持"党委统一领导、党政齐抓共管,思想政治教育部门牵头组织,纪检监察部门积极协调,相关部门密切配合,广大师生员工积极参与"的领导体制和工作机制,把大学生廉洁教育纳入学校统一工作规划,与大学生思想政治教育、党员干部廉政建设、师德建设、学校管理、学风建设等工作同步推进,通过思想改造、干部影响、教师示范、制度约束等途径,有效地开展大学生廉洁教育,把廉洁意识和廉洁思想的种子深深培植根于大学生灵魂深处,并使之生根发芽,开花结果。要结合实际,制定合理大学生特点的廉洁职业素养考评体系和衡量标准,把大学生廉洁教育作为一项基本措施和主要手段,推进在大学生中开展廉洁教育工作的制度化、规范化、程序化、经常化,并切实从物质支持、人员配备、经费保障等方面提供可靠服务。

参考文献:

[1]周作宇. 大学校长的领导困局[J]. 学术界,2008(6).

[2]蔡丽娅. 提高新形势下大学生廉洁教育实效性的实践性思考[J]. 高校党建与思想政治研究,2009(01).

[3]黄建新. 大学生廉洁教育科学化问题研究[J]. 福建农林大学学

报,2010(13).
[4]高建林.从廉洁文化的功能特性看高校廉洁教育的架构及应把握的环节[J].思想教育研究,2009(8).
[5]吴姣姣.儒家文化视域下的大学生廉洁教育[J].重庆科技学院学报,2011(14).
[6]李科利.大学生职业素养培育及应对策略[J].中国电力教育,2009(11).
[7]实施纲要起草组.《建立健全教育、制度、监督并重的惩治和预防腐败体系实施纲要》辅导读本[M].北京:中国方正出版社,2005.
[8]温家宝.百年大计,教育为本[N].人民日报,2009-01-05(2).

论对外汉语教师的双文化意识*

刘晓丽　薛亦夫

对外汉语教学，即汉语作为第二语言教学，从其教学目的、教学性质、教学对象等方面来说，都不同于传统的语文教学。对外汉语教师面对的可能是来自世界各地的留学生，他们的文化背景显然与汉文化存在着不同程度的差异，因此在教学中就不可避免地要面对如何教会学生进行跨文化交际的问题，这也就对对外汉语教师提出了特殊的要求：一个合格的对外汉语教师要有双文化意识，不仅要熟知汉文化，还要通晓异国文化，能够教会学生如何避免和解决语言交际中可能遇到的跨文化交际障碍的问题。本文将主要从对外汉语教师为什么要具备双文化意识及如何培养双文化意识两方面进行探讨。

一、什么是双文化意识

所谓双文化意识，指的是对外汉语教师不仅对汉语文化有深刻的了解和认识，同时对于学生的母语文化也有相当深入的了解，对于

---

* 课题来源：湘潭大学教学改革研究项目“湖南方言语境下的对外汉语教学研究”。

作者简介：刘晓丽（1979 - ），女，湘潭大学文学与新闻学院副教授，研究方向：对外汉语教学；薛亦夫（1987 - ），女，湘潭大学文学与新闻学院 2011 语言学专业研究生。

两种文化的异同及其在语言中的反应非常敏感,能自觉地将文化比较运用于对外汉语教学。举例来说,当教师听到日本学生说“我要像龟一样坚持下去”,阿富汗学生描写美丽的姑娘“眼睛像鹰一样”,美国学生称赞“老师跑得像狗一样快”,英国学生介绍家庭成员时说“我家有妈妈、爸爸、哥哥、我和狗”的时候,他既不吃惊也不生气,他能知道这些都是学生固有文化影响语言表达的体现。

二、对外汉语教师必须具备双文化意识的原因

随着中国国际地位的提高,全球“汉语热”的兴起,近年来,对外汉语教学事业蓬勃发展,客观的现实让对外汉语教师必须具备双文化意识。张德鑫先生曾在《对对外汉语教学本质之认识》一文中指出:“对外汉语教学的宏观宗旨是弘扬中华文明,这从根本上决定了对外汉语教学就是传播中国文化。”从张先生的观点中我们可以看出,对外汉语教学最基本、首要的工作就是弘扬中华文化,它的目的就是要通过语言和文化的教学,使外国人了解中华文化,促进中外友好交往,培养国际友谊。而对外汉语教师既是中国文化的传播者,同时也是让中国走向世界,中国文化走向世界的“桥梁”。对每一位对外汉语教师来说,必须通过自己的教学让学生在精通汉语以及汉语教学的基础之上热爱汉语,在精通中国文化以及中国文化教学的基础上热爱中国文化。

语言与文化,虽是两种不同的东西,但两者的密切关系是谁也不能否认的。我们不可能离开文化来解释语言,反之亦然。正因为如此,对外汉语教师在语言教学中不可避免地要渗透文化,这是让学生更好地理解汉语的需要,也是传播汉文化的有效途径。第二语言教学的目的是培养学生的跨文化交际能力,因为培养学生的目的语文化意识是语言教学的核心问题之一。在影响第二语言学习者学习效率和交际能力的提高的诸多因素中,学习者对目的语社会文化的了解是其中的关键因素。语言与文化的关系固然是“水乳交融”的关

系，但语言与文化毕竟不能等同，教授语言本身所包含的文化因素或文化内容，是跟语言理解能力、语言运用能力、语言交际能力的训练紧密结合在一起的。我们不提倡在语言教学中过多地讲授单纯的文化方面的知识，也不提倡把对外汉语教学作为单纯教授语言知识的教学，我们需要在语言教学中渗透文化教学，特别是对交际文化的教学，因为文化理解与语言理解是相辅相成的，对文化的理解越清晰，对语言的理解就越深刻，对语言的理解越准确，对文化的理解就越透彻。

人类发展的历史告诉我们，人类只有一个地球，地球却拥有无数民族，而每一民族又都拥有自己的语言与文化。目前，世界上各民族使用的语言有多种，而文化同样百花齐放，异彩纷呈。既然我们生活在一个众生喧嚣、语言杂多的世界，我们就必须学会在平等对话中达到有效的沟通。由于各民族的文化无不带有鲜明的民族性和国度性，因此对外汉语教师必须要对学生的母语文化有一定的了解，从一般规律上把握来自不同文化背景下的学生群体的文化内容及特征，如社会制度、宗教信仰、饮食禁忌、风俗习惯等。要求对外汉语教师做到这些不仅仅是为培养学生准确地掌握和运用汉语的需要，也是创造良好的课堂氛围、使课堂教学得以顺利进行的需要，更是跨文化交际中平等对话意识和汉文化尊重其他民族文化的体现。

三、对外汉语教师如何培养自己的双文化意识

第一，对外汉语教师必须热爱并熟悉中华文化，了解并尊重其他民族文化。作为对外汉语教师，要让学生喜爱中华文化，他自己首先就必须热爱并了解中华文化，是汉文化研究的专家。因为只有这样，他才能对传播中华文化有兴趣、有激情，才能理性地看待民族文化的长处与不足。同时对外汉语教师还必须了解并尊重其他文化，对外汉语教学的过程中难免会遇到不同文化的交流与碰撞，比较是不可避免的，也是必要的，但是比较时应该保持平等的、冷静的态度。自

高自大的“民族中心主义”和自卑、自弃的“民族虚无主义”都是文化交流中的错误态度。一个教师只有既热爱、熟悉自己的民族文化,又了解、尊重其他民族文化,才能更好地起到文化传播者的作用。

第二,对外汉语教师应注意克服文化依附心理。文化依附是指人们的言行所代表和体现的是哪一种文化。文化依附心理是对外汉语教学中对外汉语教师容易产生的一种心理。教师作为汉语文化群体的一员,自然而然地是代表了汉语文化,但他的教学对象是来自异文化群体的成员,这样,他在教学中有时就会自觉或不自觉地进行文化依附以适应教学对象,希望以此获得语言教学的良好效果。比如不少的对外汉语教师,尤其是一些初入行的教师,在课堂上使用教学媒介语,尤其是英语的频率非常高,有时甚至超过了汉语这个目的语本身。他会用大段媒介语来解释汉语词、句甚至篇章,认为这样做学生听起来更容易,但实际上,这样做不仅使学习者没有学到汉语,相反还加强了他们对自己母语文化的依附性,甚至还会让学习者产生老师是不是想借我们学外语的错觉。因此,对外汉语教师应注意避免出现文化依附心理,精心策划教学进度,在教学中体现自己的文化价值观念和文化准则等,并通过传授这些内容以及自己对母语文化的态度来影响、改变汉语学习者的行为,引导和控制教学场景和学生的思维走向。

第三,对外汉语教师应具备多元共生、求同存异的意识。前面提到,人类虽只拥有一个地球,但是地球却拥有无数民族,拥有无数语言与文化。这种多元共生的现实,要求每个对外汉语教师在汉语及汉文化的传播教学中,要有多元共生、求同存异的意识。既要明确语言作为一种文化现象和传播媒介极具民族性,又要明确,在观念上,各民族的文化也带有鲜明的民族性和国度性。在汉文化的传播及跨文化交际中,既要避免汉文化优越论,也要防止发达国家尤其是英语国家文化优越感的膨胀。一方面,对外汉语教师要对“多元共生”保持清醒的认识:只有谁也不以本国、本民族的文化标准去衡量其他国家和民族的文化,才能在跨文化交际中避免不同文化类型间的冲突乃至彼此间的伤害。另一方面，对外汉语教师也必须具备求同存异的意识。不同文化间总是存在明显的或微妙的差别，不可能达到天下一统。在对外汉语教学中，在介绍传播汉文化时，不要将汉文化的思想观念强加于人，我们可以“和而不同”，关键在于如何把握好课堂气氛，让课堂教学顺利开展。

综上所述，我们可以看出对外汉语教学对象的特殊性对对外汉语教师提出了双文化意识的要求，而双文化意识却不是对外汉语教师与生俱来的，需要在教学中不断有意识地去培养，去形成。双文化意识的形成与培养，对提高对外汉语教师自身的水平及素质，保障对外汉语教学顺利进行，促进对外汉语教学不断发展有着积极重要的作用。

参考文献：

[1]胡清国.对外汉语中语言与文化的教学及其把握[J].广西社会科学,2005(3).

[2]张和生.对外汉语课堂教学技巧研究[M].北京:商务印书馆,2006.

[3]欧阳祯人.对外汉语教学的文化透视[M].北京:北京大学出版社,2009.

[4]李晓琪.对外汉语文化教学研究[M].北京:商务印书馆,2006.

[5]周健.对外汉语语感教学探索[M].杭州:浙江大学出版社,2004.

外语教学中"中华文化失语"现象及其纠正*

舒萌之

2007年起，我校大学英语教学进行了全面改革，新开设的课程一方面继续顾及学生实际需要，如四六级考试，另一方面则大胆开拓新的领域，满足学生在不同方面，不同层次的英语学习要求，如英语演讲培训、高级英语听说、英语戏剧表演、英美文化概况等。其效果显而易见，学生不但积极性大大提高，通过拓展课程增强了实际运用英语的技能，而且得到了西方传统人文精神的熏陶和滋养。然而新老课程有一个共同的缺憾，那就是只推介和推崇西方文化，而缺乏对中国传统文化的应有观照。长期以来，我国小、中学到大学英语教材都有过于迁就西方文化的偏向，当前我校使用的几种主要教材，如外研社的《大学英语(全新版)》和《新视野大学英语》等，在向学生输入西方文化的同时，并没有留任何位置给本土民族文化。这种教材内容设计的偏差极易导致学生忽视本土文化(张蔚，米家全，印蕾:2008)。在教学改革之后，这个领域仍然是空白。那么中国传

---

* 课题来源:湘潭大学第七批教学改革研究项目"非英语专业高级英语听说课程教学探索与实践"。

作者简介:舒萌之(1982—)，女，湘潭大学大学英语部讲师，研究方向:翻译与比较文化。

统文化的英语课程是否需要开设?

根据对好几所院校的调查,无论英语专业或非英语专业学生,都存在着严重的"中国文化失语症"问题。外语教学中的"中国文化失语"这一概念最早是由南京大学的从丛教授提出来的(从丛:2000)。清华大学的张为民等和刘世文分别对非英语专业本科生和英语专业本科生进行了使用英语转述中国特色文化话题的能力测试,内容包含中国事物、民俗以及历史名胜古迹。结果表明,大多数受试者不能很好地用英语表达我们自己的民族文化,在可以接受的表述中还有较大部分为解释性意译(张为民,朱红梅:2002;刘世文:2003)。江南大学、汕头大学、绵阳师范学院等院校也做过了类似调查(张蔚,米家全,印蕾:2008;张蓓,马兰:2004;袁肃:2008),并得出相似结论:中国大学生用英语表达传统文化的水平堪忧。在跨文化交际的舞台上,当外国友人想要讨论中国传统文化话题时,他们往往感觉捉襟见肘,不但感觉词汇量不够,且对传统文化的了解也相当粗浅,难以达到交际效果,尴尬不已。不仅大学生如此,根据从丛教授的观察,一些英文水平很高的优秀青年学者在出访海外时,也是同样的心有余而力不足。(吴淑琼:2007)

"中国文化失语症"这种现象是有原因的。首先,传统文化这些年来遭到漠视甚至严重破坏,与此同时西方流行文化入侵,使得很多人对西方无意识、无条件地崇拜,对本民族文化则相当冷漠,甚至视若敝履;其次,升学压力巨大和大学持续扩招,教育走入过分产业化的误区,使得人文教育边缘化,在不少学校甚至成了点缀或摆设,而大学生们学外语往往只是为了通过考试,考完了就逐渐遗忘,更难得有机会用它进行交流。很多终日匆匆忙忙的大学生在跨出校门时,发现自己母语文化知识欠缺,西方社会文化常识欠缺,最应该具备的外语交际能力亦十分欠缺。而在当前中西交往空前频繁和多元的背景下,理想的人才应该具有世界性的眼光,或者"双重(或多重)文化人格"—— 胸襟开阔,少偏颇,不盲信,善于比较和思辨,懂得尊重和包容,而不仅仅是会说一门或几门外语。举例来说,民国多文化大师,而这些大师通常都具有多重文化背景。本课程中用到了林语堂的著作《吾国与吾民》和辜鸿铭的著作《中国人的精神》,均是以英语写成,内容则均是关于中国。在文化的另一端遥望自己的国土是很有趣的,从前视若无睹的事情忽然变得有启发性,甚至可以彻底改变一个人的思维方式。如果让学生具备这种双重文化人格,不但“中国文化失语症”可以得到改善,而且显然能够增强他们的情商和竞争力。

然而,并非只有出国才能成为具有双重人文素养的高级人才。对于尚在大学的学生,我们可以用更符合现实条件的方式来提供他们所需要的教育。根据以上几个院校的调查,可以发现很多学生热烈支持开设中国传统文化的英语课程,希望在中国哲学、文学、民俗、艺术等方面了解传统文化,并能够用英语流畅表达。由此看来,这类课程的开设是相当必要的。

一、具体做法

作为构建大学生双重文化人格的尝试,“传统文化精粹双语讲座”已经开课两年。它建立在比较文化学(comparative culturology)的理论基础之上,在介绍中国文化的同时,让古代文化和现代文化互相参照,也同时让外国文化和中国文化互相对比。之所以不取名为“中华传统文化双语讲座”,原因是传统文化博大精深,如果从中国哲学、文学或史学方面入手,不可能在十一周内完成教学目标,而这也不是学生所迫切需要的。学生的问题主要在于:第一,对传统文化缺乏兴趣和了解;第二,有对外交流的需求和愿望却得不到满足;第三,对外宣英语知之甚少。所以,课程设置旨在解决以上三个问题。

课程分为导论、中国乐舞、书画、饮食、茶酒、服装、医药、武术、风俗等传统文化精粹章节,以及结论。课堂用语主要是英语,课堂组织以教师的幻灯片展示加讲解为主。课程教学所用幻灯片的制作有如下几个特点:

第一,除了一些特别深奥和专业的地方,基本上都用中英双语。

第二,选取的材料来自国内优秀教材,包括外研社的传统文化专业双语教材,外宣英语教材和跨文化交际实战教材,但也加上了很多维基百科,国外汉学专门网站和国内外宣专门网站上的内容,尽量“货比三家”,并留下一些有争议的地方,比如某个民俗用语的翻译,让学生参与讨论。

第三,注重外国文化和中国文化的对比,鼓励学生跳出文化惯性,进行反向思维。比如,导论中对“外国人眼中的中国”和“中国人眼中的中国”,“中国文化在外国”和“外国文化在中国”进行了很多对比,并且这种对比贯穿幻灯片各章节。

第四,注重古典文化与现代文化的关联,尽量做到与时俱进,让学生感受到传统文化在现代的强大生命力。比如乐舞部分,我用了汉唐乐府、云门舞集等顶尖演艺团体的资料,他们的特点是对传统的研究和继承十分严格,和与现代的契合富有创造性和先锋性,而且近年来一直很活跃,在《天天向上》等学生喜闻乐见的节目中露过脸。

第五,根据不同章节的内容,在英语听说读写方面的训练侧重也不同。比如,茶文化和饮食文化对西方的影响相对来说比较深远,与之相关的英语用法也比较丰富,因此设置了一些提高口语和听力的内容;而服装,书画,乐舞等相对来说比较考据和学术的章节,就会布置一些翻译疑难给大家斟酌,还有开放性的讨论题。

第六,兼顾趣味性和学术性,同时也相当注意视觉效果,尽量做到每一帧图片都足够清晰精致,每一行字的型号颜色都能赏心悦目,每一个动画动作都能够引起学生们的兴趣。虽然幻灯片的制作消耗了大量时间,但从学生们的反应来看,这个付出是值得的。

除了教师的讲解以外,根据每一章节的需要,学生也适时、适当地参与课堂活动。比如讲茶文化的时候,教师带了茶叶让学生们现场鉴赏;讲服装的时候,本校汉服社的学生来教室进行演示,并带了服装来给学生们试穿;讲乐舞的时候,古琴社也过来进行了现场表演。对此,学生们的反应相当热烈。让他们亲眼看到传统文化仍然活在身边,并未远离,并且有自己的同龄人为传承而努力,这种感动胜过所有的教科书。最后专门留了一堂课的时间,让学生们用英语介绍自己家乡的文化传统。不少学生自愿举手,且精心制作了幻灯片,尽可能地将家乡文化翻译成了英语,多数用了英文讲解。虽然在准确程度上还有所不足,但可以看出他们学以致用的急切和热情。有一个学生说,知道作业是介绍家乡时,本来觉得没什么东西好说,但是去仔细搜寻,才知道自己的家乡拥有如此灿烂的文化和景色,她为此深深地感到自豪;对于自己能够用英语说出自己家乡的美丽,她感到加倍的自豪。

二、教学反思

这一年来,虽然压力很大,但收获也非常之多。同时,也发现了一些迫在眉睫的问题需要解决。

主要问题是课堂上使用的语言。是用“中国英语”(China English)还是美国英语甚至汉语?哪一种能够帮助学生最好地解决前面提到的三个问题?

经过多年的中西交流,英语受汉语的影响越来越多,据统计,《牛津字典》中以汉语为来源的英语词有一千多条(1189个)。罗运芝(1998)指出“中国英语的语法比美国英语语法更趋灵活、自由。作为英语的一种变体,中国英语虽然还没有被广泛接受,但已呈现了不可阻挡的趋势”。官群和孟万金(2000)总结道:“1. 中国英语是汉语与英语语言文化交流过程中所产生的一种语言现象;2. 中国英语是用不属于讲英语民族的人所惯用的词语表达中国社会文化诸领域特有事物,具有中国特点的英语;3. 中国英语以规范英语为基础,能够进入英语交际,不受母语干扰;4. 中国英语有益于传播中华文化,将随着中国人使用英语的普及和中国特色的形成而逐渐扩充,从而丰富和发展英语与世界文化。”随着中国英语的发展,翻译界关于归化异化问题的不断讨论,在英美影视和报刊里,已经常会出现“qi”“tao”“feng shui”甚至“people mountains and people seas”等中国英语内容,而以前一些以美国英语为目标语的旧式标准翻译反而显得没有那么"潮"了,比如美国人几乎不用"bean curd""fried noodle",而喜欢用"to fu""chow mein"。看上去,似乎选择中国英语是大势所趋,不但能够更原汁原味地保留我们的文化特色,又能和英语社会的潮流接轨。教师使用它进行教学,在传授中国传统文化的同时,又能够保持英语环境,能够达到最佳效果。

然而,中国英语是否真的能够适合用于跨文化交际?作为一个一直有争议性的存在,它并不规范,也没有相关权威教材或工具书,这使得教师在使用它的时候有种如履薄冰的感觉。同时,英语水平勉强达到四级的学生们可能会产生一种错觉,认为中国英语和他们在英语学习中使用的"过渡语"是一回事,从而自己创造出一些不规范的说法和用法。而且,出于惯性,学生们对一口流利美式英语的老师更为熟悉和推崇,他们也许认为在这个课堂上没法学到想要的东西,从而失去学习兴趣。

每个章节要讲完一个完整的主题,必然会有一些深入之处。正是因为这样,用到深奥难懂的专业英语是不可避免的。以非英语专业学生的水平,要在课堂上阅读这些内容,不但费时,还容易走神,不能收到良好的效果;如果把它换成汉语来讲,学生一定会很欢迎,但这门课就不能叫做英语选修课了。本校汉语教授的传统文化选修课也是同时存在的,如何体现两者的差别呢?对此,找到一个平衡点让双方都满意,实在是有难度。提高英语技能和传播文化到底应该如何结合起来,才能实现最佳学习目标——构建大学生双重文化人格?

另外,为了得知教学效果,笔者课后和若干学生进行了深入交流,并以问卷、口头的形式在大班进行了调查。部分学生反映,他们以前几乎没有想到过,中国传统文化有着如此生动鲜明的美,更没有想过用英语表达传统文化这个问题,从课堂上获益良多。可是从学生的作业情况来看,他们仍然存在很大的问题,比如非常马虎的翻译甚至机器翻译,体现了力有不逮的地方。一年后的跟踪调查发现,他们对传统文化内容还记忆犹新,对这些内容的英语表达却忘得很快。

这说明,至少在提高学生语法和翻译水平方面,这门课程并没有达到预期的效果。学生的三个问题,充其量只解决了一个半。

文化讲座和基础英语教学相结合,两者兼顾是相当困难的。但如果要加强学生的实践训练,课时又有限,三节课仅够讲完一个章节内容,做一些基本的训练和交流互动。而构建大学生双重文化人格,更是一件琐碎细致的事,需要大量时间、资源,有时甚至还需要运气。这门课充其量只能起到引路的作用,如果学生能够掌握一些基础的外宣英语用法,能够用英语比较流利地讨论中国传统文化和比较中西文化,那就很理想了,至少解决了部分中国文化失语症的问题;如果他们能从中得到一些启发,掌握了思辨方法,懂得用比较的眼光看问题,并且领悟到文化对于自身人格形成的重要性,那就更加理想,但能够达到这一目标的只有进阶的学习者。遗憾的是,文化熏陶是潜移默化、循序渐进的,不能用仪器甄别出来,不能用试卷考查出来,一个人的思考方法也不会写在他的脸上。这门课程能够取得的效果,在很长时间内可能都是个未知数。

结语

中华五千年灿烂文明,在其形成过程中吸收了许多国家和民族的养分,也一直没有停止向外输出文化。她的古老博大、美丽深邃不但孕育了亿万华夏子民,也征服了古今无数外族人的心。十七世纪到十九世纪的中国热,使汉学走向欧美,然而随着近代不可回避的屈辱历史,天平向西方倾斜,恍然一两百年过去,传统文化渐有日薄西山之势。强大的文化势位差使得西方文化全面扫荡了古老中国的生活方式,国人衣食住行,除了“食”字外几乎全盘西化,文化产品也满是对西方的模仿和崇拜,且人们习以为常。直到某位外国友人带着热诚谈起中华文化的时候,我们才发现自己无话可说,乃至无地自容。文化提醒着我们是谁,从哪里来,到哪里去。如果失去了这个符号,中国无论经济上再如何强盛,在国际舞台上中国人无非是一个贫瘠赤裸的民族。

随着中国的持续稳定发展，日益开放，中国的国际地位迅速上升，民族复兴的宣言让国人激动不已。我们终于有了话语权，尽管还需要借用另一种世界通用的语言，但毕竟可以走出文化的封闭圈，跟世界直接对话了。这个时候我们需要的不但是能够说一口流利的英语，更需要发掘，保护，传承体现民族文化内涵的东西，否则拿什么去和西方交流呢？而交流的方式也很重要，新时代的中国形象应该有更符合她身份性格的文化语言，也需要能够说好这种语言的朝气蓬勃的年轻人。本课程正在进行这样的尝试，冀望通过构建大学生双重文化人格，改善“中华文化失语”症状，帮助他们定位自己在世界文化交流中的位置，并能从中得到乐趣和益处。

参考文献：

[1]张蔚，米家全，印蕾．关于非英语专业大学生中中国文化失语症的调查与分析[J]．江南大学学报(教育科学版)，2008 (3)．

[2] 张为民，朱红梅．大学英语教学中的中国文化[J]．清华大学基础教育研究，2002(1) (增)．

[3] 刘世文．对中国文化英语表达能力的调查及其启示[J]．基础教育外语教学研究，2003：29 －32．

[4]吴淑琼．外语教学视角下的中国文化失语症现象[J]．湖北教育学院学报，2007(3)．

[5]罗运芝．中国英语前景观[J]．外语与外语教学，1998(5)．

[6]官群，孟万金．正视中国英语，体现民族特色[J]．课程·教材·教法，2000(11)．

[7]张蓓，马兰．关于大学英语教材的文化内容的调查研究[J]．外语界，2004(4)．

[8]袁肃．从非英语专业大学生看中国文化英语表达力的缺失[J]．黑河学刊，2008(5)．

[9]从丛．我国英语教学的缺陷[N]．光明日报，2000 －10 －19．

试论高校非物质文化遗产教育的原则*

漆凌云　周　超

随着全球化趋势的加快，处于转型期的中国社会发生了巨大的变化，其中文化领域受到了前所未有的冲击。中国传统文化的生存环境日益恶化，尤其是以口传身授为主要传承方式的非物质文化遗产正面临着变异和消亡的危机。我国的非物质文化遗产见证了我们中华民族五千年的历史，是中华民族文明智慧的结晶，蕴含着中华民族特有的精神价值、思维方式和文化意识，凝聚着无限的生命力、创造力，是连结民族情感的纽带和推动中国发展的重要力量。2012 年 11 月，胡锦涛总书记在十八大报告中指出文化是民族的血脉，是人民的精神家园。全面建成小康社会，实现中华民族的伟大复兴，必须推动社会主义文化大发展大繁荣，兴起社会主义文化建设新高潮，提高国家文化软实力，发挥文化引领风尚、教育人民、服务社会、推动发展的作用。高校汇集了民族文化遗产传承和创造的重要主体——青年学生，因此，加强高校的非物质文化遗产教育，对于传承和保护我

---

* 基金项目：湘潭大学教学改革研究项目“基于非物质文化遗产保护视角的‘民俗学’教学改革研究”。

作者简介：漆凌云（1976－），男，江西宜丰人，湘潭大学文学与新闻学院副教授，博士；周超（1988－），女，湘潭大学文学与新闻学院 2011 级民间文学专业研究生。

国的非物质文化遗产具有重要意义,是建设中国特色社会主义先进文化和构建和谐社会的重要保证。

一、"非物质文化遗产"界说

非物质文化遗产又称无形文化遗产。根据联合国教科文组织的定义,是指"被各社区、群体、有时是为个人视为其文化遗产组成部分的各种实践、观念表述、表现形式、知识、技能以及其相关的工具、实物、手工艺品和文化场所"。具体内容包括以下方面:(a) 口头传统和表现形式,包括作为非物质文化遗产媒介的语言; (b) 表演艺术; (c)社会实践、仪式、节庆活动; (d)有关自然界和宇宙的知识和实践; (e) 传统手工艺。由此,我们可以看出"非物质文化遗产"的范围基本就是我们所熟知的"民俗"或"民间文学"所包含的内容。因此,加强高校的非物质文化遗产教育,最主要的就是加强高校民俗学和民间文学的教育,主要内容包括:(1)民间口头文学,如史诗、神话、传说、故事、歌谣、谜谚等;(2)民间传统表演艺术,如传统的戏剧、曲艺、说唱、音乐、舞蹈、皮影、木偶、剪纸、年画、书法等艺术;(3)传统手工制作技艺,如蜡染、刺绣、编织、雕刻、陶瓷、器具、服饰、首饰等;(4)风俗、礼仪、节庆、游艺活动等;(5)有关自然界和宇宙的知识和实践等。

非物质文化遗产原本是我们的日常文化生活,无需保护。但在现代化进程和全球化的迅猛冲击下,我们昔日的非物质文化遗产开始面临消失的命运。我国历史悠久、民族众多,与其他国家相比,非物质文化遗产有着得天独厚的优势,但非物质文化遗产多为民众日常生活文化,属于"小传统"文化,上层和精英阶层一直较少关注,故在现代化大潮下面临的生存危机无比险峻。如《格萨尔》是世界范围内规模最大、演唱篇幅最长的英雄史诗,代表着古代藏族和蒙古族民间文化与口头叙事传统的最高成就,是研究古代少数民族的一部百科全书,国际学术界将此称作"东方的《伊利亚特》"。目前我国大约有近百位《格萨尔》说唱艺人,但是这些演唱艺人年迈体弱,面临着人亡歌息的危险境地,如藏族史诗演唱大师桑珠老人,能够演唱45部以上的《格萨尔》,但是他已年过八旬。由于缺乏传承人,若干年后,我们或许只能通过前人的录像来了解《格萨尔》了。所以,西班牙作家胡安·戈伊蒂索洛给联合国教科文组织写信说:"对人类来说,失去一个说书艺人,要比200名畅销书作者的去世造成的损失严重得多。"高校作为文化遗产传承的重要场所,不仅要传承以书面文献为主体的传统精英文化,还须传承以口传身授为主体的民间文化。

二、高校进行非物质文化遗产教育的原则

1. 因地制宜原则

我国地域广博、民族众多,不同民族地区的文化各有特色。在这个多元化生态的非物质文化遗产大国里,不同性质的高校在保护和传承非物质文化遗产中承担了不同的责任。

民族地区高校应把握住民族特色,为民族地区培养既能面向世界又具有"民族性、地方性、适应性"的一专多能复合型应用人才。这类人才不仅要具备一般合格大学生的素质,还应熟悉和热爱民族地区文化,有献身民族地区建设的决心和能力。少数民族地区的非物质文化遗产丰富,地区性和民族性很强,在国务院2006年公布的第一批国家级非物质文化遗产名录的总计518项中,属于少数民族传统文化的就有156项,并且十个大类皆有分布。但随着我国经济的飞速发展,民族地区受汉文化和外来文化的影响很大,人们的生活环境和生活方式发生了巨大的变化,很多有民族特色的习俗、技艺等文化因得不到传承而面临消亡的危险。因此,民族高校要立足本地区民族的特色,放眼世界,加强特色教育,重点保护和传承属于本民族的文化。

作为我国高等教育体系的主体部分，地方高校往往是一个地方的文化中心，它们有着独特的区域文化背景，主要为地方培养高素质人才，以服务于区域经济社会的发展。面对区域非物质文化遗产，地方高校应正确认识其价值，充分利用其资源，建构特色鲜明的非物质文化遗产教育体系。徐州师范大学的赵明奇教授以徐州地区为例，探讨了徐州高校的“非遗”特色教育。以徐州为中心的淮海地区作为汉文化的重要起源地和集结地，融合了黄河、长江两大文化体系，在人文思想、政治体制、军事哲学、文学艺术等领域给后人留下了丰厚的文化遗产。因此，徐州地区高校在非物质文化遗产特色教育方面定位为以历史浑厚久远的汉文化为主要内容，“我们不能苛求沿海地区高校都学弹木卡姆、冬不拉，也不能强制西部高校都研究妈祖文化。在地大物博的中华大家庭中，全国各地高校‘地近则易核，时近则迹真’，完全可以根据所掌握的区域文化资源优势，扬长避短，构建自我特色鲜明的非物质文化特色教育体系。”

2. 因材施教原则

不仅各地各族文化具有多样性，作为文化实践的主体——高校学生也各有特色。尤其是一些非地方性和民族性的高校，来自全国各地的学生在生活习惯、思维方式和语言上各有差异，尽管处在相似的规章制度和校园环境中学习生活，说的都是普通话，但不可避免地是兴趣的千差万别和内心深处对各自故乡的怀念。

为尊重学生的个性，发展学生的兴趣爱好，高校的非物质文化遗产教育在课程设置上应该将必修课和选修课相结合，同时在校园内成立学生民间文化社团，使学生有较多的选择自由。必修课以民间文学、民俗学课程为主，为文理工科的学生普及民间文化基础知识，使他们在十多年的正统书面文学学习之外聆听民间艺术家们的心声，感受民间文化的魅力。选修课的针对性和专业性更强，能够为对民间文化有特别兴趣的学生提供更大的舞台。学习传统的音乐、戏曲、剪纸、平影戏、书法等非物质文化遗产艺术不仅可以提高学生的动手能力、增加艺术细胞,还能达到修身养性、提升文化内涵的效果;搜集和讲述身边的民谣、民间故事,了解各地的节日、风俗,不仅是体验普通民众日常生活,还是传承中华民族文化。这些课程知识的学习无疑能在基础的专业学习之外扩大学生的视野,提高他们发现和感悟生活美的能力,增强他们的创新精神。组织成立非物质文化遗产学生社团也是十分有效的学习方式。通过聚集一些具有一定民间音乐、民间舞蹈、民间戏剧、书法、象棋等基础的学生定期举行有相应特色的社团活动,宣传非物质文化遗产知识,在互相切磋和学习中吸引新成员的加入,不断壮大社团的队伍,形成课堂之外的另一个重要的文化传承空间。湘潭大学历来重视对大学生的非物质文化遗产传承工作,自1980年代以来在全校开设了民俗学选修课,早在1984年起就成立了民俗学社,指导学生开展民间文化遗产的调查研究工作,并出版社刊《竹枝》15期,开展了皮影戏等非物质文化遗产进高校等活动,取得了一定成绩。

3. *多层推进原则*

由于我们在现代化进程中忽略了对传统文化的传承和保护,才导致一些非物质文化成为“遗产”。我国已经越来越意识到非物质文化遗产的重要性,采取各种措施加大宣传和保护的力度,如通过了第一部《中华人民共和国非物质文化遗产法》,建立了非物质文化遗产名录制度,设立了文化遗产日。但在这探索保护的实践过程中也产生了许多问题,如很多地方政府为迎合现代消费者的需求,仅仅将非物质文化遗产当作发展地方经济和提高地方知名度的招牌,致使一些非物质文化遗产失去了传统的内在意蕴,只剩下一副干瘪的躯壳;还有一些人忽略了民间文化本真存在、自然传承方式的特殊性,使之脱离了文化现场,造成了“保护性破坏”,这些非物质文化遗产简直是虽生犹死;此外,对“非遗”有重要作用的民俗学学科在建设发展中也遇到了一些困难,1997年后原属于中文系之下的中国民间文学专业更名为民俗学,从属于一级学科社会学之下,地位尴尬。目前国内一些著名的高校不仅没有民俗学学科点，而且也没有开设民俗学方面的课程。而有的高校民俗学学科点受到其他学科的排斥，被边缘化，陷入苦苦挣扎的境地。

产生这种情况的最主要原因就是对非物质文化遗产的认识和重视还不够深刻，要改变这种现状首先得从加强基本认知，树立保护意识做起。鉴于民俗被一些人误认为是“不登大雅之堂”、“粗俗”、“浅陋”、“下里巴人”的底层文化，要改变这一认知状况，须普及一些有关民俗、非物质文化遗产的基础知识，在课堂之外组织实践活动，通过进入现场亲身参与一些民俗事件，从整体上关照活生生的民俗，从而感受其魅力，真正意识到民俗的审美价值、认识价值和生活价值。因为只有认识到非物质文化遗产的重要性，加强了重视，才能将保护和传承真正落到实处。在高校，借助国际上和国内对非遗的日益重视这股东风，加强民俗学学科点的建设，壮大师资队伍，规范和丰富民俗学课程，加强理论建设，培养民俗学的专业人才，从而保证非遗传承和保护的主力军后继有人。

为有效地推进高校的非物质文化遗产保护工作，我国应该加快推进多层次的非物质文化遗产教育体系。2002 年 5 月，中国中央美术学院正式成立了我国首家“非物质文化遗产研究中心”，并在国内高校率先创建以非物质文化遗产——中国民间文化艺术研究为主旨的新学科，将民间美术作为人类文化遗产正式系统地列入大学艺术教育，填补了“学院派”教育中长期忽视民间文化艺术认知教育的空白。华中师范大学在非物质文化遗产教育方面也一直走在高校的前列，培养了大批民俗学民间文学教学研究专门人才。2006 年，该校整合校内学科资源成立了非物质文化遗产研究中心，并于 2007 年获得“文化部非物质文化遗产保护工作先进集体”的称号。这些学校通过建立“非物质文化遗产研究中心”，提高了对非物质文化遗产的保护意识，其研究的成功经验值得其他高校借鉴和学习，在高校非物质文化遗产教育方面起到了很好的带头作用。

4. 知行合一原则

高校的专业学习一般以课堂教育为主,但由于包括民俗在内的非物质文化遗产多是融入生活之中的,如果只是学习抽象的理论知识而不接触活生生的民俗,或者是强行把某些民俗剥离其存在的文化环境而搬入课堂,那么学生们所接受的只是失去了原汁原味的意义大打折扣的民俗,非遗的教育工作就达不到应有的效果,因此,将理论知识的学习和亲身实践相结合是十分必要的。

民族地区的非物质文化遗产特色鲜明又较为集中,当地高校学生利用假期到少数民族村组开展社会实践活动,条件可谓得天独厚。有经验的老师指导学生制定科学的实践活动计划,到文化现场亲身了解、体验民族非物质文化遗产的魅力。注意收集整理民间故事、传统音乐和舞蹈等技艺的第一手资料,利用现代技术制作成文字、音像资料以存世;对剪纸、刺绣等传统手工艺的学习不能只停留在参观的感性体验上,还要自己动手实践,结合所学的专业知识逐步进行理论探讨,在学习继承中创新。

2003 年以来,重庆文理学院以牟延林教授为首的教学团队,在非物质文化遗产教育传承领域积极开展教育探索,取得了显著成效。他们的"中华民族非物质文化遗产教育传承体系在当代高校的构建与实践"项目,确立了以素质为基础、向专业延伸的课程建设思路,教学内容突出原生性与活态性,创新性地提出了"传承性学习"与"生活化实践"相结合的教学方式。这正是将专业理论知识与田野调查的亲身实践以及学生日常生活合而为一,在提升学生的实践能力的同时,也加强了学生对家乡的了解和热爱,增进了对民族和国家的认同。在高校的非物质文化遗产教育领域又是一个可资借鉴的成功范例。

三、结语

非物质文化遗产是我们中华民族重要的精神财富，也是我国实现经济社会可持续发展的不竭动力。高校是培养我国社会主义建设发展所需高素质人才的重要场所，把非物质文化遗产引入大学教育体系加强学科建设是十分必要的。尽管现在已经有一些高校在非物质文化遗产教育方面取得了丰硕的成果，但还有大部分高校的非物质文化遗产保护意识有待提高。我们应不断完善我国高校的非物质文化遗产教育体系，让学生在学习中体验非物质文化遗产的珍贵价值，产生传承非物质文化遗产的精神自觉，从而使非物质文化遗产在人类文明演进中生生不息。

参考文献：

[1] 赵明奇. 地方高校与非物质文化遗产传承——徐州高校“非遗”特色教育探讨[J]. 徐州工程学院学报(社会科学版)，2009. 11(6).

[2] 徐金龙. 大学生非物质文化遗产教育的现状及对策[J]. 赣南师范学院学报，2009(1).

[3] 牟延林，谭宏，王天祥等. 非物质文化遗产教育传承：当代高校文化素质教育的新路径——以重庆文理学院为例[J]. 民族艺术研究，2010(12).

[4] 保护非物质文化遗产公约，全国人民代表大会常务委员会公报，2006，2，139.

讲台上的广告世界*

——湖南省教学能手孙丰国访谈

孙丰国　宋德发

孙丰国,1978年生,陕西富平人,湘潭大学文学与新闻学院广告系副教授,是全院师生公认的讲课达人,曾获得湘潭大学青年教师讲课比赛一等奖(2011年)和湖南省普通高校青年教师教学能手称号(2011年)。为了与读者分享他的讲课经验和方法,"大学教学名师研究"课题组对他进行了"独家"专访。

宋德发:虽然我们年纪相仿,资历也差不多,但"中国评师网"上学生对你的评价,真是让我"羡慕嫉妒恨":"怎一个好字了得!""非常受学生欢迎,是一位很好的老师。""教学严谨、态度积极向上,是我们学生的乐师,非常具有个人魅力。""把专业看作是兴趣,把教学看做是乐趣……孙老师对我为人处世的方法影响很大。""有才!"

---

* 课题来源:国家社会科学基金教育学青年项目"大学教学名师研究"(CIA100163)。

作者简介:孙丰国(1978－),男,陕西富平人,湘潭大学文学与新闻学院副教授,主要从事广告学研究;宋德发(1979－),男,安徽庐江人,湘潭大学文学与新闻学院教授,主要从事比较文学、高等教育学研究。

"精品!""孙老师是我见过的最好的老师,可称得上是'万人迷'。真的三生有幸能做你的学生!""孙老师真的是一位好老师,听了他的课,真是受益匪浅!""非常不错的老师,做到真正的寓教于乐,你会莫名其妙地被这位老师的讲解所吸引。""您的为人真的很令我们佩服的.所以您的课程我们都喜欢上.跟您我们能学到很多东西。"所以说,你是我的偶像,是我模仿和研究的对象。正因为如此,今天我来了,代表我自己,如果有可能,也希望代表你的粉丝们,就教学方面的一些问题,对你做一个简约(但愿不简单)的采访。首先请你简要介绍一下自己的教学经历,可以吗?

孙丰国:你实在过奖了,愧不敢当。我们相互学习、相互促进吧。我 1997 年进入湘潭大学读广告学专业本科,2001 年成为湖南省广告学专业最早的一届毕业生。由于当时广告学专业师资缺乏,再加上本科读书期间在广告与营销类杂志发表了十多篇文章,所以在当年 6 月毕业留校后就直接上讲台了。现在主要给广告学专业本科讲授"广告策划与创意"、"中外广告评析"和"名牌战略"3 门课程;给新闻传播学硕士研究生讲授"媒介经营研究"、"文化创意产业研究"和"品牌研究"3 课程;开设了一门全校通识教育课"中外广告评析"。我的讲课获得了一些官方的奖励,比如湖南省普通高校青年教师教学能手、湘潭大学青年教师教学比赛一等奖等,另外还先后两次获得文学与新闻学院"优秀教学奖"。需要简单说明的是,后面一个虽然只是"低级别"的院级奖励,但我却非常看重,因为它以学生的评价为主要依据。

宋德发:根据我的观察,一个老师的教学如果能够"征服"一个学院,其实就能代表一个学校的最高水平了;而代表一个学校的最高水平,也基本代表全国的最高水平了。只要有足够大的平台,比如借助学术研究或者电视媒体,就有可能获得更大范围的知名度和认可度。比如易中天、于丹、王立群、马瑞芳、阎崇年、蒙曼等,原来也只是他们学院,至多是他们学校的名师,由于有"百家讲坛"的推波助澜,一下子就红遍了神州。因此,以你目前的年龄、资历和施展才华的舞台而言,你在教学方面已经很成功了,或者说,虽然你没有国家级的奖励,但已经是国家级的水平(这种院校级知名度但拥有国家级水准的老师,在我们学校和其他高校其实还有很多)。我想,你的成功不会是偶然的,应该同你自觉的追求有关。所以,请你谈谈教学在你心目中的位置。

孙丰国:教学在我心目中有很重要的位置,也可以说就是第一。如果说原因,很简单,作为一个老师,我把学生的看法和评价当做工作的最高评判。作为我自己来说,正是因为有这样的评判认识,才能把更多的精力投入到教学当中。每当我站上讲台,我感觉自己是有激情的、是愉悦的。时间长了,这就可以形成一个良性互动——学生能够感知到老师对教学的重视和努力,而上课也会更加认真,进而又会激发我的教学热情。从另外一个角度说,学生把那么多时间成本和金钱成本交给了学校,交给了一个专业,我们老师就应该竭力而为,或者说,我们的教学能力和教学水平可以有高有低,但在教学态度上一定要认真和真诚,否则对学生是不公平的。

宋德发:是的,你的这种敬业精神和职业操守是你在教学方面获得成功的首要原因。通常而言,“教学”包含了“课堂教学”和“课外教学”,而“课堂教学”的内涵也非常丰富。不过,我今天所关心的主要是“课堂教学”及其核心形式——“讲课”。我很想知道,你在讲课方面给自己树立了怎样的目标?或者说,你认为什么是高水平的讲课?

孙丰国:我是广告学专业的,我们通常讲什么是好的广告?好的广告首先要打动创作者自己,如果一个广告连自己都无法说服,还指望说服消费者吗?我觉得关于什么是高水平的课堂可以把这个说法搬过来。高水平的讲课,其内容组织和授课方式一定是授课者精心“策划”的,有经典、有创新;有铺垫,有高潮;有正儿八经,有趣味横生。以至于一位教师在讲过多遍后再讲一次的时候仍然会觉得有意义、有激情、有意思,这样的课堂学生一定是喜欢的。上课本质上就是传播信息,传播什么信息,怎样传播信息?高水平的讲课一定会关心学生这个信息接受者。大学本科生是成年人,本身也是同龄段的优秀者,千万不要低估了他们对是非或优劣的判断能力。

宋德发:你说的非常有道理,也很诗意。应该说,每门课程的任课老师对高水平讲课的理解既具有个性,也是具有共性的且更多地是具有共性的。那么,你认为的高水平的讲课,除了你自己外,还有没有更具体的代表?就像在我心目中,易中天就是高水平讲课的典范,自然也是我的偶像。所以,换句话问,在讲课方面,你的偶像是谁?为什么?

孙丰国:从小学到大学,我有幸遇到过很多讲课优秀的老师。现在自己做老师,在湘大,在文学与新闻学院,也有很多讲课优秀的老师和同事。这些老师都是我学习的榜样,我都特别尊敬。另外,我特别说一位,中山大学管理学院的卢泰宏教授。在大学读书期间,大概是98年前后,我把他撰写的《广告创意——个案与理论》朗读了两遍。对,是朗读,不是默读或一般的阅读。这对我后来的思维方式和文字表达有很大的影响。2000年春天在北京,有幸现场聆听了卢教授的两堂课,他的讲课风格一如其文字风格:不会故显高深,总是以极具亲和力的语言和受者容易接受的方式传达真正属于自己的观点。

宋德发:众所知周,任何领域要想达到一定的高度,除了后天的努力,还需要一些先天的禀赋。像博尔特、乔丹、莎士比亚、迈克尔·杰克逊这些"非人类"就不说了,就拿易中天、于丹等人来说,在讲课方面肯定是有一些天生的能力的。那么,你觉得自己在讲课方面有天赋吗?

孙丰国:我想几乎没有哪个人敢说自己在讲课上有天赋。的确,有些人天生有更强的表达欲望,我算是吧。因此,当老师是一种可以充分发挥自己特长的选择。假如我没有强烈的表达欲望,尤其是没有一定的表达能力,做老师的确会艰难一些。但表达欲望如果没有比较系统的知识体系的支撑,没有态度和理念的把控,没有表达技巧的支持,那就变成了毫无意义的夸夸其谈,而这些都需要后天的培养和积累。

宋德发:你的回答也印证了我的“推测”:教学方面的天赋对于教学水平的形成至关重要。这也给年轻人的职业选择和“有关部门”的人才选拔提供了有价值的参考。不过,你的回答还提醒我们:天赋如果没有后天持续性学习的支撑,总会有“江郎才尽”的一天。所以,一个老师无天赋需要努力,有天赋也需要勤奋。那就请你谈谈后天努力的过程吧,比如说,你是如何备课的。

孙丰国:广告学与其他人文与社会科学相比,有几个特点:第一,学科体系尚不完善,理论层面相对单薄;第二,广告学更注重分析“现在时”甚至“未来时”的现象和可能的问题;第三,有一个与专业学习直接对应的产业,2011 年中国广告业经营额突破 3000 亿元,从业人数近 200 万,四年学习之后,大多数学生要进入这个行业。这些特点决定了我的备课不必要在理论层面做过多的纠缠,而是要关注现实的企业、品牌、产品、营销与广告,及时地把新信息、新知识、新理念带进课堂,并且尽可能和原有的课程体系融为一体。这些资源的获得,一方面是自己的观察与思考,另一方面通过财经类、营销类和广告类媒体,还有就是与同事、同学、学生的交流与沟通,尤其是要深入到现实生活中去。不管是在北京上海、伦敦巴黎,还是在我们这个相对封闭的“羊牯塘”,获取信息的方式都是间接的,所以我们学广告和教广告的人就是要去多看、多听、多想。间接讯息重要,直接讯息更重要,广告人获得一手信息最直接的方法就是“逛”,可以说,好的广告案例都是逛出来的,比如说长沙的麦德龙,它是长沙进口商品最多的一家超市,我上次还在那找到了泰国啤酒“blackcat”呢。逛这种超市也能让我体验其他地方没有的仓储式购物与严格的会员制。

宋德发:显然,你一下子抓住了广告学的本质特征。这就意味着在平时,你要比其他课程的老师更关注现实、生活、前沿,而这其实就是一种研究的态度,只不过你的研究不局限在书房里冥思苦想,而是要时刻投身到广阔的社会生活中去“调查取证”。这就涉及到一个让很多年轻老师纠结的问题:“如何处理教学与科研的关系?”

孙丰国:应该说绝大多数教师的教学与科研方向是基本统一的,这种情况下教学与科研肯定是相辅相成。科研可以提高教师对某一问题认识的深度与广度,这是可以直接传导至课堂的,某种程度上说科研也是一种备课都不为过。我有一些做法可以与大家分享,就是有意识地引领本科学生做一些简单的"科研"活动,因为研究生做科研是理所当然的。这里的所谓科研并非深入地发展某些理论,而是就新的有代表性的营销运作或广告案例进行分析。我和学生以讨论的形式发表过多篇文章,有的成为中国广告协会主办的《现代广告》杂志的当期封面专题。2002 年和《广告大观》杂志合作过 1 年的专栏。2013 年开始和《销售与市场(评论版)》合作专栏,每期 4 –5 个版。该杂志是国家期刊奖百种重点期刊,在国内营销与广告界有较大的影响力,发行量较大。其模式是由我主持和统筹,我和学生一起搜集当月最新优秀行业案例,给予 500 –1000 字的分析评价,每期 8 个案例。尽管这样的文章不算论文,科研成果统计都不予承认,但这对我和学生的观察与思考,对教与学都有很大的促进作用。

宋德发:前面说了,你是我的偶像,是我模仿和研究的对象。其实我想通过考察和吸收各大讲课"门派"的精髓,最终在四十岁左右形成自己的风格。因此,在这里,我想偷懒一下,请你这位被研究者自己总结一下自身的讲课风格是什么?

孙丰国:我自认为体现在四个方面:第一,比较有激情。激情在某种程度上就是热爱和重视的外在体现,我觉得激情能更好地激发学习气氛,带动学生的学习兴趣。同时,这样的上课状态,也会给学生起到以身作则的榜样作用。第二,比较注重多样化知识的融会贯通。广告本身就是一个交叉性学科,学生需要掌握的知识是多样化的。某一门课程本身肯定有主线,但和主线相连的小路也有别样的迷人风景。第三,比较注重案例教学。正如上面所说,广告学的理论不算厚重,以理论引入之后,更多地是用案例来说明问题,特别是新的案例,因为新的案例正发生在学生的周围,他们本身就有直接的感知,可以更好地理解和把握。第四,比较注重实践能力。学生在学校里的最终目的是要将转化成做事的能力,所以在课堂上进行一定实践训练是必须的。我的做法是进行模拟实战,具体是每班分成6个左右的小组,按照布置的题目进行策划、创意、设计等工作,最后比较文稿和提案,要求与实际的广告公司运作相同。这样使学生在课堂上也能受到实战训练,贴近未来工作岗位的要求。

宋德发:你的自我总结和我在心目中对你的总结是基本一致的。总之,我觉得你的讲课已经很艺术了。当然,在今天这个技术化的时代,“艺术”的东西也需要借助一些必要的“技术”手段来表现或者加强。比如说,现在讲课,尤其是年轻老师的讲课,基本上都离不开多媒体了。那么,你是如何发挥多媒体的作用的?

孙丰国:无论是“广告策划与创意”、“中外广告评析”等课程内容,还是我喜欢的案例教学方式,多媒体的作用都非常大,不仅仅是代替板书。因为一个广告作品,再好的口述也比不上再现来得直接和方便,既节省时间,又减少失真。如果教室的电脑可以上网的话,我还会通过多媒体,直接展示给学生看我在网络搜集获取专业信息的方式方法,这个能力对学生来说也非常重要。

宋德发:还有一个问题我也比较关心:你如何处理教材与授课内容的关系?

孙丰国:这要分情况而定,有的课程教材是我编撰的,授课的体系就按此进行,因为这本身就是自己认为的合理模式。如果是他人编写的教材,自己会在借鉴的基础上重新规划。因为自己的思路完全跟着别人走,这显然是不合理的,特别是文科。学生们意见比较大的“照本宣科”,或许就是过度依赖教材的体现吧。

宋德发:你今年虽然才34岁,但已经有10多年的教龄,算得上是“年轻的老教师”了。那么,给更年轻的老师们提供几条建议吧。

孙丰国:第一,多情。既然选择了做教师,就从内心去热爱吧。很多职业的情绪或态度只影响自己,而老师却在同时影响着一批人。第二,多看。多看才能形成系统的授课体系,才有新的知识与信息,这是上课的内容基础。第三,多听。多听优秀同行的讲课,多听网络上的国内外公开课,这有助于表达提升。第四,多想。一个老师真正的魅力所在是自己的独立思考和观点。第五,多交流。学生是课堂的唯一受众,当然要多听听他们的心声。以上算是几条建议,更是对自己的警示。

地方性高校教学型教师工作倦怠成因与对策*

田小文

近年来，由于地方性高校的主流价值导向以及教学工作特殊性的影响，越来越多的教学型教师感到难以从教学工作中获得肯定与满足，对工作怀有强烈的厌烦和抵触情绪，缺乏教学的激情与兴趣，工作投入远低于其岗位职责的要求。这种消极对待工作的行为在地方性高校教学型教师中蔓延，愈演愈烈。教学型教师群体性工作倦怠已是不可忽视也不可回避的事实，迫切需要引起高度重视。

一、教学型教师的界定

科学研究和课程教学是高校教师的主体工作，高校教师往往根据自身特长和职业发展需要对这两项工作的投入各有侧重，我们可按照高校教师工作的侧重点将其分为研究型、教学型和综合型三种类型。所谓教学型教师是指高等学校中将主要或全部精力投入教学工作中，承担大部分基础课程的教学工作任务的教师。

与研究型教师相比，教学型教师长于课程教学、短于学术研究，

* 作者简介：田小文(1981－)，男，湘潭大学商学院讲师，研究方向：高等教育管理、企业管理。

具有丰富的教学经验与课堂驾驭能力,对课程知识的理解准确全面,并能高效率地将知识传授给学生,是高等学校人才培养的中坚力量。据此定义,我们可以将高校中那些未承担课题研究且主要精力放在课程教学上的教师,归纳为教学型教师。

就地方性高校而言,教学型教师是本科教学的中坚力量,在专任教师中占有较大的比例。我们对某省部共建地方性高校的1138名专任教师进行调查统计:2008年至2012年,全校没有承担各类课题研究,或未作为主要成员(国家级课题的前五位,省部级课题的前三位)参与课题研究的教师共有311名,占教师总数的27.33%。这311名专任教师至少承担了一门本科主干课程的教学任务,年课时数均高于全校专任教师的平均值,完全符合教学型教师的特点。为进一步分析教学型教师的特征,我们按学科类型、职称结构、学历结构三种类型对该校教学型教师的分布情况进行统计,由统计结果可得:教学型教师在各学科分类专任教师中都占有相当大的比例,公共基础课教学中教学型教师所占比例更是高达68.29%(见表一);超过六成的教学型教师只具有中级及以下的职称,具有正高职称的只占6.11%(见表二);将近九成的教学型教师只具有硕士及以下学历,其中只有本科学历的就占到45.34%,具有博士学历的只有10.61%(见表三)。

表一:教学型教师在全校各学科分布情况

学科类型	专任教师数	教学型教师数	占各学科类专任教师比	占全校教学型教师比
文科类	478	120	25.10%	38.59%
理科类	218	19	8.72%	6.11%
工科类	319	88	27.59%	28.30%
公共基础课	123	84	68.29%	27.01%
全校合计	1138	311	27.33%	100.00%

表二:教学型教师按职称结构分布情况

职称类型	专任教师数	教学型教师数	占各职称等级专任教师比	占全校教学型教师比
正高职称	254	19	7.48%	6.11%
副高职称	402	97	24.13%	31.19%
中级职称	450	173	38.44%	55.63%
初级职称	32	22	68.75%	7.07%
全校合计	1138	311	27.33%	100.00%

表三:教学型教师按学历结构分布情况

学历类型	专任教师数	教学型教师数	占各学历级别专任教师比	占全校教学型教师比
博士研究生	539	33	6.12%	10.61%
硕士研究生	349	137	39.26%	44.05%
本科及以下	250	141	56.40%	45.34%
全校合计	1138	311	27.33%	100.00%

综上可知,教学型教师在各学科中都有相当大的比例存在,与其他教师相比,教学型教师多集中在公共基础课程的教学上,而且其职称级别与学历层次普遍偏低。

二、教学型教师工作倦怠的表现

工作倦怠是指在职业环境中,不能有效应对长期的情绪、人际关系和工作压力等而表现出对工作本身的厌倦抵触、态度冷漠和对工作价值的否定等身心综合症状。与其他职业一样,高校教学型教师的工作倦怠也体现在:情绪和情感处于疲劳状态,工作热情丧失;以消极、麻木、否定的态度对待工作与服务对象;对工作的意义与价值评价下降等。具体表现为:

1. 无心教学

缺乏对岗位的热爱,教学热情不高。严重工作倦怠的教学型教师,多数时候只将所从事的工作视为一种谋生的手段,不得已而为之。主要心思与精力没有放在教学上,对教学工作有很强的排斥和厌烦情绪。对教学工作的投入少,不认真备课,不钻研课程内容的难点与要点,逃避或敷衍课堂教学。经常性迟到或早退,挤占教学时间或随意调换课程。排斥工作推卸任务,将本应该自己承担的工作转嫁给他人,让助教或高年纪学生代自己上课。不主动进行教学方法的改进,教学内容的充实,教学理论的创新。为了省事,有些教师甚至多年没有更换教材、更新教案,同一个课件就对付了十几届的学生。

2. 态度冷漠

很少从学生的角度去考虑他们的需要,对学生缺乏爱心与耐心。课堂教学照本宣科,不注意课堂气氛的调节,缺乏与学生的互动。对学生的反应表情冷淡,不理会学生是否理解与掌握讲课内容。也从不过问课堂纪律,不管台下是死气沉沉还是纪律涣散嬉笑打闹随意出进都视而不见。课后更少与学生交流,不认真对待学生的问题与作业,在对该校学生的调查中,有 58.73% 的学生表示“课后有问题需要问老师时不太容易找到老师”。对学生的评价与教务部门的考核,只要不影响其利益,就事不关己高高挂起一副无所谓的态度。

3. 满意度低

相当一部分的教学型教师对工作与生活现状有强烈的不满,缺乏成就感,对职业的认可度较低。与较低的满意度伴随的是强烈的不公平感,在这种不公平感影响下,教学型教师有的自怨自叹,悲观消沉,对工作和生活没有更高的追求,得过且过;有的转向其他领域,将主要精力放在兼职工作或麻将棋牌娱乐上,人在心不在的隐性人员流失严重。

三、教学型教师工作倦怠成因分析

教学型教师工作倦怠起因于高校的工作环境,是教师在教学工作中处于压力或需求遭到挫折的情境中适应不良引起的。地方性高校教学型教师工作倦怠的原因,主要体现在以下三个方面:

1. 待遇低,投入与回报不成正比

高校教师具有较高的学历和较强的能力,其培养周期长、成本高,待遇水平理应要高于社会其他行业。而现实中,与社会上其他行业相比,高校教师的待遇存在很大的差距,这种差距使高校教师产生强烈的不公平感。而在学校内部,这种差别也是存在的,地方性高校财政相对紧张,差别就更大了。如表四所示,某地方性高校 2008 年至 2012 年教学型教师与全校教师平均绩效工资对比情况,与其他教师相比,教学型教师的经济待遇更低,绩效工资增长幅度也低于全校平均,正高职称的教学型教师绩效工资甚至呈负增长趋势。

表四:2008 -2012 年教学型教师与全校专任教师年平均绩效工资对比(单位:元)

职称类型	2008 年		2009 年		2010 年		2011 年		2012 年	
	全校	教学型	全校	教学型	全校	教学型	全校	教学型	全校	教学型
正高职称	53600	46930	55452	49095	57822	48385	61287	43695	69830	41818
副高职称	31946	32031	33498	32200	35913	32500	40122	32468	41521	33446
中级职称	19953	19724	21681	19922	23889	21134	24358	20736	27807	23735
初级职称	17670	13174	16835	11948	20191	22428	18450	17950	18714	18102

教学型教师待遇低,但教学工作所需的任务强度与时间精力的投入丝毫不比其他工作少,付出与回报不对称,努力得不到认可,使得教学型教师的工作积极性严重受挫,进而演变成工作倦怠。

2. 重科研、轻教学，价值导向挫伤积极性

地方性高校人才培养、科技创新、服务社会的职能的实现必须借助于教师科研和教学工作，人才培养是高校的首要职能和生存之本，因此人才培养的教学工作理应受到学校的高度关注和重点支持。但是，与高校的其他职能相比，人才培养周期长，成效低，难以看到短期效果，且考核评价指标难以量化。因此，不论是社会对高校声誉的评价，教育主管部门对高校水平的评估，还是对高校综合实力的排名，都将科研作为重要的考量因素。地方性高校资源少，受制约的因素多，在科研方面存在着明显的劣势，科研方面的短板关系其综合排名和社会形象，成为制约其发展的瓶颈。因此，地方性高校都集中优势资源大力扶持科研工作，由于资源的有限性，对教学的关注度也就降低甚至有意地忽略了，从而导致普遍的重科研、轻教学的价值导向。

地方性高校重科研、轻教学的价值导向，体现在：(1)科研的回报收益远高于教学。对待科研工作，地方性高校都给予一定比例的配套经费支持，论文、专利、获奖等也有比较客观的奖励，在多数高校高级别的项目和论文还可以折抵教学工作量核算绩效工资，这些待遇教学工作是没办法享受的。(2)教师考核评价指标以科研为主。地方性高校对教师工作的考核，大多集中在科研方面，对教学的要求较少。一方面，人才培养是个复杂的过程，短期难以检验其效果，而科研可以以项目级别、资助经费、论文数量、刊物级别、影响因子、专利的成果转化率、社会效益等指标来计量。教学业绩不像科研业绩那么直观、短期、容易量化直观简单，因此，以科研为主的考核容易被考核的主管部门接受。另一方面，为激励引导教师重视科研，加大投入，地方性高校也有意地增加科研在考核中的权重。(3)职称评审的任职条件科研所占比重很大。高校职称评审对教学工作量和教学效果的要求缺乏具体可行的考量标准，主观性强，流于形式。职称评审的重点都落在科研上，评的就是项目、论文、专利。没有科研支撑，晋升职称的希望渺茫。

重科研、轻教学的价值导向，使得教学型教师的工作得不到积极肯定的评价，职称晋升困难，我们对教学型教师的收入水平和职称结构调查，也真实地反映了这种状况，长此以往，必然严重挫伤教学型教师的工作积极性。

3. 压力大，教师成就感低

较低的成就感既是教学型教师工作倦怠的表现形式，也是引起其工作倦怠的主要原因。人都有尊重与实现自我的需要，实现自我价值是个人成就感的主要来源，如果这个需求受挫，就会产生消极影响，进而减少工作的投入。教学型教师对自身的期望与要求比其他人群要高，更需要被认可，更希望自身价值的实现。而事实上，他们的工作难以引起重视，工作成果得不到肯定，缺乏工作的荣誉感与自豪感，对工作的意义失去信心。

与其他职业相比，高校教师承受着比较大的工作、经济生活和社会期望的压力。一是持续的高校扩招，使得学生人数增加明显，教学量增加到扩招前的三倍以上，而高校教师人数增加不多，教学任务繁重。所教授的学生以独生子女居多，具有很强的个性，强调自我中心，纪律性差，难以服从老师，课堂教学压力大。二是教学型教师不可能像研究型教师那样，享有课题经费、科研奖励，还可以通过转让专利、成果，产学研结合等形式获得经济资助，赢得社会肯定。教学型教师以低职称、低学历的中青年为主，年轻气盛，期望值较高。又处于上有老、下有小特殊阶段，经济压力大。在这种巨大的反差下，养家糊口的压力，也使得他们对工作丧失激情。三是社会赋予高校教师很高的期望，将美好的愿望寄于他们身上，对这个群体差错的容忍度低，也给其带来很大的压力。

四、缓解与预防教学型教师工作倦怠的对策

教学型教师群体性工作倦怠，给地方性高校带来了一系列负面

影响，造成了人才培养质量的下降，高校人文环境的恶化，也不利于教师的身心健康。地方性高校在认识到教学工作重要性的同时，应加大对教学工作的支持力度，切实维护教学型教师的利益，采取有效措施缓解与预防教学型教师工作倦怠。

1. 切实提高教学工作待遇

合理的工作待遇既是教师所付出劳动的等价值回报，也是对其工作的肯定与认可。教师的公平感来自对其工作投入的正确评价，直接体现在其工作待遇上。工作待遇包括薪酬和社会认可与地位两个方面，而薪酬对教学型教师工作积极性的影响更为明显，与工作投入对等的薪酬水平，对其工作具有强烈的正向激励作用。

目前，高校教师的薪酬包括基本工资与绩效工资两部分。基本工资又称为档案工资，是薪酬中的固定部分，与学历层次、职称等级以及工作年限有关。绩效工资与教师的工作业绩挂钩，由各高校根据本校的相关规定核算支付。对教学型教师来说，课酬是其绩效工资的主体，大多数地方性高校按课时来结算课酬，其标准按职称等级40－80元/课时不等。与之相对，研究型教师除去奖励还会根据科研工作核算绩效工资，近年来国家对纵向科研项目的资助力度大幅提高，科研绩效工资标准也水涨船高，与教学工作绩效工资的差距进一步拉大。如此，教学工作成为高校教师最不划算的职业选择。加之连年的物价上涨，涨工资的呼声很高，提高课酬标准对内对外都有利于缓和当前的矛盾，提高教学型教师的工作积极性。除此之外，设立教学型教师岗位补贴，切实改善其生活条件，加大物质上的激励力度，也是消除其工作倦怠的有效途径。

2. 着力推进岗位晋升与考核机制改革

对高校教师来说，岗位晋升既是其追求的目标，也是其改善处境、提高层次的主要途径。良好的教师岗位晋升与考核机制，对地方性高校师资队伍的建设和稳定具有重要的作用。然而，当前多数地方性高校的教师岗位晋升与考核,对教学型教师来说有失公平。推进高校教师考核与职称评审制度改革,构建公平合理的制度环境,有助于保障教学型教师的权益,发挥其工作积极性。地方性高校教师考核机制改革应降低科研指标在业绩考核体系中所占的比重,将教学成果考核具体化,改革之前主观的形式的描述性考核评价。岗位晋升机制改革应将教学工作以及教学成果作为职称评审重要考量依据,不仅要有教学工作量的要求,也要对课堂教学效果进行科学可信的评价。评价教学效果不能停留在形式上,应在专家组课堂听课的基础上,综合教师的表现、知识掌握情况以及课堂驾驭能力等进行考察。设置教学型教师高级职称岗位,根据其特点制定岗位职责与要求。这类岗位的聘任与晋升,更多地考虑教师在教学方面的能力与投入,强调教师的教学效果与成绩,为年轻的教学型教师提供晋升的机会。

3. 积极营造尊师重教的文化氛围

高校的管理要摈弃行政理念,树立服务意识,体现开放民主、以人为本的宗旨。营造尊师重教的文化氛围,提高教学型高校教师的社会地位,赋予其更多的专业自主权与更大的自由度,让其能更多地参与学校决策,以增强其责任感与归属感。高校管理者应经常性深入教学型教师群中,了解他们的困难与诉求,给予必要的人文关怀与经济扶助。加大资金投入,改善教学条件。经常性开展教学竞赛活动,活跃学校教学氛围,比如,定期举办诸如青年教师讲课比赛、教学能手评选等活动,对表现突出的教学型教师,给予一定的经济奖励,并赋予其相应的荣誉,优先考虑其职称晋升、进修培训、出国交流等。

此外,加强高校教师岗位教育,引导其正确对待工作与自己,提倡奉献,提高自我认可;鼓励并支持教师从事与教学课程相关的理论前沿的研究探索,增强教学的科研含量,信息量与文化底蕴,培养自身教学能力与魅力,提升教学的趣味性;适当地开展心理辅导与文体活动,增强教学型教师心理承受能力与调控能力等措施,激发教学型教师的工作热情与动力，有效缓解工作倦怠。

参考文献：

[1] 曹雨平，李怀祖. 高校教师工作倦怠现象的主要影响因素[J]. 江苏高教，2005(5).
[2] 杨秀玉. 西方教师职业倦怠研究述评[J]. 外国教育研究，2005(11).
[3] 李淑环，王艳，刘凤阁，宋慧军. 影响高校教师工作倦怠的因素及对策分析[J]. 河北大学学报(哲学社会科学版)，2007(1).
[4] 赵波，张志华. 高校教师职业倦怠与生涯发展对策[J]. 江苏高教，2012(1).

试论科研与教学的区别*

宋德发　谭　娟

一谈到科研与教学的关系，人们就会自然地想到“相辅相成”、“相互促进”和“同频共振”等词语。以至于很多人一厢情愿地以为科研=教学；想当然地以为，科研做得好，教学就必然好。这样的观点显然夸大了科研无所不能的作用，忽视了科研与教学的区别。

一

科研属于“第一度消化”，教学属于“第二度消化”。“第一度消化”是指一个人自己当学生或搞科研时，针对自己存在的问题，结合自己的特点、条件，对输入的教学信息进行的加工。其目的是为了求得自己的理解。而第二度消化则是在他成为教师后，针对学生存在的问题，结合学生的特点、条件，对即将输出的信息所进行的加工。

---

* 课题来源：湖南省普通高等学校教学改革研究项目“青年教师提高讲课能力的途径与方法研究”（湘教通[2012]401 号）。

作者简介：宋德发（1979－），男，安徽庐江人，湘潭大学文学与新闻学院教授，主要从事比较文学、高等教育学研究；谭娟（1987－），女，湖南宁乡人，湘潭大学比较文学与世界文学专业2011级硕士研究生。

其目的是为了让学生更好地理解、记忆和运用。通常而言,杰出的科学家是一度消化上的强者;而杰出的教师则是二度消化上的强者。作为学生、科研工作者,对所学知识有了第一度消化就够了——即“意会”。但他担任了教师工作以后,他就必须对所教内容进一步作第二度消化——即“言传”。通常而言,“大科学家的卓越的第一度消化为他的第二度消化创造了很好的条件,但却不能代替他的第二度消化。如果忽略了第二度消化,那么,不管他是多么伟大的科学家,他也远远不够资格被称为一个起码的、称职的教师。科学史上已经有不少这样的例子和教训。”

最有名的科学家,例如爱因斯坦,尽管自创了一门新的学问,但他对这一门学问也只是处于第一度消化的水平。当他接受了教学任务,要对一批学生讲授这门学问时,他也必须要对这门学问作第二度消化,也就是说,他要对自己所创立的学说作进一步的消化。假如他没有第二度消化的意识或者能力,那么他也只能是“只可意会不可言传”了。了解到这一点,就能明白为什么那么多的大科学家和大学者在“百家讲坛”上无法赢得观众了:“百家讲坛,原本就是由一些有理想、有追求、有情怀的电视人鼓捣出来的。目的,则是要传播知识和思想。然而一开始,却举步维艰。虽然邀请了一大批重量级的学者和科学家,包括诺贝尔奖得主和学界泰斗,收视率却接近于零。整个栏目,面临着末位淘汰。生存毕竟是第一位的。何况你请来的嘉宾再好,宣讲的内容再好,没人看,也是白搭。”

诺贝尔奖获得者和学界泰斗,应该都是科研做得好的吧?为什么讲东西没有人看呢?有人说,是因为他们讲的内容太高端了,曲高和寡嘛!比如说杨振宁讲的“美与物理”、丁肇中讲的“实验物理与物理学前沿”,一般人不感兴趣,也看不懂。问题是,也有人讲“唐宋咏春诗赏析”、“书法与中国哲学”这类很人文的、很大众的题目,怎么也没有观众买账呢?还有人说,在电视上讲和在课堂上讲是不一样的,电视上讲得好,不等于上课上得好;电视上讲得不好,不等于上课上得不好。这大概也属于强词夺理,据易中天的学生们说,易中天在电视上讲得好,在厦门大学的讲台上讲得其实更好,而有些人在电视上讲得不好,恐怕也不是镜头感不强的原因,而是因为平时上课就不怎么样。所以说,具有原创性的一流科研工作者不一定就是一流的老师。

有一位学者这样描绘陈寅恪的讲课:陈寅恪在中山大学开“元白诗证史”的选修课,“初时参加选修的同学达三十多人,将陈寅恪辟作课堂的二楼走廊坐得满满的……这些人生观已深受时代影响的大学生,几乎都用惊奇的眼光打量着面前这位声名显赫、平时绝难一见的史学大师”,但是,一个学期下来,“三十多个同学到最后能坚持选修完这一门课程的据说只剩下十三人。”这则信息既证明了陈寅恪学术高深,名气大,有很多拥趸,也证明了他缺乏基本的讲课技巧,以致于那些求知若渴又极为崇拜他的学生都无法坚持一个学期。

汪曾祺这样回忆沈从文的讲课:“他的湘西口音很重,声音又低,有些学生听了一堂课,往往觉得不知道听了一些什么。”沈从文无疑是大作家和大学问家,但汪曾祺听完他的课后,还是实事求是地说:“沈先生不长于讲课。”不过,比较庆幸的是,他上的是“写作课”,这门课更注重操作而不是理论,加上沈从文善于私底下的谈天,又舍得在课下花费时间修改学生的作文,因此,他的写作课是上得不错的,即是说,沈从文不是一个好的讲授者,但依然是一个好老师:“沈先生对学生的影响,课外比课堂上要大得多。”换句话说,沈从文更适合指导研究生,而不是给本科生上课。

张中行这样回忆国学大师章太炎的讲课:“是1932年吧,他来北京,曾在北京大学研究所国学门讲《广论语骈枝》,我没有去听,那是相对专业的,犹如阳春白雪,和者自然不多。幸而终于要唱一次下里巴人,公开讲演,地点是北河沿北京大学第三院风雨操场,就是‘五四’时期囚禁学生的地方。我去听,因为是讲世事、谈己见,可以容几百人的会场,坐满了,不能捷足先登的只好站在窗外。老人满头白发,穿绸长衫,由弟子马幼渔、钱玄同、吴检斋等五六个人围绕着登上讲台。太炎先生的个子不高,双目有神,向下望一望就讲起来。他满口浙江余杭的家乡话，估计大多数人听不懂，由刘半农任翻译；常引经据典，由钱玄同用粉笔写在背后的黑板上。他说话不改老脾气，诙谐而兼怒骂，现在只记得最后一句是：‘也应该注意防范，不要赶走了秦桧，迎来石敬瑭啊！’其时是‘九一八’以后不久，大局步步退让的时候。话虽以诙谐出之，意思却是沉痛的，所以听者都带着愤慨的心情目送老人走出去。”

假如这个回忆比较真实的话，那么，恰恰证明大学问家章太炎是一个不合格的讲授者。他名气大，所以一次讲座可以吸引很多人，但是他“满口浙江余杭的家乡话，估计大多数人听不懂”。试想一下，大多数人听不懂的讲座（讲课）算不算好的讲授？而且，在大学里，一个老师讲课还要带两个翻译（还是刘半农和钱玄同这个级别的翻译），是不是很“幽默”？有没有这个可能？假如一所大学里全都是章太炎先生这样的老师，一肚子学问，可是每次上课，都要带两个普通话翻译，那是一个怎样壮观却滑稽的场景？

二

好的研究者≠好的讲授者，这个现象，国外同行早有研究。他们发现，有不少大学教师，对自己的学科颇有造诣，是活跃而卓有成就的学者、艺术家或科学家，但必要的知识本身并不能说明他们教学上的成功，“如果真是这样，那么同一领域的任何专家都将成为杰出的教师，但显然实际情况并非如此。说专家们需要多一点时间就能成为卓尔不群的老师也是不现实的……很多教授，他们在各自的领域都是有名的学者，他们花费几个小时来精心准备他们的演讲稿，使之能够反映最新最前沿的学术和科学知识，结果教出来的学生却对该学科的尖端性一无所知。”

西班牙学者奥尔特加也曾说：“我自己在德国几年的求学经历清楚地说明了这一点。我曾和好多我们时代最杰出的科学家关系很密切，但是我从他们当中还尚未发现一名优秀的教师！”他也由此认为,“对担负学科教学任务的人来说,如果同时也是一名科学家的话,那可能是最适当不过了。不过,这并非是必须的。事实上,一直以来,许多出色的学科教师并不是调查研究者,并不像科学家那样,虽然他们对自己的学科非常熟悉,但是熟悉并不等于研究,因为研究的目的是为了揭示和发现真理;反之或是为了证明一个谬误。了解和熟悉一门学科指的是人的意识对真理的吸收,是对确凿无疑的事实的掌握。”

打一个很容易理解的比方,有的人能够写出好歌词,有的人能谱出好曲,好歌词+好曲子=一首好歌。可是这首好歌让词作者和曲作者自己来唱,却唱得不好听,甚至唱不出来,而将这首好歌交给另外一个人,如张学友、费玉清、宋祖英来唱,或许就能一炮走红。好科学家就好比杰出的词作者和曲作者,他们能够独创出好的歌曲(知识和思想),但未必就能唱好这些歌曲(不能将这些好知识和好思想很好地传达给普通大众)。而好老师就像好歌手,他们可能没有独创出自己的作品,但不妨碍他讲解别人的作品(如黑格尔的哲学思想)时,能够吸引听众,并且有益于听众。

不过,大学教师,尤其是重点大学以上层次的大学教师,在公众的期待中,是一种特殊的歌手:创作型歌手。创作型歌手不仅歌唱得好,而且还能自己写出好歌,写出来的好歌可以自己唱,还可以给别人唱。像汪峰、周杰伦等,都属于此类歌手(不过周杰伦唱红的很多歌其实也是别人写的)。即是说,最具实力的大学教师不仅能传授思想,还能创造思想,至少可以部分地创造思想,而他创造的思想还能被其他老师在课堂上传授。但熟悉歌坛的人都知道,创作型歌手是少数的,而且大多数都是半红不紫的。也就是说,自己不写歌,并不会妨碍一个歌手成为好歌手,甚至也不会影响他成为歌星、巨星和超级巨星。同样的道理,一个大学教师,他自己没有杰出的科研成果,也不会阻止他成为一位好的大学教师(但需要有一定的科研水平,就像好歌手除了有好嗓子外,至少也要懂音乐一样)。这主要是因为本科教学,根本上还是属于普及性教学,讲授的主要是比较确定的内容。

当然,这个观念也是很多人不同意的。在他们看来,大学生层次已经很高了,怎么能像百家讲坛那样,将听众设定为初中生的层次。其实,中国的初中生没有想象的那么多,能够有闲情逸致看"百家讲坛"的,恐怕也没有几个真的只是初中生。所以说,"百家讲坛"对听众的定位其实太低调了。而不少大学教师对听众的定位其实太高调了:他们以为自己要给"大学生"讲,其实不知道,他们面对的是"在读的大学生"而非"毕业的大学生"。"在读的大学生"在面对一门新的课程时,他的了解程度和一个初中生是没有区别的。对已经毕业的大学生或者专门研究这个领域的人来说很陈旧、很简单的内容,在这些"在读的大学生"眼里,通常都是很新颖、很复杂的东西。

比如说大学里的"心理学"一定会讲马斯洛的人类需求五层次理论,对听过这门课的人或者研究心理学的人来说,不免太小儿科了,但对我这样的新生而言,却是很有新意的,也是很想了解并且需要了解的。但马斯洛的人类需求五层次理论是马斯洛原创的,不是讲课老师原创的,一位心理学老师不能说这个不是我研究出来的,所以我就不讲了,我讲我自己最新的研究成果:人类需求的十层次理论。这样行吗?如果他的理论获得了学界的公认,或许可以,如果根本没有人认同,或者干脆就是伪发现,那岂不害人?所以说,当老师面对从未学习过这门课程的大学生讲课时,应该是帮助他们了解这门课程最基础、最稳定的东西,而不是大谈特谈一些完全创新,但又未被普遍认可的东西。

三

葛兆光先生说:"给大学生常识,给硕士生方法,给博士生视野。"这基本揭示出本科教学的根本性特点,也就是说,本科教学基本属于传播基本知识(还包括基本理论和基本方法)的范畴。不过,有一批教育乌托邦主义者恰恰看不到这个最简单的事实。他们或者出于虚荣心,或者出于盲从,或者出于无知,而无视大学的基本职能是传播和推广知识,而非增扩知识,或者说,大学的基本使命是培养律师、法官、医生、药剂师、中学拉丁文或历史教师而不是法学家、生理学家、生化学家、文学家,“社会需要大量的医生、药剂师和教师等,但只需要数量有限的科学家。如果我们真的需要许多科学家,那将会是一场灾难,因为真正从事科学研究的人员是非常少的。因此,符合人人需要的专业教育和只为少数人服务的科学研究活动融合在一起,则是令人感到吃惊的。”

的确,大学要理想,但这个理想绝不是让教师全部成为科学家,再将学生全部培养成准科学家。不少任课老师带着将学生培养成自己所授课程方面的研究者的目标来教学,假如每位教师的这个梦想都可以实现的话,那么,一位大学生岂不是要成为至少50门学科方面的专家?可能吗?有必要吗?那些过于强调大学的科研使命的人在鼓吹科研的重要性之前,不妨先自问一句:如果大学的目的是为了科学发现,那大学还要那么多学生干嘛?研究所里没有一个学生,科研岂不是做得更好吗?是的,大学需要有理想,但这个理想绝不应该是让教师人人成为科学家,让学生人人成为准科学家。

根据以上论述,科研与教学的区别是非常明显的。科研强调独特和个性,而独特和个性的东西不一定是好的东西,而教学则强调“好的东西”,好的东西可能是教师自己的,也可能是别人的。如果只重复别人的东西,是科研者的失职;如果只讲自己的,尤其是自己不好的东西,那是教师的失职。由于掌握常识比创造新知难度要低一些,所以老师更多要考虑的是用什么样的方式传播常识。举个很简单的例子,一位老师在课堂上很流利地背诵一遍屈原的《离骚》,声情并茂地朗诵一首普希金的《致凯恩》,算不算科研?当然不算,因为《离骚》和《致凯恩》不是他自己写的,但在教学层面上看,有没有价值?当然有。如果真有老师做到这一点,肯定把学生震住了,然后再要求学生去背,去朗诵,学生也不好提什么反对意见了。其实每学期都能将《离骚》背诵一遍,每堂课都能像艺术家那样朗诵《致凯恩》，是需要下很多别人看不见的功夫的，如果将这些功夫累积起来做科研，发表几篇论文甚至写一两本书是没有问题的。应该说，很多“聪明”的老师正是这么计算的，他们想方设法省下背诵《离骚》、《致凯恩》的时间，去搞具有“独创性”的科研，但这些科研成果，从讲课的角度看，不见得比“傻傻地”背诵一遍《离骚》，朗诵一遍《致凯恩》有价值。

参考文献：

[1]杜和戎.讲授学[M].北京：华语教学出版社，2007：14.

[2]易中天.易中天文集·第十四卷[M].上海：上海文艺出版社，2011：1.

[3]陆建东.陈寅恪的最后20年[M].北京：三联书店，1995：170－171.

[4][5][6]汪曾祺.汪曾祺散文选集[M].天津：百花文艺出版社，2009：46、53、50.

[7]张中行.张中行散文精品集·人物卷[M].哈尔滨：北方文艺出版社，2011：2.

[8][美]肯·贝恩.如何成为卓越的大学教师[M].明廷雄等译，北京：北京大学出版，2007：25.

[9][10][11][西班牙]奥尔特加·加塞特等.大学的使命[M].徐小洲等译，杭州：浙江教育出版社，2001：11、74－75、53.

综合性大学的研究性教学的创新*

陈晓华　周旭枚

在提高高等教育质量的形势下，经济社会发展的需要以及在此基础上的大学生的个性发展和主体选择的要求向高校的人才培养提出了新课题。同时，高等教育总的发展已进入以提高质量为关键的新阶段。为此，高校需进一步创新人才培养模式，而在这一过程中研究性教学的大力开展起着极其重要的作用。本文拟就综合性大学依托自身的综合性办学优势创新研究性教学的问题进行初步探讨，以求教于方家。

一、深化对研究性教学基本内涵的认识

研究性教学的内涵十分丰富。一般来说，研究性教学是教师与学生共同参与的，以问题为中心，以培养学生的创造精神和创造能力为目的，通过探索、讨论等教学实施的教和学。它既是一种教学方

---

* 课题来源：湘潭大学第六批教学改革研究项目“大众化阶段高校本科人才培养模式研究”。

作者简介：陈晓华（1980－），男，湘潭大学教务处助理研究员，主要从事高等教育管理研究；周旭枚（1980－），女，湘潭大学审计处，主要从事教育经济与管理研究。

法，也是一种教学模式，更是一种教学理念。可以说，研究性教学贯穿于教育教学管理的全过程。

研究性教学注重教师主导作用与学生主体作用的发挥，其主要特点有学习内容的综合性与开放性、学习过程的参与性与自主性、学习成果的创造性与多样性、学习评价的社会性与多元性等。研究性教学的宗旨是提高全体大学生的自主学习能力、基本的自主开展探索性研究工作的能力以及实践基础上的创新能力，这与创新型国家的建设对高校人才培养的要求在根本上是一致的。因而，要树立研究性教学与人才培养互相促进的教育教学思想。

二、创新研究性教学的策略

在明确了研究性教学的特点与宗旨后，综合性大学依托自身的综合性办学优势，可从教学环境的建设与教学过程的优化两个方面着手创新研究性教学。

1. 构建以研究性教学为导向的和谐的教学运行环境、管理制度体系

高校加强以研究性教学为导向的和谐的教学运行环境、管理制度体系的建设，在创新人才培养模式中是一种有益探索。为此，综合性大学在教育教学的改革与建设中要认真研究“怎样调整专业设置，怎样安排基础理论课程和进行教材改革”，以此为中心，秉着通过协调而实现整体优化的目标，在发扬优良传统和借鉴国际高等教育经验的基础上，将研究性教学的思想观念系统地付诸实践，在人才培养过程尤其是教学各环节中予以认真落实。具体而言，在教育教学实践中，应根据研究性教学的基本思路，以学科专业综合改革和建设为龙头，以教学内容和课程体系、教学方法与教学手段、考试管理及其制度建设的改革为重点，采取有力措施，有步骤、分阶段、系统地加强教学运行环境、管理制度体系的建设。

(1)加强现代化教学设施建设,切实改善教学条件与手段。大力加强现代信息技术和先进仪器、设备支持的教学硬件设施的建设,为研究性教学的开展提供充分的物质保障。

(2)依托自身综合性优势,调整优化学科专业结构,加强学科专业群建设,通过有特色的学科专业群平台来推进高水平的研究性教学。具体表现在:第一,在巩固和加强基础学科专业的同时,重视并充分发挥多学科交叉协作的优势,大力发展综合性、交叉性、边缘性和应用性学科专业,调整优化学科专业结构,扩大学科专业覆盖面;第二,改革管理体制,调整机构设置,大力促进学科专业群建设,进一步促进学科专业的交叉渗透和优势互补;第三,加强优势和特色学科专业的建设,不断增强特色优势学科专业的辐射面和凝聚力,并在此基础上发展前沿学科专业;第四,促进相关学科专业的交流合作,进一步巩固和加强学科专业群的特色和综合优势;第五,切合经济和社会发展的需要,不断增强学科专业群建设的生机和活力,并提高其针对性和社会适应性。

(3)构建体现文化时代性和民族性的课程与教材体系,为研究性教学提供先进和丰富的课程与教材建设平台。第一,适应时代的要求和体现现代教育思想观念,精心组织修订专业教学计划。根据社会发展和高等教育规律对专业教学计划进行全面系统的调整修订,并将已有教学改革成果固化,同时为推进和深化教学内容、课程体系改革确定基本框架。教学计划修订的管理与运作,要较好地反映教育教学改革的要求并应当体现以下特点:厚基础;按照课程模块构建课程体系和人才培养模式;要适应学分制教学管理和大学生个性发展的要求;要高度重视培养大学生的实践能力和实践基础上的创新能力;要充分利用和挖掘综合学科专业群的优势,加强文化素质教育。第二,要在修订调整专业教学计划的基础上,将专业教学计划和课程教学大纲、考试大纲的修订作为有机整体进行系统修订、编制和统筹考虑、安排,达到整体优化。第三,以国家精品课程和国家精品视频公开课的建设为契机,加强核心课程群建设,着力打造品牌课程。第四,加强教材建设。首先是教材的选择要立足于培养目标,从知识形态的文化中撷取符合这个目标要求的内容。其次是精心制定教材建设规划并改革教材管理制度。

(4)要积极推进实践教学改革,加强实践教学课程的体系化建设,为教学模式中实践教学环节的顺利实施提供有力支撑。这主要体现在:第一,加强实验室建设,不断深化实验室管理制度和实验教学体制改革,不断加大实验室的建设与管理力度,理顺实验室管理体制,坚持实验室开放制度;第二,抓住全面修订专业教学计划的有利时机,系统修订实验教学大纲,积极推进实验教学内容和课程体系改革,构建相对独立的实验教学课程体系;第三,严把毕业设计(论文)选题等各个环节的质量关,保证和不断提高毕业设计(论文)的质量,加强对大学生实践能力的培养。

(5)着力建设充满人文关怀的学习制度环境,为研究性教学的顺利实施提供有力的制度保障。加强教学制度改革和建设,探索新的人才培养管理制度。在立足国情和本校实际的基础上,应当把学分制和学年制、选课制与班级授课制有机结合起来,建立中国特色的学分制。实施富有灵活性和较强弹性的学分制学籍管理办法,对大学生实行"按专业类招生,按需分流培养",在此基础上,进一步完善大学生修读辅修专业和导师(导师小组)制推行的教学管理制度,鼓励学有余力的大学生辅修专业并加强对大学生的个性化指导和优质服务。与此同时,积极构建教学管理与质量监控体系,为教学的科学化和规范化提供制度保障。第一,建立和健全教学工作的组织领导体制,确保提高教学质量的突出地位。第二,加强教学管理制度建设,规范教学和教学管理行为。第三,加强过程管理和质量监控,提倡全员质量管理与全程质量监控。

(6)在一定程度上说,教学手段现代化既是教学改革的组成部分,也是教学改革的推动力量。在提高教师自我修养的主动性和自身综合素质的基础上,应当突出教师在现代化教学技术中的教学改革。这主要体现在:第一,鼓励并立项资助教师开展教学方法与教学手段改革的研究;第二,设法提高教师运用现代教学方法和教育技术手段的能力和水平;第三,引导和鼓励教师提高课堂教学水平;第四,支持和鼓励教师改进和创新教学方法;第五,实现考试管理与考试过程的科学化、考试手段的现代化,通过考试改革推动教学方法的改革和合理教学评价体系的建设。

(7)探索个性化教育,积极推进研究性教学。从一定意义上来说,注重个性化教育是实施研究性教学的关键。实施导师和导师小组制度并推广,推动导师对学生的思想品德教育和学习生活进行全方位的指导。在总结学分制经验的基础上,学校可与知名科研院所正式签定建立教育联合基地协议书,每年推荐一定数量的优秀本科学生去完成本科毕业论文并参与一定的科研实验工作,成绩优异者可免试攻读硕士研究生。

2. 要积极探索新的有效的教学模式

学校的教学是一种通过师生之间沟通来引发学生的文化性发展的社会实践活动,因而,应当运用所具备的教育条件采取最适于学生活动组织的形式以充分调动学生参与教学。综合性大学可充分运用自身的综合性办学优势,改进以教师讲授为主的单一课堂教学模式,大力推广新的教学模式。建立一种在教学过程中充分体现教师的主导地位和大学生的主体地位,教学与研究相结合,教师的教学以研究为基础,大学生在教师的指导下基于研究开展学习,并且以研究为基础的教与学良性互动的新的教学模式。实施这样的教学模式,指在教学目标、教学内容、学习环境、教学评价等各个教学环节中创设科学合理的学习环境,使大学生在教师指导下,采用科学研究的方法探索问题,并教给大学生科学的世界观、正确的人生观、真善美的教育(尤其是科学教育与审美教育的结合)、思维方式的教育,使大学生形成个性化的学习方法和发展自主学习能力,并在此基础上逐步培养大学生基本的自主发现、分析、解决问题的能力。新的教学模式的实施中,应当注意以下几个方面:

(1)科学定位教学模式中的教师与大学生的角色。教学过程中,教师应更新教学观念,自觉地认识到自己在研究性学习中不只是传承知识,而且要成为大学生学习的组织者、指导者和交流者,大学生的知识必须在教师创设的学习环境中,通过自主学习、协作学习而获得。教学中的问题围绕认识、改造世界和提高大学生自主开展初步探索性研究的能力为主题,它是开放的,答案是多样化的,而大学生只有通过自己的努力才能得到合理的答案。这样,大学生在教学中的主体地位得到较好的确立。

(2)在新教学模式的课堂教学中,要注重在教学互动中实现教学相长。教师将自己的科研成果应用到教学中,并改进和创新教学方法,如"研讨式"教学、"科研式"教学、"案例教学法"等,以提高课堂教学水平,同时使科研成果得到应用和发展。大学生在教师的指导下,通过初步的探索性研究工作,构建合理的知识结构和良好的能力、素质结构。鉴于高水平的认知结构借助于从较低的认知结构中演化出来并通过整合使较低的认知结构更为丰富,并且新知识只有经过学生头脑里原有认知结构的有效加工后才能被学生真正地认识和掌握的这一认知规律,在教学模式中,对大学生认知结构的有效构建,有利于大学生应用已学知识开展自主学习和发展自身潜力。

(3)在新的教学模式中特别是在实践教学环节上,要注重大学生实践能力的培养。实践是创新的源泉,同时也是一种最好的学习。在实验教学中,促进学生成为实验教学的主体,并对实验项目和实验内容进行调整和筛选,在综合性和设计性实验的基础上大力开展创新性实验;在毕业设计(论文)中,通过建立高校与国内知名科研院所等研究机构建立教育联合基地,每年推荐一定数量的优势学科专业的优秀大学生到教育联合基地完成他们的毕业论文并参与一定的科研实验工作,积极探索大学生开展毕业设计(论文)的新途径。

(4)组织开展创新创业活动,注重第一课堂与第二课堂的有机结合,积极搭建课堂内与课堂外、学校教学与社会实践之间的桥梁,以提高大学生实践能力与创新经验和体验的积累。第一,积极组织指导大学生参加各类全国规模的学习竞赛,通过竞赛的组织和优异成绩的争取,在全校范围营造"提高创新精神和实践能力"的氛围;第二,设立大学生创新创业基金。通过大学生创新创业基金的设立,培养大学生的创新创业精神和实践基础上的创新能力,建立创新人才培养机制、选拔制度和大学生创新资助体系。

(5)建立、健全教学评价体系。对大学生的学习效果评价和教师的教学绩效评价是教学模式的重要环节之一,要建立、健全有利于教与学互相促进以及充分调动教师与学生两方面积极性的合理的教学评价体系。

第一,在大学生学习效果的评价上,要实行过程性评价和终结性评价相结合的方法。过程性评价包括学生自我评价、学生相互间的评价、教师对学生的评价、教学管理部门对学生的评价等。终结性评价包括期末课程考试和能力水平考试。同时,要进行考试改革,合理发挥考试的评价功能,促使考试成为课堂学习的延续和扩展,充分调动学生进行个性化学习的积极性和确立学生在自主学习中的主体地位。

第二,在教师教学绩效的评价上,要做到科学分类和区别对待,对于不同类型的课程、教学方式应当有不同的评价内容,要实现同一宏观标准下的具体评价指标的多样化。评价指标的构成中既要有课程教材等学习资源的合理组织、信息的传递、师生的互动、课堂气氛的营造、大学生兴趣的激发等常规指标,又要有展示本学科和相关学科的发展动态、介绍和评价不同学术流派的观点、引入自己的最新科研成果以及教师教学风格的展示、教学改革成果的应用等指标。在评价方式、方法上,采用自评和他评相结合的方法。在加大学生对教师教学质量评价力度的同时,开辟专家、同行、领导参与评价的方法,并与学生评价一起按不同权重综合评分,以充分调动教师推进研究性教学的积极性。

高校要改革人才培养模式,为建设创新型国家和提高人才培养质量服务,而研究性教学作为一种教学理论和实践,在其中起着极其重要的作用。总而言之,综合性大学可充分依托自身的综合性办学优势,采取正确的策略,从教学环境的建设与教学过程的优化两个方面着手创新研究性教学,以主动、全面地适应时代对教育提出的必然要求。

参考文献:

[1] 杨健康,李立清. 研究性教学刍议[J]. 湖南社会科学,2007(3):175.

[2] 中华人民共和国教育部. 关于进一步加强高等学校本科教学工作的若干意见[J]. 中国大学教学,2005(5):4-5.

[3] 谢秉智. 积极推动研究性教学 提高大学生的创新能力[J]. 中国大学教学,2006(2):21-23.

[4] 杨德广. 建立中国特色的学分制[J]现代大学教育,2001(3):3-7.

[5] 马继刚,陈敬贵. 研究性学习与创新能力培养[J]. 中国大学教学,2006(10):33-34.

[6] 钟启泉. 教学活动理论的考察[J]. 教育研究,2005(5):36-42,49.

[7] 洪银兴,谈哲敏主编. 研究型大学的研究性教学[M]. 南京:南京大学出版社,2009:1-10.

[8] 邓小平文选(第二卷)[M]. 人民出版社,1994:108.

[9] 〔瑞士〕皮亚杰. 发生认识论原理[M]. 北京:商务印书馆,1981.

硕士生赏识教育浅议*

吉成名

近年来,中小学教育流行赏识教育法。这种教育理念强调教师要尽可能地发现学生的长处和闪光点,及时给予表扬和鼓励,使学生树立自信心,激发学生的创造力,调动学生的积极性,引导学生越来越优秀。这确实是一种比较好的教育方法,不仅对中小学生可以用,对大学生、研究生也可以用。笔者结合自己的教育实践,就硕士研究生(以下简称“硕士生”)培养过程中如何开展赏识教育谈谈自己的看法。

一、硕士生也需要赏识教育

硕士生属于高层次人才。在培养过程中,除使用其他教育方法外,也应该使用赏识教育法,因为硕士生也需要赏识。为什么这样说呢?主要有以下两点理由:

---

* 课题来源:湖南省教育科学“十二五”规划2012年度课题“高校学生道德缺失现象调查及对策研究”(编号:XJK012BDY007)。

作者简介:吉成名(1963—),男,湖南浏阳人,湘潭大学历史系教授,从事中国民俗史、中国经济史等研究。

其一,处于成长期的青年需要赏识。

现在的硕士生绝大多数都是应届本科毕业生考取的,往届生很少。他们一般都是22岁左右的少男少女,仍然属于成长期的青年。由于从小到大都是在学校接受教育,很少跟社会接触,所以社会阅历较少,实际工作能力也不强。读研期间,正是他们增长社会阅历、培养实际工作能力的重要时期。他们在学习、社会活动等方面的作为需要导师的评判,其优点需要得到肯定和表扬,其缺点需要及时提醒和指正。导师的肯定和表扬能够使硕士生树立自尊心和自信心,激发他们的创造力,调动他们的积极性。

其二,处于求学状态的学生需要赏识。

硕士生仍然处于求学状态。科研能力和社会活动能力的培养都不是轻而易举的事情。培养科研能力必须潜心阅读有关论文和著作。阅读专业论著往往枯燥无味,读进去已经很不容易,还要做笔记,摘录重要材料和观点,记录自己的思想火花,确实需要很大的恒心和持久的毅力,否则很难坚持下去。在这种情况下,如果硕士生认认真真读书、认认真真做笔记,导师给予肯定和表扬,对于硕士生来说,确实是很受用的。学位论文撰写对于硕士生来说也是十分艰难的,从确定选题、搜集材料到拟定提纲、布局谋篇、文字表述、图表制作等,都需要导师精心指导,该肯定的就要及时肯定,该否定的就要及时否定。社会活动能力的培养同样需要导师的表扬和鼓励。导师的肯定是硕士生前进的力量源泉。

俗话说:"士为知己者死。"这句话的大意是:"一个知识分子如果得到别人的赏识,那么,即使要他赴汤蹈火,他也绝不会后退半步。"这句话具有普遍意义,对于绝大多数知识分子都是适用的,硕士生也不例外。硕士生也需要赏识教育。如果导师在教书育人过程中恰当地运用赏识教育法,则能充分调动研究生的积极性,激发他们的创造力,导师指导起来就会得心应手,可以收到事半功倍的效果,研究生的成长就会比较顺利。

二、如何开展赏识教育

针对硕士生,我们应该如何开展赏识教育呢?这是我们应该深入思考的一个问题。笔者认为,针对硕士生的赏识教育应该着重注意以下两点:

第一,赏识教育必须以严格要求作为前提。

赏识教育法虽然是一种比较好的教育方法,但是,它绝对不是一种随时随地、在任何情况下都可以使用的教育方法,并不是在任何情况下使用都能够产生积极作用、收到较好效果的教育方法。赏识教育法只有在对学生严格要求的前提下使用才能产生积极作用、收到较好效果。否则,不但不能产生积极作用、收到较好效果,反而会产生消极作用,影响极坏,因为赏识教育法具有明显的导向作用。例如,文革期间,有些学生不认真读书,考试交白卷,不听老师的话,跟老师对着干,甚至批斗老师,有些领导干部居然把这些学生树为典型,给予表扬和鼓励,结果把教育界搞乱了,学校停课闹革命,致使教育活动无法正常开展。硕士生也是学生,导师应该严格要求。只有当硕士生确实做得好、值得欣赏的时候,才能使用赏识教育法。有些硕士生在专业课堂上看课外书、不认真听讲、不认真做笔记,对于这些硕士生是不能使用赏识教育法的。有些硕士生写出来的论文根本不像论文,层次不清楚,逻辑结构混乱,到处都是病句,材料搜集不全面,缺乏考订和整理,对于这些硕士生也是不能使用赏识教育法的。

俗话说:"严师出高徒。"只有严格要求才能培养出好学生。只有经过严格训练才能写出好文章。松松垮垮,随随便便,对学生要求不严格,是不可能培养出好学生的。每一位有成就的学者都是经过严格训练才培养出来的。硕士生确实需要严格要求、严格训练。虽然他们当时不理解,不得不在学业方面下很大的功夫,甚至吃很大的苦头,但是,当他们取得科研成果时,一般都会对导师的严格要求怀有深深的感激之情。人人都有惰性和缺点,导师只有严格要求,才能帮助硕士生克服惰性、改正缺点,健康成长。在中国现代教育史上,就有很多导师严格要求培养出好学生的例子。例如,谭其骧先生长期在复旦大学执教,培养了葛健雄、周振鹤等一批在学术界有重要影响的历史地理专家,复旦大学成为全国最重要的历史地理研究基地之一。漆侠先生长期在河北大学执教,培养了李瑞华、姜锡东、刘秋根等一批在学术界有重要影响的经济史专家。

只有在严格要求的基础之上的赏识才有价值、有意义,才能有效激发硕士生的创造力,调动他们的积极性。现在硕士生招生每年都在扩招,2010 年招生人数增加了 1 倍,并且呈现继续增长态势,而硕士学位论文质量下滑明显,已经引起了很多学者的忧虑。很多学校将扩大招生规模当做提高学校经济效益的主要手段,为了招到更多的硕士生,不断地降低入学门槛,致使生源素质越来越低。很多跨专业考取的硕士生在入学考试前仅仅是为了应付考试才背了几下指定教材,不仅专业课程从来没有学过,而且专业书刊也从来没有摸过,专业基础基本上是空白。对于这些专业基础较差的硕士生,如果导师再不严格要求、再不使劲补课,他们怎么可能完成 1 篇合格的硕士学位论文呢?现在绝大多数硕士生读书仅仅是为了混个学位,以便找个较好的工作,并非主要为了提高自己的文化修养、专业水平和科研能力,如果学校和导师迎合他们这种需求,那么硕士生培养质量只能是越来越差,不利于社会发展和人类进步。

第二,赏识教育的关键在于发现和培养有前途的青年人才。

随着招生规模的不断扩大,硕士生的数量越来越多。在众多的硕士生中,就有各种各样的预备人才。有些人适宜于从事学术研究,有些人适宜于从事教学,有些人适宜于从事行政管理,等等。对一个社会来说,各种各样的人才都需要,绝大多数高层次人才都要通过高等教育来培养。作为导师,对于情况各不相同的硕士生,应该采取因材施教的办法。有些硕士生专业基础较差,只想混张毕业文凭,找个稍好一点的工作,在专业发展方面没有很高的期望,导师也就只能想办法叫他们把学位论文做好,争取顺利毕业。有些硕士生虽然专业基础不好,但是很想读书,读书很刻苦,导师可以给他们适当地补课,将专业基础打牢,以便进一步发展。有些硕士生不仅想读书、会读书,而且很有理想、很有抱负,这样的硕士生是最有培养前途的。作为导师,应该及时发现这样的硕士生,重点培养。在这些既想读书、会读书又很有理想、抱负的硕士生中,也有不同的类型,对于不同类型的硕士生,也应该采取不同的教育方法。有些硕士生专业学习方面很突出、社会活动能力方面比较弱,想在专业方面发展,这样的硕士生适宜于从事学术研究,导师应该将这些硕士生往学术研究方面引导。有些硕士生不仅专业学习方面很突出,而且社会活动能力也很强,这样的硕士生适宜于从事管理工作,导师可以将这些硕士生往管理方面引导。因势利导可以尽可能地发挥他们的长处,做到人尽其才。著名学者、云南大学历史系教授李埏在硕士生面试时发现考生林文勋不仅喜欢读书、读书刻苦,而且读书方法很好,勤于做读书笔记,认定他是一个有培养前途的学术人才,及时给予表扬、鼓励和指导,录取他为硕士生,后来又指导他攻读博士学位。由于李埏对林文勋给予了正确的引导和严格的训练,林文勋顺利地走上了史学研究的道路,在经济史研究方面取得丰硕成果,迅速成长为博士生导师,还先后担任了云南大学历史文化学院院长、云南大学研究生院院长,现在又担任了云南大学校长。林文勋的顺利成长就是李埏采取赏识教育的成功范例。毛泽东、蔡和森在湖南第一师范读书期间,由于具有非凡才识和远大理想,得到了伦理学教授杨昌济的高度赏识。1915年4月5日,杨昌济在日记中写道:“毛生泽东,言其所居之地为湘潭与湘乡连界之地,仅隔一山,而两地之语言各异。其地在高山之中,聚族而居,人多务农,易于致富,富则往湘乡买田。风俗纯朴,烟赌甚稀。渠之父先亦务农,现业转贩,其弟亦务农,其外家为湘乡人,亦农家也,而资质俊秀若此,殊为难得。余因以农家多出异才,引曾涤生、梁任公之例以勉之。毛生曾务农二年,民国反正时又曾当兵半年,亦有趣味之履历也。"[①]他的日记经常记载学生的思想动态,给予评论和引导。在他的影响下,一大批青年学生聚集于门下。毛泽东、蔡和森、何叔衡、罗学瓒等人经常到长沙板仓看望老师杨昌济,向他请教,纵论天下大事。萧三回忆道:"杨先生的修养很高,却并不善于辞令,也不装腔作势,但他能得到听讲者很大的注意和尊敬,大家都佩服他的道德学问。他的讲学精神,使得在他的周围,形成了认真思想、认真求学的一群学生——毛泽东同志、蔡和森同志、陈昌同志……等。每逢星期日,他们相率到杨先生家里去求学问道。杨先生是诲人不倦的,对这些优秀的青年,非常关怀。"[②]可见,杨昌济十分赏识毛泽东、蔡和森等人,对他们采取了赏识教育,这对青年毛泽东、蔡和森等人的成长产生了巨大影响。1920 年元月,杨昌济病重。临终之前,他给自己的好朋友,时任广州军政府秘书长、南北议和代表章士钊写信,力荐毛泽东和蔡和森。该信写道:"毛、蔡二君,当代英才,望善视之!"又说:"吾郑重语君,毛、蔡二子,海内人才,前程远大。君不言救国则已,救国必先重二子。"[③]后来,毛泽东、蔡和森都成为中国共产党的杰出领导人,为中国革命作出了巨大贡献,完全应证了杨昌济的这一预言。从这些例子可以看出,发现有培养前途的青年人才、及时给予鼓励和正确引导是多么重要!

现在,我国高等教育已经走向大众化,研究生教育在高等教育中的地位越来越重要,由硕士生中涌现出来的高层次人才越来越多,他们在社会生活中发挥的作用越来越大。硕士生阶段是他们成长过程的重要环节,如果在这个阶段对他们正确开展赏识教育,将对他们的成长产生很好的促进作用,这对于社会发展和人类进步无疑将产生

---

① 杨昌济著《达化斋日记》,转引自《毛泽东早期文稿》,湖南出版社 1990 年出版,第 636 页。

② 萧三著《毛泽东同志的青少年时代和初期革命活动》,中国青年出版社 1980 年出版,第 41—42 页。

③ 章士钊著《杨怀中别传》,《杨昌济文集》,湖南教育出版社 1983 年出版,第 389 页。

明显的积极作用。

参考文献:

[1]洪欣宜.研究生招生规模10年增长1.17倍　学者担忧学历贬值[N].中国青年报,2012-7-12(7).

[2]张军妮.一些博硕士论文质量下滑明显　莫让不良学风撕裂学术未来[N].中国社会科学报,2012-7-11(2).

[3]林文勋,黎志刚.从静止式、平面式研究到动态式、立体式研究——著名学者林文勋教授访谈录.历史教学,2006(10).

工商管理专业硕士(MBA)培养现状和改进策略研究*

谢凤华　常亚波　易罗婕

一、研究背景

伴随着经济全球化和信息技术的迅速发展以及入世后对我国的新挑战,我国中小企业迅速增长,占全国企业总数的99%以上,而这部分企业的负责人多为自主创业,没有经过正规的工商管理系统学习,对新的企业管理思想有着强烈的渴望和需求,我国MBA教育市场前景广阔。加之我国的大部分国有企业的厂长、经理由于国有体制的原因而与国际资本化的的企业家有着本质区别,与之管理水平相比存在较大差距。为及早接近国际先进企业管理水平,MBA教育必将成为我国企业、工商管理教育的主流。

---

* 课题来源:湖南省教育科学"十二五"规划一般资助课题"中国工商管理硕士(MBA)培养模式特点、培养质量评估和培养策略研究"(编号:XJK011BJG004)。

作者简介:谢凤华(1976－),女,湖南湘阴人,湘潭大学商学院副教授,研究方向:教育经济与管理;常亚波(1965－),女,湖南湘潭人,湘潭大学商学院;易罗婕(1981－),女,湘潭大学发展规划处讲师。

我国的MBA教育是我国建立社会主义市场经济体制之后随着我国市场经济的发展而迅速成长起来的,是我国高等教育主动适应社会主义现代化建设的要求和为社会培养高层次管理人才的一项重要举措。资料显示,MBA从1991年9所试点院校发展到2010年236所院校,扩张了约26倍。从当年仅招生94人到2010年招生35000多人,扩张了约372倍。高层管理人员工商管理硕士(EMBA)从2002年30所院校年招收2000多名学生,发展到2010年62所院校年招收8000多名,扩张了约4倍,遍布全国除西藏之外的30个省市区。MBA教育已经成为我国培养现代化高层次管理人才的重要渠道,为提高我国企业管理水平和促进经济又好又快发展发挥了积极作用。我国的MBA教育经过20多年的发展,虽然已取得了一些成绩,但与国外较为完善的MBA教育培养模式相比,无论是在培养目标、课程设置、教学方法和质量上,都存在一定的差距。

为了研究MBA教育培养现状,促进我国MBA教育的发展和质量的提高,进而对我国MBA教育发展提出改革建议,我们展开了问卷调查。本次调查涉及湖南、浙江两省的MBA学员,调查取样波及杭州、长沙、宁波和湘潭四个地级市。

二、调查问卷设计和样本描述

1. 问卷设计与数据采集

问卷调查的主要内容围绕MBA教育培养现状的各个方面,包括MBA学员的基本情况,MBA学员对培养的课程设置、教学方法、质量评价的建议以及对MBA教育总体情况的评价等。本次调查问卷在设计时尽量做到客观,问卷内容基本涵盖了MBA教育各个方面。依据问卷设计的基本要求,变量测量大量地参考了国内外中英文文献,在借鉴相关的成熟量表基础上进行了适应性改良,并且参考了2005年教育部面向30所培养学校的毕业生调查问卷,设计了工商管理专业硕士(MBA)培养现状的调查。本文通过内容效度来考察本问卷的效度。在正式施测前在湘潭大学随机选取了45名MBA学员展开深入访谈,了解他们对MBA教育的认识以及MBA教育存在的问题,并对焦点性的问题中进行了评定和修改,最终形成调查问卷。问卷设计过程中聘请浙江财经学院工商管理学院、湘潭大学商学院、浙江工商大学工商管理学院等学校MBA授课的老师对问卷进行斧正。因此调查问卷与当前MBA教育内容一致,并具有一定的代表意义,调查问卷拥有较好的内容效度。

MBA教育培养现状调查问卷主要包括两个部分的内容,分别是受调者个人的基本信息和对MBA教育培养现状的调查。第一部分是被测对象的个人最基本的相关信息,我们调查了受调查者的性别、受教育程度、年龄、月收入、工作年限和职位层级六个方面,采用的是单项选择的方式提问。第二部分是对MBA教育培养现状的调查,总体上有16个测量项目,采用了单项选择和多项选择相互补充的方式提问。调查的内容涉及五个方面:1、对MBA教学水平的总体认知;2、对MBA教育教学师资和基础设施情况的认知;3、对MBA教学课程体系设置的认知;4、MBA教育过程中存在的问题和有待改进的地方;5、MBA教育对MBA学员的影响。

2. 研究数据的收集和样本描述

本研究的主要调查内容是对工商管理专业硕士(MBA)培养教育现状的调查。论文采用问卷调查中的随机抽样调查法进行资料的收集,调查时间为4个多月,从2012年9月初延续至2012年12月下旬。调查方式主要是面对面调查、电话调查和网络调查三种方式的结合。本次研究我们总共发放了调查问卷400份,收回了308份,删除无效问卷后,有效问卷达到了295份,调查问卷有效率达到了73.75%,基本符合统计的要求。调查样本显示,如表1。

表1　样本描述

变量	分类样本	频数	百分比	变量	分类样本	频数	百分比
性别	男	174	59%	教育程度	大专	86	29%
	女	121	41%		本科及以上	209	71%
	总计	295	100%		总　计	295	100%
变量	分类样本	频数	百分比	变量	分类样本	频数	百分比
年龄	28岁以下	59	20%	月收入	1000元以下	34	12%
	29-35岁	92	32%		1000-3000元	80	27%
	36-45岁	106	36%		3000-5000元	123	42%
	45-55岁	28	9%		5000-10000元	45	15%
	55岁及以上	10	3%		10000元以上	13	4%
	总计	295	100%		总计	295	100%
变量	分类样本	频数	百分比	变量	分类样本	频数	百分比
工作年限	3年以下	51	17%	职位层级	基层	104	35%
	3-5年	123	42%		中层	157	53%
	5-9年	87	29%		高层	34	12%
	9年以上	34	12%		总计	295	100%
	总计	295	100%				

三、实证研究结果呈现

1. 对MBA教学水平的总体认知

调查中让MBA学员们对中国MBA教育水平与国际水平进行比较。学员们认为,中国MBA教育水平与国际水平相比,还是有着比较大的差距的,54%的学员认为中国MBA教育水平为中等水平,中等偏下的占到了54%,认为属于世界一流水平的占到了1%,而认为严重落后的占到了4%。由此可以看出,在学员们的认知中,中国MBA教育与国际水平之间还是存在一定差异的,如何学习国外的教育经验,提高中国现有的教育水平着实还有一段很长的路要走。

我们让MBA学员们评价所在学校的MBA教学质量,MBA学员选择“很好,认为大部分老师能详细、深入地授课”的占12%;认为“一般,部分老师授课还是不错的,有一定的启发性”的占65%;认为“较差,大部分老师只是照书直搬”的占17%;而认为“没有感觉”的占到了6%。从调查的结果看来,在授课效果上,MBA学员的期待还是比较高的。

2. 对MBA教育教学师资和基础设施情况的认知

对于学校的教学基础设施,认为比较完善的学员占34%,差不多的占12%,认为不完善的占54%,其中不完善的主要基础设施是指情景模拟实验室和案例讨论室。由此可以看出,对于MBA教育而言,在基础设施的投入上大体上还是比较让MBA学员满意的。

MBA对所在学校的老师资源看法是,认为数量和质量都很好的占28%,数量足够但质量不够的占39%,数量与质量都不足的占25%,教师只是引导、作用不大的占8%。因此,可以看出,对于影响MBA教育水平的师资问题,MBA学员还是持乐观态度的,但是也有待改进,毕竟有25%的MBA学员认为师资的数量和质量不足。

3. 对MBA教学课程体系设置的认知

关于学校目前设置的专业科目是否合理方面,由调研数据可以看出,MBA学员对学校设置的MBA课程还是比较满意的,占到了49%,不过,需要引起注意的是,MBA学员对课程设置也存在不满意的地方,对课程设置不满意的MBA学员也占到了28%,这个比例也是比较大的。在调查中,对于在课程设置上存在的问题,47%的学生认为主要问题是课程设置缺乏学科交叉的课程;有64%的MBA学员认为,课程内容上理论内容和实践脱节;还有34%的MBA学员认为,课程安排机械,教学内容缺乏学校和地方的特色,这无疑都折射出我国MBA教育课程设置中存在的种种问题,也是MBA教育课程改革的方向。

在调查中,问询MBA学员比较喜欢学校哪些课程?其中,喜欢财务管理课程的占到了54%,市场营销的占45%,税收筹划理论与实务占34%,人力资源管理课程的占37%,选择战略管理、经济学、管理学、管理经济学的相对较少。

调查中询问MBA学员,如果邀请专家进行专题讲座,MBA学员最想了解的知识,其中,"提高领导水平及修养的知识"占到了34%,其次是"企业融资与投资最新动态"占29%,再次是"相关研究方向的前沿知识与理论",占到了17%,其他知识如"宏观经济形势与政策"和"国内外管理发展的理论"分别占到了12%和8%。由此可以看出,MBA学员对于自身领导水平及修养非常重视,另外,对企业融资与投资最新动态类知识也持期待的态度。

4. MBA教育对MBA学员的影响

调查中,我们问及MBA教育对MBA学员工作的辅助作用。学员们选择"很有帮助"的占15%,选择"有一点"的占45%,选择"没有感觉"的占22%,而认为"一点帮助也没有"的占18%。因此,可以看出,MBA教育对MBA学员的工作还是有一定促动作用的,从长远来看,这种促动作用会越来越大。

关于读MBA的目的,学员们的选择也是比较多样化的,其中选择"好玩"的占了10%,选择"跟风"的占20%,而选择"拿学位"的占到了25%,选择"学习新知识"的占到了27%,当然,也有一部分MBA学员选择了"丰富自己的生活",这一比例占到了12%,选择"认识新的朋友"的MBA学员也不在少数,占到了6%。由此可以看出,MBA学员学习的目的也是多样化的,学习新知识的占到了多数,而跟风学习和拿学位的也不在少数,另外,交友和丰富自己生活而来读 MBA 的学员也不在少数,分别占到了 6% 和 12%。因此,可以认为,MBA 教育并不是一个纯粹的学位教育,他对学员的影响也是多方位的。

关于 MBA 教育对 MBA 学员的工作待遇提升方面,大部分的 MBA 学员还是比较认可 MBA 的培养模式和培养效果,认为有一点帮助的 MBA 学员达到了 50%,基本持平的达到了 34%。因此,从总体上而言,大部分的 MBA 学员还是比较认可 MBA 教育对自身能力的提升的。

5. MBA 教育过程中存在的问题和有待改进的地方

调查中,MBA 学员们认为目前 MBA 教育中最严重的问题是与社会脱节,这一比例占了 35%、其次是教学质量低,占到了 27%,认为是太过功利化的占 21%,认为是学生人文素质较低的占 10%,其他的则占 7%。

MBA 学员认为 MBA 教育有待改进的地方,选择"提高能力培养"的占 23%,选择"加强素质教育"的占 12%,选择"推动校企联合"的占 36%,选择"提高教学质量"的占 23%,选择"推动教育科学化和现代化"的占到了 6%,因此,如何提高校企联合成为 MBA 教育的重点,需要引起 MBA 教育和研究生教育部门的关注。

在 MBA 学员希望 MBA 培养的教育方向上,选择"财务方向"的占 19%,选择"人力资源管理方向"的占 35%,选择"市场营销方向"的占 22%,选择"物流管理方向"的占 8%,选择"生产运作和管理方向"的占 4%,而选择"其他业务方向"的则占 12%。由此可以看出,"人力资源管理"和"市场营销"是 MBA 学员比较青睐的学习内容,可以考虑在这两个方向上加大课时的投入。

调查中问及 MBA 学员:"MBA 教学方式和教学方法改革的重点应该是什么?"选择"理论知识主讲"的占 10%,选择"实践工作遇到的难题探讨"的占 43%、选择"对相关知识进行启发性授课"的占 12%,选择"主要通过案例进行教学"的占 30%,选择"其他"的占

5%。从调查中不难发现,MBA 学员比较倾向于在 MBA 教育的过程中结合实践工作难题进行学习和探讨。

在 MBA 教育中,为了方便解决 MBA 学员的工作和学习的问题,MBA 教育的授课时间也是 MBA 教育中非常重要的教务安排。调查中,MBA 学员选择"集中授课(每个月集中授课4天,周四至周日)"的占20%,选择"周末上课(每月集中两次,每次周六周日)"的占56%、选择"晚上上课(每月在工作日选择四个晚上上课)"的占12%,选择"不确定具体时间,根据具体情况滚动上课"的占8%,选择"其他时间"的占4%。在 MBA 授课时间的选择上,学员们更偏向于集中授课,特别是周六和周日上课,因此,灵活多变的课程时间安排对于现有的 MBA 教育也是一件需要费心斟酌的事情。

学员在被问及 MBA 教育宣传最佳途径时,选择"校园网站"的占21%,选择"招生宣传资料发放和邮寄"的占10%,选择"口碑相传"的占39%,选择"报纸"的占23%,而选择"其他媒体"的占7%。由此可以探知,MBA 今后的教育和培养主要是以口碑的传播为主要途径,也是最佳方式。因此,高校 MBA 前期的培养效果对后期培养是有着非常重要的广告效应的。

四、MBA 培养教育改进策略

当前我国经济发展处于全新转型时期,用传统的经济学理论已较难解释当前的经济现象,用一种固定的管理模式更难符合中国的客观实际。在这种形势下,我国的工商管理专业硕士教育就迫切需要研究,讨论新情况、解决新问题。基于以上调查结果,我们认为,MBA 教育可以从以下四个方面改进和完善:

1. 优化 MBA 培养的课程设置

MBA 培养的课程设计要多采用培养学生思维能力、逻辑推理能力和操作能力的课程。课程设置一定要有特色,增加选修课,扩大选修课的范围,增设跨学科的选修课程,让各培养院校有更多的灵活性和更大的创新空间,如增设学员喜爱的 MBA 课程,如财务管理、市场营销、人力资源管理等专业选修课程等。另外,为了让中国 MBA 教育符合国际 MBA 教育国际化的要求,MBA 在课程设计方面,要多融入国际因素,增加实际国际经商技能、跨文化沟通、商务谈判等课程。其次,在教学方法上,应当推行现代化的教学方法,如:加强案例教学,把理论与案例相结合;促进教学与企业联合办学;专职教师和兼职教师并重;辅以计算机教学、课堂讨论、专题讲座、角色扮演、观看专题录像等方法。特别是在引进外国企业现代案例时,应当注意多融入中国国情,形成具有中国特色的案例教学。当然,还可以采取有效的激励措施,鼓励教师联系企业管理实际,联系地区实际,积极开发中国企业管理案例,进而推进中国企业管理案例共享中心建设,探索符合国情的 MBA 教育案例资源开发和利用新模式。

2. 推行远程 MBA 教育

通信技术、计算机技术、多媒体技术在中国迅速发展,远程教育正在成为 MBA 教育延伸和扩散的重要途径。在中国推行远程 MBA 教育时机已成熟,通过计算机资源共享,大量的课程资料可以每天 24 小时,每周 7 天不间断地开放给学生学习,实现 MBA 双向教学,采取有提问、有反馈、有交流的教学方法。在中国推行远程 MBA 教育可鼓励国内 MBA 培养院校与国外大学合作办学,引进有效的管理方法和质量保证体系,在小范围进行试点,取得成功经验后再行推广。这样不仅增加了 MBA 学员学习的灵活性,而且充分地利用了现有资源,同时也丰富了现有教学内容。

3. 发展地方优势,寻找最优发展模式

每个地方高校的校情都有所不同,处于不同高校中的工商管理学科基础条件、竞争能力也必然不同。因此,要具体问题具体分析,凝聚特色,差异发展。西华大学工商管理学科自 1983 年举办高等教育以来,经过长期的探索、积累、凝聚,形成了具有深厚工学学科支撑、有别于财经院校与重点大学的办学特色——工学背景、凸显实践、服务地方。它们的关系是,工学背景是基础,凸显实践是手段,最后达到为地方经济建设培养合格人才、从事科研咨询服务为目的。姜宝山(2009)提出了十种产学研合作办学模式,其中,以企业为主的办学模式、校企双向介入产学合作教育模式、实训—科研—就业一体化合作教育模式是比较适合 MBA 培养模式的,高校应当在这三种模式上探究 MBA 教育的个性化发展。

4. 广泛开展实践性教学

实践教学中让学生研究分析问题的效果与课堂上单纯让学生分析讨论问题的效果不一样,前者更能激发学生的思维能力,对学生研究问题更具有吸引力。首先是加强自身实践环节的学习,训练与总结。讲授工商管理专业的教师必须参加企业实际运作的实践。其次是加强课堂实践环节的训练。传统 MBA 教学中往往还采用传统的理论灌输法,其结果必然是理论与实践相脱节,教师满堂灌,学生不愿学,为考试而教,为学位而学。另外,MBA 教育中需要用案例丰富教学内容。它以案例作为教学材料,模拟现实情景,MBA 学员在教师的引导下,通过独立思考和师生间的互动交流,参与有关实际问题的分析及其解决方案的讨论。最后就是通过建立校外实习基地的方式让 MBA 教育更加实用和更具价值。实习基地是开展实践教学的重要场所,其中包括校内实习基地和校外实习基地两大类。校内实习基地方便易行,但可以提供实习的种类很少,比较实用和让 MBA 学员喜欢的方式是进行校外实习基地的开发。高校应当构建技术应用型人才培养模式,树立面向应用,依托行业办学的建设理念,树立人人成才的育人理念。当然,作为 MBA 教育的辅助手段,学校可以广泛邀请企业专家和行业人士参与到人才培养模式的完善、专业设置、教学计划制定和课程体系的构建中,将行业发展的最新趋势、企业育人理念及市场对新技术人才的需求融入到技术应用型人才培养模式中,制定既符合企业人才需求,又能促进学校 MBA 教育发展的人才培养计划。

参考文献:

[1]姜宝山. 积极探索产学研合作办学模式,服务地方经济建设[J]. 沈阳航空工业学院学报, 2009 (4): 32 - 33.
[2]袁红星, 张青. 地方高校服务地方经济社会探析[J]. 集团经济研究, 2007 (7): 101.
[3]杨建明, 崔雪冬. 论充分发挥地方高校服务地方经济和社会发展的重要作用[J]. 廊坊师范学院学报, 2006(6): 104.
[4]陈毕晟, 张琪. 依托高校学科优势服务地方经济[J]. 浙江理工大学学报, 2008 (7): 493.
[5]周济. 以服务为宗旨在贡献中求发展——教育部长周济在高校服务地方发展工作会议上的讲话[J]. 中国高校科技与产业化,2006(12): 25.
[6]章道云. 工学背景,凸显实践,服务地方[J]. 中国电力教育,2008(7): 32.
[7]姜宝山. 积极探索产学研合作办学模式,服务地方经济建设[J]. 沈阳航空工业学院学报, 2009(4): 32 - 33.
[8]梁嘉骅,王纬. 一种新的经济组织形态——产业联盟[J]. 华东经济管理, 2007 (4): 44.
[9]郑忠智. 品牌建设中的问题与对策研究[J]. 商业研究, 2009(5): 88 - 89.
[10]http://edu. sina. com. cn/bschool/2011 - 10 - 24/1749316323. shtml,MBA 教育在中国 20 年 逐渐呈现"中国特色".

公共管理硕士(MPA)专业学位研究生培养现状、问题及对策*

肖湘雄　李　璟

MPA 教育是研究生教育的重要方面。MPA 教育致力于为党政机关、公共管理部门培养具有现代公共管理理论和公共政策素养,掌握先进分析方法及技术,精通管理的高层次、专业化、应用性、复合型的专门人才。发展 MPA 教育,有利于优化公务员队伍知识结构,有利于加强党政干部执政能力建设,有利于提高政府的公共管理效能。我国根据新形势发展的要求,积极开展 MPA 教育,从 2001 年开始,正式在国内 24 所重点高校开设公共管理硕士(MPA)专业。2001 年至今全国共招收 8 万余名研究生,办学院校也由最初的 24 所发展到今天的 146 所,毕业生广泛分布于政府部门和公共事业管理部门。但是,由于其发展历史相对较短,从用人单位和毕业学员反馈的信息发现,多数研究生毕业回到单位后解决问题的能力仍然不强,创新思

---

* 课题来源:湘潭大学研究生教学改革研究项目“基于社会认可度的专业学位研究生培养质量提升研究”(项目编号:XYJG201206)。

作者简介:肖湘雄(1973 -),男,湖南湘潭人,湘潭大学公共管理学院副教授,管理学博士,公共管理学博士后,研究领域:毛泽东战略创新思维、人才战略与规划、心理资本与社会管理。

维较缺位,难以完全满足公共部门的任职需求。我们对 MPA 研究生培养的认识方面也存在着一些问题。如何有针对性地解决这些问题,对搞好 MPA 研究生教育既重要又紧迫。

一、公共管理硕士(MPA)专业学位研究生培养现状与成就

1. 办学体系基本形成,办学规模不断扩大

在我国 20 世纪 90 年代初,应改革开放国际化的要求,陆续设立了一些学科的硕士专业学位,从 1999 年 5 月开始设立公共管理硕士(MPA)专业学位,2001 年开始试办 MPA 专业学位教育,成立了公共管理硕士(MPA)专业学位指导委员会,2002 年,全国 24 所高校第一次招收公共管理硕士。MPA 专业学位教育的开办,适应了新形势下研究生学位教育发展的新要求,在党和政府的关怀下,恰逢加入 WTO 的战略机遇,通过几年的努力,MPA 教育发展已有显著的成效。

从 2000 年国务院学位办批准北京大学、清华大学、浙江大学等 24 所高等院校为首批 MPA 培养试点单位以来,MPA 专业学位教育事业走上了快速稳定的发展轨道:招生报名 15847 人,录取 5506 人。2001 年至 2013 年,全国共招收了 74810 名 MPA 研究生。截至 2013 年,MPA 试点院校增加到 100 所,覆盖 29 个省、市、自治区,面向全国招生。目前,MPA 培养院校数量已居于全国专业学位前列。

2. 课程内容、授课方式等方面不断优化

一是丰富了教学内容。作为应用性很强的一个硕士专业学位,MPA 的教学内容从实际出发,博采相关学科之长。到目前为止,我国具有 MPA 教育办学资格的院校已经达到 100 所,在这个拓展过程中,各 MPA 办学院校整合或重组了相关学科,尤其在一些综合性大

学中,管理与其他相关学科进行了同类合并,凸现了公共管理学科的优势,加强了各学科之间的交流与合作。着眼于基本分析技巧、组织行为和管理能力,及政治、道德责任的培养。教学方式灵活多样。学生学习以学分制进行管理。第一年以课堂授课为主,学生一般要学6~12门基础课;第二年多以研究班研讨的形式进行具体案例分析等更为专业的学习。在MPA教育中,培养院校开始把实践能力作为培养学员的中心,采取各种不同的教学模式,突破原有传统教育模式下的单纯理论讲授的单一方式。在课程设置和内容上,向“精”、“新”调整,在开设方式上逐渐向多样性、大容量、短周期的专题讲座方向发展,在授课方式上不仅侧重培养学生利用所学知识分析和解决问题的能力,而且重在培养其自主获取知识和发现问题的能力,鼓励学生自主创新。

3.扩展师资来源,理论与实践并重

逐渐发挥大学学科齐全的趋势,兼收并蓄,除了聘请本专业全职教师外,还有来自政府或其他部门有实际管理经验的官员或管理人员。在许多公共管理学院中,兼职教师的比例可以高达20%。全国公共管理硕士(MPA)教育指导委员会还积极开展教师的培训工作,紧扣MPA教学,开展MPA教学内容改革的研讨、新的教学手段的运用以及教学方法的创新等研究,所有这些,促使了MPA教学水平和教学质量的不断提高。

4.科学合理的培养评价体系日趋完善

学校建立和逐渐完善科学合理的研究二元培养质量评价体系。逐渐把创造性作为公共管理硕士结业重要的指标,明确目标,强化创新动机,调动内在的创新积极性和主动性。

5.统一教学标准并突出教学特色

MPA教育设立之初,在此各院校间存在着教学计划与教学内容以及课程设置不大一致的情况。根据《公共管理硕士专业学位研究生培养方案》的文件规定,MPA 教育课程设置主要由核心课、方向必修课和方向选修课三部分组成,这充分说明了 MPA 专业学位教育对学员综合能力的要求和多学科融合的特点,同时兼顾到了各培养院校的办学特色。随着我国 MPA 教育的不断完善和发展,各个办学院校按照 MPA 教育指导委员会对教学基本要求文件办学,规范课程设置,充分发挥自己的专长,按照自己的特色,创新教学内容,使 MPA 教学显示出专业学位的优势。

6. 不断加强软件、硬件环境建设

最后,学校在注重实施研究生创新教育的同时,还注重培养环境的建设。努力营造适宜个性发展的条件和氛围,设法给研究生提供足够的自由选择和发挥他们主观能动性的空间,提供宽松的培养环境,从而真正做出创新性的成果。研究生培养环境建设包括学科建设和重要基础设施的建设等。在基础设施建设方面,根据信息化时代的发展趋势及其对科研教学的要求,一些院校专门修建了用于公共管理教学的公共管理大楼,配备了许多先进的教学设备。

二、公共管理硕士(MPA)专业学位研究生培养存在的突出问题

1. 公共管理硕士(MPA)学员没有建立有效的知识创新模式

一是部分学员学习态度不端正。“学习无用论”大肆流行,因此,缺乏学习的兴趣和热情,更没有学习的心境和良好的学习习惯。学风不强,缠身于应酬和繁忙的工作事务;官僚主义和本本主义的思想作祟,骄傲自满,认为没有学习的必要性。二是学习态度不够认真,敷衍上级完成任务。根据湖南省委组织部问卷调查,分别有 45.9% 和 34.9 的被调查者把“为学习而学习”与“应付上级,完成任务”

摆在当前学风存在问题表现形式的首位。主要体现在学习不脚踏实地,仅限于一知半解、浅尝辄止,理论学习囫囵吞枣,不能活学活用到现实新世情中。三是有少部分学员学习动机不纯洁,把学习视为个人升迁的途径,功利化思想严重,学生学习主动性不强,学习动机来自外部学习动机,无法将理论内化成自己的理论,更谈不上理论和实践的创新。

2. 公共管理硕士(MPA)教育没有建立相应的教育创新平台

一是学科设置创新性不强。由于学术性学位研究生教育经验做先导,而且发展相对成熟,管理层和高校培养单位较为谙熟学术性研究生教育的思维方式和操作套路,带到专业学位研究生的培养方案中,教学目标、课程安排、教材、培养内容、教学方法等与学术型学位教育如出一辙,还没有真正重视专业学位的建设,有的干脆照搬学术型研究生的培养方案,其发展出现了与学术性研究生教育趋同化、降格化的现象。这使得 MPA 研究生教育仅仅成为学术性学位研究生教育的模仿复制、一种理论培训过程,应用性特点没有得到重视。

二是专业意识创新性不强。MPA 教育的改革与发展需要厚重的大学文化和大学精神的浸润和支撑。在理论教育中没有融入对行政意识的公共价值观培养。这严重影响了 MPA 教学的质量。

三是教学缺乏创新激励机制。国家财政对教育投入不足。由于我国高等教育长期处于“卖方”市场,供给小于需求,高等教育运行处于以供给方(高校)为主的短缺均衡状态,部分有效需求不断增长的矛盾正日益突出。而目前经济发展条件有限,由于专业学位发展不够成熟,把专业学位研究生教育目标异化成商业目标,在专业教育中急功近利,片面追求规模和效益。这些又导致了专业学位研究生培养方式的培训化现象,降低了专业学位研究生教育质量,损害了专业学位研究生教育的声誉。

3. 公共管理硕士(MPA)教育创新型研究环境缺失

一是传统文化环境排斥创新。中国的主流思想一直较重,中国传统文化讲求完美的人伦关系,大一统的政治秩序,追求共性的原则,主流的政治文化导致传统的社会心理保守不开化,不利于人开放自由独立的个性培养,压抑人的自主创新和自由发展的天性。近20年来,社会各界对个体个性的发展、创新能力的培养日益重视,社会环境不断改善和提高。然而,不受束缚、自由宽松这种适合发展独立个性的条件依然不足。

二是研究生的选拔制度缺乏创新。选拔制度缺乏创新,极大地制约了研究生创新能力的提高。我国长期的应试训练使学生忽略了自主思考和对知识的创新应用。单一的笔试考试标准没有突出对解决问题能力和创新能力的考察,这也难以选拔实践能力较强的优等生源。这将从源头上影响MPA整体教育质量。

三是考核环境缺乏创新。首先,考核机制沿袭学术型学位。由于我国专业学位研究生教育的历史较短,还存在质量评价体系和质量标准体系不十分明确的问题。虽然教育行政主管部门和高校都意识到专业学位和学术型学位的质量观和评价标准不同,评价主体也要不同,但我国专业学位教育的教学质量评估还处在发展之中,专业学位的培养模式、课程设置、教材与案例建设、师资培训、教学方法、学位论文撰写、应用实践等方面的评估考核机制还没有完全建立起来,考核机制和评价机制更多地是沿用学术型研究生的评价标准,其次,没有把市场和用人单位对“应用型”人才的要求作为评价的标准,考核机制“应用性”缺失,使专业学位研究生教育得不到社会的广泛认可。

三、公共管理硕士(MPA)专业学位研究生培养存在问题的原因

1. 公共管理硕士(MPA)专业学位研究生缺乏创新动力机制。

一是思想方面的根源。思想是行动的先导。部分MPA学员大多是具有基层管理经验的党员干部,学习态度一定程度反映了党员干部的世界观、人生观和价值观。一些学员干部在现实中不注重内涵修养和文化素质的提高,对学习有着短浅的认识,市场经济"拜金主义"的思想大肆流行,部分学员不再追求上进,积极进取。二是大部分学员又要工作又要学习,工学矛盾突出,以湖南某大学为例:首届招生要求全脱产在校学习一年,其后两年工学兼顾,但每学期要脱产一个月到校集中学习,还要脱产几个月撰写专业学位论文。三是政府部门学习激励机制不健全。近几年来,各地都提出要把干部学历、文化修养作为干部晋升或评优的重要参考之一,但一直未纳入到制度轨道上来,因而MPA学位教育与党政后备干部队伍建设之间缺乏有机联系。

2. 公共管理硕士(MPA)专业学位教学模式设计还不十分合理

第一,教学模式很多还采用单一的"满堂灌"的方式,教师只顾讲授自己的内容,课堂欠缺互动和交流,学生难以形成批判思维和问题意识。第二,教学内容仅仅限于知识的传授和理论的系统化,难以和有实践工作经验的学生形成良好的互动机制,更难以摄入博大的人文关怀和宏观的公共管理意识。第三,案例资源库建设缺位,案例教学缺乏可借鉴的本土化案例。第四,考核机制存在问题。由于目前国内期刊以及国际会议质量参差不齐,一些研究生发表的论文模仿抄袭现象严重。

3. 公共管理硕士(MPA)专业学位教育与公共部门衔接机制比较缺乏

MPA学员大多是有工作经验的公务员,对公共部门的工作有着充足的感性认识,而MPA教育的目标是培养精英型的高级公务员,公共部门正需要的是能解决复杂行政问题的优秀公务员,三者之间应该有着有机活力的循环模式。新型人才培养模式的核心是解决教育目标与现实需求之间的矛盾,弥合理论与实践的差距,构建理论与实践的良性互动途径。因此,新型人才培养模式应该可以全面提升学生能力,为学生提供一种允许他们探究现实社会命题情景的学习环境。然而MPA教育培养模式单一,理论与实践的结合不够紧密,人才培养质量与经济社会发展的需求存在差距。学生学习缺乏一种允许他们探究现实工作的学习环境,意义学习缺位;老师也专注于科研创新,难以与学生形成良性互动,全面提升MPA教师教学水平;知识的创新与融合难以实现;政府与学校的衔接机制缺位,也无法开拓公共管理人才培养的新领域,建立长期有效的合作平台;难以为国家经济社会建设输送具备现代公共管理学素养的复合型、应用型公共事务管理人才。

四、完善公共管理硕士(MPA)专业学位研究生培养的对策

1.合理调整培养方案,制定课程设置新方案

在教学内容方面,应根据管理类全日制专业硕士的特点,在保证基础知识扎实的前提下,大量运用案例教学体系。在教学方法方面,教授可以采取灵活多样的教学方式,构建以探究为导向的教学体系。探究性教学是师生互动的过程,教师不再是传授者、裁判员,研究生不再处于被动的地位,他们是一个团队,是非线性关系,“教师”变为“导师”,“上课”变为“研究”,在互动的过程中,突出研究生的主动性、自觉性和合作性,着重培养学生的角色认知能力、综合分析能力、组织协调能力、领导激励能力、工作创新能力、语言表达能力与气质。从这条信息不难看出优秀管理人才所具备的多种能力正是MPA所培养的目标。为了实现该目标,MPA教师在课堂教学中就要采用说课,头脑风暴、案例分析、情景模拟和前沿讲座等多种教学形式。这

几种教学形式的相互补充,不仅能充分激发 MPA 学员的学习潜能和课堂参与热情,而且也能有效地培养他们的分析能力、倡导能力、管理能力和解决问题等多种技能。

学校管理部门应以政策支持和财政倾斜积极鼓励创新全日制公共管理专业硕士研究生课程体系。学校则应加强对专业硕士课程体系建设的重视,将其纳入校内课程建设规划之中,设立相应的建设基金,鼓励更多的教师加入专业硕士课程体系建设之中。瞄准新世情和新党情的需求来确定人才培养目标,因此在发展中首先要关注国际动向和国内社会发展趋势,紧密结合社会对高级公务员的知识、技能和素质要求来设置和调整专业与课程体系结构,确定培养方式。改变原来仿效学术性学位研究生教育按照学科内在逻辑设置课程,追求知识的精深性、系统性与探索性的观念与做法,而以培养学生职业能力和素养为本位,围绕"职业发展"构建课程体系,形成职业要求所需的知识系统。

2. 创新教育理念,构建(MPA)专业学位研究生培养新模式

从多方面入手,保障实践教学的质量离不开政府、学校和学生多方面的努力。政府应采取政策激励和资金支持的方式,积极开展学校和公共部门的合作。如建立专业硕士学位研究生教育资助制度和特殊奖励,以调研项目和实际工作平台为依托,鼓励更多的单位主动与高校对接,建立党政干部的培养基地。政府应积极抓住机会,与高校合作,从高校中选拔一批人才进行联合培养,加强党政后备干部队伍建设。

创新学位论文形式,完善考核机制。由于在撰写学位论文时,专业硕士很少使用调研报告、项目管理等形式,因此学校应积极鼓励专业硕士创新原有的学位论文形式,依据本专业的特色和自身发展的方向,选取合适的学位论文形式。

3. 提高(MPA)专业学位研究生的自主意识

为了提高研究生的创新能力,仅仅拥有良好的教育制度、优良的师资队伍还是不够的。研究生自身也一定要拥有自主意识,有勇于创新、不怕吃苦的精神。否则,再好的教育制度、再优良的师资也是没有用的。研究生应该具有自主学习、自主实验、独立思考的精神。在日常学习的过程中,要具有高度的自主性和创新性。研究生要有明确的定位,要树立正确的科研理念,端正心态、脚踏实地,不抄袭,不剽窃,认真从事科学研究。研究生还要有团队精神,建立各种正式和非正式的学习型、研究型组织,做到互通有元元,共同进步。研究生要参加一些学术活动,通过参加学术活动,不仅能了解本领域的前沿状况,提高其专业水平;而且可以开阔眼界,拓宽知识面,启迪创新性思维,学会独立思考,这对研究生创新能力的提高将起到积极的作用。

政府方面,为调动积极性和主动性,通过制定一系列推动全党学习、加强学习的各种政策和规章制度,给党员干部一定的外部压力,为建设学习型政党营造制度环境,使全体党员参加学习,提高素质以适应新形势、新任务的要求。构建与创新学习工作一体化机制,为公务员系统构建与创新学习管理监督与考核评价机制

4. 产学研结合,全面提高论文质量

专业硕士学位研究生的学位论文是衡量专业硕士学位研究生知识水平、实践技能和培养质量的重要标志。党政领导与校内导师要共同把握研究生的研究方向.共同确定研究生的论文选题.确保全日制专业硕士学位研究生的论文研究与实践紧密结合。为了保证学位论文的质量,对学位论文的开题、中期检查、评审和答辩等环节要制定相应标准并严格执行,力争通过学位论文工作,增强硕士生综合运用所学知识解决问题的能力,从而真正成为社会需要的高层次专门人才。

参考文献:

[1]湖南省委组织部编.组织工作研究报告集(1998—2003年)[C].湖南人民出版社,2004:148-148.

[2]于东红,杜希民,周燕来.从自我迷失到本性回归——我国专业学位研究生教育存在的问题及对策探析[J].中国高教研究,2009(12):28-32.

[3]胡河宁.大学精神与公共管理之道——兼论公共管理专业学位研究生行政意识养成途径[J].专业学位,2006(2):14-18.

[4]石均,尹洁.我国高等教育投入机制的研究[J].湖北农村金融研究,2008(5):36-39.

[5]高鸽.制约硕士研究生创新能力的社会原因分析[J].教育教学论,2012(9):27-29.

[6]麻宝斌,马晓杰.公共管理硕士研究生"双循环"培养模式研究[J].高教研究与实践,2011(1):8-13.

[7]傅利平,张志刚,刘一方.哈佛大学专业学位研究生联合培养项目及其启示[J].比较与借鉴,2012(2):39-41.

论研究生英语学习与教学的几个问题*

肖智立

随着我校英语教学改革的进行,研究生阶段的英语学习与教学发生了很大的变化:课时压缩,课型增加,以较高分数通过各种英语水平等级考试的学生可以申请免修等。这些措施在很大程度上把学生从学位考试的桎梏下解放出来,可以集中精力进行专业学习。对于教师而言,教学难度却加大了,因为在余下的学生中能起到积极带头作用的优秀学生减少了。而必修者中也存在不少误区,很多学生只看重交际能力的泛化培养,只看重自己能否开口与英语母语者交流,却很少顾及交流的深浅层次;他们对于阅读与写作的兴趣也不大,总以为经过了研究生入学考试之前的阅读题海战和作文模板的训练,就已经掌握了英文阅读与写作的方法。而实际上,随着培养目标的不断提高与国际交流的频繁进行,研究生(尤其是理工科学生)在此阶段必须熟练掌握读写与听说能力,以满足用英语写作科研论文和参加国际会议的需要。本阶段英语学习的目的是为了深层次的交流,教学要顺应时代的要求与学习者的期盼,引导学生创造性地、自主地学习。

---

* 作者简介:肖智立(1976 -),女,湖南衡阳人,湘潭大学大学英语教学部讲师,主要研究方向:比较文学与世界文学、外语教学。

一、语言学习的目的与思维的关系问题

研究生阶段学习语言的真正目的,不仅仅限于语言,而且关涉语言与文化以及思维。巴赫金认为:“若要了解外国文化,我们须进入其中,忘却自家文化,并学会用异邦眼光看世界,可这只是移情,下一步则是创造性理解与对话。只有置身其外,才有对话可能。”对话如何能成为可能,取决于我们看待外国文化的态度,取决于我们对自己母语文化与外语文化差异的认知。

上个世纪40年代,本杰明·李·沃尔夫认为我们的母语限制了我们的思考能力,所以母语文化与外国文化存在巨大差异;而现代语言学则认为沃尔夫的观点存在很多谬误,其中最为严重的错误就是他假定我们的母语束缚了我们的思考能力。语言学家罗曼·雅各布森曾言简意赅地指出语言差异的关键所在:“语言之间的根本差异在于其必须要表达的内容,而并非其能表达的内容。”这才是母语对思维的真正影响力:母语之所以限定我们的思考范围,是因为母语习惯性地迫使我们去思考某些特定的内容。比如汉语强调上下文关系来大致确定动作发生的先后,而英语则依靠动词形式的变化来精确定位动作的先后,不同的语言对时间的不同态度体现在母语中,进而导致文化的差异。

我校在研究生阶段开设了第二外语,如日语、法语、西班牙语或德语,但大多数研究生在本阶段学习的还是英语。我们也意识到,我们所处的文化从幼年开始就向我们灌输的东西使我们的思维习惯得以形成,它还深刻地影响我们的信仰、价值观和意识形态。我们也许还不知道应如何直接衡量这些后果,也不知道如何评估有多少文化政治误解是由于这些思维习惯的影响而造成的。但要做到东西方文化的相互理解与包容,我们首先得承认东方与西方的思维方式由于语言和文化的影响而不尽一致。

从研究生以英语写成的科研论文来看,汉语思维极大地影响了

英语表达,有些优秀的科研论文被国外刊物退回修改的主要原因是“unreadable”。为了减少这种错误,除了长句的语法以及习惯表达法需要加强以外,教学过程中还应强调汉语思维方式在英文语境下的转化,以求在更高的层面上了解英语文化与中国文化的差异,并且在全球化的语境下推进英语文化与中国文化的互相理解与融合。

二、语言学习能力培养的几个问题

成年人学外语有三个要点:鉴赏(Appreciation)、模仿(Imitation)、创造(Creation)。鉴赏力和创造力的培养是研究生阶段教学的重点。谈到鉴赏力的时候,就涉及审美判断力。“在高级认识诸能力的家庭内,在悟性与理性之间,仍有一个中间分子,这就是判断力。”从哲学的观念来看,鉴赏的原型是想象力的一个理想,或称美的理想,由于学习者个人喜好、人生经历及理解水平的不同,各自心中有关鉴赏的观念标准就不同。我们应当允许并鼓励不同意见的存在,并适当讨论各种不同意见存在的合理性。

以中南大学版《研究生英语精读教程》上册第1单元“Harry Potter and the Sad Grown - ups”为例,作者 Jonathan Myerson 强烈反对成年人阅读小说《哈里 · 波特》,认为成年人的世界里没有魔法,没有纯粹的友谊,没有清晰的规则,只有善恶难辨的人性;阅读《哈里 · 波特》这样的“儿童小说”是逃避现实。而李家真教授在《〈哈里 · 波特和可悲的大人〉阅读感评》中则认为罗琳女士在潦倒之中写了《哈里 · 波特》,就是对成名前灰暗生活的奋力抗争,是基于对写作本身的热爱,这样绝无投降之意的作者也不太可能以她的书去引领读者逃避现实。并且如果孩子爱读的东西成人就读不得,那么像《格林童话》、《小王子》以及《一千零一夜》这样的名篇如何成为经典?在教学中我们有意识地让学生比较两种截然不同的观点,让他们形成自己的判断,从而活学活用课文中的表达法提出支持或反对的意见。除此之外,我们还要求学生参考 Jonathan Myerson 于2009年3月10

日在英国《卫报》上发表的的文章《This Is An Emergency》。在这篇文章中,Myerson 自曝家丑:他的长子有严重的吸毒问题,这让他时时刻刻生活在严酷的现实中。这个时候再来审视 *Harry Potter and the Sad Grown - ups*,学生可能会对同一问题有更深刻的思考。

在思辨的过程中对文章观点的赞同会引发模仿,而不同于文章观点的思索会激发创造思维,教学目的之一就是要从各个角度看待某个问题,不全盘接受它,也不全然抗拒它。否定与怀疑是过程,其目的是要形成自己的判断。当学习者认同了这个观点的时候,也就是他们破除了头脑中某种束缚的时候。

为了让学生在有限的时间里掌握更多的信息,我们在教学中利用学习小组的方式,遵循材料相关性的原则,要求学生以小组为单位就课文主题制作专题 PPT。以《研究生英语精读教程》下册第 5 单元的相关观点为例:在谈论东西方价值观念的差异时,主课文从地理环境决定论的观点出发,认为日本狭小的生存空间使得集体主义的概念得以形成,美国的地广人稀则促成了个人主义的形成。而副课文从历史进化的观点出发,认为西方社会的价值观念起源于狩猎社会,东方社会的价值观念起源于农耕社会。这个话题引起大家激烈的争论,文科生和理科生的观点也会不一样,这样的争论可以促进思辨能力的不断增强。

这是一个"术业有专攻"的时代,如果主题是研究生们熟悉和参与研究的时候,他们在专业知识上的长处可以引发教师对此问题的新的思考,学习者也因为参与到教学之中而意气风发,站在讲台上的他们或激扬或腼腆,但都有一种展现自我的喜悦,这是他们以后做研究、参加学术会议发言的预演。

三、精读与视听说有效结合的问题

视听说课堂上的影像文本主要是一种"看"的艺术,它"凭借其特有的媒介工具,在复现现实物像的基础上进行艺术的开掘和升华来创造艺术形象”是视觉画面的空间表现，迅速而直接地诉诸于观众的视觉和听觉，以极大的冲击力和震撼力突出它想表达的主题。经历多年的教学改革，近几年本校研究生英语课程设置的学时为一学期，每周六节，其中精读两节，视说两节，听说两节。为了解决精读与视听说学时不对等的问题，为避免重听说而轻读写，我们在教学实践中把精读与视听说有效地结合起来，具体措施如下：

在视听说课堂上，每周选取与精读主题相关的、时长不超过3分钟的视频片段要求学生课后听写全文（根据学生的反馈信息，1分钟视频的完整听写要花5－10分钟的时间），这项作业虽然有一定的难度，但是成效比较明显，而且也有利于提升学习热情。与此同时，选择一些与精读或视听说主题相关的，积极向上的英语经典影视作品作为教学辅助资料，要求学生课后观看并每月提交一份800字左右的影评。教学实践证明，一旦激发了学习者的热情，教师从中也获益良多，有学生就《七宗罪》有感而发，写过很长很深刻的影评；有学生的影评结合国际政治专业学习，从弱势群体的角度分析《真实的谎言》中的恐怖分子，这些练习虽显粗糙，但绝对原创。

课堂的时间总是有限的，只能依据主题，精选几部影视作品进行分析和口头讨论。《傲慢与偏见》、《简·爱》、《阿甘正传》、《走出非洲》等经典影片很适合教学的需要。课堂上的精讲精听还包括改编自谭恩美同名小说的电影《喜福会》（“The Joy Luck Club”）中的三个片段，以切合精读主题 Cultural Difference，要求学生将三个片段观看两遍之后指出文化误读与文化差异之所在。为了扩大选片的范围，教学部出资购置了100多张正版影碟，使得每个主题有多个可供选择的名片：关于爱情的主题，可选比较新的《歌剧魅影》（“Phantom of the Opera”），因为它是以歌剧的形式展现爱情的主题，也可以选永恒经典的《罗马假日》或《魂断蓝桥》；关于婚姻的主题，《克莱默夫妇》（“Kramer vs. Kramer”）就很合适现代女性，因为一般的爱情电影以婚礼为结束，而这部影片主要谈的是女性在婚姻中失去自我然后重新寻找自我的过程。人物传记类电影可选艺术家传记如《热爱生命:梵高传》("Lust for Life"),政治人物传记可选《铁娘子》("Iron Lady")或《女王》("The Queen"),这些经典影片因为其艺术性比较强,立意比较高而受到学生的欢迎,这也可以保证课堂教学的新鲜感,避免乏味的老生常谈。

通过口头讨论,短视频听写与电影影评的撰写,各专业的研究生在这三种练习方式中都经历了口语、短文听写、长篇写作的训练,有针对性地为科研论文的写作和参加国际会议做准备。

我们的时代是一个"不同文明必须学会在和平交往中共同生活的时代,相互学习,研究彼此的历史、理想、艺术和文化,丰富彼此的生活。否则,在这个拥挤不堪的窄小世界里,便会出现误解、紧张、冲突和灾难"。在研究生的英语学习中,少了应试教育的压力,我们有条件引导学习者改变单一的思维模式,从不同的角度看待英语作品(也包括影视作品),进行中西文化比较,开拓创造性思维,多用自己的判断,积极思辨,充分发挥学习的主观能动性,为终身学习提供切实可行的方法。

参考文献:

[1]修倜. 审美视野中的文学、影视与戏剧[J]. 文学教育, 2007(4): 4-8.

[2] 赵一凡. 从胡塞尔到德里达—西方文论讲稿[M]北京:生活·读书·新知·三联书店,2007:281.

[3](德)康德. 判断力批判之审美判断力的批判(上卷) [M]. 宗白华译. 北京:商务印书馆,2000:14.

[4](美)塞缪尔·亨廷顿. 文明的冲突与世界秩序的重建 [M]周琪等译. 北京:新华出版社,1998:372.

[5] Does Your Language Shape How You Think, http://www. joyen. net/article/reading/allthelife/201106/4329_2. html # ixzz1XnSejCMp, 2010.08.26.

基于法语 MTI 培养要求的法语翻译教学研究*

唐百林

我国自 1991 年开始实行专业学位教育制度以来,经过二十几年的努力和建设,专业学位教育发展迅速,取得了显著的成绩。目前,已基本形成了以硕士学位为主,博士、硕士、学士三个学位层次并举的专业学位体系。为适应我国当前的社会经济形势对研究生教育结构转变的需要,教育部决定从 2009 年开始,除工商管理硕士(MBA)、公共管理硕士(MPA)、工程硕士的项目管理方向、公共卫生硕士、体育硕士的竞赛组织方向、艺术硕士等管理类专业和少数目前不适宜应届毕业生就读的专业学位外,其他专业学位面向应届毕业生招收专业学位研究生,实行全日制培养。

因此,我国大规模的专业学位教育可以说是刚刚起步,可以说是机遇与挑战并存。具体到 MTI 教育方面,我国专门外国语大学中,大部分都成立了高级翻译学院,如上海外国语大学高级翻译学院、广东外语外贸大学高级翻译学院、西安外国语大学高级翻译学院等,它们在 MTI 教育方面的理论和实践为其他院校提供了很好的借鉴,起到了积极的带动和示范作用。

---

* 作者简介:唐百林(1982 -),男,湘潭大学外国语学院讲师,研究方向:翻译理论与实践、文学。

但是,目前我国的 MTI 教育主要的实践语种是英语,法语作为小语种,MTI 教育发展相对滞后,在专业理论和实践经验的积累等方面还有待完善,这就为相关方面的研究提供了广阔的空间。正因为如此,基于翻译硕士的培养要求,探讨如何在这次新的学科发展机遇中找准方向,着眼于法语 MTI 教育的全过程,就其专业设置、教学内容、教学模式、方法与手段、考核方式、教材建设与改革、师资队伍建设等方面做全方位的系统探讨,探寻切实提高法语专业学生翻译理论及实践能力的方法和途径,有着……

首先,MTI 教育要求培养能胜任不同专业领域要求的高层次、应用型、专业性口笔译人才。基于这一明确的培养目标,法语翻译教学在专业设置上必须做到与培养目标同步。既要考虑学科要求的全面性,也要充分考虑其专业性。因此,在专业的设置上必须将口译和笔译分开来考虑,这也是翻译教学的最基本要求。但是长期以来,由于专业设置指导思想和师资力量等软硬件方面的局限,法语专业的翻译教学一直未能做到内容细化,所以导致教学的目的和内容不明确,教学主体思想混乱,导致教学效果不理想。因此,法语 MTI 教育模式对法语教师在教的内容方面提出了专业实用的要求,在方法上提出了灵活的要求;对学生提出了有针对性、有目的性的学习要求。当然,涉及到教和学的知识积累,教和学都是在“通”识基础上的对“专业”知识的理解掌握以及运用。法语翻译教学在教学模式上有别于传统的说教模式,应该鼓励师生教学互动,信息互相反馈,以丰富教学内容和教学方式,活跃课堂气氛。老师为学生营造“实景”的学习环境,强化教学效果。

具体到专业设置方面,法语翻译教学分为法语笔译和法语口译两大方向,要求设置相关专业方向课程。法语笔译课程分为必修课和选修课。必修课中又分为公共必修课、专业必修课和方向必修课三大块内容。具体到课程名称,公共必修课为政治理论和中国语言文化,属通识范畴;专业必修课分为翻译概论(包括古今中外翻译史、翻译流派等内容简述)、笔译理论与技巧、交替传译;方向必修课包括文学翻译和非文学翻译。选修课可视具体情况分为若干门，规定必选和可选科目。如第二外语、中外翻译简史、翻译批评与赏析、跨文化交际、中外语言比较、文体概论、国际政治与经济可列为可选科目，规定必须在这些科目中选取两到三门；与社会实践直接相关的经贸翻译、法律翻译、科技翻译、传媒翻译、医学翻译、中国典籍外译和计算机辅助翻译可列为必选科目；基于 MTI 教育的实践性特点，要求设置实习项目，必须保证实习时间和效果，以保证法语翻译教学的效果和质量。法语口译课程设置和笔译类似，但应增加口译相关特色科目。如方向必修课中应该包括专题口译和同声传译科目。选修课中应包括模拟会议传译、商务口译、法庭口译、外交口译和医学口译等专业针对性强的课程。这样就能做到培养目标明确，内容充实，理论与实践相结合，极大地增强学生的综合实践能力，能达到预期培养目的。

其次，在法语翻译教学过程中，学校和院系应该充分考虑教学模式、教学手段和师资力量等多方面因素对法语翻译教学的影响。课堂教学采取启发式、研讨式及口笔译实景现场模拟式教学。综合运用现代化电子信息技术、同声传译实验室和多媒体等设备开展教学。师资力量方面，鉴于法语翻译相关方面专家的稀缺性，首先，应该鼓励并提倡聘请有丰富的相关行业从业经验的法语高级口笔译译员为学生上课，或者聘请其以开设讲座的形式进行教学，增强课程的社会实践性和专业针对性；如果条件允许，所聘请译员和专家应该包括国内及国际上的法语翻译界知名人士。其次，相关院系应该大力引进法语翻译人才并培训强化现有师资力量，以学科发展为契机，引导相关教师进行职业方向转型和长远规划，强化原有教师队伍的社会实践及理论结合实际的意识和能力。具体做法表现为支持鼓励教师进行法语翻译理论和实践方面的进修和培训，短期内提高其业务能力；也可以聘请相关法语翻译专家、学者或译员对教师进行法语翻译理论和实践培训，并将这种模式常态化，以保证教学内容和方法的与时俱进，保证培养过程与社会需求的紧密结合，良性互动。最后，学校和院系应该鼓励相关教师提高自身学历和能力,除积极参与到相关翻译社会实践工作中之外,还可以鼓励并支持其考取法语翻译理论与实践方向的博士研究生,师从法语翻译方面的专家学者,进行法语翻译理论与实践方面的深入学习,以促进法语翻译学科的建设和发展,达到标本兼顾的目的。此外,口笔译课程都应该配备实验室辅助教学设备,并采用项目翻译的方式授课,院系可以考虑成立翻译工作室或翻译研究所,承接各类文本的法汉汉法翻译任务,由学生进行课后翻译,教师进行课堂点评,加强实际法汉汉法互译技能的训练。

再次,有关教材的选用问题,可以通过以下途径解决:第一,学校和院系可以广泛收集各个相关行业的法汉资料信息,将其加以整理,可作为课堂教学素材使用;第二,可以根据"全国翻译专业资格(水平)考试"(法语)相关要求,以外指委指定相关教材为训练材料,将课堂训练和法语翻译资格证考试有机结合;第三,可以通过学校国际交流处及外籍专家等渠道,通过各方努力,引进国外法语原版翻译理论与实践书籍,加以甄选,科学合理使用,使法语翻译专业培养模式和国际接轨,保持同步。此外,在法语专业翻译硕士培养过程中,学校及院系应该逐渐探索并建立起一整套科学合理的翻译教学过程及效果的检验和评价体系,评价教师是否教得科学合理,教学方法是否有效,教学效果是否符合预期,测试学生的接受能力、实际理论和实践水平,探寻建立一种相对公平和科学合理的检验和评价标准体系,以确保法语翻译教学质量。这是保证教学双方主体有效交流,形成教学良性循环,保证法语翻译学科建设健康发展的有利保障。

最后,MTI 基础上法语翻译教学的配套保障体系和社会支持体系的建立也是保证法语翻译教学的必要条件。俗话说"巧妇难为无米之炊"。要发展好法语翻译教学,促进法语 MTI 教育的长足健康发展,除了应该在课程设置、师资培养等方面加强努力外,也应该在基础设施配套、实践机会的提供等方面下功夫。另外,学校及相关院系应该在资金政策等方面提供便利,大力支持翻译教学对场地、技术设备等方面的需求。院系也可以创造条件,通过各种途径,多方筹集购置硬件的资金，为翻译学科的发展提供坚实有力的物质支持。

为保证法语翻译教学的开展和教育质量，我们也应建立完善的教学质量评估体系，确保教学目标和教学效果的实现。我们还需在支撑翻译学科发展的社会支持系统方面做努力，比如发挥师生主观能动性，理论联系实际，利用相关城市及地区社会经济发展契机，一方面鼓励法语系师生跨领域、跨地区的参与社会翻译实践活动，如翻译公司翻译实践、外事接待会晤等活动；另一方面高校也可以利用国家政策支持，提升高校作为学生创业孵化器的职能，鼓励有翻译方面能力和兴趣爱好的学生在相关教师及行内人士支持和指导下进行翻译方面的创业。这一活动不仅能使本院系学生受益，还能促进和带动学校其他相关专业的学生的社会实践能力的提高，对学校整体学科实力的提升有积极意义和深远影响。此外，学校和院系还可以整合利用各种资源，加强翻译专业学生语言实践基地的建设，形成实践教育长效机制；开展各层次多领域的系列翻译交流活动，提升学校及地区翻译学科的学研氛围。

因此，在全球MTI教育迅猛发展背景下，应该结合实际，加强法语翻译专业教育，借鉴相关优势专业的理论及实践成果，建立适合本专业发展水平和要求的教学质量评估体系、教学监控体系、社会支持系统，以提高法语专业学生的培养质量，提高法语学科教学水平和影响力，从而为学校学科竞争力和整体实力起到积极的推动作用。当然，本文只是探讨了法语翻译教学的极小部分内容，还有很多相关方面内容有待发展。如法语翻译教学理论与实践的区域与国际化合作、翻译学科如何实现校企合作、理论联系实际等方面，还有很多内容值得去深化和拓展。本文所提出之观点建议仅供参考，不足之处，还请相关专家学者多多批评指正。

参考文献：

[1] 中华人民共和国教育部. 教育部关于做好全日制硕士专业学位研究生培养工作的若干意见[J]. 北京，2009.

[2]全国翻译硕士专业学位教育指导委员会编. 全日制翻译硕士专业学位研究生指导性培养方案[M]. 北京:外语教学与研究出版社,2009.

[3] 曹德明. 全国翻译专业资格(水平)考试指定教材:法语二级(三级)翻译口笔译考试大纲[M]. 北京:外文出版社,2005.

[4]陈伟. 全国翻译专业资格(水平)考试指定教材:法语口译实务(二级) [M]. 北京:外文出版社,2005.

[5]刘成富. 全国翻译专业资格(水平)考试指定教材:法语笔译实务(三级) [M]. 北京:外文出版社,2005.

[6]唐杏英. 全国翻译专业资格(水平)考试指定教材:法语口译综合能力(二级) [M]. 北京:外文出版社,2005.

[7]王长明,王文新. 全国翻译专业资格(水平)考试指定教材:法语笔译综合能力(三级) [M]. 北京:外文出版社,2011.

[8] 罗新璋,陈应年. 翻译论集[M]. 上海:商务印书馆,2009.

[9] 许钧. 翻译论[M]. 武汉: 湖北教育出版社,2003.

[10] 庄晨燕. 口译学习与实践[M]. 北京:外语教育与研究出版社,2008.

[11] 马彦华,罗顺江. 法汉翻译新教程[M]. 北京:北京大学出版社,2008.

[12] 张晶,米切尔. 商务法语教程[M]. 北京:外语教育与研究出版社,2009.

“大广赛”与我校广告专业教学改革的实证研究*

刘中望　左　琳

改革开放以来，随着中国经济的快速发展，广告行业经过四十多年的蓬勃发展已取得丰硕成果。然而广告人才培养的发展速度却跟不上行业发展的需求，广告行业人才供需矛盾一直比较突出，为解决这一矛盾，广告学界与业界进行了诸多有益探索，大学生广告艺术大赛正是在此背景下应时而出。全国大学生广告艺术大赛（以下简称为“大广赛”）是由教育部高等教育司主办、教育部高校新闻传播学教学指导委员会组织的全国性高校文科大赛。近几年来，我校广告学专业的师生积极参加大学生广告艺术大赛，2005 级、2007 级、2009 级文学与新闻学院、兴湘学院及艺术学院的学生在大广赛湖南赛区及全国赛区的选拔赛中，以王佳、匡扶、邓广玉等为代表的许多同学表现不俗，在专业老师指导下，平面类、影视类及策划类三类作品均

---

* 课题来源：湖南省普通高校教学改革研究项目“大学生广告艺术大赛与高校应用文科创新人才培养的研究与实践”（湘教通[2011]315 号）。

作者简介：刘中望（1980—），男，湘潭大学文学与新闻学院副教授，博士，从事广告学教学与研究；左琳（1988—），女，广州 4A 喜马拉雅广告公司文案，学士，从事广告学实践与研究。

有获奖,成绩非常可喜。本文以我校参加大广赛的师生为调查对象,采取网络问卷调查及访谈两种形式,以小见大,围绕大广赛及学校广告专业教育开展调研,以期发现其中不足,并在充分调查分析的基础上提出合理建议及解决对策,以更好地发挥大广赛及其他专业广告赛事作用,使其真正成为高校与广告业界沟通的桥梁及挖掘、培养广告创意人才的第二课堂。

一、调研情况

1. 调研概述

我校是湖南省最早创办广告学专业的院校,在历届大广赛中成绩非常可喜,在第二届大广赛湖南赛区选拔赛中3人获二等奖,2人获三等奖,12人获优秀奖,其中3人在全国赛区中获优秀奖;在第三届大广赛湖南赛区选拔赛中,我校文学与新闻学院及艺术学院共23项作品获奖,其中一等奖1项,二等奖6项,三等奖4项,优秀奖12项,共报送作品60项,获奖率38%;兴湘学院报送作品30项,获奖率16%;在全国赛区中我校文学与新闻学院、艺术学院、兴湘学院等报送到全国的作品共计28项,获奖率17.8%,其中二等奖1项,优秀奖4项;在第四届大广赛湖南赛区的选拔赛中我校获一等奖2项,二等奖6项,三等奖9项,优秀奖9项,全国赛区获三等奖1项。在此基础上,选取我校为基点展开调研。

本次调研是以我校2005级、2007级及2009级大广赛获奖学生及其指导老师为调研对象,采取网络问卷调查及访谈相结合的方式进行调研。此次访谈的指导老师共计6人,包括刘中望、孙丰国等老师。调查的获奖学生共计94人,其中,第二届16人,第三届40人,第四届38人,获奖人数基本在逐届增加;从性别分布看,女生共计52人,男生共计42人,由此可看出男、女生参加大广赛的积极性并无太大差别;从专业分布看,广告专业的约占95%,非广告专业的约占5%,虽然大广赛的参赛对象是面向全国所有在校大学生,但实际上我校参加大广赛的主力还是广告专业学生。此次调查问卷主要由三部分组成:第一部分主要是被调查者基本情况,如性别、年级、专业等;第二部分主要是关于大广赛从前期校园推广到最终评审的整个参赛过程;第三部分主要是调查获奖学生参赛经历、感受等有关情况。访谈主要包括大广赛与学生及学校广告专业教学两方面。此次调研所参考信息为综合调查问卷及访谈资料所得,经过数据分析出结果,并且加以总结提出相关建议。

2. 调查问卷分析及结论

(1)大广赛本身

关于大广赛的校园前期推广与巡讲,48.75%的被调查者认为"一般",45%认为"不充分",认为"非常充分"的占6.25%。可以看出大广赛在前期推广巡讲方面做的工作稍欠妥,这一环节是为后面比赛做铺垫,做得充分不仅能够激发学生们的参赛热情,创作出更多好作品,同时有利于树立学生正确的创意观念,更好地认识广告作品的创作过程。然而,实际上学校不少情况下是通知即参赛,缺乏更多专业广告人士及企业人员的座谈指导。另外,由前面提到的仅5%的非广告专业学生的获奖比例,也可以看出大广赛前期校园推广与巡讲所针对的专业面比较狭窄,非广告专业学生对大广赛了解的很少,大大限制了这部分学生创意能力的发挥与施展。

关于参赛时间期限设置,56.25%的被调查者认为"合理",37.5%指出"有些紧",6.25%认为"不合理,时间不够"。关于稿件要求及参赛费用,62.5%的被调查者以为"可以接受",31.25%认为"要求有点高",6.25%认为"不能接受"。可见多半学生对大广赛的时间设置、稿件要求及参赛费用是可以接受的,但也有30%－40%左右的学生对此不是很满意,这说明大广赛在这几方面仍有改进的余地。时间期限及稿件费用等要求关系到参赛作品的数量与质量,如果时间上要求紧,学生往往会因为时间问题降低对作品要求,特别是广告策划类和影视类等作品,由于其创作难度大,制作周期长,导致后来许多参赛者由于时间关系而放弃。同时,在稿件要求及参赛费用上可适当放低要求,最大限度地降低参赛成本。

关于参赛选题,66.67%的被调查者认为"一般",27.78%认为"合理",5.56%认为"不合理"。大广赛的所有选题均面向社会征集,将企业营销的真实课题引入比赛。但从调查可以看出认为大广赛选题合理的不到30%,多半同学认为大广赛选题设置一般,小部分认为不合理,究其原因最主要还是与学生就业工作有关。大广赛选题虽然都来自企业,学生能够真实地接触来自实务界的锻炼,与单纯的课堂教学相比已经迈出很大一步,但与学生实习或工作内容相比,选题又与实际工作内容有一定差距,具体分析将在下面有关大广赛与学生就业部分谈到。

关于评审公正性,61.11%的被调查者表示"不是很清楚",33.33%认为"有失公正",5.56%认为"公正"。可以看出大广赛的评审公开透明度不够,学生对评审的公正性持怀疑态度,如果评审环节出现问题,不仅不利于激发学生参赛积极性,也是不尊重学生劳动成果的表现,更可能因为评审的缘故而使许多优秀作品不能脱颖而出,这对于大广赛本身也是一大损失。

(2)获奖学生参赛经历及感受

关于参赛原因,68.42%的被调查者认为是"锻炼自己、提高能力",15.79%认为是"大家都参加,随大众",10.53%强调是"为得奖,获得荣誉",5.26%选择"其他"选项。可见大多数学生对大广赛还是有一个比较清晰的认识,将大广赛当作一个提高锻炼自身能力的平台。但也有部分学生只是为获奖或随大众来参加比赛,抱着如此目的来参赛,学生就很容易误入创意的歧途并且会忽视比赛过程中所能给自己带来的收获。比赛结果固然重要,但在比赛过程中所能学到的东西比获奖本身更有益处。

关于参赛类别,61.11%的被调查者选择"平面类",27.78%选择"广告策划案类",选择"广播类"、"影视类"的各占5.56%。关于参赛挑战,55.56%的被调查者认为在"执行完稿阶段",44.44%表示在"创意思考阶段"。综合二者,可以看出在学生参赛作品类别中平面类作品所占比例最大,而策划类、影视类、网络类等其他类别的作品数量则较少,且学生在参赛过程中创意表现及执行完稿两阶段能力均有所欠缺,这与学校专业课程设置、师资、教学水平以及硬件配套设施方面所存在的一些不足有一定关系,大广赛虽然对学校广告教育课程改革有一定启发与借鉴,但改革仍然任重而道远。

关于参赛收获,选择"锻炼创意思维"、"提高实践动手能力"、"培养团队合作意识"的被调查者各占30.95%,另有7.14%选择"其他"选项。可以看出大广赛对于培养学生创意与动手能力的确发挥了一定作用。大广赛多以小组为单位进行参赛,学生们从接到策略单开始,自愿组队开会分析策略,进行头脑风暴,讨论创意,然后动手开始将创意想法付诸实践,使之成为物化的作品。在这一过程中,学生的创意思维在无数次的否定肯定中得到拓展,并从实际出发去发现、解决问题,这一体验对学生的动手能力有直接的锻炼与提高。同时,这一过程也是一个学生、老师间互动合作的过程,其有利于培养学生团队合作意识,这对于大学生尤其是独生子女将来走上社会、融入社会十分必要。

(3)大广赛与学校广告专业教育

关于重视程度,46.25%的被调查者认为"一般",41.25%认为"非常重视",12.5%认为"不太重视"。关于组织协调,56.25%的被调查者认为"组织有序合理",31.25%认为"一般",12.5%认为"组织松散无序"。由此二者,可以看出学校给予大广赛较大重视,但还可进一步调动学生及老师参赛的积极性。另外,做好大广赛组织协调工作是确保学生顺利参赛并取得优异成绩的前提保证,这一方面工作学校做的是比较到位的,但也有改进的余地。

关于对专业教学的促进与帮助作用,42.37%的被调查者认为"一般",41.84%认为"很有帮助",15.79%认为"没多大帮助"。关于由此对教学改革提出的建议,38.89%的被调查者指向“专业结构及课程设置”,25%强调“教学方法”,22.22%看重“教学配套设施”,13.89%强调“师资力量”。综合以上二者,可以看出学校广告专业教学对于学生参与大广赛帮助较大,但也有将近一半学生认为帮助一般,小部分认为没多大帮助,这与学校广告专业课程设置、教学方法及配套设施等有关系。在调查中,我们可以发现有38.89%的学生认为需要进行专业结构及课程设置改革,其次是教学方法、教学配套设施及师资方面的改革。大广赛对于广告学专业学生来说是一次难得的专业实践机会,参赛获奖既是对他们专业素质的肯定,同时也能够更好地鼓励学生在广告事业的道路上坚定地走下去。作为培养广告人才的学校需要不断改革,使学生在大广赛中得到锻炼,获得肯定,从而给他们提供一个良好的成长成才环境。

(4)大广赛与学生就业

关于用人单位对获奖作品态度,50.94%的被调查者“不太看重”,49.06%“看重”。关于大广赛与就业内容的紧密度,78.95%的被调查者认为“没多大联系”,15.79%认为“完全没有联系”,5.26%认为联系“紧密”。关于就业能力的培养,42.11%的被调查者认为大广赛应注重提升“实践动手能力”,23.68%强调“创造力”,21.05%看重“人际沟通交往能力”,13.16%指向“学习能力”。由上述二者,可以看出用人单位对于学生的参赛作品并不太看重,并且根据调查结果显示,大广赛与学生以后的实习或就业内容关联度不大,这就说明大广赛在选题方面与现实的广告公司或企业的工作内容还是有很大差距,不利于学生在进入社会后很快缩短适应工作的“磨合期”,这也正说明了为什么一些获大奖的学生在进入广告公司后往往后劲不足,无法很好地解决工作中所遇到的困难。另外,通过调查也发现,42.11%的学生认为大广赛应注重培养实践动手能力,其次是创造力、人际沟通交往能力等。真正提高学生这几方面能力,需要大广赛的组织方及学校共同努力,以使我们广告专业学生能够更好地提升就业能力,在迈向社会时得到更多用人单位肯定。

3. 访谈结果分析

(1)大广赛与学生

① 创作难易成为决定学生参赛及获奖类别的主要因素

在关于我校历届大广赛学生获奖作品平面类比重远超过策划、影视及广播类等作品的原因分析中,有四位老师从创作难易角度分析指出平面类作品耗材和制作相对简单,且创作难度较小,学生更易掌握和操作。而由于我校广告专业重策划创意,设计并非我们的强项。另外,目前学校教学设备也无法完全满足参赛学生的要求,加之影视、广播、网络类的作品创作难度较大,不易掌握,所以此类作品创作的较少。至于策划类作品,因为需要进行前期市场调查,而学生参赛时间有限,要拿出切实可行的策划案,难度较大,正因如此,学生创作平面作品的数量更多。另外还有两位老师提到这也与我校评委老师在平面组有一定关系。

② 创意、策略及执行力均有所欠缺

从访谈中了解到,在参赛过程中,指导老师普遍认为学生在创意、策略及执行能力方面均有所欠缺,这既与我们广告专业教学有关,同时也与学生自身学习能力有关,但总的来说反映出我校在专业实践教育方面的不足,学生除了课堂实践锻炼之外,还需要更多的专业实践机会,在不断的实践挑战中增强创意、策略及执行力。

③ 广告作品获奖与广告实效不能等同

在访谈关于大广赛获大奖的学生到广告公司后往往后劲不足的原因时,多数老师认为这与竞争环境不同有关,大广赛得奖和实战有较大脱节,个别老师分析是因为学生基础知识不扎实、知识和技巧以及经验积累不够等。因此,我们可以看出获奖虽然可以看出学生有一定的专业能力,但并不代表就一定能胜任社会实际的广告任务,要想真正在广告实务界获得肯定就需要给学生更多接触广告实务界的机会。同时,这也说明大广赛的评奖标准也有待改进,应更多地贴近实际广告作品要求。

(2)大广赛与学校广告专业教育

① 大广赛指导教师创意策划培训班不被看好

在访谈中多数老师认为大广赛指导教师创意策划培训班意义不大,认为商业气息比较浓厚,这就大大降低了老师参与的积极性,不利于促进老师更好地指导学生参赛。

② 大广赛促进教改,呼吁实现多途径实践教学

在访谈中了解到多数老师认为大广赛对促进学校广告专业课程改革有一定的启发和借鉴作用,比如在广告理论课和策划创意课上,老师开始讲解大广赛相关规则,并对学生强调创新思维的重要性等。另外,大广赛也提高了学生学习的积极性。当然,大广赛也反映出我校广告专业教学方面的一些不足,比如课堂教学案例较陈旧、教学方法不够灵活、学生的创新思维及实际动手能力欠缺等问题。加强实践教学是解决这些问题的有效措施。对此,老师们各自提出了自己的想法及建议,在后面的建议部分会具体分析。

③ 大广赛纳入教学环节,组织方面有待商榷

多数老师认为有必要将包括大广赛在内的广告赛事纳入教学环节,并给予制度上的保障,如此能够更好地调动学生及老师参赛的积极性,也符合广告教学灵活性、面向业界、注重创作能力培养的特点。但在是否有必要成立一个专门机构负责统一组织规划各类广告赛事这一问题上,老师们的观点有所不同,有四位老师认为没有必要成立这样一个机构,认为现在由教务处和相关院系老师组织负责就可以做好大广赛的组织协调工作。另外两位老师认为有必要成立,这样可以做到从动员到报名参赛、创作、评估筛选等有序高效地进行,既能提高学生的参赛积极性,也能更好地提升学生作品的竞争能力。

二、针对我校广告专业教学改革的几点建议

从1983年厦门大学建立首个广告学专业开始,到2013年中国广告教育已经走过30年,取得了巨大进步,也存在某些不足。学界、

业界普遍认为,目前中国广告教育的最大问题是,学校教育远远落后于行业发展。对于广告专业的实践教育,一直是学术界讨论的热点话题。中国广告教育研究会会长、厦门大学陈培爱教授认为,"理论水平与实践能力完美结合的、具有创新能力的人才,才是广告业界最为渴望的人才"。中国传媒大学广告学院院长黄升民教授认为广告是一门跨学科、实践性强的专业,要求学生必须掌握新闻学、营销学、美术设计等多学科知识,还需要具有较强的实际操作能力。笔者以为,吸取"大广赛"的参赛经验,我校可从以下几个方面进行有针对性的教学改革:

1. 加强课堂模拟实战,突出重点核心课程

课堂教学是目前我校培养广告人才的主要方式,在课堂教学中应紧随广告业界发展动态,及时更新课堂教学案例,加强课堂模拟实战、课堂模拟广告公司等机构,将学生划分小组,成立不同的部门,各司其职,通过确定模拟或实际课题、头脑风暴、模拟提案等方式训练学生进入实战工作状态。在课程设置上应根据业界、企业的人才需求标准及教育规律来重点设计和突出主干课程和核心课程的安排,将"广告摄影"、"新闻学概论"、"公共关系学"等诸多相关课程扩展为限选课,提供充足的选择对象供学生根据个人需求自主选择。可合并一些课程,适当增加例如"广告创意"、"广告策划"、"广告经营与管理"、"设计软件应用"等核心课程的课时,以突出各高校广告专业办学特色 ,并将"大广赛"、学院奖、金犊奖、OENSHOW 等重要广告竞赛纳入教学计划,对获奖学生与指导教师给予重奖,做好制度层面的保障工作。将获奖成果作为创新学分,计入获奖学生的总学分当中,准许其免修相关课程,在保证参赛积极性的同时,提高教学质量。

2. 鼓励学生成立广告工作室,定向培养人才

学校可鼓励学生成立自己的广告工作室,由学生自愿组合,工作

室的人数一般为5至10人,可依照每位学生的学习兴趣、未来的职业定位确定设计、文案、策划、客服等人员分工,工作室负责人可由成员民主推选产生。遵循专业老师为主、聘请广告实务界人才为辅的原则,成立工作室顾问团队,指导学生进行广告创作。工作室的主要业务包括,既策划校内各类文化宣传活动,也可与校外企业联系,实际承揽广告业务。这样,以一种完全实态的广告项目运作来突出学生的"个性差异",进行有效的"因材施教",实施头脑风暴法,在竞争中培养学生的创新魄力,同时也可充分训练学生的团队协作精神,培养创新型复合型人才,使其真正、快速适应广告行业的要求。

3. 与实务界合作,建立长效实习机制

广告学是一个应用性与实践性极强的专业,广告理论与实务的相互验证、促进至关重要。"广告业的发展催生了大学的广告专业,而广告专业的成长又推动了业界发展"。笔者在有关高校实习的调研中发现,67%的高校有固定实习基地,33%则没有,但多数固定的实习基地也只是挂名而已,没有具体的实习安排与项目运作。实习是迅速提高学生工作能力的一种有效途径,因此,学校应该加大校企联合办学力度,与企业签订合作协议,学校按照企业需求培养所需人才,企业为学生提供实习岗位,使学生有机会直接参与企业的广告策划和经营管理。在实习时间安排上,可从大一开始直至大四,时间期限可逐年增加,比如,大一实习1至2个月,大二2至3个月,大三实习1个学期,大四见习1个学期。这样既可为企业培养人才、推动企业发展,同时也可提高学生的实践能力,为优秀学生创造到这些企业工作的机会,提升学校的就业率,可以说是一个双赢的举措。

4."走出去"与"引进来"相结合,完善广告师资队伍

从本次调研发现,我校广告专业师资队伍还存在一些问题,这方面最突出的便是,其业界前沿把握、专业操作能力还需进一步提升。学生参加"大广赛"等比赛,比的不仅是他们自身的专业能力,同时

比的是指导老师的专业能力，而我校在全国的获奖情况还不够理想，说明了指导老师还需进一步提高专业水平。专业老师除了学习、研究与教学外，还应该注重参加社会活动，与业界、学界保持联系和互动，“要走向开放办学，把院系、广告公司、社会部门三者有机地融合在一起”。首先广告专业的老师要“走出去”，可以利用寒暑假等到广告公司、媒体或企业去任职锻炼，参与具体的业务运作，把握业界前沿动态，切实增强实务经验，然后可将这些运用到实际教学中，这样既可以丰富教学内容，使教学案例与广告业界紧密结合，又可使学生在课堂中学到最新实战技巧与知识，避免课堂与工作内容“脱节”。另外，除了丰富专业老师的实务经验外，可适当降低学历、科研成果等门槛要求，灵活采取多种形式，引进具有丰富实践经验的广告公司、媒体等专业从业人员进入课堂，聘请其为学校的兼职老师。另外，还可加强与地域邻近的兄弟院校间教师的交流、合作，互派专业教师到对方学校教授专业课，从交流中扩散创新思维，通过多种方式完善我校广告专业师资队伍。

三、结语

21 世纪的广告人才应是紧随时代脉搏，具备良好的专业素质，拥有创新思维及良好执行力的宽基础、厚功底、综合能力和适应性都很强的复合型广告人才。我校作为湖南省最早开办广告学专业的院校，正在不断探索培养复合型广告人才的模式及方法，为更好地发挥大广赛等各类广告赛事的作用，为社会输送更多优秀的栋梁之才，我们仍任重而道远。

参考文献：

[1] 胡建斌. 找准高校广告教育的学科定位及发展思路[J]. 传媒观察，2011(4).

[2] 江根源. 广告比赛对创新人才培养的价值与实践探索[J]. 新闻

界,2006(3).

[3] 李爱哲.复合型广告人才培养的探讨[J].教育与职业,2011(17).

[4] 陈培爱.对于中国缺乏广告人才的评说[J].广告大观(综合版),2007(4).

[5] 黄升民.关于广告学专业三个关键问题的思考[J].广告人,2011(8).

[6] 查灿长.国外高校广告教育研究[M].上海:上海三联书店,2010.

[7] 韩鹏飞.江西高校广告教育的现状与改革研究[D].江西师范大学硕士学位论文,2009.

大广赛在广告专业实践教学中的作用探索*

胡琼华

一、我国广告专业教育现状

作为国民经济重要组成部分的广告产业，是创新创意性较强的产业，其生存和发展需要一大批具有创新能力和创意思维的实践型人才。而实践型人才的培养有赖于高等学校的实践教学。实践教学"是指在特定的教学环境中，选择一定的教学方法和教学形式，有目的地使学生获得包括职业技能、职业技巧、职业道德、职业素质在内的职业从业能力，加深学生对专业理论的理解，并培养学生自我发展能力的实践教学活动"。据2006年中国人民大学新闻学院对中国广告高等教育现状进行的抽样摸底调查所形成的《中国广告高等教育现状调查报告》结果显示：目前全国高校有270多个广告专业，4.5万大学生从事广告学专业学习，而且广告专业每年以30%的速度增

---

* 课题来源：湖南省教育科学"十二五"规划2012年度立项课题"高校广告学专业实践教学与创新人才培养研究"(XJK012CGD056)。

作者简介：胡琼华(1980－)，女，湖南澧县人，湘潭大学文学与新闻学院讲师，主要从事广告传播研究。

长。这对于我国高等广告教育来说,看起来似乎人丁兴旺,其实远远不能满足行业发展的需要。根据国家工商总局统计数据显示,截至2011年年底,全国已有广告经营单位29万户,广告从业人员167万人,2011年广告经营额达3125亿元,广告市场规模跻身世界第二大广告市场。然而,面对广告产业的快速发展,高校广告教学却由于实践教学资源、教学平台的严重缺乏,理论与实践严重脱节,培养的人才实践意识弱,动手能力差,这成为制约我国广告业和广告学教育未来发展的最主要因素和最大瓶颈。因此,我们迫切需要通过一定的载体来构建实践教学的广阔平台,以提高学生的实践能力。全国大学生广告艺术大赛(简称"大广赛")正是适应广告产业发展的现实需要,以促进教改、启迪智慧、强化能力、提高素质、陶冶性情、增添艺术气质为宗旨,以政府主办、大学承办、学生为主、专家指导、企业参与为形式,成为推动大学实践教学改革和教学研究的重要载体和平台。

二、大广赛是广告专业实践教学模式的有益探索

大广赛是由教育部高等教育司主办、教育部高等学校新闻学学科教学指导委员会组织、中国传媒大学与中国高等教育学会广告教育专业委员会共同承办的全国性高校文科大赛,是面向全国在校大学生的一项群众性广告策划创意实践活动。赛事从2005年开始,每两年举办一届,到目前已经成功举办了四届(第五届评选已经启动),在全国高校和广告业界引起了巨大的反响,受到了广泛关注与好评。据大赛官方网站的数据显示:到2011年的第四届截止,全国有27个分赛区组织参与赛事,直接参赛学生人数已超过240万,间接参与人数500万,辐射接触人群达千万人次,参与高校达2891所,各高校累计收到作品80万件,获奖作品累计6809件。大广赛已成为中国高等教育中名副其实的最有规模性和影响力的赛事之一。大广赛以活跃大学生课外文化生活,激发大学生创意灵感,加强大学生

实践能力、创新能力和合作精神的培养为目的，积极推动大学新闻传播教育的人才培养模式和实践教学的改革，为优秀人才脱颖而出创造良好的竞赛平台，不断提高人才培养质量。参赛作品从平面类、影视类、广播类、网络类、广告策划案类、公益类六大类到如今增加微电影类共七大类赛事，所有选题均面向社会征集，将企业营销的真实课题引入比赛，使广告实践有了更广阔的舞台，实现了将专业教育、素质教育和职业教育贯通，扩大了广告教育的辐射力和影响力，拓展了广告教育的内涵。

三、我校学生参加历届大广赛成绩分析

目前的“广告教育普遍存在专业理想黯淡、专业精神失落的现象，专业形象一定程度上被社会扭曲，广告教育界的专业使命出现弱化”。教育观念制约了实践教学改革的进展，而实践教学又成了高校广告专业实践型的人才培养，使学生难以及时适应广告专业的社会化需求，因此迫切需要高校通过组织学生参加如大广赛这样的实践教学模式来加强实践教育训练。我校没有组织学生参加第一届赛事，从第二届开始，广告专业教师积极组织力量，建立强大的教学指导团队，积极动员广告专业学生参加比赛，并取得了一定的成绩。

表一：我校学子参加全国大学生广告大赛湖南赛区的获奖项数情况

届 / 等级	第一届		第二届		第三届		第四届		合计	
	湘大	全省	湘大	全省	湘大	全省	湘大	全省	湘大	全省
一等奖	0	28	1	24	2	22	3	49	6	123
二等奖	3	61	6	47	6	67	5	106	20	291
三等奖	3	67	6	93	9	136	9	164	27	460
优秀奖	9	94	15	156	10	178	9	228	43	656
合计	15	250	28	320	27	403	26	687	96	1530

注：由于湖南没有参加第一届全国大广赛，所以到目前为止，全国大广赛举办了五届，而湖南赛区为第四届。表中和文字中全国数据包含本专科学校，湖南省数据统计的为本科学校的数据。

大广赛采取一次参赛、两次评奖的方式进行。即首先由各分赛区进行评奖,然后由各分赛区将获等级奖的作品报送大广赛组委会参加全国总赛区评选。历届获奖作品比较真实地反映出当前国内高校广告及相关专业学子的专业认知与素养。因此,加强对我校学生大广赛参赛与获奖情况的分析,对于了解我校广告学子的学习质量与专业素养,推进我校广告专业的教学改革具有极大的理论价值与现实意义。

全国大广赛从2005年开始举办第一届,我校没有参加比赛,湖南省没有组织区域赛事,湖南的高校也基本没有参加,仅有湖南商学院获1项平面类三等奖,中南大学获1项公益类三等奖。我校从2007年的全国第二届大广赛、湖南赛区第一届开始参加大广赛,到今年为止是第四次参加全国和全省赛事。在湖南四届比赛中,我校共获得一等奖6项(131项),二等奖20项(313项),三等奖27项(501项),优秀奖43项(715项);评选结果已经出来的全国四届(第五届还未评选)比赛中,我校没有获得过一等奖(湖南获得4项),仅获得二、三等奖各1项(湖南获得11项、53项),优秀奖3项(湖南获得210项)。同时,不管是在湖南赛区还是全国赛区,我校的获奖主要集中在平面类和广告策划类,在影视类、广播类、网络类等体现学生实践能力的类别中成绩不尽如人意。这样的成绩与我校广告专业的学科发展和教师的教学实力不相符,更与我校综合性全国重点大学的学科属性和办学实力不相符。虽然我们并不能据此否认我校广告专业实践教学的成果,但必须承认,在大广赛这样的全国性赛事中我们所取得的成绩不是很理想,这不仅在一定程度上影响了我校广告专业的办学声誉,也不利于提高广告专业学生的人才培养质量。因此,加强对大广赛实践教学平台的重视程度,不仅是提高我校办学声誉的有效途径,更是提高大学生实践能力,培养创新型人才的必要途径。

表二：湘大、湖南、全国历届比赛获奖、设奖项数比较，
第五届已经启动，评选结果未出

届	第一届			第二届			第三届			第四届			合计		
单位 等级	湘大	湖南	全国	湘大	湖南	全国	湘大	湖南	全国	湘大	湖南	全国	湘大	湖南	全国
一等奖	0	0	17	0	1	36	0	1	47	0	2	41	0	4	141
二等奖	0	0	42	0	1	93	1	6	123	0	4	101	1	11	359
三等奖	0	2	123	0	14	227	0	20	311	1	17	297	1	53	958
优秀奖	0	0	714	0	0	1228	4	115	1596	0	95	1813	6	210	5351
合计	0	2	896	0	16	1584	5	142	2077	1	118	2252	8	278	6809

四、运用大广赛加强我校广告专业实践教学的思考

大广赛是高校加强广告专业实践教学的重要手段和有效方式。高校广告学教育要真正适应社会经济发展需要，培养符合广告产业实际需要的人才，不仅应该建立立体化的实践教学体系，也应该借助好大广赛这种实践教学平台，不断深化实践教学改革、构建新的实践教学体系，科学规范实践教学管理，实现实践教学模式创新与资源整合。

1. 加强对大广赛的重视程度，切实转变实践教学观念

中国高等教育学会副会长、全国高等教育学研究会理事长杨德广教授说："中国过去在大学目标上存在的问题有'五过'：过窄的专业教育、过重的功利导向、过弱的人文陶冶、过强的共性限制、过度的校园禁锢（思想束缚）。"这样的教育模式难以适应广告发展对人才培养的现实需要，"必须转变那种妨碍学生创新精神和创新能力的教育观念、教育模式，特别是由教师单向灌输知识，以考试分数作为衡量教育成果的唯一标准，以及过于划一呆板的教育教学制度。"实

践教学的目的在于培养学生的创新能力、动手能力和将理论转化为实践的综合能力。虽然我校在教学大纲中明确规定了实践课程的教学时数,但对于如何进行实践教学缺乏系统规划,存在课程设置与实践训练两张皮的问题。大广赛的目的在于提高大学生的创新精神和实践能力,激发大学生的创意灵感,促进大学新闻传播、广告、艺术教育的人才培养模式的改革,推动课程设置、教学内容和方法的出新,提高大学生的动手能力、实践能力、策划能力和综合能力。因此,加强大广赛在广告专业实践教学中的地位有着重要的价值与意义。我校可以通过利用大广赛,增强师生的实践教学意识,提高实践教学能力,以改变传统理论和灌输式教学观念。我校广告专业教师对湖南省和全国大广赛较为重视,除第一届全国比赛没有组织学生参与外,其他三届均发动了较多的学生参加了比赛,在湖南赛区共获得了96项奖励,占总奖数1530项的6.27%。相对于湖南某些高校而言,存在一定的差距。以2011年第三届湖南省大广赛为例,我校选送了90件作品参赛,相比于全省本科学校的2190件作品而言,仅占全省的4.11%;27项获奖,占全省403项的6.7%。相比参赛作品的数量比例而言,我校所获得的成绩充分体现了我校广告专业的教学质量和教学成果。但遗憾的是,除了文学与新闻学院、兴湘学院广告专业学生之外,我校其他专业学生基本上没有人参加比赛。实际上,大广赛不仅是广告专业学生的大赛,也是各相关专业学生的大赛。作为比赛,需要的是团队力量。因此,学校应成立相应机构,加强宣传和组织领导,动员计算机专业的学生参与制作网络类广告,动员广播电视新闻学的学生参与制作影视类、广播类广告,动员艺术设计学生参与制作平面广告,动员动漫专业学生参与制作动画广告,等等,以数量求生存,以质量求发展,在学校形成积极参与大广赛的浓厚氛围。

2. 努力构建以大广赛为基础的实践教学平台,积极改变传统实践教学模式

目前,全国广告专业的实践教学太多还停留在教学文件和管理

制度上，在基础理论课程实践环节上比较模糊，没有足够的能力组织校外实践教学。为了完成实践教学任务，各高校更多地是采取学生自行联系或教师联系、组织学生集中或分散实习的模式进行，这就难以给学生提供更多的参与企业策划、社会活动的机会，学生普遍缺少机会与广告业界直接接触。“照本宣科”的教学模式成了广告专业教师不得不面对的现实问题。这种教学模式不仅降低了学生的动手能力，使学生丧失了学习的自主性与学习热情，也使他们难以适应社会对他们的能力与素质的需求。因此，积极利用大广赛这一实践教学平台，推动我校广告专业实践教学改革是实践型人才培养的现实需要。实践教学是广告人才培养的核心组成部分，对提高大学生的实践创新能力和广告高等教育质量至关重要。通过参与大广赛，不仅可以充分调动学生学习的主动性，培养学生综合利用所学知识来分析问题、解决问题的综合能力，以满足广告业界对人才的市场化需求，而且还能增强学生的就业自信心，帮助学生树立良好的职业观念和职业道德，促成高校广告学专业人才培养与社会需求之间的良性互动。因此，在我校广告学专业教学改革计划和人才培养计划中，积极改变广告专业的实践教学模式，突出大广赛在实践教学中的地位，实现课堂教学与实践教学的结合、校内与校外的结合、理论与创新的结合、科研与教学的结合、老师与学生的结合、学界与业界的结合、个人思考与团队合作的结合，以及孤立的课程与课程体系的结合就成为广告专业必须直面的现实问题。一是把大广赛作为教学、实训和培养学生实践与创新能力的重要环节，明确纳入广告专业的实践教学计划中，在教学计划中给予大广赛参与学生一定的学分。二是将大广赛列入教师的实践课程训练中，通过给教师一定的课时，计算教师的教学工作量，以提高教师参与的积极性。

3. 不断加强对大广赛的投入，建立健全实践教学考核与参与激励机制

传统广告教育对教学效果和学生能力的评价往往采取规范性考

核方式,通过试卷考试的方式考核学生对知识的掌握情况。由于考试的导向作用,教师因材施教,学生因考而学,这种传统单一的考核方式忽视了对实践能力的考核,间接造成了广告学专业师生对实践教学和实践能力的轻视。实践教学是根据课程的实践要求和结构所进行的一种教学实践。因此,采用单一的考核方式显然是忽视了实践教学课程本身的特点和规律,难以激发学生学习兴趣,培养出来的学生缺乏实践创新能力,操作技能差,不适应广告行业发展的要求。因此,改变传统的实践教学模式且加强对实践教学的考核与参与激励势在必行。在构建大广赛参与激励机制方面,江西省已经作出了示范。江西省有50所高校、1万多学生参加了2007年的第二届大广赛,报送了2350余件作品,作品获奖总数列全国第二,这得益于他们有效的激励机制。江西省教育厅为大广赛设立了指导教师奖,指导参赛队获得全国一等奖、全国二等奖或省一等奖的,指导教师可享受省级教学成果一等奖、二等奖的待遇。教学成果奖是教师评定职称的重要条件之一。政策的激励使江西各高校广告专业教师以极大的热情投入到大广赛中。而我省教育厅,虽然给予了大广赛一定的支持,但与江西省教育厅比较,支持力度不够。有力的政策支持是大广赛取得成绩的重要保障。因此,要真正发挥大广赛的实践教学平台作用,必须给予指导老师和参与学生更多的支持。一是加强对大广赛的资金支持力度,让更多的学生有机会参与到比赛中来。二是对参与大广赛的学生,给予一定的物质奖励,特别是对获得全国等级奖励和省级一等奖的学生在保送读研等方面给予政策优惠。三是给予指导教师一定的酬劳,对指导学生获奖的指导教师给予适当的经济奖励。参照江西省教育厅的做法,我校可对获得全国等级奖励和省级一等奖直接认定为校级教学成果奖。只有这样,才能激发学生和指导教师的参与热情,才能让学生在缺少实践教学平台的前提下,充分发挥大广赛的作用和价值。

参考文献:

[1] 王宜川,何鑫.论大广赛对大学生创意与动手能力的促进和培养[J].淮南师范学院学报,2011(4):114.

[2]郭静.高等职业教育人才培养模式—北京市发展高等职业教育的探索与实践[M].北京:高等教育出版社,2000:142.

[3]江泽民文选(第二卷)[M].北京:人民出版社,2006:334.

[4]丁俊杰.再谈我国广告教育存在的问题[EB/OL].(2004-11-19)[2011-08-20].http://www.cctv.com/tvguide/4993.shtml.

金属材料工程专业实验教学体系改革研究*

尹付成　刘永雄　李　智　王鑫铭

引言

目前，各高等院校正积极探索新形势下的教育教学模式，推动实验教学改革和创新人才培养体制的建立。金属材料工程专业的人才培养目标是：培养具备基础理论和专门知识，受到严格的科学实验训练和科学研究初步训练，能在材料领域从事科学研究、科技开发、生产技术的具有创新精神和实践能力的应用型高级专门人才。大学生不仅要掌握理论知识，而且要在实验教学环节中提升科学素质，培养分析问题、解决问题的能力。因此，在21世纪新形势下，将如何有效利用和开发现有的教学资源，重组优化实验教学内容，创新实验教学

---

* 课题来源：2011年湖南省普通高等学校教学改革研究项目“材料工程类专业实验教学体系改革研究”（湘教通[2011]315号）。

作者简介：尹付成（1965－），男，湘潭大学机械工程学院教授，博士，从事合金热力学与合金设计研究；刘永雄（1980－　），男，湘潭大学机械工程学院实验师，在读博士，主要从事合金热力学及相图研究工作；李智（1966－），女，湘潭大学机械工程学院教授，博士，从事材料科学研究；王鑫铭（1979－），男，湘潭大学机械工程学院讲师，在读博士，主要从事合金热力学及相图研究工作。

方式及手段，逐步完善多学科交叉融合、具有特色的实验教学体系已成为各高校进行实验教学改革所必须面对的问题，针对这些问题对症下药深化改革，将会在金属材料工程类创新性人才的培养方面起到不可替代的作用。

一、进行实验教学体系改革的必要性

随着现代社会和科技的不断发展，对专业技术人才培养要求的逐步提高，工科专业学生高素质培养内涵中的综合分析与解决问题的能力被列为核心能力。其中，实践性教学是培养学生工程能力和创新精神的重要手段。因此，相应实践课程的改革，对提高实验教学质量，培养学生的综合素质和创新能力，具有十分重要的意义。

材料科学与工程是一门实践性非常强的学科，主要任务就是研究材料的成分、组织与性能之间的关系。学生实践技能的培养是材料类本科学习阶段的关键环节。但是，目前实验教学仍然存在着较多的问题：第一，学生中普遍存在重理论轻实验的现象，实验技能较低，部分学生对实验应付了事，在写作毕业论文过程中遇到问题不能及时分析、及时解决。第二，实验教学计划中，各门课程分别设置了相应的实验项目，学生受到的只是单个基本实验技能的训练；而且这些实验大多是验证型、演示型的实验，学生基本上处于被动接受的地位，实验积极性不高。第三、各专业及专业方向之间在制定实验教学计划过程中缺乏沟通，没有建立一个共用的实验平台。第四，自2003年修订教学计划以来，各门课程的实验项目有了较大的变化，但由于各种原因，实验教学大纲和实验指导书没有得到及时更新，没有针对各相关专业设立综合的实验教学大纲或者实验指导书，也在一定程度上影响了实验教学质量。

“创新是国家竞争力的核心”，在建立面向材料大学科，覆盖整个材料工程类专业的实验教学平台体系的过程中，如不进行实验教学改革与完善，不着重培养学生的动手能力、综合素质和创新精神，就培养不出高质量的金属材料工程专业毕业生。

二、国内外各高等院校实验教学改革措施及成效

在实验教学环节上,国内许多大学都非常注重开设综合性、设计性和研究创新性实验。武汉理工大学几年前就取消了课程中的验证性实验,取而代之的是独立的、为期一个月的综合设计型实验。通过实施综合设计型实验教学,学生的积极性、能动性和主动性得到加强,综合素质也得到了提高,毕业论文水平得到了提升,而且实验教学的资源也得到了整合与优化。

天津大学、大连海事大学也将原有的实验项目进行调整,增加了综合性实验项目,学生根据课堂所学理论知识,查阅相关资料,设计实验工艺方案,独立完成实验,通过实验来感性认识材料的成分、组织、性能三方面之间的相互关系,从而掌握材料组织性能分析基本手段和操作技能,取得了良好的效果。

中南大学材料科学与工程学院在大学生培养方面,注重创新素质的培养,开展"大学生走进科研"、"大学生创新实验",设计出了综合性实验,并出版了金属材料科学与工程实验教程,其中除了有各门课程的独立实验项目的指导书以外,还包含了综合性、设计性和研究创新性实验指导书。

南京工业大学、广东工业大学等高校都对金属材料工程专业综合实验教学进行了有益的探索,获得了很好的效果。实践表明,开设设计性与综合实验,提高了学生学习的积极性和主动性,有利于全面训练学生的实验技能、培养学生的综合素质以及提高学生的创新能力。

此外,欧美等西方发达国家对实验教学的工程化、研究性更为重视,他们十分注重对应用型人才的培养。他们主张:大学应该让学生从材料科学与工程总体上去理解,而不应该简单孤立地讲授金属冶炼、陶瓷、高分子等单方面的课程。与国内很不同的是,每次实验的

学生人数很少，实验教学中非常重视利用理论知识对实验现象的解释，除课程实验外，还要组织学生到工厂或公司参观学习，以便增加感性认识。

综上所述，目前国内大学都非常注重学生实验课程体系的改革，力求使实验从以前的单一验证性实验转化为综合性、设计性和研究创新性实验。国外大学高度重视对学生实践能力的培养，有完善的实验室开放制度，可以自主地进行实验。但是由于各高等院校的办学条件及专业特色各不相同，所以各校实验教学改革的内容也有很大区别，所取得的改革成效也有所差异。

三、逐步完善多学科交叉融合、具有特色的实验教学体系

1. 继承精华，减少传统性实验项目比例

在原来的实验教学计划中，各门课程都分别设置了实验项目，虽然这些实验多是验证型、演示型实验，但是这些实验还是能够指导或帮助初次进入实验室的学生熟悉和遵守实验室的管理规章制度、增强实验安全意识、正确使用实验设备、掌握实验方法和手段的，同时为提高学生的综合实验水平和开展创新性实验打下坚实的基础。所以，可以从中精选一些有代表性的实验项目继承下来安排在学生的实验教学初期。

2. 开拓创新，增加综合性、设计性和研究创新性实验

随着实验室仪器设备的更新换代，结合湘潭大学金属材料工程专业实验室的办学资源及科研特色，增加综合性、设计性和研究创新性实验。如“金属学原理”这门课程，原来实验教学计划中有“暗室摄影技术”实验项目，但是现在金相组织图片早已要求是电子文档格式，而不是原来的清晰度不高的纸质图片形式。所以就取消了这个实验项目，而相应地增加了“扫描电镜及能谱仪检测技术”和“金

相图像数字分析技术”两个实验项目,通过这两个实验项目能够让学生掌握现代先进的材料检测技术。

另外,在“金属学原理”这门课程的实验教学计划中,根据本专业实验室的科研特色及现代企业生产实际情况,结合应用表面工程防腐技术、原子扩散理论等知识点,新增开了“热浸镀锌技术”这种研究创新性实验。这种实验新颖别致、贴近实际应用,因此很好地激发了学生的学习兴趣。既开拓了学生的视野,也通过实验巩固了课程中的知识点,提高了学生的综合素质。

大学三年级的第二学期期末,在专业基础课程及专业课大部分已完成的前提下,我们课题组老师结合自己的科研课题及研究方向,针对学生掌握上述课程知识的实际情况,设计出多个专业综合性实验项目,涉及金属材料热处理、相图实验测试、表面防腐、计算机在材料科学中的应用等方面。学生根据自己的兴趣爱好,自由分组,选择实验项目,相对独立地完成实验任务。这种专业综合性实验要求学生独立查阅中英文科技文献,制定实验方案,制备及检测实验样品,并对实验结果进行分析处理,通过这一系列综合实验,基本熟悉了科研过程,为学生的毕业论文和以后研究生科研能力的培养打下坚实基础。

3. 强化金工实习及毕业实习

在实验教学计划中,根据金属材料工程专业所涉及的工程知识特点,我们学校建立了自己的金工实习基地,金属材料工程专业学生在大二年级学习结束后,在金工实习基地进行为期半个月的专门针对材料加工技术方面(如:铣工、车工、磨削、焊接、铸造等)的培训,学生自己动手操作。在大三年级学习结束后,学校组织学生进入一些有代表性的工厂和企业进行为期半个月的毕业实习。学生进入工厂,新鲜感强,积极性高,能主动跟带队老师和现场技工或工程师进行技术交流,学到不少平时接触不到的知识。通过上述金工实习及毕业实习这两个现场教学实践环节,能够使学生进一步了解金属材料加工全过程，感受企业的生产氛围，培养学生的生产安全意识、了解企业生产管理环节和锻炼实际生产操作技能，为学生将来进入企业工作打下坚实基础。

学校积极建设优秀实习基地。目前已建立了相对稳定的校外专业实习基地，有中国一拖集团有限公司、华凌钢铁集团有限公司、株洲冶炼集团有限公司等优秀基地，既满足了学生毕业实习的要求，提升了学生的综合素质，又为高校老师广泛开展与企业的科技合作，共同承担科研项目和任务，走产、学、研相结合的道路创造了良好的条件。

4. 加强实验教学质量监控

由于学生积极性不高，迟到早退现象时有发生，为了扭转这种被动局面，一定要加强管理。在实验教学过程中对学生完成实验项目的质量、老师教学质量进行监控、考核与反馈评价，建立与完善实验教学督导机制，制定实验室工作规程和相应规章制度，要求学生签到，要求老师根据学生实验过程的表现及实验报告来评定实验成绩。通过这些管理方式进一步提高学生的积极性，确保实验教学质量。

四、改革措施实施效果

通过实施上述一系列实验教学改革措施，我们在金属材料工程专业学生的培养方面取得了良好的效果，提高了学生的学习兴趣及独立实验操作能力。学生在受到严格的科学实验训练和科学研究初步训练后，能够很好地独立完成写作毕业论文的任务，并且很快地适应后续的研究生科研学习或企业的生产管理。毕业生进入的研究院校和生产企业单位反馈意见良好，达到了实验教学改革的预期目标。

参考文献：

[1] 杨木清. 学科专业综合实验室建设的探索与实践[J]. 实验室

研究与探索,2003,22(1):110-112.

[2] 肖宏滨等.《机械工程材料学》综合实验教学改革[J]. 实验室科学,2006,3: 19-22.

[3] 周雅等. 材料科学综合实验课新探[J]. 南昌航空工业学院学报(社会科学版),2005, 7(1):87-90.

[4] 赵雷康. 材料专业实验教学改革实践效果[J]. 理工高教研究, 2002, 21(2):111-112.

[5] 魏鹏,吴兴文. 金属材料综合设计型实验的教学改革与实践[J]. 理工高教研究, 2009,28(6): 128-129.

[6] 韩雅静,原续波,盛京等. 材料科学与工程专业教学平台实验室综合实验课程改革初探[J]. 高等工程教育研究,2005 年增刊: 55-57.

[7] 陈玉珍,马宝山. 材料科学与工程实验教学改革与实践[J]. 实验科学与技术,2010, 8(3):101-103.

[8] 赵芳霞等. 金属材料工程专业综合实验教学的探索[J]. 铸造设备研究,2005(3): 52-54.

[9] 刘易凡,陈绮丽."材料成型"专业综合实验教学改革的初探[J].广东工业大学学报,2005 年增刊:336-337.

[10] 张长森.应用型本科无机非金属材料专业教学改革探索[J].边疆经济与文化,2007(4):122-125.

[11] 潘清林等.金属材料科学与工程实验教程[M]. 长沙:中南大学出版社,2006: 32-33.

[12] 美国国家研究委员会编. 90 年代的材料科学与工程——在材料时代保持竞争[M]. 中国航空工业总公司北京航空材料研究所、航空信息中心译. 北京:航空工业出版社,1992:46-48.

[13] 涂善东. Total Engineering Education: The Way to Shape Our Future Leadership[A]. Symposium on Multi-/Inter- Disciplinary Engineering Education[C]. Shanghai, 2006. 8-10.

无机化学实验改革的实践与探索*

朱启安

随着现代科学技术的迅猛发展,对21世纪的人才培养提出了越来越高的要求,因而作为培养跨世纪人才的高等学校,肩负着培养高素质人才的重大使命。高校培养出的人才既要具有广博的知识,又要具有很强的分析问题、解决问题的能力,具有创新精神。高校教学改革包括实验教学改革需解决的关键问题之一是采取什么样的教学方式和教学手段,才能更有效地发展学生的智能、培养学生的能力。而当前高等学校传统的无机化学实验教学,不论是教学思想、教学内容、教学方法、教学手段还是管理模式均难以适应培养面向21世纪人才的要求,因而为了培养高素质的人才,无机化学实验迫切需要改革,目前我们正在进行这方面的尝试。

一、无机化学实验课的现状分析

* 作者简介:朱启安(1963-),男,湖南湘潭人,湘潭大学化学学院教授,主要从事纳米材料的制备和应用研究。

1. 对无机化学实验课的重视不够

长期以来,无机化学实验课一直处于理论课的依附地位,学生甚至包括老师都不太重视。重理论课、轻实验课,认为只要理论课学好了,实验课学不学好无所谓。表现在:对学生的评价方式上,许多学校在计算期末总成绩时,实验成绩所占的比例太少(如原来我校化工专业的无机化学及实验课程总评成绩按理论占70-80%,实验占20-30%计算);从课程名称上看,许多专业该课程叫“无机化学及实验”,没有将无机化学实验作为一门单独的课程来开;从课时来看,无机化学实验课时明显不够,如我校改革前,化工、环工、食工、生工、制药等专业的无机化学实验课只有24课时,后来竟改为16课时,做实验只是点缀,或者说就像是炒菜时放点调味品一样,根本没有将其放到应有的位置。

化学是一门以实验为基础的科学,许多规律和理论都是从大量的实验中总结出来的,同时通过实验还能加深对理论知识的理解和掌握,而目前这种轻视实验的现象,不利于学生分析问题、解决问题能力的培养,不利于学生对后续实验课程的学习(因无机化学实验是学生进入大学的第一门实验课,其基本操作和实验方法是后续课程的基础),进一步来说,严重制约了学生科研能力的发展。

2. 进校前学生实验的能力参差不齐

由于无机化学实验是化学化工类各专业最先学习的一门必修的专业基础实验课,学生在大学中还没有经过其他实验技能的训练,只有中学具备的实验基础,而来自不同中学的学生的实验能力千差万别:来自重点中学的学生,由于有较好的实验设施,受过较为正规的训练,实验能力较强;而来自偏远地区或实验条件差的学校的学生,学生自己根本没有做过实验,只看过老师做的演示实验或“听”过老师说实验,实验能力之差可想而知。

3. 实验内容陈旧

实验内容大都是验证性实验,实验只是作为验证理论知识的手段,学生做实验是不动脑筋的“照方抓药”,缺乏综合性、设计性、研究性实验的内容。这种现状不利于学生创造性思维的发展和创新能力的培养;进一步说,不利于学生今后科研能力的提高。

4. 教学方法落后

传统的实验教学方法采用的是“满堂灌”、“填鸭式”、“教条式”的教学模式,教师讲解实验内容后,学生不动脑筋地“照方抓药”,做完了事。学生根本不理解实验设计的目的和设计实验的指导思想,缺乏对实验理性的思考和创新,学生“知其然不知其所以然”,结果培养出来的学生能力很差,更别说自己单独设计实验方案和科研能力的培养了。

二、无机化学实验改革的措施

针对无机化学实验教学中存在的一些问题,我们在学校、学院的支持下,着手进行了无机化学实验教学的改革,为提高教学质量进行了有益的探索。经实践,效果良好,措施如下:

1. 改革实验教学计划和实验教学考试评价方法

为了改变无机化学实验仅仅处于概念、理论的依附地位,加强无机化学实验的教学,我们从制订教学计划入手,使无机化学实验单独作为一门课程,改以前的“无机化学及实验”一门课为现在的“无机化学”及“无机化学实验”两门课,适当减少理论课课时数,增加实验课时数,每个专业现在均增加了 2 - 3 个实验。实验成绩由原来占整个课程的 20% - 30% 至单独作一门课程的 100%。同时建立起科学的评分标准,改以往偏重于期末的集体操作考试为充分注意平时的实验过程,因为期末考一个实验很难公正客观地反映学生的实验操作能力和综合分析能力。我们充分注意学生平时在实验中的表现:包括实验操作、综合性实验的设计能力、讨论实验方案时的发言情况、回答问题情况以及在实验报告书写时是否对实验结果进行了分析和总结,并对有些实验失败的原因进行了讨论。综合以上这些因素,建立起每个学生的成绩档案,再加权平均的实验的总成绩。另外在教师的第一堂实验课及以后的实验课中,任课教师充分强调实验课的重要性。通过这些措施,使实验教学得到了强化,学生上实验课的积极性大大提高,实验能力大大增强。

2. 改革实验教学内容

传统的无机化学实验的实验内容,基本上都是验证性实验,实验内容陈旧,缺乏综合性、设计性和研究性实验,这样不利于学生创新能力的培养,也不利于实验教学水平的提高。在教育部的本科教学水平评估中,也明确要求提高“三性”(综合性、设计性和研究性)实验所占的比例。我们结合教育部的评估要求,改编了《无机化学实验》(由湖南科学技术出版社出版),更新了陈旧的实验内容。基本操作是基础,由于学生入校时操作能力参差不齐,因而在强化基本操作的基础上,提高了“三性”实验所占比例,新增了 9 个研究创新型实验,教师可根据学生实际情况选做。例如我们增开了溶胶 - 凝胶法制备纳米级钛酸铅等实验,要求学生自己设计实验方案,自己配制药品,并对产品进行表征。通过这些训练,充分调动了学生的主动性和积极性,培养了学生的能力。

3. 改革实验教学方法

为了克服学生做实验时不动脑筋,“照方抓药”的现状,改变传统的“满堂灌”、“填鸭式”、“教条式”的落后的教学模式,倡导以教师为主导、学生为主体、形式多样、生动活泼的师生双向交流、教学相长的教学模式,充分调动学生的积极性,培养学生分析问题、解决问题的能力，我们对无机化学实验的教学方法和教学手段进行了大胆的改革。首先，对传统的验证性实验，我们要求学生先预习，并提交预习报告，然后抽 1 ~ 2 名学生对实验进行讲解，教师对实验中的关键性问题提问，要求学生讨论并回答。在实验中也可要求一个小组改变操作条件，待实验结果与其他组的实验结果不同或实验失败时，学生分析实验不同或失败的原因。可在实验课上讨论，也可以在实验报告上对结果进行分析和讨论。总之，在实验过程中，应鼓励学生不要惧怕实验不成功，善于用多种方法或改变条件去探索实验，从分析比较实验结果中找问题，从失败的实验中找教训。这样让学生多思考、多动脑，提高他们的分析问题和解决问题的能力。其次，对设计性和研究性实验（该步骤放在学生已掌握了一些基本操作，做了一些验证性实验，已有一定的实验基础上进行），由教师给出实验题目，如溶胶 - 凝胶法制备纳米钛酸铅或电解法制备高铁酸钾等（有些题目也可以是教师科研中的小课题，当然难度不宜过大，应是学生自己努力能达到的）由学生自己去查阅资料，自己去开动脑筋设计实验方案，自己配制药品，自己去实施，学生全程参与整个实验，教师只是保证大的原则、方向不出错。这样学生有自己的思想，不是简单地“照方抓药”。最后，学生写出自己的“小论文”，具体实施步骤为：

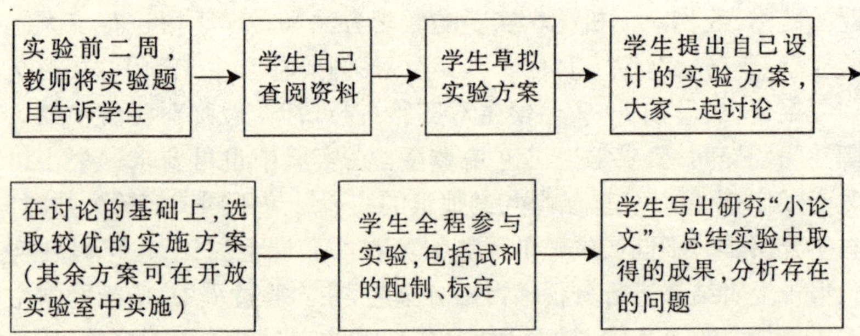

通过以上的方法，真正提高了学生的积极性、参与性和主动性，强调了实验中以学生为主体的教学思想。通过实验方案的设计和实验操作，学生的独立工作能力、实验技能等都得到了一次综合训练，初步学习了一个完整实验研究工作的基本步骤，特别是学会了实验的整体设计思想、实验方案的选择、实验条件的选择、文献资料的查阅等。这样改变了“照方抓药”的习惯，有利于充分发挥学生的学习积极性和主观能动性，激发其创新精神，是培养和提高学生各方面能力及发展智能的重要途径。

4. 有限度地开放实验室

对有些学生自己设计的实验方案，教师虽未采用，但可在开放实验室中进行。另外，在开放实验室中，还可做做学生的某些“小发明”或与教师科研有关的“小科研”。实验室的开放，能充分强调学生在实验中的主体地位，让他们自己查阅资料、设计实验方案、查阅仪器说明书、装配仪器，自己解决实验中遇到的问题。甚至时间也可自由安排，如星期六、星期天、晚上……需要的实验室、仪器、药品可安排实验员值班或预约提供。但对于一年级的大学生来说，实验基本操作能力还不太强，还有一个循序渐进的过程，因而只能有限度地开放实验室，教师也不能完全“放手”，应在总的原则、思想、宏观上进行指导。开放实验室为学生营造了一个宽松的、以学生为主的教学环境和气氛，使学生获得充分发挥想象力和自我表现的机会，对学生综合素质的培养起到了积极的作用。

5. 加强计算机在实验中的应用

为了培养适应21世纪的高素质人才，必须加强无机化学实验与新的实验手段、方法的结合，加强计算机在无机化学中的应用，改过去的坐标纸作图为利用计算机中的Excel和Origin7.0作图，并用Excel对数据进行处理和计算。例如在“Fe^{3+}与I^-反应级数的测定”的实验中，要通过实验数据求算出Fe^{3+}的反应级数x和I^-的反应级数y，均需作直线图，过去往往用坐标纸作图，费时又不精确，现在我们改用计算机用Excel或Origin7.0作散点图，再添加趋势线，电脑能自动给出直线方程，从而得到斜率x和y，方便而准确，作出来的图又漂亮。这样，既培养了学生用计算机处理科学数据的能力，学生又很感兴趣，效果良好。

6. 加强实验室管理体制的改革

要搞好无机化学实验的改革，必须加强实验室管理体制的改革，因开放式的实验教学模式需要有相应的管理制度做保证。对有些综合性的实验，其实验内容可能包括无机、有机、分析等专业的内容，实验中所用的仪器可能也包括这几个专业使用的仪器，这就要求几个专业的实验人员通力协作，共同把综合性实验开好，原来分专业条块分割的实验室管理模式显然不适合新的实验教学方法。因此，自2003年以来，我校开展了实验室管理体制的改革，将原来按专业设置的几个分散的实验室集中为院实验中心，这就从管理体制上保证了开放式实验的进行。院实验中心及时出台了《实验中心开放式实验管理实施办法》、《实验中心开放式实验室实验员定岗办法》，从实践的效果来看，效果是良好的。

三、结束语

无机化学实验的改革,是一项艰苦的系统工程,它必须从改革实验教学内容、教学方法和教学手段以及实验室管理体制入手,并且要更新观念,真正做到体现学生的主体地位,让学生从"要我学"变为"我要学",充分调动学生的主观能动性和积极性,这样才能培养学生的创新思维和创造能力,才能将学生培养成为适应21世纪需要的有用的人才。对无机化学实验教学的改革,我们虽取得了一定成绩,但仍有不少差距,我们应不断努力,使无机化学实验教学改革取得更大的成绩,为培养新世纪的合格人才作出自己应有的贡献。

参考文献:

[1] 辛剑,孟长功等.面向新世纪大学化学实验改革的思考与探索[J].化工高等教育,2003(1):93-93.

[2] 黄成华.无机化学实验改革探讨[J].内江师范学院学报,2001,16(4):68-72.

[3] 廖戎,钟熠等.改革无机化学实验教学的尝试[J].西南民族学院学报(自然科学版),2001,27(4):493-494.

[4] 李增富.加强无机化学实验教学改革培养学生独立实验能力[J].三明师专学报,1999:68-70.

[5] 湘潭大学化学学院无机化学教研室.无机化学实验[M].湖南:湖南科学技术出版社,2002.

工科大学生科研创新能力培养探讨*

龙激波

创新是现代社会科学技术发展的原动力。党的十八大报告提出了“实施创新驱动发展”的战略方针，把目前我国大学生科研创新能力培养提高到了一个新的高度，也标志着我国进入创新人才培养的时代。高校作为科研创新的主力军和科研创新人才培养的主要基地，培养科研创新人才是当前大学生人才培养的重中之重。然而根据调查，目前大学生的科研创新能力素质严重滞后。尤其是工科大学生，综合素质不高、缺乏创新素质和实践能力、在工作中无法承担实际的工程实践或者毕业后需要经过长时间的实践培养后才能胜任实际工作，是当前大学生培养存在的一个普遍问题。因此，在工科大学生获取扎实专业基础知识的同时，培养他们的科研创新能力、提高他们的综合素质，为社会提供卓越的创新人才是目前高校教学教育改革的重要任务。

* 作者简介：龙激波（1971－），男，湘潭大学土木工程与力学学院副教授，主要研究方向：建筑节能。

一、当前工科大学生创新能力培养的问题

虽然目前不少高校已经意识到培养工科学生科研能力的重要性并付诸了一些行动,但总体来说,工科大学生的科研能力培养机制还处于不成熟阶段,需要及时地发现、总结问题,以进一步完善,提高工科大学生的综合素质和科研能力。

1. 工科学生的科研素质不高

(1)科研意识不强,参加科研活动的学生比例很小。大多数的工科大学生没有重视学校举办或参与的科研活动,而是把课余时间都用在健身、娱乐或社会兼职上,还有一些人在忙于考取各种证书以增加就业筹码,更有甚者,则是每天上网聊天、打游戏来度过大学的时光。此外,用人单位的反馈信息也直接反映了当前工科大学生缺乏创新主动性,根据一项涉及 IT 业、制造业、交通业、建筑业、邮电通讯业、教育研发等多行业用人单位的调查,有 44% 的用人单位认为所聘用的工科毕业生缺乏科学的态度和精神。

(2)科研知识结构不合理,不会搞科研。未来工程师既要有精深的基础理论和专业知识,还要有广博的交叉学科和相关专业的知识,才能够解决复杂的大尺度的现实工程问题,不断实现工程创新。而高校教育强调知识传授的系统性和完整性,刻板单一的课程结构与传统教学方法,无法锻炼学生发现问题、分析问题和解决问题的能力。

(3)科研性格的缺失,缺乏恒心、毅力和不折不挠的探索精神。大部分的工科学生好胜心切,浮躁心重,渴望立竿见影的功效,在一段时间的努力之后不见成果,就会没有成就感,就很有可能放弃整个项目的继续探索和研究,到最后草草收尾,半途而废。而学校也缺乏对这方面的重视及训练。

2. 现存的评价指标体系尚未完善

(1)目前存在的工科学生评价机制不利于创新。长期以来,高校教育大多数还停留在专业基础课和专业课的教学与实验环节,对大学生的评价大多关注学生的考试成绩,研究生的选拔也是考试成绩占大头,而对工科学生来说,重要的是其工程素质,更应关注的是其在工程实践中表现出来的创新力、动手能力及沟通交流能力。中国工程院曾对全国5000名工程科技人员进行过一次调查。21.8%的人认为,高校培养的学生完全不符合或基本不符合国家技术发展需要;52.4%的被调查者认为,我国高校培养的工程专业学生质量一般。

(2)目前存在的学者评价机制不利于创新。诸如在核心期刊发论文的硬指标;博士生必须要完成论文指标才能毕业;科研人员评不了教授等规定都束缚了科研人才的发展。一方面,随着高校的不断扩招,教师要忙于繁重的教学任务;另一方面又要在评价指标体系下撰写大量的学术论文,根本无暇指导学生,更谈不上定期深入企业调研、实践,掌握工程科技发展新趋势了,在教学中自然也就无法结合工程实际授课,课堂学习就变得乏味无趣,学生的逃避心理日趋严重,专业知识掌握不牢,更不用说去搞科研了。

二、工科大学生科研创新能力培养

针对目前大学生创新素质现状和大学生科研创新能力培养中存在的问题,大学生科研创新能力培养的教育教学改革可从以下几个方面着手进行:

1. 以人为本,注重工科大学生实践能力

(1)实践与理论相结合,提高学生创新热情。在大一大二学习专业基础课期间,安排学生提前进入专业实验室,进行基础的科研实

验,练好科研基本功;在大三安排的生产实习及认知实习中,采用实习教学与生产服务相结合的实习教学模式,让学生真正参与到实际工程项目中来,有效地锻炼了工科学生的科学思维能力和工程应用能力。

(2)开展各项创新活动,开发工科学生的科研潜能。如挑战杯、科技竞赛、创新课题等,学生根据自己的兴趣和特长,以学生专项科研基金的方式,采取自愿报名,自行组建科研团队的形式,申报课题和联系指导老师,共同探讨、设计和完成研究课题,以此提高学生的自主学习能力和独立研究能力。

2. 教研结合,积极推动工科研究性教学

(1)重视科研教育,吸引学生参与到导师的课题研究中。在课题研究期间,向老师介绍自己的课题研究内容、开放专业实验室,介绍专业学科前沿成果,带领学生尽早熟悉本专业科研领域,并引导学生进行一定的科学研究工作。在老师的引导下,我校建筑环境与设备工程专业的部分学生对地表水作为空调冷热源的节能技术产生了浓厚的兴趣。适时地给予学生指导,提升学生的创新意识和科研能力,在创新研究过程中学生完成了其中一项技术问题的调研、设计、优化、实验等工作,获得了一定的成果,申报并授权了一项实用新型专利,并在2013年第七届中国制冷空调行业大学生科技竞赛中获得三等奖。同时,在学生的科研创新过程中培养学生团队合作、语言沟通能力、自主学习精神等方面的综合素质。

(2)不同形式的考核,检验学生的综合能力。在课程考核形式和方法上,从单纯检验知识的掌握(闭卷考试)转向更多地关注创新意识、实践与创新能力的检验。根据课程类型的不同,采用闭卷、开卷、开放性小论文、实验操作、综合设计等灵活多样的考试方法,从不同角度提升学生的综合素质。

(3)教学环节中结合专业技术前沿,重视毕业设计及课程设计的创新性。毕业设计及课程设计的选题结合实际工程的建筑节能新技术应用,具有一定的新颖性和实践性。给予学生适当的指导和点拨,留给学生独立思考和自主完成的空间,在考核评分中优先考虑其中的创新性,强化科研实践训练,达到全面提高工科学生科研能力的目的。如在2012届建筑环境与设备工程专业毕业生的毕业设计中,为胡奇红、刘凤姣、单爱飞三个学生选定了湘潭市新建建筑"湖南省第三工程有限公司办公楼空调系统设计"作为毕业设计题目。根据建筑空调负荷特点、空调使用时间、建筑所能采用的空调冷热源资源状况,分别对裙楼采用了冷却塔加压缩式冷水机组的形式和塔楼采用冷却塔与地埋管节能技术相结合加水冷多联机的形式,设计中采用了多项新型建筑节能技术有机结合的特点。该作品在2012年"第十届全国MDV中央空调设计应用大赛"中获得学生组最高奖——"设计达人奖"。

3. 环境育人,优化工科科研创新环境

(1)举办学术讲座、大学生创新论坛科研成果展览会等,营造良好的科研氛围,激发工科学生的科研热情;利用现有的校内外实习基地、实验中心等资源,建立各式各样、各具特色的创新基地,吸引更多的工科学生参与科研创新活动。

(2)设立专门的创新评奖评优制度,创新成果作为评选三好生、免试推荐研究生和评定奖学金的重要评分依据,鼓励学生参与科研创新活动,并设立专门的创新基金,解决学生们的科研经费所需。

(3)开办辅修专业,鼓励工科学生进行交叉学科的学习,方便工科学生进行科学研究;在制定学生培养计划时,预留一些待定课程,方便学生跨专业选课,完善工科学生的知识结构。

(4)开展创业教育和就业教育,增强工科人才的就业竞争力。开办SIYB(创业培训,START & IMPROVE YOUR BUSINESS)指导班,为学生提供很好的人生规划依据;在日常教学中邀请企业人力资源高管进校授课,为学生做就业指导,并提前告知学生就业所需要的一些硬件条件。

参考文献:

[1] 陈新景,何俊华. 大学生科研能力现状及原因分析[J]. 河北广播电视大学学报,2011(3):79-81.

[2] 张志刚,殷科生. 加强应用型高校大学生科研能力培养的探索[J]. 当代教育论坛,2011(1):48-49.

[3] 李庆丰,赵一夫. 大学生实践能力调查:用人单位和毕业生的视角[J]. 高教发展与评估,2008(1):106-115.

[4] 盛晓明,王华平. 我们需要什么样的工程哲学[J]. 浙江大学学报(人文社会科学版),2005(5):27-33.

[5] 石芳娟. 工程哲学视野下我国工科大学生创新素质与实践能力培养研究[D]. 合肥工业大学硕士学位论文,2009:14-16.

[6] 潘云鹤. 我国工程教育能力缘何世界垫底[N]. 文汇报,2007-9-28(5).

[7] 刘威. 十八大代表直陈创新人才培养之难. http://news.xinhuanet.com/18cpcnc/2012-11/09/c_113651264.htm.

基于社会关系网络的大学生校外实习教学探析*

霍生平

现今，企业一般不愿接受学校实习生，认为实习会影响生产、担心安全事故、回避安排实习生带来的额外工作和费用负担（仅有部分专业如酒店管理专业的实习生，如果实习期超过6个月才会受到企业欢迎而被接纳），这给实习教学带来了很大困难。于是，很多学校为克服这一困难往往通过社会关系资源（如学校的校友、教师或学生的亲友、校董和合作单位）来联系实习接收单位。

本文立足于研究依托社会关系网络向实习学生转移实践知识的特点及其内在机理，思考完善这种实习教学运行模式的方略，相关研究成果具有较突出的实际应用意义。

---

* 课题来源：2013年湖南省普通高等学校教学改革研究项目“高校依托社会网络组织学生校外实习教学研究”。

作者简介：霍生平（1970－），男，汉族，湖南株洲人，湘潭大学旅游管理学院人力资源管理系主任，湘潭大学人力资源研究所副所长，博士，副教授，研究方向：人力资源管理、教育经济与管理。

一、依托社会关系网络组织大学生校外实习的优越性

在现实中,学校的教师和校友、校董会成员或合作单位、学生的亲友等社会关系是大学联系实习企业从而为学生搜寻和获取实践知识的主要中介者。事实上,从计划经济体制转变到市场经济体制后,这种基于社会关系的实习教学运行模式在各校愈来愈普遍了。

部分研究者观察到了社会关系网络对于学校联系实习单位的重要作用,王爱军注意到了新形势下实习教学严重依赖社会关系的现象,认为在市场经济条件下,实习单位重点考虑经济效益,对于接待高校学生的教学实习往往不感兴趣,积极性不高,教学实习很难得到实习单位的支持和配合,导致教学实习基地“靠关系”来维持。这种实习教学模式的以下优点是值得肯定和重视的:

1. 降低实习成本

由于借助私人关系帮忙,企业可能不会向学校收取实习费,而且给予实习学生生活补贴、交通补贴,提供免费住宿,甚至比照员工发给工资、奖金、福利,不仅节约学校实习费用,而且使学生能够利用实习打工助学。

2. 克服盲目寻找实习单位的信息不对称问题

具有社会关系资源、推介实习单位的实习联系人,一般既熟识实习学校的师生,也熟悉有关单位的情况,比较清楚实习双方是否具有较高的匹配度,避免了学校或学生自己盲目找实习单位可能遇到的诸多问题,例如有的公司实习条件很差,实习安排很不恰当,甚至名为学生提供实习机会,实为利用他们作为廉价劳动力。

3. 向学生深度转移实践知识

一方面,实习联系人了解实践知识在社会关系中所在的节点位

置,发现有利于学生通过实践"干中学"的实习单位;另一方面,他们还可利用私人关系请实习单位给实习生分派能锻炼业务能力的工作岗位和任务、提供能接触重要信息的机会、分配资深员工担任实习辅导员。这样,能够加快学生的社会化和实践化过程,缓解高校毕业生素质状况与用人单位对人才需求标准不一致的矛盾,更快地培养具有较强动手能力、实践能力、就业能力、创业能力的社会适用人才。

4. 借助社会教育资源提高课堂教学质量

学生在实习中积淀感性、非编码的实践知识后,更易于对抽象、编码的课堂知识和书本知识加以解码,有利于促进学生对校园内所学知识的全面掌握和理解。这能够充分地动员和利用社会教育资源,引入实践经验、操作诀窍、社会民情、人际关系等隐默性的知识,促进实践教学质量提高,有利于改进现有实习方式,推动高校人才培养模式改革创新。

二、依托社会关系网络组织大学生校外实习的实践知识转移机制

社会网络中知识转移理论是研究嵌入于社会网络的实践知识如何通过实习教学转移给学生的很有说服力的理论视角。从社会网络中知识转移理论的视角研究大学生校外实习教学运行模式,具有很强的针对性和解释力,可以为高校实习工作提供崭新的理论参考和思维方式。

1. 知识社会网络理论的相关研究文献

国内外该理论领域有借鉴意义的研究内容可分两类:一是从转移主体之间的对偶关系特征出发,关注二元网络中关系强度交往频率对转移主体的影响;二是从转移主体所嵌入的网络结构出发,关注网络的位置、密度和异质性对转移主体的影响。Burt R S. 、Granovetter M.(1973)、Herderdson R M, Cock burn I.(1994)等人认为,不同组织的人们之间的紧密联结关系(强关系)能够带来有效的知识共享。其中 Burt R S. 认为富有“结构洞”的网络为通过中介人获取非重叠信息提供了机会,中介人就是善于建立跨越“结构洞”的人际桥梁的人。当社会关系中存在网络节点间隙的桥梁—“网络桥”时,便产生了跨越边界的“信息收益”,因为特定群体中的信息相对是重叠的。任志安强调社会网络中存在结构空洞的跨越者(broker)联结了本来没有联系的双方,跨越者由此在被联结的双方面前具有了控制优势和发言权,中介组织将不同兴趣、拥有不同信息和知识的个体连接起来,从而在不同知识主体之间架起了桥梁。知识主体间的信任和行为协调是其有效共享的前提,而信任和协调只能通过网络成员间的重复交易和接触才能产生。周密说明了当存在强的第三方联系时,人们更容易与同伴合作;以强的第三方关系为特征的社会网络可以超越联系强度而影响知识转移。遗憾的是,这些并未引起研究者们的足够重视,尤其是很少有研究者们从社会关系中知识转移理论的视角,分析社会关系对于企业实践知识向学生传导的作用、机制及策略。

2. 基于社会关系网络的实践知识转移机制

实习是企业实践知识传递给大学生的重要桥梁。大学是图书、教师、课堂等要素的集合体,主要承载和转移理论知识;企业是资深员工、生产经营活动、组织文化等要素的集合体,拥有和开发实践知识;正是通过实习教学,企业的实践知识得以传导至学生,弥补大学校内教学的不足。因此,学校相当于实践知识的需求者,企业是实践知识的供给者,而实习联系人则是知识供求之间的中介人,拥有理论知识的学校与内嵌实践知识的企业之间存在“结构洞”,实习联系人处在“网络桥”的位置,具有信息优势(拥有非重复信息)和控制优势(控制知识流),他们跨越“结构洞”,担当“知识经纪人”的角色,即寻找社会网络中的实践知识“节点”(拥有特殊的组织惯例、潜规则及文化氛围的特色企业及其具备业务技能和经验的资深员工),促成实践知识与学生的对接。因为实践知识作为非编码、人格化、社会嵌入性的隐默知识,蕴涵于社会关系内部,其传播是一个社会化过程。这就需要高校充分利用各种社会关系来联系合适实习企业,加强校企双方协调,保持稳定和谐的实习合作关系,以此来提高和保障实习教学质量。高校与企业这两类组织之间存在社会关系理论所谓的"结构洞",实习联系人(推荐或安排实习接受单位的学校的校友、教师和学生的亲友、校董与合作者等社会关系)是介于二者之间的"网络桥"、"中介人",发挥着从校外社会中寻找实践知识转移给学生的作用,学校作为实践知识需求者与作为实践知识供给者的实习接受单位正是通过实习联系人建立和维持实习合作关系。

三、依托社会关系网络组织大学生校外实习的规范化策略

不少研究者提出了完善实习教学的各种策略。陈艳春认为学校和企业应建立一般契约关系,通过信息共享搭建校企沟通平台,为企业与学生双向选择提供条件。阳小敏认为教学实习基地建设应坚持"内外结合"、"虚实结合"以及全程管理,即校内实习与校外实习结合,多媒体课件辅助实习与现场实习结合,实行多环节、多层面的全过程管理(包括选派指导老师、实习动员、安全与纪律教育、现场实习、实习报告、实习交流与答辩等)。但是,少有人根据实践知识的特点及其在社会关系中的传播机制,思考依托社会关系的实习教学运行模式如何进行规范和完善的政策及具体措施,探索利用社会教育资源塑就和输送社会适用毕业生的高校人才培养模式。

笔者认为对于依托社会关系转移实践知识的大学生校外实习教学模式,应当贯穿其全程对各环节进行规范化:

1. 实习单位联系的规范化

即搜索实践知识源并挂接实习生。对于普适性的公共知识(社

会经验知识),由于拥有这类知识的企业很普遍,可由政府甄选合格企业建立公共实习教学基地,学校无需与企业保持强关系,甚至可利用数字技术让学生通过知识搜索引擎、知识地图、专家黄页、虚拟社区实习等方式寻找和接受实习教学服务。而对于嵌入性的个人和组织知识(员工业务技能和经验,组织惯例、潜规则及文化氛围),需由学校自主寻找实习企业并保持强关系,而学生需要在与实习指导师傅高频率接触中获得隐默知识。

2. 实习过程管理的规范化

加强校企沟通及协调,激励实习指导者认真辅导实习生,通过师傅带徒弟、顶岗实习(干中学)、工余闲谈、私人聚会、课题研究等隐默知识传导方式促进实践知识向学生转移,由学校、企业、第三方共同对学生实习教学过程及其效果进行评价以测量实践知识内化程度。

3. 实习费用(或报酬)定价的规范化

学校给予实习企业及有关人员的费用或报酬相当于实践知识的交易价格,取决于以下多种因素:校企关系的深度(例如校友对母校的感恩回馈心);企业能否廉价获得人才和劳动(如录用实习生可降低招募、甄选、试用等成本,利用实习生的劳动力);是否有利于获得大学知识(如实习生的实习知识成果,企业人员到学校进修机会,以实习为纽带的校企合作领域);培养人才的社会责任感等。

应区分公共知识和私人知识进行实践知识的交易和定价,即普适性的公共知识(社会经验知识)由政府遴选企业建立公共实习基地并提供实习补偿,嵌入性的私人知识(如员工技能和经验、组织文化等个人或组织知识)由学校自主联系企业并付给实习费或实习指导工资。

4. 第三方知识评价和中介服务的规范化

通过政府部门、社会机构评价企业所拥有的适合大学生的实践知识,为学校联系实习单位,评价实习教学效果;可引进第三方知识价值评价机构(如政府教育有关部门、社会评价机构),采取公开透明的学校付费(实习接收费、实习指导工资)与政府补偿(如实习减免税、实习补贴)相结合的方式。

5. 实习合作关系维系的规范化

校企双方在实习教学过程中,应在签定规范而完备的实习协议的同时加强动态协调,即通过书面契约与心理契约的互补维系实习合作关系。

对于组织或个人嵌入性的实践知识(企业文化、员工技能经验),实习生与指导师傅之间应当建立强关系(通过高频率的接触、反复沟通互动形成信任关系)才有利于转移这类知识;对于社会普适性的实践知识(社会经验),则仅保持弱关系即可。

参考文献:

[1]王爱军.教学实习基地建设研究与实践[J].教育论坛,2007(18):28.

[2]任志安,毕玲.网络关系与知识共享:社会关系视角分析[J].情报杂志,2007(1).

[3]周密,赵文红,姚小涛.社会网络视角下的知识转移理论研究评述及展望[J].科研管理,2007,28(3).

[4]陈艳春.教学研究型大学校企关系管理研究[J].商场现代化,2008(4)(下旬刊):98-99.

[5]阳小敏,王季青,刘建生.生产实习教学的困境与对策[J].科技咨询导报,2007(6):141.

[6] Burt R S. Structural Holes: The Social Structure of Competition. Cambridgle M A: Harvard Universitv Press, 1992.

教学课表可视化方法研究*

仇壮丽

一、引言

关于将课表显示在日历中的方法,焦丽萍、张杰在《巧用 VBA 制作日历式教学课表模板》一文中介绍了利用 WordVBA 技术设计开发日历式教学课表的方法,但这种方法没有考虑单、双周的问题。受教学时数、教室等因素的影响,现在很多的排课系统按单双周来为教师排课,同一个时间,往往单周有课而双周没有课,或者相反。面对这样的课表,很多老师上课前常常要考虑很久——“这一周到底是单周还是双周?”稍有不慎,就会把单周当成双周、或把双周当成单周而将教学时间弄错,容易造成教学事故。为了解决这一问题,笔者希望通过介绍两个常用的软件,将课表转换成日历显示的形式。某个时间到底有没有课,可以通过日历清清楚楚地显示出来。这两个软件是 Microsoft Office Outlook 和 Emacs,它们各有优势。

---

* 作者简介:仇壮丽(1975 -),男,湖南安化人,湘潭大学公共管理学院副教授,研究方向:信息管理。

二、通过 Outlook 的日历显示课表

Microsoft Office Outlook 除了提供我们熟知的邮件管理功能外，还提供了很完善的日历管理功能。很多时间管理专家都用 Outlook 的“日历”进行时间管理。下面介绍在 Outlook 中将课表转换为日历显示的基本方法。

1. 选中 Outlook 的日历功能，显示视图选择“工作周”。

2. 通过创建“约会”，将课表内容输入日历中。Outlook 日历中的约会有两种类型：一种是一次性约会，只在某个时间发生一次；另一种是“定期约会”，每隔一定的周期发生一次。由于课表以周为单位，因此一般通过创建定期约会来显示课表。

(1) 对于不分单双周的课程，先选择课程的时间，然后从菜单“动作”中选择“新定期约会”，首先设置好约会周期（将定期模式设置为“按周”），将重复范围的开始日期设置为第一周的日期，重复的次数为该课程的持续周数，例如 16，如图 1 所示。

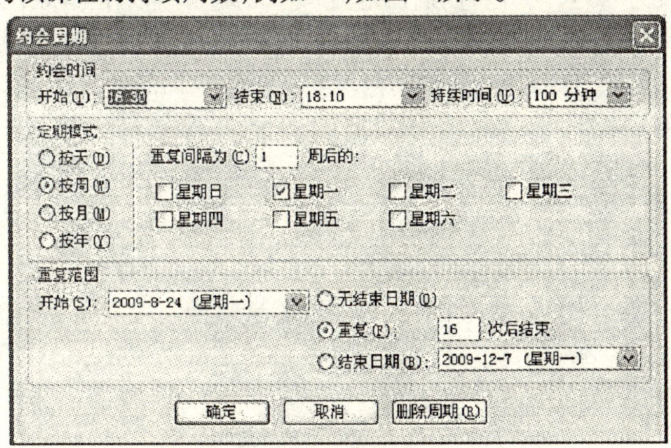

图 1　设定约会周期

然后再设定约会的主题、地点和内容。如图 2 所示。

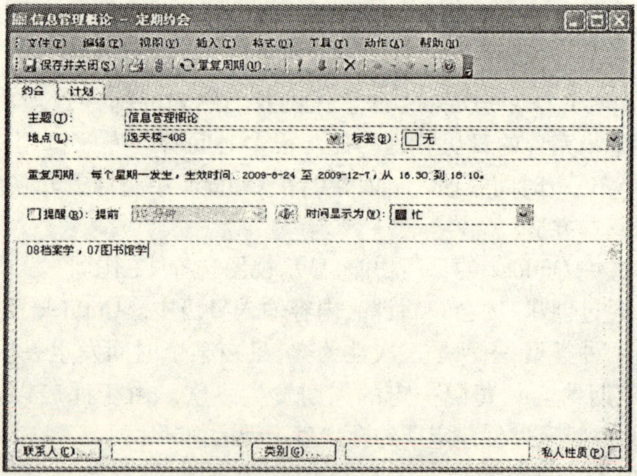

图 2　撰写约会内容

(2)对于单周或双周才有的课程,在设置约会周期时,将定期模式更改为“按天”,并将周期设定为“每 14 天”。如果是单周,则从第一周开始设置;如果是双周,则从第二周开始设置,重复次数为课程周数/2。约会的时间、地点和内容与不分单双周的约会相似。如图 3 所示:

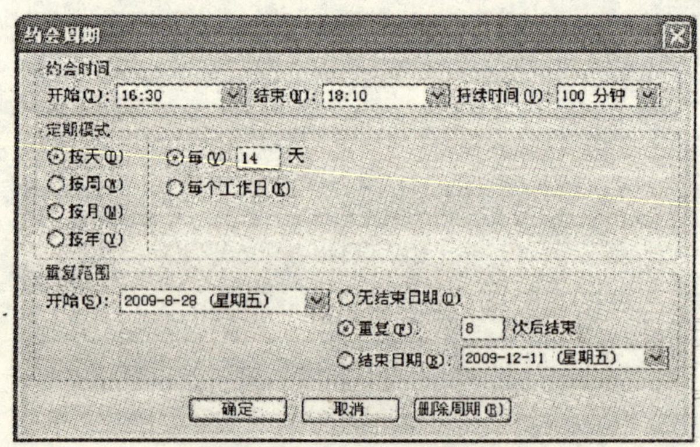

图 3　单双周课程的周期设定

至此，课表已经显示在日历中，每天某个时间有课还是没有课，均一目了然。图 4 显示了第一周的课表。

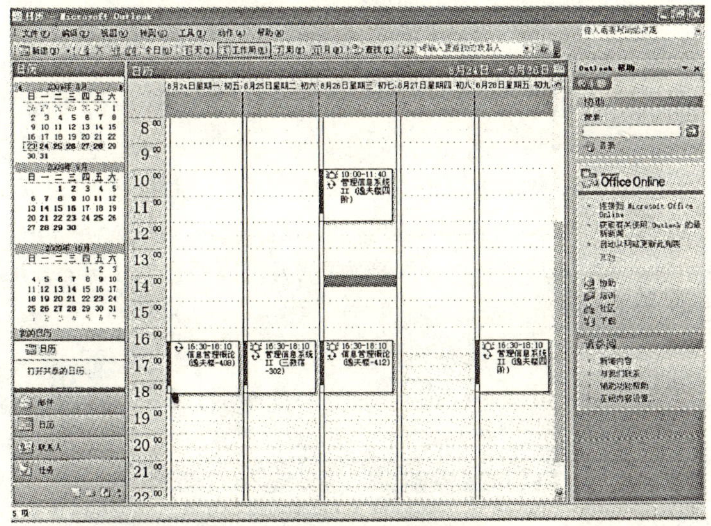

图 4　显示在日历中的课表

3. 日历型课表的提醒与输出

Outlook 可以对项目应用颜色，以便能够一眼识别。除了这种直观的显示方式以外，还提供了声音和消息提醒功能，默认的情况是在约会前 15 分钟响铃并弹出对话框提醒（当然需要打开计算机，校正系统日期和时间并启动 Outlook）。

此外，Outlook 还提供了更为方便的打印功能，其打印格式可以有日历、周历、月历、三栏式、详细日历和备忘，只需在“页面设置”中选择相应的样式即可。

三、利用 Emacs 的 Calender 管理课表

Emacs 是一款功能强大的开源软件。有人说除了煮咖啡，没有 Emacs 干不了的事情。其 Calendar 模块提供了强大的日历管理功

能。下面介绍用 Emacs 的 Calendar 结合 Diary 文件将课表日历化的基本技巧。

1. Emacs 的下载、安装与启动

Emacs 可以运行于各种平台之下。一般的 Linux 操作系统本身都集成了 Emacs, Windows 系统的版本,可以在 http://ftp. gnu. org/pub/gnu/emacs/windows/下载,目前对中文支持较好的稳定版本为 22.3。下载之后直接解压到 c:\emacs - 22.3 目录,并将目录 c:\emacs - 22.3\bin 添加到环境变量 PATH 中,或者为 c:\emacs - 22.3\bin\runemacs. exe 创建一个快捷方式,就可以通过输入 runemacs 或双击快捷方式启动 Emacs。

2. calendar 的打开与基本操作

在 Emacs 下按 M - x(在 Emacs 中,M 一般代表控制键 Alt,C 代表控制键 Ctrl),输入"calendar",Emacs 主窗口的下方会出现 calendar 的小窗口。该窗口以横铺方式显示三个月的日历,本月显示在正中间(见图 5)。在 calendar 中选择日期可以使用正常模式下的按键,如表 1 所示:

表 1　Calendar 操作控制键

按键	功能
C - n	下一周(向前移一行)
C - p	前一周(后退一行)
C - f	下一天(向前一列)
C - b	前一天(向后一列)
.	当天
>	整个日历向后移一个月(如原来显示的 7、8、9 月,则现在显示 8、9、10 月)
<	整个日历向前移一个月

3. 将课表输入 diary 文件中

(1)diary 文件的保存路径

在 Windows 系统中默认的文件路径是 c:\documents and settings\user\application data\diary(linux 下是 ~/diary),当然这个路径可以在 c:\documents and settings\user\application data\. emacs(Linux 下是 ~/. emacs)文件中进行配置。

(2)建立和修改 diary

在 calender 中选中需要安排课程的日期。然后通过两个命令添加不同类型的课程。

第一种情况:不分单双周的课程可以用命令"i w"添加。这时 emacs 打开 diary 文件,并自动输入当天的星期,用户在星期之后输入课表的时间、课程、地点等信息。例如,某一行的内容为"Monday 16:30 - 18:10 信息管理概论 逸夫楼 - 408"(带下划线的内容为用户输入)表示每周星期一的七、八节有课。

第二种情况:单周或者双周才有的课程,用命令"i c"添加。例如 2009 年 9 月 28 日是第一周的星期五,选择这个日期用"i c"命令添加,周期为 14,这样每个单周这一天的课程都被列入该天的日程中。例如某一行的内容为"%%(diary - cyclic 14 8 28 2009) 16:30 - 18:10 管理信息系统 II 逸夫楼四阶"(带下划线的内容为用户输入)表示从 2009 年 8 月 28 日开始,每隔 14 天,每天的下午 16:30 - 18:10 有课。换句话说,就是单周星期五的七、八节有课。

将课表输入 Diary 之后,其内容如图 5 所示:

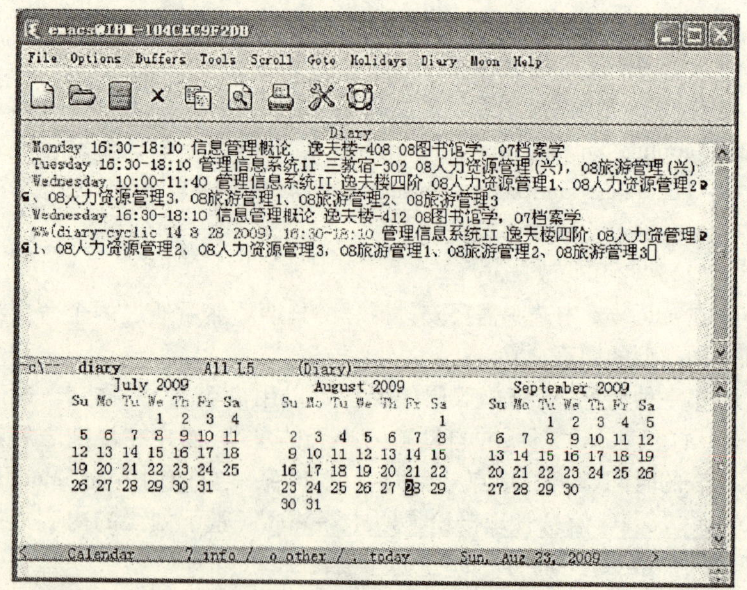

图5 diary 文件

按照上面的方法制作的日历文件尚有一个缺陷,即没有体现时间块(time block)信息。因为课表是按学期进行安排的,所以需要把时间块信息体现在日历文件中。这里可以直接修改日历文件的时间。例如,从2009年8月23日至2009年12月20日,每周的星期一(Monday)可以这样表示:

%%(and (= 1 (calendar - day - of - week date)) (diary - block 8 23 2009 12 20 2009))

前面一部分判断当天是不是星期一,后面一部分判断这一天是不是落在时间区域2009.8.23-2009.12.20中。

同样的道理,也可以为单双周加上时间块信息。例如:

%%(and (diary - cyclic 14 8 28 2009) (diary - block 8 23 2009 12 20 2009))

经过这样的修改,我们的日历文件看起来就是如图6所示的样子：

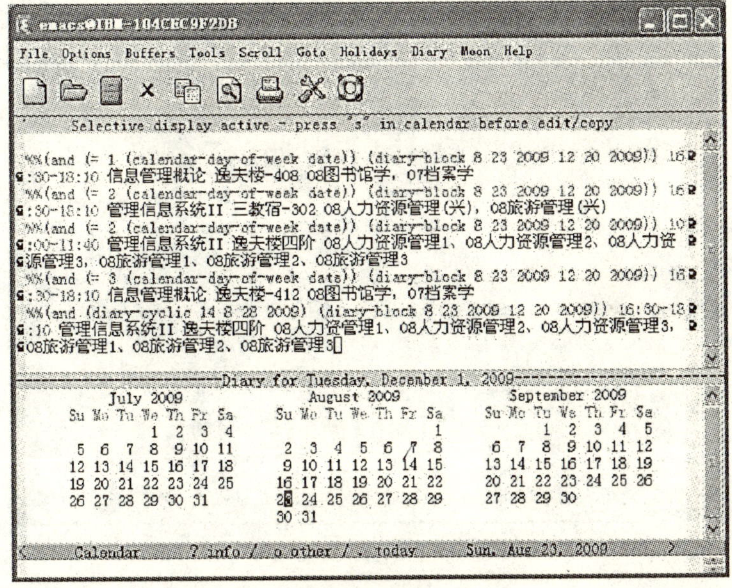

图6　带时间块信息的 diary

至此，课表信息已经保存在 diary 文件中，接下来看看我们如何显示和输出日历。

(3)日历的显示与输出

① 显示

如果需要查看某天的日程，只需在 Calendar 中选择这一天，用“d”命令就可看到当天的课程情况。例如在 8 月 26 日按“d”，Emacs 就会显示这一天有两次课，如图 7 所示：

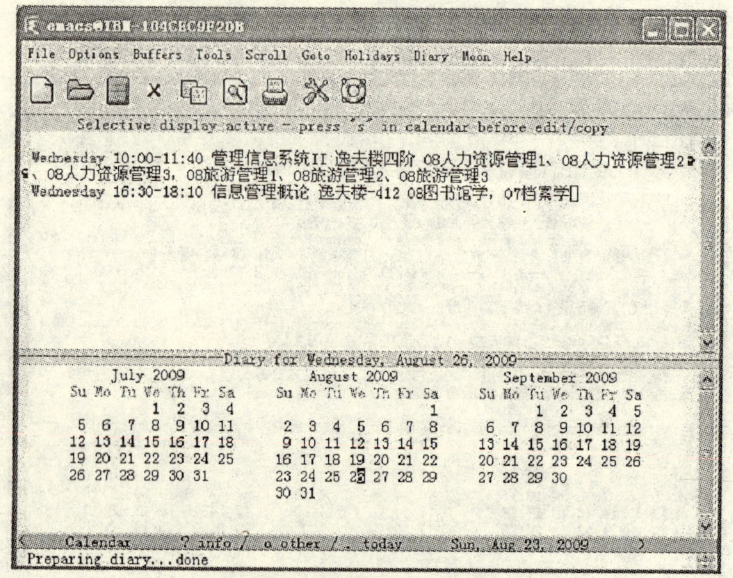

图7 显示当天的课程表

② 输出

除了在 Emacs 的工作窗口显示课程外，Calendar 还提供了 HTML、Latex 等格式的输出，使课表日历化变得非常简单。以 HTML 输出为例，选择某月的任何一个日期输入命令“H y”可以输出整年的日历，“H m”可以输出当月的日历。输出文件保存在 C:\Documents and Settings\user\Application Data\public_html 中(Linux 下为 ~/public_html)，每月的日历是以年和月份命名的独立的超文本文件。如图 8 所示：

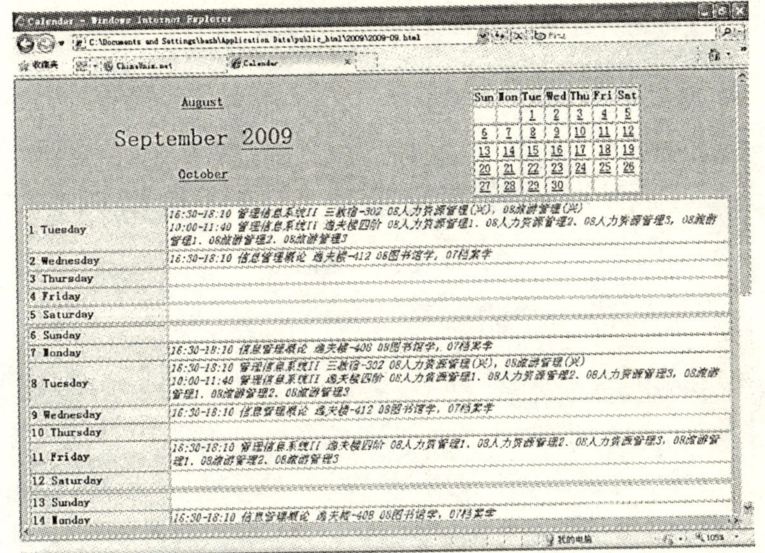

图 8　以 HTML 格式显示的日历型课表

四、结束语

教师课程表的准确性对于维护正常的教学秩序起着重要的作用。鉴于课程表中的单双周安排常常引发教学事故的实际情况，笔者提出了两种用软件将课表日历化的方法。Outlook 操作简单、醒目，提醒功能比较完善。Emacs 是免费的开源软件，其灵活、丰富的输出形式完全能满足时间管理的基本要求。教师可以根据自己的使用习惯选择其中一种对自己的课表进行精确管理，杜绝教学事故的发生。

湖南省高校社会服务绩效评价指标体系构建研究*

韩瑞珍　杨思洛

知识经济时代,科技创新已经成为社会经济发展的决定性因素。在发达国家,高校是国家自主创新的重要力量,通过高校的知识创新来推动科技创新,进而促进社会服务发展和经济繁荣,已成为地区获得竞争优势的一种基本做法。因此,如何更好地增强科技转化能力,为地区经济发展服务,成为摆在国内各高校面前的重要课题。目前,湖南省正处于社会经济发展的关键时期,在实施"四化两型"建设过程中,需要积极研究、提高本地区高校的服务区域经济能力。评价是管理的前提和基础,在评价过程中发现湖南省高校社会服务中存在的问题,并提出提升高校服务能力的对策和建议,对建设创新型湖南和促进湖南省在中部崛起都有着十分重要的意义。

---

* 课题来源:湖南省教育科学规划课题"地方高校产学研合作绩效评价研究"(XJK011BGD010)。

作者简介:韩瑞珍(1981 -),女,河南人,湘潭大学旅游管理学院讲师,主要研究方向:高教管理。

一、高校社会服务绩效评价的现状分析

高等学校人才培养、科学研究、直接为社会服务这三项职能的形成和演进,主要是从西方发达国家开始的。"大学服务社会"由20世纪初美国威斯康星州立大学提出。高校为社会服务在发达国家已有一百多年的历史,在其发展的过程中,取得了良好的成效,积累了丰富的经验,并在理论上进行了有益的探索。随着知识经济时代的来临,对高校社会服务职能的认识达到前所未有的高度,日益受到各国政府的高度重视。相关研究集中在社会服务的地位和作用、职能本质、形式策略、社会关系等方面。高校服务社会的效果需要进行评价,但是对其绩效评价与一般评估不尽相同,已有一些学者对其进行探讨。在国外,高校社会服务评价研究有三大流派:一是主张通过"投入—产出"模型来评价社会服务的绩效;二是主张使用定性的方法来评价高校社会服务的绩效;三是主张定量与定性相结合的研究。但是并没有全面的研究和实践,存在研究数据缺乏、难以量化和统计等众多问题。除了一般性的大学评价中包括对高校社会服务评价外,最有影响的专门评价体系是卡内基高校社会服务选择性分类体系。

在国内,高校服务社会发展的研究虽然起步较晚,但取得了不少成果。高等学校社会服务职能问题,在1984年由潘悬元提出。目前有众多研究探讨高校社会服务的概念、地位与作用、职能与性质、内容与形式、模式与机制(刘晓光,2011;陈新亮,2011;官瑞娜,2009;李新荣,2007)。国内高校社会服务中,专门评价的研究较少。主要集中在两方面:①高校社会服务评价的总体探索。王英(2006)分析高校服务职能的特点及其绩效评价,并分析了高校社会服务绩效评价工作应注意5个方面的结合原则;帅全锋(2010)探索了河北省高校服务社会的途径;杨恒平(2012)专门研究了高校图书馆的服务社会活动。②高校社会服务评价指标体系构建。王连华(2011)构建

了上海高校服务经济社会的数理评价指标体系;张宝友(2009)结合我国高校的实际情况,提出分别从"继续教育服务、科研技术服务和基础设施服务"三个方面建立我国高校社会服务评价指标体系;李凡(2011)认为高校社会服务评价包括人才培训服务、科研技术服务、专家咨询服务、文化资源服务四大内容。

总体上,目前相关研究尚处于起步阶段,单方面的探索较多,缺乏系统、深入研究的成果。高校社会服务评价指标的设置存在缺陷。表现在同级指标划分的标准不一致和不同级别指标之间的内在联系不紧密;指标设置主要注重科研产出能力评价,轻视服务社会能力的总体评价;不能体现高校的特色之处等。

二、湖南省高校社会服务绩效评价指标构建方法

1. 湖南省高校社会服务绩效评价目的

湖南拥有丰厚的高校资源,高校社会服务职能发挥的状况对湖南"构建促进中部崛起的重要战略支点"这一宏伟目标的实现起着举足轻重的作用。但到目前为止,作为高校数量居全国前列的教育大省,其高校的社会服务职能并未得到很好的发挥,在人才培养、科学研究与成果转化等方面还存在明显不足。

高校的社会服务职能是高校三大职能中发展变化最快的一个,其表现日趋多样化。为了测评高校社会服务的现状,衡量它们在湖南经济社会发展中所起的作用,引导其更有效地发挥社会服务职能,特开展高校社会服务绩效评价工作。通过对高校社会服务绩效的评价,基本摸清湖南省高校用于社会服务的资源、力量以及成果、效益等方面的情况,找出各高校社会服务能力的比较优势和差距,明确其改进重点和发展方向,为政府有关部门的管理与决策,为高校更好地发挥其社会服务职能,为社会各界了解高校提供定量依据和参考。

2. 湖南省高校社会服务绩效评价指导思想

深入贯彻党的十八大精神，全面落实科学发展观，根据建设“两型社会”的要求，依据《国家中长期科学和技术发展规划纲要(2006－2020年)》、教育部财政部《高等学校创新能力提升计划》(简称“2011计划”)，湖南省人民政府和教育部《长株潭城市群教育综合改革国家试验区》、中共湖南省委湖南省人民政府《湖南省建设教育强省规划纲要(2010－2020年)》等文件的精神，湖南省政府正在加强深化体制改革、鼓励高校和科研院所科技人员创新创业、大力加强产学研合作、促进高校和科研院所科技成果产业化等措施。在此过程中，绩效评价是相关管理的基础和依据。根据科学原理，投入决定产出，而投入和产出必须讲究效益，投入产出要有一定的保障措施才能顺利运作。投入、产出、保障是决定高校社会服务绩效的基本因素。从我国高校目前进行社会服务的主要形式，按照“投入－产出－效益”的思路，同时充分参考和借鉴各类企业和政府、网站和科研项目绩效评估体系，并与湖南省实际情况相结合来构建高校社会服务绩效评价体系。在评价过程中，执行导向性原则、科学性原则、可行性原则、公正客观原则、合法性原则；以评价目标确定、评价资料收集、评价专家聘请、评价结果计算、评价报告撰写、评价结果确认的基础流程来组织评价实证研究。

3. 湖南省高校社会服务绩效评价指标体系构建原则

绩效评价指标是绩效评价的工具，其指标的选定遵循以下原则：(1)相关性原则：选定的绩效评价指标，与高校社会化服务的绩效目标要有直接联系。(2)分类比较原则：贯彻分类评价，同类比较的思想，选定的指标要便于横向与纵向的分析研究，并保持一定的连续性。(3)代表性原则：根据指标在评价工作中的地位和作用，选择最能反映评价要求的绩效评价指标。(4)实用性原则：绩效评价指标的确定要简便，易于掌握、理解和操作，具有可获得性。(5)差别性原则:对指标采取层次分析法进行构建,具体指标根据其不同重要性程度而采取不同的权值,权值的确定通过专家组集体讨论后决定。

4. 湖南省高校社会服务绩效评价指标体系构建流程

湖南省高校社会服务绩效评价综合得分由指标得分构成。指标得分是根据数与量二方面衡量,汇总后的得分分值。按照同类比较的原则,具体高校第三层指标的得分以同类高校中指标最高的为基准计算得出。总指标得分是根据各项指标的权重,加权汇总后得出的分值。在此过程中,构建科学合理的评价指标体系是基础和前提。具体构建流程如图1,按照准则层(三大目标)——领域层(分类评估指标)——单项考核指标(具体指标)的思路来构建指标体系,根据评估对象数量和质量要求的复杂程度,采用树状式指标体系结构,以适应考核的多领域性和多层次性。

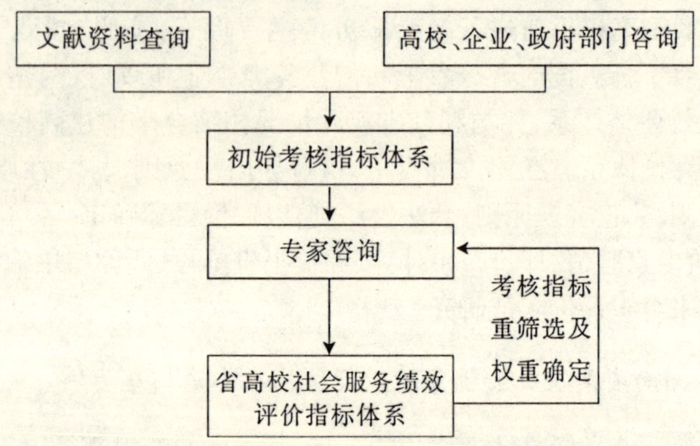

图1　湖南省高校社会服务绩效评价指标体系构建流程

三、湖南省高校社会服务绩效评价指标体系

根据湖南省高校社会服务总体目标,按照“投入-产出-效益”

的思路，确定“投入指数”、“产出指数”和“保障指数”的一级指标（目标层）。对二三级指标的确定，首先采用频度统计法对目前收集的现有国内外相关文献，进行频度统计，采取“宁多勿缺”的原则，选择使用频度较高的指标；其次采用理论分析法，对省高校社会服务目标的特征、基本要素等进行分析，筛选针对性较强的指标；然后在初步选出评估指标的基础上，采用专家咨询法，进一步征求专家意见，对指标进行调整；最后经过综合运用上述三种方法，形成初步评价指标体系，包括一级指标 3 个，二级指标 10 个，三级指标 32 个的第一轮指标体系。

将上述理论构建好的湖南省高校社会服务绩效指标体系制成问卷调查表，采用电子邮件、邮局邮寄、现场访谈等多种形式，把问卷调查表送给专家打分，这些专家主要来自高校管理者、高校管理领域专家、政府公务员及企业相关人员等。选取不同部门、不同行业的专家，从不同的角度对指标内容做出评价，以求指标构建的全面合理性。问卷要求专家根据自身的专业知识，对第一轮中的二级指标 10 个，三级指标 32 个的重要程度进行判断。根据收集到的有效问卷，通过对各指标隶属度的分析，删除一些不能较好地反映高校社会服务绩效的评估指标，增强绩效评价指标的科学性和合理性。得到包括一级指标 3 个，二级指标 8 个，三级指标 25 个的最终指标体系（见表 1）。

表 1　湖南省高校社会服务绩效评价指标体系及权值

一级指标	一级指标权重	二级指标	二级指标权重	三级指标	三级指标权重	指标说明
投入指数	0.2161	经费投入数量	0.0463	省、市、区专项经费	0.0127	来自各级各类经费投入总额，具体经费数以到账为准
				企、事业单位委托经费	0.0217	
				省内其他科技活动经费	0.0119	

续表

一级指标	一级指标权重	二级指标	二级指标权重	三级指标	三级指标权重	指标说明
投入指数	0.2161	人员投入数量	0.0463	高级人员数	0.0217	各类科技与发展研究人员的折合全时数量
				中级人员数	0.0125	
				初级人员数	0.0075	
				辅助人员数	0.0046	
		实际建设数量	0.1235	高校兴办高新技术企业数量	0.0376	高校或高校科技人员独立、联合兴办的高新技术企业数量
				校企单位合作研究项目数量	0.0395	与企事业及政府部门的合作项目数量
				校企合作研发服务中心数量	0.0237	高校与省内企事业及政府部门联合建立的研发、服务中心数量
				重点学科、基地、中心数量	0.0227	高校设立的国家级、省级重点学科、研究基地和研究中心数量(1:5)
产出指数	0.5935	直接经济效益	0.2482	高新企业效益	0.1103	高校兴办的企业、公司经济效益情况
				成果转化效益	0.0689	高校科技成果转化的经济效益
				专利转让效益	0.0689	高校专利转让的经济效益
		人才培养数量	0.0971	湘籍专科生	0.0081	高校培养湘籍的专科生、本科生、硕士生、博士生毕业人数,非全日制脱产学生按0.5折算
				湘籍本科生	0.0146	
				湘籍硕士生	0.0258	
				湘籍博士生	0.0485	

续表

一级指标	一级指标权重	二级指标	二级指标权重	三级指标	三级指标权重	指标说明
产出指数	0.5935	潜在经济效益	0.2482	咨询报告数量	0.0616	被厅级以上部门采纳的咨询报告数量，厅级：省级：国家级 =1：3：8
				对外培训服务数量	0.0320	高校对社会进行科学技术、法律、政策、心理、卫生等培训的人次折合全时数
				校企技术攻关成果数量	0.1545	高校与企事业单位联合技术攻关、承担竞争技术与共性关键技术或前沿技术所取得的成果数
保障指数	0.1904	高校社会服务机构	0.0688	校办企业办公室	0.0306	高校设立的校办企业办公室、科技成果推广、转化等职能部门，高校社会服务机构工作人员、领导班子情况
				成果转化办公室	0.0382	
		高校社会服务机制	0.1216	高校社会服务规章制度	0.0405	高校社会服务的规章制度建设情况，对社会服务调节、约束、激励、平衡等机制运行状况
				高校社会服务规章执行情况	0.0811	

四、湖南省高校社会服务绩效评价指标权重

目前国内外关于评价指标权系数的确定方法有数十种之多，根据计算权系数时原始数据来源以及计算过程的不同，这些方法大致

可分为三大类:一类为主观赋权法,一类为客观赋权法,一类为主客观综合集成赋权法。其中主观赋权法的AHP决策分析方法原理简单,并且有数学依据。层次分析法(Analytic Hierarchy Process简称AHP)是美国运筹学家T. L. Saaty教授于70年代初期提出,是对定性问题进行定量分析的一种简便、灵活而又实用的多准则决策方法。它的特点是把复杂问题中的各种因素通过划分为相互联系的有序层次,使之条理化,根据对一定客观现实的主观判断结构(主要是两两比较)把专家意见和分析者的客观判断结果直接而有效地结合起来,将一层次元素两两比较的重要性进行定量描述。而后,利用数学方法计算反映每一层次元素的相对重要性次序的权值,通过所有层次之间的总排序计算所有元素的相对权重并进行排序。在本文中,由于选用的指标较多,对其相对重要性分析时,利用AHP法是比较有效的。为了消除个人误差影响,充分发挥集体的优势和智慧,我们利用AHP群策法,邀请三位专家进行权重分析,并按算术平均数法进行综合;其中三位专家均来自高校教师,都具有副高以上职称及博士学位,他们的专业领域分别是高教管理、管理学原理、科学评价领域。具体计算使用yaahp层次分析法软件,权重值见表1。

五、结论

加强对高校社会服务能力绩效评价有利于提高高校科研、人才培养及管理水平,其中评价指标系统的设计尤为关键。本文把握国内外最新领域动态,针对湖南省内实际,构建了一套较为科学、系统的评价指标体系,并通过AHP群策法确定了权重,可为相关研究及省内高校社会服务实践提供参考。下阶段,我们将在已有指标体系基础上,一方面对省内高校进行实证分析;另一方面,对国内各省高校社会服务能力进行对比性评价,以更好地发现湖南省高校服务社会的优劣势,存在的问题及改进途径。

参考文献:

[1]刘哲. 我国地方高校社会服务职能研究综述[J]. 湖南农业大学学报(社会科学版. 素质教育研究),2008(4):12-14.

[2]李松槐,袁有霞. 定量评价指标隶属度的确定[J]. 河南教育学院学报(自然科学版),1999(4):6-8.

[3]李大可,杨花娥. 运用AHP进行群策分析[J]. 西安文理学院学报(自然科学版),2005(1):40-42.

[4]朱建军. 层次分析法的若干问题研究及应用[D]. 东北大学硕士学位论文,2005.

[5]yaahp层次分析法软件. http://www.yaahp.com/

[6]William K. Cummings. The Service University: in Comparative Perspective. Remarks Presented at Beijing Normal University. March 1995.

[7]克拉克·克尔著;陈学飞,刘新芝译. 大学的功用. 江西教育出版社, 1993.

[8]Abdullah F. Measuring service quality in higher education: HEdPERF versus SERVPERF. Marketing Intelligence & Planning, 2006,24(1):31-47.

[9]The Carnegie Classification of Institutions of Higher Education. http://classifications.carnegiefoundation.org/

湘潭大学“十一五”社科发展比较研究报告*

黄华伟

一、引言

综合湖南省高校社科研究的历史和现状，选取8所社科重点高校（湖南农业大学、中南林业科技大学、南华大学和湖南中医药大学虽在2012年升为一本招生，但这4所高校社科实力一般，故本文不予讨论），利用“十一五”社科研究公开数据，统计分析这8所高校的社科人力、发表CSSCI论文、国家社科基金项目立项、国家和省级重点学科、重点研究基地、成果奖励等情况，比较研究湘潭大学“十一五”社科发展状况。

本文数据来源为：教育部社科司的《2010年全国高校社科统计资料汇编》，中国社会科学研究评价中心的《中文社会科学引文索引》，全国哲学社会科学规划办的国家社科基金项目数据库，湖南省

* 课题来源：湘潭大学第七批教学改革研究项目“地方高校本科生科研能力培养实证研究”。

作者简介：黄华伟（1980—），男，湖南宜章人，湘潭大学社科处讲师，研究方向：高校社科管理。

教育厅科技处的《湖南省高等学校“十一五”科技创新情况汇编》，湖南省哲学社会科学成果评审委员会的成果奖数据库等公开数据。

二、数据分析

1. 社科人力情况

社科实力的竞争，归根到底是人才的竞争。一所高校社科人员特别是高级职称、博士的数量，代表着这所高校的实力和潜力。表1为2010年(“十一五”末)湖南8所重点高校社科人力情况，表中“排名”指在省本科高校中的排序，“占%”指高校社科人员(以及高级职称、博士)占省本科高校总数的比例。湖南大学、湖南师范大学、中南大学、湖南科技大学、湘潭大学这5所高校在社科人员总数、高级职称人数、博士人数上都位居全省高校前五，其中湖南大学社科人员总数最多，而湖南师范大学在高级职称和博士数上排名全省第一。吉首大学的博士人数偏少，排全省第十。

湘潭大学社科人员861人位居全省第五，占全省本科高校的4.64%；其中高级职称420人(占湘潭大学社科人员总数的48.78%)位居全省第四，占全省本科高校总数的5.47%；博士237人(占湘潭大学社科人员总数的27.53%)，位居全省第三，占全省本科高校总数的12.74%。

2. 发表CSSCI论文情况

学术论文是社科研究的主要产出形式，其数量和质量是高校社科产出绩效和实力的主要指标之一。近年来，随着CSSCI的不断完善，已成为社科评价的一种参考工具。基于CSSCI论文发文指标，可以分析和揭示高校社科生产力。据统计，“十一五”期间，湖南发表CSSCI论文数在全国排名第七，居北京、上海、江苏、广东、湖北、浙江等6省市之后。表2为湖南8所重点高校发表CSSCI论文情况，表中“占总%”指单位论文数占湖南本科高校论文总数的比例,该指标可显示单位的总体实力;“人均”指发文总数除以表1中各高校社科人员总数,该指标可显示单位的人均生产力。

表1　2010年湖南8所重点高校社科人力情况

高校	总数	占%	排名	高级职称	占%	排名	博士	占%	排名
湖南大学	1344	7.24	1	625	8.14	2	228	12.26	4
湖南师范大学	1239	6.67	2	629	8.19	1	354	19.03	1
中南大学	977	5.26	3	575	7.49	3	239	12.85	2
湖南科技大学	886	4.77	4	370	4.82	5	133	7.15	5
湘潭大学	861	4.64	5	420	5.47	4	237	12.74	3
吉首大学	793	4.27	6	368	4.79	7	35	1.88	10
湖南商学院	791	4.26	7	331	4.31	8	68	3.66	7
长沙理工大学	726	3.91	9	316	4.11	9	111	5.97	6
湖南本科高校计	18572	100		7681	100		1860	100	

数据来源:教育部社科司《2010年全国高校社科统计资料汇编》

表2　“十一五”湖南8所重点高校发表CSSCI论文情况

高校	2006年	2007年	2008年	2009年	2010年	合计	占总%	排序	人均	排序
湖南大学	469	529	786	857	747	3388	20.54	1	2.52	3
中南大学	412	491	555	595	588	2641	16.01	2	2.70	1
湘潭大学	449	524	497	436	364	2270	13.76	3	2.64	2
湖南师范大学	436	445	450	470	459	2260	13.70	4	1.82	4
湖南科技大学	79	109	156	172	151	667	4.04	5	0.75	7
湖南商学院	64	101	122	156	161	604	3.66	6	0.76	6
长沙理工大学	97	88	94	118	186	583	3.53	7	0.80	5
吉首大学	75	82	137	141	118	553	3.35	8	0.70	8
省本科高校计	2718	3046	3529	3710	3492	16495	100		0.89	

注:均按第一署名机构、第一作者查询统计

数据来源:中国社会科学研究评价中心《中文社会科学引文索引》

从表2可以看出,"十一五"期间,湖南大学发表CSSCI论文数飞跃发展,以3300多篇位居湖南高校首位(年均660余篇),占全省本科高校的20%强;从2006年的400余篇增长到2009年的800多篇,数量翻番。其次是中南大学、湘潭大学、湖南师范大学这3所高校,发表CSSCI论文数总数在2000篇以上(年均400篇以上),占全省本科高校15%左右。以上4所高校是湖南高校发表CSSCI论文的第一梯队。湖南科技大学、湖南商学院、长沙理工大学、吉首大学这4所高校发表CSSCI论文总数在600篇左右(年均100余篇),占全省本科高校3%以上,这4所高校是第二梯队。

从全国排名看,据南京大学CSSCI中心统计,2009年全国发表CSSCI论文数的百强高校(200篇以上)情况:湖南大学以857篇排名第19,中南大学以556篇排名第29,湖南师范大学以469篇排名第38,湘潭大学以435篇排名第42。2010年全国发表CSSCI论文数百强高校(165篇以上)情况:湖南大学以747篇排名第22,中南大学以538篇排名第31,湖南师范大学以459篇排名第40,湘潭大学以364篇排名第48,长沙理工大学以186篇排名第90。

湘潭大学发表CSSCI论文数,2006、2007年仅次于湖南大学,排名全省第二,且2007年发文524篇与排名第一的相差仅5篇,考虑到湘潭大学只有800多名社科人员,而湖南大学有1300多名社科人员,可见湘潭大学社科人员的人均生产力较强。从2008年开始,湘潭大学发表CSSCI论文数呈下降趋势,每年下降约60多篇,全省排名也下滑至第三乃至第四,而其他7所重点高校发表CSSCI论文数呈稳中有升。

3. 国家社科基金项目立项情况

国家社科基金项目是我国最高级别的社科类研究项目,覆盖了社科所有学科,立项项目数量和产出成果质量是显示高校社科研究水平和实力的重要标志之一。"十一五"期间,国家社科基金项目形成了以年度项目(含重点项目、一般项目、青年项目)为主体,以重大项目为龙头,以西部项目、后期资助项目、成果文库项目、中华学术外译项目等为补充的六大项目资助体系,包括26个学科(其中教育学、艺术学、军事学为单列学科)。据笔者统计,“十一五”期间国家社科基金项目共立项11684项,湖南省立项548项占全国总数的5.2%,排北京、上海、湖北、江苏四省市之后,位居第五。表3为“十一五”湖南8所重点高校获国家社科基金项目情况,表中“省校序”是指在湖南本科高校排名,“国校序”是指在全国高校排名。

表3 “十一五”湖南8所重点高校获国家社科基金项目情况

项目类型 高校	重大项目	年度项目	后期资助	西部项目	教育学	艺术学	合计	占省内高校%	省校序	国校序
湖南大学	3	77	2		5		87	17.3	1	20
湖南师范大学	1	71	3		7	4	86	17.3	2	21
湘潭大学		64	4		1		69	14.12	3	34
吉首大学	1	30		20			51	10.34	4	54
中南大学	2	43	2			1	48	9.54	5	60
湖南科技大学	1	25	1		3		30	5.96	6	93
湖南商学院	1	25	2			1	29	5.77	7	99
长沙理工大学	1	17	2		2		22	4.57	8	118
省本科高校计	10	417	16	22	25	8	503	100		

数据来源:全国哲学社会科学规划办的国家社科基金项目数据库

表3显示,湖南大学获87项、湖南师范大学获86项、湘潭大学获69项、吉首大学获52项、中南大学获48项,这5所高校年均在10项以上,共获345项占湖南省本科高校总数的68.6%,是湖南立项国家社科基金项目第一层次高校。湖南科技大学、湖南商学院、长沙理工大学这三所高校年均4-6项,可以算第二层次高校。从全国排名看,湖南大学、湖南师范大学和湘潭大学立项数分别排第20、21和34位,吉首大学、中南大学和湖南科技大学进入全国百强。

从项目类别看,8所重点高校中,有7所高校获重大招标项目

(目前国家社科基金中层次最高、资助力度最大、权威性最强的研究项目),其中湖南大学获3项,中南大学获2项,其余5所高校各获1项;有7所高校获后期资助项目,湘潭大学获4项。吉首大学获西部项目20项,在全国获西部项目高校中排名第18。湖南师范大学在教育学、艺术学单列学科项目中立项最多,优势明显。

"十一五"期间,湘潭大学是8所重点高校中唯一没有获得国家社科基金重大招标项目的单位,其中有多项冲击重大招标项目功亏一篑,只获得2个重大转重点项目(表3中没有体现)。湘潭大学获年度项目64项,在全国高校排名第25,超过很多985和211工程高校,优势较为明显。单列学科,教育学项目立项取得了突破,而艺术学项目立项未实现突破。

4. 重点学科情况

各级重点学科特别是国家和省部级重点学科数量,是衡量一所高校办学水平的重要指标。一直以来,各高校都非常重视重点学科建设,围绕重点学科,加强队伍建设,凝练研究方向,提升科研水平。

据统计,"十一五"期间,湖南高校共建有8个一级学科国家重点学科、31个二级学科国家重点学科,182个省级重点学科(含重点建设学科)。湖南省社科类国家重点学科情况:湖南师范大学拥有3个二级重点学科——伦理学、英语语言文学、中国近现代史,湖南大学拥有1个二级重点学科——国际贸易学,中南大学的一级重点学科管理科学与工程为管理学门类,属于文理交叉学科,可见社科类国家重点学科占湖南省已有国家重点学科比例小。从全国范围看,2007年全国共遴选了50个一级学科为社科类国家一级重点学科(含管理科学与工程),湖南省只有1个,占2%;全国遴选了193个二级学科为社科类国家二级重点学科(不含一级学科覆盖),湖南省只有3个,占1.6%,说明湖南省的社科类国家重点学科占全国比重小。

表4为8所重点高校获湖南"十一五"重点学科社科类分布情

况。据统计,全省有48个省级重点学科分布在21所高校。湖南师范大学社科重点学科实力雄厚,有11个重点学科,占全省的22.9%,是排名第二、第三的总和。排名前四的高校共有26个重点学科,占全省总数的54.2%。

表4 8所重点高校获湖南"十一五"重点学科社科类分布情况

学科 高校	哲学	经济	法学	教育	文学	历史	管理	合计	占%	排序
湖南师范大学	2	1	3	1	3	1		11	22.9	1
湖南大学		2	1			1	2	6	12.5	2
湘潭大学	1	1	1		1		1	5	10.4	3
中南大学			1		2		1	4	8.3	4
湖南商学院		2*					1	3	6.3	5
湖南科技大学		1			1			2	4.2	6
吉首大学			2					2	4.2	6
长沙理工大学							1	1	2.1	9
省本科高校计	3	9	10	2	13	2	9	48		

注:带*为省级重点建设学科

数据来源:湖南省教育厅科技处《湖南省高等学校"十一五"科技创新情况汇编》

"十一五"期间,湘潭大学社科无国家重点学科,在湖南省"十一五"重点学科中优势也不明显,学科数量不及湖南师范大学的一半;且从学科分布看,发展较好的历史学、外国文学、马克思主义、应用经济学、图书情报档案学等学科没有成为省重点学科。

5. 研究基地情况

重点研究基地是高校人才培养、科学研究、社会服务、文化传承创新的重要载体。目前没有国家级人文社会科学重点研究基地,教育部人文社会科学重点研究基地是最高级别的社科重点研究基地。

截至2010年底,教育部共设置了151个人文社会科学重点研究基地,其中湖南省2个,占全国总数的1.3%,分别依托湖南师范大学和湘潭大学(详见表5)。

表5 8所重点高校获教育部人文社会科学重点研究基地情况

立项年份	名称	依托单位	学科
2001	道德文化研究中心	湖南师范大学	哲学
2004	毛泽东思想研究中心	湘潭大学	马克思主义

数据来源:湖南省教育厅科技处《湖南省高等学校“十一五”科技创新情况汇编》

表6为8所重点高校拥有湖南省社科规划办设立的湖南省社会科学研究基地和湖南省教育厅设立的湖南省高校哲学社会科学重点研究基地情况。

湖南省社科规划办设立的湖南省社会科学研究基地目前评选了4次共设置了77个,分别是2002年17个,2004年8个,2007年27个,2010年25个。从基地类型看,经济建设33个、文化建设22个、基础理论7个、社会建设7个、党的建设4个、政治建设4个。8所重点高校共设置了37个基地,占湖南省本科高校总数的52.11%。

湖南省教育厅设立的湖南省高校哲学社会科学重点研究基地,目前评选了3批共设置25个,分别是2004年4个、2005年5个、2008年15个。共有14所高校遴选了24个高校哲学社会科学重点研究基地。8所重点高校共设置了18个基地,占湖南省本科高校总数三分之二。

表6 8所重点高校获湖南省社会科学研究基地(省社科规划办)、湖南省高校哲学社会科学重点研究基地(省教育厅)情况

高校	规划办基地数	占%	教育厅基地数	占%	基地共计	占%	排序
湖南师大	6	8.45	4	16.67	10	11.76	1
湘潭大学	5	7.04	4	16.67	9	10.59	2
湖南大学	7	9.86	2	8.33	9	10.59	2
中南大学	5	7.04	1	4.17	6	7.06	4
湖南科大	4	5.63	2	8.33	6	7.06	4
长沙理工	3	4.23	2	8.33	5	5.88	6
吉首大学	3	4.23	2	8.33	5	5.88	6
湖南商学院	4	5.63	1	4.17	5	5.88	6
省本科高校计	71		24		95		

数据来源:湖南省教育厅科技处《湖南省高等学校“十一五”科技创新情况汇编》

“十五”期间,湘潭大学在教育部人文社会科学重点研究基地实现了突破。省级基地发展较好,共获批9个基地,占全省基地总数的十分之一强,与湖南大学并列第二,且与排名第一的湖南师范大学相差仅1个。

6. 社科成果奖励情况

教育部设立的“中国高校人文社会科学研究优秀成果奖”是高校系统人文社会科学的最高奖项,自1995年以来至今已经评选5次,覆盖了改革开放以来全国高校的优秀社科成果。湖南省哲学社会科学优秀成果奖为湖南省社科研究最高奖,自1992年设置以来,基本上每2年评选一次,迄今已经连续评选10届,覆盖了改革开放以来湖南省社科优秀成果。本章试图对“十一五”期间评出的第四、第五届中国高校人文社会科学研究优秀成果奖,以及“十一五”期间评出的第九、第十届湖南省社会科学优秀成果奖进行统计,从成果奖励的角度分析湖南高校社科竞争力。

表7为8所重点高校获第四、第五届中国高校人文社会科学研究优秀成果奖统计情况。第四届全国共评出一等奖26个，二等奖107项，三等奖294项，湖南省排名12。第五届全国共评出一等奖38个，二等奖205项，三等奖392项，成果普及奖13项，湖南省排名14。为充分反映不同等级获奖成果的水平，给一等奖、二等奖和三等奖分配3、2、1的权重值（表8亦同），从而求出各高校获奖成果的加权得分，并以此作为排名依据。8所重点高校获奖次数为：湖南师范大学7次10分、湖南大学4次5分、湖南科技大学3次5分，湘潭大学和中南大学各3次4分，其余3所高校暂未获奖。

根据刘霞等统计，在第1－3届评奖中，全国共有148所高校获奖，湖南有5所，分别是：湖南师范大学获二等奖9项，三等奖4项，加权得分22，全国排名第22；湖南大学获二等奖4项，加权得分8，全国排名第44；湘潭大学获二等奖2项，三等奖2项，加权得分6，全国排名第53；湖南科技大学获二等奖1项，加权得分2，全国排名第99；中南大学获三等奖1项，加权得分1，全国排名第122。

表7　8所重点高校获第四、第五届中国高校人文社会科学研究优秀成果奖统计情况

高校	第四届（2006年）		第五届（2009年）		加权得分	加权排名	获奖总数
	二等奖	三等奖	二等奖	三等奖			
湖南师大	1	2	2	2	10	1	7
湖南大学	1	0	0	3	5	2	4
湖南科大	1	0	1	1	5	2	3
湘潭大学	1	1	0	1	4	4	3
中南大学	0	1	1	1	4	4	3

数据来源：湖南省教育厅科技处《湖南省高等学校“十一五”科技创新情况汇编》

表8为8所重点高校获第九、第十届湖南省社会科学优秀成果

奖统计情况。8所重点高校全部位居全省前八(湖南省社科院与吉首大学并列第八)。第九届和第十届成果奖,全省共评出279项,其中特别奖25项,一等奖18项,二等奖71项,三等奖165项,8所重点高校共获160项,占总数57.35%。湖南师范大学以获奖总数38项,加权62分,位居省内第一,与湖南大学同属获奖数第一梯队。湘潭大学、中南大学、湖南科技大学、湖南商学院四所高校获奖数在10-20项,属第二梯队。

表8 8所重点获第九、第十届湖南省社会科学优秀成果奖统计情况

高校	第9届(2008年)				第10届(2010年)				两届汇总				
	特别	一等	二等	三等	特别	一等	二等	三等	获奖总数	获奖占%	加权得分	加权占%	省序
湖南师大	1	4	5	11	1	2	5	9	38	13.62	62	15.09	1
湖南大学			6	9		2	6	11	34	12.19	50	12.17	2
湘潭大学		1	4	5			3	7	20	7.17	29	7.06	3
中南大学			2	6		1	6	3	18	6.45	28	6.81	4
湖南科大		1		7	1	2	2	4	17	6.09	26	6.33	5
湖商学院			2	6			3	3	14	5.02	19	4.62	6
长沙理工			1	3			3	5	12	4.30	16	3.89	7
吉首大学			2				4	1	7	2.51	13	3.16	8
全省共计	14	9	30	88	11	9	41	77	279		411		

数据来源:湖南省哲学社会科学成果评审委员会成果奖数据整理

在第四、第五届中国高校人文社会科学研究优秀成果奖中,湘潭大学仅获二等奖1个、三等奖2个,全省排名第4,不如湖南科技大学;与“十五”相比,也有下降趋势。在第九、第十届湖南省社会科学优秀成果奖中,湘潭大学获奖20项,占全省总数的7.17%,位居全省第3,但是与排名前二的湖南师范大学和湖南大学获奖数相差较大;且获一等奖奖数少,两届仅获1项,而湖南师范大学获6项,湖南科技大学获2项。

三、结论与建议

第一、与湖南省7所重点高校相比,湘潭大学社科研究人员总量偏少。考虑到统计口径的问题,湘潭大学从事社科研究的人员更少。通过与7所重点高校的数据对比发现,湘潭大学社科发展的最大问题也是根本的问题是现有社科人员偏少和后备人员的缺乏。不少文科学院教师规模"十一五"比"十五"期间增加较少。文科学院教师人数偏少,现有文科教师特别是青年教师教学压力大,在科研上投入的时间和精力少。建议湘潭大学加强人事制度改革,在留住和用好现有社科人才的同时,激励文科学院根据实际需求和未来发展形势培养人才、引进人才,特别是培养和引进年轻博士,逐步增加社科人员总量。

第二、湘潭大学社科生产力,以发表CSSCI论文为主要考核指标,发展较好,位居全省前三和全国前五十。考虑到湘潭大学只有800多名社科人员,而排名前两位的湖南大学和湖南师范大学有1200多名社科人员,可见湘潭大学社科人员人均生产力较强。从2008年开始,湘潭大学发文数呈下降趋势,而其他7所高校发文数基本上呈稳中有升。湘潭大学CSSCI论文发文下降原因有三:一是2008年后,由于学校财务紧张,社科投入锐减,校级所有社科项目暂停;二是实行重点奖励一类、二类高级别论文,对普通CSSCI论文没有特别对待;三是对教师由于没有实行绩效改革,部分教师在评上高级职称后由于没有激励、惩罚和退出政策而放松了科研要求。令人稍微欣慰的是,"十二五"伊始的2011年,湘潭大学发表CSSCI论文340篇,全国排名第54位,遏制了2010年之前的大幅下滑势头。

第三、"十一五"期间,湘潭大学未获得国家社科基金重大招标项目,这与湘潭大学在全省乃至全国的社科地位十分不相称。值得高兴的是湘潭大学在2012年国家社科基金重大招标项目中获得了2项,实现了突破。国家社科基金年度项目湘潭大学立项数在全国排名第25位,超过很多985和211工程高校,优势较为明显。“十二五”期间,湘潭大学要继续保持在年度项目和后期资助项目的优势,全力抓好社科成果文库项目(相当于原来的全国社科规划优秀成果奖)突破,还要实现艺术学单列项目和中华学术外译项目的突破。

第四、“十一五”期间,湘潭大学社科无国家重点学科,在湖南省“十一五”重点学科分布中,优势也不明显,学科数量不到湖南师范大学的一半。2011年,在湖南省“十二五”重点学科评审中,湘潭大学共有哲学、理论经济学、应用经济学、法学、中国语言文学、外国语言文学、中国史、公共管理、图书情报与档案管理等9个一级学科入选省“十二五”重点学科,涵盖了湘潭大学社科大多数一级学科,实现了跨越式发展。“十二五”期间,湘潭大学重点学科建设最大的目标是实现国家重点学科的突破。令人振奋的是,2013年马克思主义中国化成为国家重点培育学科,基本实现了“十二五”既定目标。下一步,要抓紧实现马克思主义中国化国家重点培育学科成为正式的国家重点学科。

第五、“十五”以来,湘潭大学在教育部人文社会科学重点研究基地建设保持良好发展态势。各种省级基地基础较好,共获得了9个基地,占全省基地总数的10%强。2013年,“湘潭大学中国共产党革命精神与文化资源研究中心”被教育部、中共中央党史研究室批准为教育部高等学校人文社会科学重点研究基地,开创了湘潭大学“十二五”基地建设的良好开端。下一步,要进一步抓好“十二五”期间教育部人文社会科学重点研究基地新一轮申报工作,争取再有作为。同时,重视与地方政府、企事业单位联合建好各种研究基地,培育新的平台,在积极为地方经济服务的同时,提升湘潭大学研究基地水平。

第六、在中国高校人文社会科学研究优秀成果奖中,湘潭大学获奖数“十一五”与“十五”相比,在全省和全国排名都有下降趋势。从第九、第十届湖南省社会科学优秀成果奖获奖看,湘潭大学获奖数居全省第3,且在一等奖方面与排名前二的高校相差较大。关于这个问题的原因,笔者有专门的文章研究,这里不多谈。建议湘潭大学加大对社科成果奖的奖励力度,与自然科学技术成果奖同等对待。同时建议学校社科工作者要潜心研究,以创新和质量为导向,努力推进学科体系、学术观点、科研方法创新,着力推出代表国家水平、具有世界影响、经得起实践和历史检验的优秀成果,为繁荣发展具有中国特色、中国风格、中国气派以及湖湘底蕴、湖南特点、湘人风采的哲学社会科学做出新的更大的贡献。

第七、2004 年,中共中央《关于进一步繁荣发展哲学社会科学的意见》实施,为我国哲学社会科学事业发展提供了历史机遇,增添了强大动力。湘潭大学社科工作进入了一个新的发展阶段。“十二五”期间,哲学社会科学面临着更好的发展机遇。在国家“十二五”规划中,“哲学社会科学创新工程”被正式列入。十七届六中全会提出大力发展哲学社会科学,中共中央办公厅、国务院办公厅转发了《教育部关于深入推进高等学校哲学社会科学繁荣发展的意见》,教育部、财政部的《高等学校哲学社会科学繁荣计划(2011—2020年)》等系列配套文件的发布,显示国家对于哲学社会科学的进一步重视。建议湘潭大学继续抢抓机遇,继续贯彻落实国家新繁荣发展哲学社会科学计划,切实采取有效措施,落实《湘潭大学哲学社会科学繁荣发展行动计划(2011 -2020)》,加大对社科研究投入,确保社科各项指标保持在全省前三、全国五十强,继续保持优势和地位。

参考文献:

[1] 刘霞,何汶,邱均平. 获奖情况看高校人文社会科学的研究竞争力[J]. 中国地质大学学报(社会科学版),2005(3).

[2] 黄华伟. “十一五”湖南省社科研究现状——基于国家社科基金项目的实证分析[J]. 云梦学刊,2011(2).

[3] 黄华伟. 基于 CSSCI 视角的湖南省社科生产力分析[J]. 情报探索,2011(2).

[4]黄华伟. 十一五期间我国高校社科研究现状——基于国家社科

基金项目的统计分析[J].情报科学,2012(4).

[5] 教育部社会科学司编. 第五届高等学校科学研究优秀成果奖(人文社会科学)获奖成果简介[M].北京:高等教育出版社,2010.

[6] 教育部社会科学司编. 第四届中国高校人文社会科学研究优秀成果奖获奖成果简介[M].北京:高等教育出版社,2007.

[7] 教育部社会科学司编. 2010 年全国高校社科统计资料汇编[M].北京:高等教育出版社,2012.

[8] 湖南省教育厅科技处,湖南省高等学校"十一五"科技创新情况汇编(2011 年 8 月编).

[9] 国家社会科学基金历年资助项目(2006-2010 年)[EB/OL]. http://www.npopss-cn.gov.cn/planning/yearxm.htm,2011-4-30.

[10] 中国社会科学研究评价中心. 中文社会科学引文索引(2006-2010 年)[EB/OL]. http://cssci.nju.edu.cn/introduce.htm. 2011-11-1.

高校教学督导工作机制优化的思考*

何冬丽

教学督导是高校内部教学质量监控与保证体系的重要组成部分。随着高校教育教学改革的不断深入,传统意义上的教学督导理念及督导模式在不同程度上暴露出诸多问题,严重影响了教学督导作用的发挥。高校教学督导工作必须创新,要用现代教育教学理念指导教学督导实践,以推动高校的教学改革,促进教学质量和教师能力的提高。

一、改革教学督导机制

1. 实行校、院两级督导,明确职责。

由于前些年高校招生规模的扩大,校级教学督导工作出现滞后的现象,必须对原有的校级教学督导体制进行改革和创新,实行校、

* 课题来源:湖南省教育科学规划课题・XJK012BGD042,湖南省教改课题・湘教通(2013)223号,省社会哲学社会科学基金项目・12YBB258,湘哲社领[2012]14号。

作者简介:何冬丽(1964—),女,湖南常德人,湘潭大学教学质量监督与评估中心助理研究员,主要从事高等教育质量与评估研究。

院两级教学督导制度,并明确两级督导相应的职责。校级教学督导重点是:在学校的领导下,积极落实学校确定的办学指导思想;开展日常教学检查、抽查、专项督查、重点督查,检查各教学单位、各教学环节的执行情况;对教学方法、教学手段、教学效果进行督促和评价,确保教学管理制度的落实,促进教育教学质量的全面提高。学院教学督导组织负责承担本学院的教学督导工作,在学院和学校教学督导团的指导下开展工作,负责督促本部门教学、指导教学、辅助教学管理,及时向学院、学校督导机构和教务处反馈情况;规范教学管理,开展教风学风建设,不断提高教学质量和教师的业务水平。实行校院两级督导制度,有利于学校教学督导的点面结合,解决校一级督导队伍庞大或督导人手不足的问题;有利于提高教学督导的针对性,便于及时发现问题、解决问题;有利于增进学院管理工作积极性。

2. 科学发展督导队伍,不断提高督导工作水平。

建立一支思想素质好,具有较高教育教学理论水平,教学经验丰富,熟悉教学管理的督导队伍是做好教学督导工作的基本保证。要使督导队伍学科专业结构合理,应做到"五个结合":专职督导员与兼职督导员相结合,在职人员与退休人员相结合,不同学科专业的督导人员相结合,教师和管理人员相结合,督导工作与学习研究相结合。高水平的督导队伍有利于保持教学督导工作的相对稳定性和权威性、灵活性和全面性、针对性和实效性,确保督导工作与时俱进,在建设中发展,在发展中创新。

二、转变教学督导职能

1. 树立以人为本的督导理念

教学督导要树立"以人为本"的督导理念,要从教师的角度出发,提倡换位思考。要从思想上充分认识到教师渴望被社会肯定、被人尊重、被学生爱戴,从而实现自我价值的积极性。教学督导的根本目的不是抓教师的教学问题,而是指导、帮助教师改进教学和提高教学水平。因此,要把督导的职能从监督、检查为主转变为指导、帮助、服务为主。要抱着向教师学习的态度,怀着去发现教师的优秀师德师风典型、好的课程建设模式及课程改革方法的愿望,听取师生对教育教学工作的要求、呼声和意见,诚心地去发现、总结和推广优秀教师的教育教学经验,与教师一起探讨人才培养中存在的问题及原因,并提出改进措施。要摒弃对教师监督、检查和评价的心态,在教学评价中,要实施发展性评价;要尊重教师,平等待人,与人为善;要以研讨的方法、切磋的精神,做到启发点化、激励引导,使教师心悦诚服地接受意见。必要时教学督导还要进行示范教学,把自己的教学经验毫不保留地传授给青年教师,这有利于更好地和教师进行交流与沟通。

2. 实行“督与导”有机结合,“以督促导”“以导为主”的工作方式

目前高校的教学督导工作,大多存在着重“督”轻“导”现象,把督导的重点放在监督、检查和评估方面,很少针对教师教学中存在的问题提出根本性的解决方法,更谈不上加以具体指导和帮助。这种重“督”轻“导”现象,拉大了督导与教师的距离,削弱了督导的质量和效果。

正确处理“督”与“导”的关系,对教学督导工作健康有序地开展,促进教学质量的提高具有重要的监督和引导作用。在教学督导的实施过程中,教学督导人员要坚持“督与导”有机结合,“以督促导”“以导为主”,要加强“导”的力度,防止“督”“导”脱节。教学督导人员与教师之间应是和谐、宽容、平等、合作、信任的关系。要讲究督导方式、方法,在具体工作中要做到督要严格、导要得法、帮要诚恳、评要中肯。

3. 构建"督教"、"督学"、"督管"三督一体的教学督导内容体系

在教学督导工作过程中,各高校督导范围不同程度地存在狭窄的问题。在教学督导的"督教"、"督学"、"督管"中,很多高校的督导内容重视教师的教学,忽视对教学管理工作和学风的督导。导致许多教学一线的教师感觉自己成为被评估、被管理、被监督的唯一群体,许多教学管理方面的漏洞没人监督管理,不利于调动广大教师的教学积极性。在实施素质教育和培养大学生自主创新能力的形势下,必须构建"督教"、"督学"、"督管"三督一体的教学督导内容体系。

督教,就是对学校的教学工作,从专业设置、人才培养方案到各具体教学实施环节进行监督、检查和指导。因此督教的主要任务:一是培养目标督导,重点是对教学计划进行评估、论证,并提出修改意见。要针对教学工作中带有全局性的问题进行调研,沟通教与学的联系,及时向学校领导和教学决策部门提供信息和提出建议。二是教学过程督导,重点是指导和帮助教师提高教学水平。要以课堂教学和教学实践为中心,对教学全过程的各个环节进行监督、指导、咨询和服务,对教师的教学理念、教学态度、教学内容、教学手段、教学方法、课堂秩序及师生关系等进行指导和测评,并将结果及时反馈到教学治理部门和教师本人。通过对教学过程质量的动态监督和指导,规范课堂教学,促进教学改革,帮助教师树立良好师德和提高教学水平。

督学,就是对学生的学习活动过程,包括学生的自学、听课、复习、作业、考试、实习、实验、纪律和课堂参与、技能培养、课外活动及论文写作等进行全方位监督、检查和指导。学生是学习活动的主体,是体现人才培养和教学质量的载体,因此是教学督导的对象。督学的主要任务:一是通过加强与学生沟通,对学生学习的主动性、学习方法、学习效果、技能培训、职业能力和综合素质等方面进行检查和评估,并提出意见和建议。二是督促、指导学生学习,促进良好学风

的形成,调动学生学习的积极性,提高学生的综合素质,培养学生的自主创新能力,从而达到教学督导的最终目的。

督管,就是对学校的教学管理,包括教学管理队伍的建设、教学工作的管理、教学质量管理、学籍管理、成绩管理、课程管理、教学信息管理等进行监督、检查和指导。督管的主要内容是,检查和评估教学管理工作的质量,根据督教和督学的反馈意见,分析总结后向有关部门提出改进教学管理工作的建议和具体改革措施,从而达到促进教学管理水平提高的目的。

三、创新教学督导方法

随着高校教学工作的发展和改革的不断深入,教学形式不断发展变化,新问题不断出现,新的任务不断提出,教学督导工作的思想理念和工作方式方法等,也应随着新形势、新任务的要求而不断变革和创新。在教学督导工作过程中要注重"三个体现",处理好"六大关系"。

1. 注重"三个体现"

其一、常规督导是教学督导内容最基本的体现。常规督导要贯穿于教学全过程,特别关注:岗前说课、日常授课(含实践环节)、学风建设、教学管理规范、教学秩序等过程性督导。

其二、专项督导深度是教学督导实力的体现。专项督导主要针对教学中某些突出问题,在全程跟踪的基础上,进行深层次剖析,经过集体研究和诊断讨论,提出带有系统性、现实性、指导性的建议和意见。如对《大学英语》教学与英语四六级考试的矛盾,就可以对《大学英语》教学和英语四六级考试的现状、问题、教学效果和建议进行专项督导。

其三、专题调研是教学督导创新能力的体现。为了深化教学改革,与时俱进,教学督导要对一些具有辐射性、战略性问题开展研究,提出应对措施,供教学部门做决策参考。如对教学计划的修订、课程设置、教师开课的资格、某教师的课学生缺课率高等问题,进行专题调研,通过座谈会、调查问卷等一系列调查手段和途径,收集各种信息和资料,加以分析整理,以调查报告的形式提交教学管理部门。

2. 处理好“六大关系”

一是常规督导与专项督导的关系。前者是督导的基础,后者是督导的关键。

二是成绩与问题的关系。要善于发现进行中的主流,树立典型,及时推广;也要善于捕捉到问题,研究对策,及时反馈。

三是经验与创新的关系。经验是宝贵的,但不能生搬硬套,要主动接受新理念、新方法,创新才是“常青树”。

四是监控与反馈的关系。在监控中发现问题不是目的,应及时反馈相关领导和部门,即时修正,实施教学质量监控的闭环控制。

五是督人与督己的关系。建立一支“责任心强、服务意识浓、教学经验丰富、富有改革创新精神”的督导队伍是完成教学督导使命的关键。只有身正影才不歪,要做到督人先督己。

六是直言与策略的关系。教学督导要坚持原则,敢讲真话,但处事应注意策略和方式方法,允许别人有认识过程,允许他人暂时保留看法,不强加于人。

总之,教学督导工作只有以学生为中心,以教师为本,实行民主督导,突出指导、服务、咨询功能,才能有更大的发展空间。学生是学习的主体,教师是教学工作的主力军,要充分调动他们的积极性,发挥他们的支持、配合和参与作用。同时要把教学督导工作置于师生监督之下,经常听取师生对督导工作的意见和建议,增加督导工作透明度,提高督导质量和效益。教学督导还要不断总结经验,不断学习现代教育理论,加强自身建设,要与时俱进,开拓创新,不断推动高校教学督导工作的可持续发展。

参考文献:

[1]雷群安. 关于高校教学督导功能与体制的思考[J]. 韶关学院学报(社会科学版),2010(8).

[2]张北群,张新广. 新时期高校开展创新性教学督导工作的探索[J]. 辽宁教育研究,2007(3).

[3]韩立信. 创新健全教学督导模式. 力求教学质量不断提高[J]. 青春岁月,2011(8).

[4]吴爱民. 构建院系级教学督导机制的研究与思考[J]. 常熟理工学院学报(哲学社会科学版),2008(12).

[5]张军海,王建栋,王晨燕. 新形势下高校教学督导新思维[J]. 河北师范大学学报(教育科学版),2008(10).

高校跨学科创新团队运作机理研究*

马力晖　刘晓梅

一、问题的提出

国家教育部《高等学校创新能力提升计划》(简称"2011计划")提出,要优化以学科交叉融合为导向的资源配置方式,发挥优势和特色学科的汇集作用,构建有利于协同创新的基础条件,形成长效机制。构建高校跨学科创新团队、提高团队效能,是建立校内协同创新机制、提升高校创新能力的重要途径和手段。

关于高校跨学科创新团队的相关研究,目前主要集中在创新团队的内涵和特征、创新团队绩效影响因素、创新团队绩效评价等方面:

大学创新团队的内涵和特征研究方面。陈春花和杨映珊认为,科研团队是面向科研项目,以科学技术研究与开发为内容,以科研创

* 课题来源:湖南省教育科学规划课题"高校跨学科创新团队形成机理及效能管理研究"(XJK012BJG003)。

作者简介:马力晖(1964-),女,湖南湘潭人,湘潭大学教学质量监督与评估中心助理研究员。

新为目的，由为数不多的专业技能互补、愿意为共同的科研目的、致力于共同的科研目标，并且拥有团队精神的相互承担责任的科研人员组成的群体。张虹波和赵晓宁认为，科研团队作为一个组织整体，一般围绕着课题而存在，其成员之间团结协作、分工明确又紧密配合。而作为比较松散组织的科研群体，一般围绕学科而存在，因此科研群体的范围要比科研团队的范围更大。王怡然认为，大学创新团队本质上是知识团队，它具有一般团队的基本特征，同时也具有自身的独特性，如目的明确且目标具体、主体明确、研究方向多样、多学科交叉协作等。吴杨、苏竣认为，大学创新团队包括实体性和精神性两类构成要素。

大学创新团队绩效的影响因素研究方面。团队绩效的影响因素既包括团队行为层面，也包括团队心理层面，还包括团队所处的环境。具体的行为层面影响因素包括团队成员构成、团队成员技术能力、团队目标制定与达成、成员间协作、团队沟通、团队冲突、内外部培训等。团队所处的环境影响因素主要包括物质环境、社会环境、人际环境、信息环境等。

大学创新团队绩效评价指标体系研究方面。于水和胡详培建立了团队整体考核和团队成员个人考核指标体系。王焕霞分析了知识员工个体的特点和主要需求，根据绩效考核指标设计原则，探讨了知识团队绩效指标的设计方法。张喜爱构建了高校科研团队建设的绩效评价指标体系，按重要性程度依此为科研成果、科研项目、人才建设、平台建设。

综上所述，国内外学者在科研创新团队的构成要素、影响因素和团队效能等领域已取得了一定成果，但关于跨学科创新团队的研究较少。事实证明，跨学科创新团队已成为高校科研群体的重要力量，是高校的核心竞争力。本文拟从分析跨学科创新团队形成的影响因素入手，挖掘其中的作用机理，系统性地研究跨学科创新团队的团队效能演化规律。

二、跨学科创新团队的特征

高校跨学科创新团队本质上是知识团队,它具有一般团队的基本特征,同时,与同学科创新团队、教学创新团队相比,跨学科创新团队在成员优势、条件平台、科研成果、组织结构、共同愿景方面,又有自己独特的优越性和高效性。

1. 成员异质性

和一般的教学创新团队或者同学科创新团队相比,跨学科创新团队的成员来自不同的学科,所具有的知识结构和专业特长不同,成员异质性较高。能围绕团队既定的研究方向和研究目标,实现团队成员知识结构、能力、思维方式、研究经验的优势互补,实现年龄、性格特征、工作风格、思维方式、研究经验的优势互补。

2. 平台广阔性

跨学科创新团队有更广阔的交流平台,摆脱了同学科知识面的束缚,融入了不同学科的思维方式和研究方法,优势突出。而且跨学科创新团队的研究领域、方向往往是学科带头人和一批学术骨干经过多年的科研工作努力所形成的,能够获得足够的科研经费和仪器设备的支撑,从而更好地实现跨学科的学术交流。

3. 产出优质性

团队成果是集体智慧的结晶,团队的特质、成员的互助、规范的管理和创新的理念都带来了团队绩效的最大化,也就是说,1 +1 >2。跨学科创新团队研究领域更广,组织协调能力较强,能更好地胜任复杂的科技研发任务。而且,由于打破了学科之间的障碍,沟通更加顺畅,成员观念的碰撞就更频繁,团队成员更能发挥集成优势,能够持续产生创新成果。

4. 结构高效性

我国大学多数采用“校—院—系—专业教研室”型的学术组织模式。而跨学科创新团队不同于一般的组织,它没有明确的等级制度和部门隶属关系,通常是采用扁平式的组织结构,内部成员能够互相尊重、互相信任,能充分发扬学术民主,具有良好的学风。团队能自觉地创造这种学术氛围,充分发挥每个成员的创造能力和责任感,使成员之间的优势互补真正起作用。

5. 规范统一性

每个跨学科创新团队在不同的时期都有一个共同的目标,团队成员在学科带头人的领导下,遵守内部各种操作规范。团队一般都有完善的管理制度和有效的激励机制,团队领导者往往具有良好的战略眼光和协调能力,不仅能够准确把握学科发展方向,选定发展目标,而且善于调动团队成员的积极性,协调成员之间的合作关系,使整个团队和谐有序地运作。

三、高校跨学科创新团队运作的影响因素

跨学科是指一级学科之间的相互交叉渗透性学科,它常与交叉科学(interdisciplinary science)在同等意义上使用,因此跨学科又称交叉科学。关于创新团队,借用库恩的研究,本课题指拥有相同范式的学有专长的实际工作者的集合式创新群体。实践表明,创新团队是获取和整合资源的有效组织形式,是科技创新和科研攻关的重要载体,是优秀杰出人才的创业平台。跨学科创新团队是将承载着不同学科知识、运用不同思维模式的人聚拢在一起,旨在运用跨学科的思想观点、方法和知识解决特定科学或社会实践问题的创新群体。创建跨学科创新群体的目的是提高知识生产的效率,其本质是将来自不同学科团队成员携带的异质性知识整合与创新。能否实现跨学

科创新团队的良好运作及最大效能取决于三方面的因素,即个人因素、团队因素和环境因素。

1. 个人因素

团队成员的个人技能的高低直接制约着团队整体的效率,一个高效运作的跨学科创新团队的成员除了应具备自己学科领域的专长外,还应具备良好的人际沟通能力,才能使整个团队实现互动沟通。团队成员的态度也在很大程度上影响着团队目标的实现,若成员对团队态度忠诚,并渴望与其他成员进行跨学科领域的思想碰撞,那么团队的效能就高,反之则会导致团队效能低下。人格特质是影响跨学科创新团队的第三个个人因素,团队中既需要具有外向果断特质的成员来指挥团队的方向,也离不开遇事理性并深思熟虑的成员,更离不开友善随和的协调者来促进团队沟通。

2. 团队因素

首先,团队的规模要根据工作性质、工作环境及成员质量而定,规模过大会增加协调成本,而且难免一些成员"搭便车",规模过小则会导致成员压力大、任务重、积极性锐减等现象。其次,团队的凝聚力越强,成员的归属感就越强烈,才会接受其他成员的反馈,积极解决内部冲突,使团队朝着共同的目标前进。另外,成员的异质性也直接影响了团队跨学科的宽度,成员不仅要具备自己学科领域的专业特长,并且成员的技术应该是互补的,就像魔术积木,能够拼凑起来组成一个坚不可摧的球体。

3. 环境因素

环境因素制约着组织的可持续发展,不仅包括团队任务特质、薪酬制度等组织内部环境因素,还包括来自组织外的环境压力。团队的任务特质决定了团队成员学科组成和技能水平应与之相匹配,不同特质的任务,需要不同的成员来完成。良好的激励机制能激发成员的积极性，跨学科创新团队成员的需要是复杂的，要坚持内在激励与外在激励相结合，物质激励和精神激励相结合。外部的环境压力也对跨学科创新团队的效能有较大影响，成员渴望具有适度冒险性和挑战性的工作，压力过大或过小都会影响效能的发挥。

四、跨学科创新团队运作机理

跨学科创新团队的异质性有利于团队成员在复杂的环境下各取所长、优势互补，但同时由此引发的社会认知冲突也会破坏战略形成过程中的相互合作。本文第三部分已分析了影响跨学科创新团队效能的因素，如何平衡个体、团队和环境三大因素，实现成员之间的高效互动沟通，特别是学科差异较大时的团队互动沟通过程是保证团队效能的关键点。跨学科创新团队运作机理模型如图 1 所示：

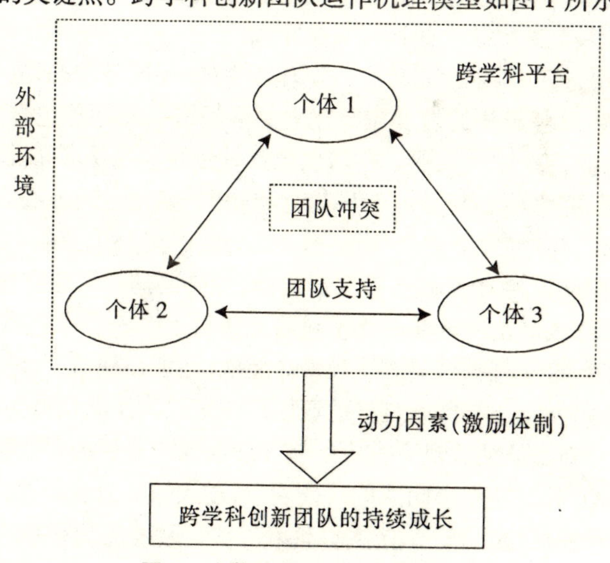

图 1　跨学科团队运作机理模型

首先，我们把跨学科创新团队的成员分成单个的个体来看，那么这些异质性的个体之间要想实现优势互补,就必须进行双向沟通。如图所示,个体的行为要素是多样的,因而对团队效能的影响也是多样的。我们把个体的行为要素划分为团队沟通、团队协调、团队支持和团队冲突四种。显然,团队成员应进行主动沟通,争取团队协调进而获得团队支持。当然,团队冲突也是不可避免的,特别是对于跨学科团队而言。没有团队冲突就没有跨学科思维的碰撞,团队领导者应以团队科研目标为准绳、以互动沟通为手段积极化解冲突,转冲突为团队支持。

其次,在团队内部个体实现互动沟通的前提下,构建良好的跨学科平台,这个平台不仅仅包括团队的成员,更离不开科研仪器的投入、科研经费的支撑、管理体系的规范和团队文化的软约束。"跨学科"是一个动态的学科间的合作融合,跨学科不是目的,而是解决复杂问题、促进学科创新的途径。跨学科平台的建设对实现团队成员互动沟通、促进团队有效运作意义重大。

再次,跨学科平台是处于一定环境中的,环境是动态、复杂的,这就要求跨学科团队的发展需要建立灵活的机制和一种包容异端、鼓励创新、保持开放的氛围。在知识经济时代的客观要求和推动下,以跨学科研究为核心特征的学科整合和知识创新趋势,已经成为大学学术组织存在和发展的新基石,这种客观的外部环境变化,必然要求跨学科团队以更高效的互动沟通机制、更协调的内部运作模式来应对,才能形成严密而灵活的跨学科研究体系。

最后,跨学科平台要想实现最高效能,除了必须适应外部复杂的环境压力之外,还必须有良好的激励机制来提高团队成员的积极性。跨学科创新团队的成员一方面受制于自身原来所属的行政组织的约束,另一方面又要从事团队的科研项目,过大的压力会挫败成员的学术热情和积极性。因此,有效的动力机制是激发成员积极性的必要力量,那么,对于团队成员物质上的和精神上的激励必不可少。

五、高校跨学科创新团队建设的困境和误区

跨学科创新团队是将承载着不同学科知识、运用不同思维模式的人聚拢在一起，旨在运用跨学科的思想观点、方法和知识解决特定科学或社会实践问题的创新群体。目前，无论是“211”、“985”高校还是地方高校，都非常重视科研创新团队建设，而且大多数高校在建设科研创新团队方面已经取得了一定的成效，但是关于跨学科创新团队却并不多见。跨学科创新团队到底应该如何组建？组建创新团队的目的是什么？为了保证成员的异质性而拉郎配的做法是否合适？跨学科创新团队组建后其管理机制和运行机制应如何实施？这些问题是我国跨学科创新团队组建所面临的困境，一些高校一味地追求科研项目的数量和成效盲目组建团队，没有正视这些困境，以致在组建跨学科创新团队建设上存在诸多误区。

1. 战略目标误区

对于一个协作系统来说，要使系统成员产生协作的意愿，使协作系统能有效地运转，就必须要有一个共同的目标，这个共同目标必须要为系统成员所理解和接受。教育部科技发展中心关于《教育部“创新团队发展计划”支持办法》中明确提出，“为进一步发挥高等学校创新平台的投资效益，凝聚并稳定支持一批优秀的创新群体，形成优秀人才的团队效应和当量效应，提升高等学校科技队伍的创新能力和竞争实力，推动高水平大学和重点学科建设”，要“有计划地在高等学校支持一批优秀创新团队”。由此可见，教育部创新团队支持计划的政策目标是一个包含优秀人才、高等学校、高等教育三个层面目标的多重目标体系，跨学科创新团队更应兼顾这三个层面的目标。但许多地方高校在跨学科创新团队建设的具体实践中却舍本逐末，让功利思想占了上风，或仅仅基于获取创新团队建设经费资助的经济效益目标，或兼顾赢得省级乃至部级创新团队荣誉而带来的多

重社会效益目标,最终陷入“为科研利益而组建团队”、“为团队升级而包装团队”的目标导向误区。

2. 管理机制误区

科研创新团队要真正发挥团队效益,除了人员构成要能够满足创新的诸多要素之外,另一个重要方面就是要建立健全符合创新规律的运行机制。一个合理有效的管理机制应该包括团队的组织结构设计、团队的激励体制、团队的互动沟通模式。但大多数高校没有建立有关跨学科科研项目的组织机制和行之有效的内部管理体系。由于缺乏规范的组织管理模式,就很难集中多学科的优势去完成重大的跨学科科技项目,在很大程度上会影响团队的凝聚力。由于缺乏强有力的激励体制,这种非自发形成的科研群体往往不能避免不和谐、怠惰和各式各样的冲突,影响科学研究工作进展。由于没有健全的内部管理体系,致使高校科研项目缺乏效益导向,短期行为严重,很难保证高水平的学术创新、深度项目合作和研究的可持续性。

3. 平台建设误区

创新团队建设与相关学科的创新平台建设应紧密结合。众所周知,我国高校普遍采用“校—院—系—专业教研室”型的学术组织模式,现有的一些跨学科组织体系就是建立在这一模式基础之上的,即在学院层次设立学校直属的学院级跨学科研究所或研究中心,或在教学系层次设立跨系、跨学科的研究所或研究中心。这样的团队建设就难以摆脱学校一些固有院系或者固有学科领域的束缚。这种团队组织并不是真正意义上的跨学科创新团队,无法形成严密而灵活的跨学科研究体系。我们所强调的跨学科,则是指跨院校、跨地区、跨单位的组织,它能充分利用科研资金和不同领域的科研方法及先进的仪器设备来实现跨学科交流,实现团队的最佳效能。所以,平台建设应综合考虑各方面的资源利用,而不是单纯意义上的狭隘的静态的跨学科。

4. 人员构成误区

跨学科创新团队中成员的集体智慧是团队创新和实现科研目标的无价之宝,这要求团队形成一个结构合理、分工明确、互补协作型的学术梯队。只有这样,才能使不同学科、不同层次、不同能力的成员在不同岗位上相互协调、扬长避短,避免人力资源的浪费和内耗,实现优势互补。然而,不少地方高校在组建跨学科创新团队时,为了满足遴选条件,一方面绞尽脑汁去拼凑在年龄、职业方面能“拉开差距”的骨干教师,另一方面想尽办法挖来在某一领域有专长的教授来包装团队。这种不合理的做法违背了跨学科的本质,片面追求团队成员的异质性,结果难免使团队人员的构成坠入“貌合神离”的误区,不利于组建真正有活力、有产出的创新团队。因此,团队的组建一定要自愿组合,决不能拉郎配。

六、高校跨学科创新团队建设的对策

当代科技创新问题的复杂程度越来越高,跨学科研究已经成为科技创新的基本形式。事实上,跨学科创新团队已成为高校科研群体的重要力量,是高校的核心竞争力。从根本上说,跨学科创新团队是创新性高水平科研成果产生的必由之路,是应对日益激烈的科技竞争的必然选择。很多高校都在尝试组建跨学科创新团队,以追求更高的科研目标,获得更多的科研成果。但由于我国在该领域方面的研究还不是很成熟,一些团队组建的时候难免走入战略目标、管理机制、平台建设和人员构成的误区,因此各高校应该结合自身的实际情况,探索科学化、灵活多变的可行之路,以便走出这些误区。

1. 政府与高校支持,构建团队孵化机制

对于组织成员来说,组织的共同目标是外在的、客观的目标,而个人的目标是内在的、主观的目标。只有当他们认可组织目标时,他们才有可能产生协作的意愿,愿意为组织共同目标的实现而做出个人的努力和牺牲。可见,一个明确的目标对于组织来说是至关重要的,跨学科创新团队的目标也不例外。从宏观来说,国家、政府、高校和社会各界都应明确国家层次与大学层次的跨学科教育与研究战略,消除制约跨学科学术活动的各种障碍,通过长期的支持与投入,以确保跨学科教育与研究的直接参与者、利益相关者等在投入、贡献与收益之间的适当平衡。具体建议有:中央和地方政府应当制定标准化且易于执行的知识产权法规与政策,从宏观上制定鼓励跨学科教育与研究的战略规划,明确相应的政策体系、管理制度与评价标准,根据我国跨学科创新团队的研究状况,在人才、项目、基地等各类评审中给予倾斜待遇;政府应加大财政支持,同时多方面协调当地企业与教育部门的沟通,实现产学研互动,促进学术科研项目向市场转移,构建高校跨学科创新团队的孵化机制,催生一批一流的创新团队。高校可创设“跨学科研究与人才培养委员会”,制定相应的跨学科教育与研究专项发展规划,支持团队创新,巩固团队学术领域的优势地位。

2. 创新机制,强化团队互动沟通

跨学科团队的管理机制较一般团队更复杂,为了和跨学科团队的异质性相适应,完善的管理机制建设应包括组织结构设计、团队运行机制、激励机制等内容,当前的管理制度应加快从单一纵向结构向网络化结构转变。

(1)扁平化组织结构设计

我国高校采用的传统的“校—院—系—专业”型的组织结构已经明显不再适应跨学科创新团队的特征,这种大学科层组织结构将学科的多重任务属性与学术研究交织在一起,使得跨学科研究最终固定成为各系或学院的附属研究机构,无法形成严密而灵活的跨学科研究体系。因此,要建立扁平化的组织结构,打破原有的层级结构的障碍,使成员真正平等、享受学术自由。

(2)建立互动沟通运行模式

持续而正确的团队沟通能够增加团队的凝聚力,为团队的决策与发展提供信息来源,提高团队的创新成果和效率。笔者把影响跨学科创新团队效能的因素归为个人因素、团队因素和环境因素,那么团队的运行模式就必须考虑三者的综合作用。个人应积极发挥自身的学术优势,积极与其他成员主动沟通,争取团队沟通、团队协调和团队支持,化解团队冲突,构建科学的跨学科创新团队平台。

(3)完善激励机制

以人为本和科学高效的激励评价机制,能够有效激发团队成员的内在潜力,充分发挥他们的积极性和创造性。科研创新必须具备内部动力和外部激励,其内部动力来自内部凝聚力,而外部的激励来自相应的激励机制。首先,应强化工作本身的激励作用。团队成员作为学科的带头人,一般喜欢更刺激的、更有挑战性的工作,可以适当进行工作轮换,在丰富成员的工作内容的同时,增强内部凝聚力。其次,应制定准确的绩效考评指标和标准。科学准确地考评团队成员的工作绩效,注重考评的公开、公正、民主、科学,考评时要重视参考团队成员的自我评价和同事评价。最后,在注重物质激励的同时,不能忽视精神激励。如授予各种头衔和荣誉、在一定范围内的宣传表彰,从而使团队成员感受到社会与组织的承认和尊敬。

3. 完善平台,保障团队持续发展

要想真正实现跨学科学术交流,不仅需要团队内部形成一个平等、自由、顺畅的互动沟通平台,更需要与外部其他团队进行频繁的知识和任务协作沟通,形成外部沟通网络和平台。成员之间的沟通是平等的,扁平化组织结构设计有利于加强内部沟通,使成员围绕一个共同的目标在各自的角色和任务上发挥创造力、主动性。同时,应努力做到跨学科真正的"走出去",加强与国际研究型大学的互动交流,合作创建国际化标准的虚拟研究中心、研究网络和实验室,建立虚拟学术团队和内部交流制度,合理分配与共享核心设施和研究资源,促进校际之间的开放式创新与跨学科合作。通过与其他团队进行广泛的合作,进行频繁的知识和任务协作的沟通,形成外部沟通网络和平台。这样可以共享其他团队其他领域先进的知识和研究成果,广开沟通渠道,使各种思想能向各方传递,增强学科的交叉能力。

4. 打破壁垒,杜绝拉郎配组队现象

(1)调整人员,保持合理的科研梯队

科研人员的构成结构对科研团队的学术研究能力有重要影响,团队成员的集体智慧是团队创新的直接来源。在组建团队时,不仅要考虑人员的性别、年龄、水平、才智和能力,更要注意人事上的编组和角色调配。成员中不仅要有某一研究领域的带头人来把握科研的大方向,也要有人际交往能力强的人进行内外部协调和沟通,有富于创新能力和激情的年轻人扎实工作,还要有从事辅助工作的科辅人员的密切配合,只有这样,才能保证科研的高效率和高产出。

(2)建立人才储备机制

跨学科创新团队是学习型组织,是一支不断成长、不断创新、不断发展的团队。团队的持续发展离不开新鲜血液的注入,离不开人才的支撑,所以团队应建立人才储备机制,为促使团队朝更强的方向演化提供后备力量。因此,高校应探索本科生、研究生和博士生不同层次的跨学科培养模式,鼓励大学生寻求和获取跨学科经验,建立面向基础研究问题的传统学科交叉或专题,推动灵活设置跨学科专业,主修领域外的一个或多个领域的必要知识与研究方法。通过不定期举办学术报告或者座谈会,促使学生在跨学科活动中观察、阅读、讨论,发现和解决问题。

(3)跨学科、跨地区、跨单位组建团队

跨学科创新团队的构建必须有利于团队成员优势的充分发挥,利用知识互补,扬长避短。一些地方高校缺乏出色的学科带头人和技术骨干,可以积极寻求与重点大学、兄弟院校、科研机构或科技创新企业合作,实现跨学科、跨地区、跨单位组建团队。只有这样,才能使整个团队处于学科最前沿,有利于增加团队技术含量,拥有更广阔的交流平台。这样组建的团队自由度更高,专业化水平更强,能够适应外界环境的变化,通过内部良性的沟通促进学术科研取得更丰硕的成果。

参考文献:

[1]杨映珊,陈春花.科研组织团队运作的应用研究[J].科学学研究,2002(2):206-208.

[2]张虹波,赵晓宁.科研群体与科研团队模式探讨[J].科技·人才·市场,2003(5):25-27.

[3]王怡然.高校科研团队建设的内涵、特征及类型[J].西南交通大学学报(社会科学版),2007(3):20-23.

[4]吴杨,苏竣.科研团队知识创新系统的复杂特性及其协同机制作用机理研究[J].科学学与科学技术管理,2012(1):156-164.

[5]肖丁丁,朱桂龙.高校科研团队核心能力构建研究[J].科学学与科学技术管理,2012(1):173-180.

[6]危怀安,胡艳辉.自主创新能力演化中的科研团队作用机理[J].科学研究,2012(1):94-101.

[7]于水,胡详培.高校科研团队考核指标体系建立的研究[J].管理观察,2008(18).

[8]王焕霞,知识团队绩效考核指标的设计[J].内蒙古科技与经济,2008(20):43-44.

[9]张喜爱.高校科研团队绩效评价指标体系的构建研究——基于AHP法[J].科技管理研究,2009(2):225-227.

[10]柳洲."M-C-K"群体行动者网络模型与跨学科创新团队知识生产机制[J].科学学与科学技术管理,2012(3):158-164.

[11]陈士俊,邱玉敏.高校科技创新团队的绩效管理影响因素与策略分析[J].科学管理研究,2011(6):101-104.

[12]邱楷.基于合作的地方大学科技创新团队激励模型研究[J].

科技管理研究,2012(2):59-62.
[13] 余玉龙.地方高校科研创新团队建设的困境、误区及其出路[J].科学管理研究,2011(6):105-107.
[14] 王怡然,陈士俊,张海燕等.高校创新团队建设的若干理论问题研究[J].科技进步与对策,2007(8):194-197.
[15] 杜洋.高校科研创新团队建设的关键要素分析[J].科技信息,2009(3):205-206.
[16] 吴林妃,傅庆林.农业科研单位科研创新团队的建设与管理研究[J].农业科技管理,2012(2):79-85.

艺术学学科建设中的理论与实践关系思考*

杨向荣　王世成

艺术学是一门旨在打通各门艺术之间的壁垒，构建涵盖各门艺术的普遍规律的宏观理论体系的学科。从理论层面来看，艺术学关注艺术的起源和发展、艺术的本质与特性，艺术自身的地位与社会影响等问题。而从实践层面来看来，艺术学需要将研究触角延伸到现实的艺术实践层面，它不仅要有具体的艺术创作和艺术实践，同时也有针对特定艺术创作、设计理念、艺术现象和艺术思潮等现象的批评和评论。从学科的专业建设角度来看，艺术不仅是一门理论性很强的学科，同时也是一门实践性很强的学科。因此，如何在艺术学专业建设过程中，正确梳理好理论研究与实践创作的内在关联，促进学科自身的完善与发展，就成为广大艺术理论研究者以及艺术家们急需面对的问题。

一、理论与实践并重的学理溯源

由于历史原因，艺术在中国一直从属于文学的学科建制，迟至

* 作者简介：杨向荣（1978— ），男，湘潭大学艺术学院教授，研究方向：西方美学与艺术哲学；王世成（1991 - ），湘潭大学艺术理论与实践研究生。研究方向：艺术理论与实践。

2011年3月国务院学位委员会、教育部公布的《关于印发〈学位授予和人才培养学科目录(2011年)〉的通知》(学位[2011]11号),才正式把艺术学列为一个独立的学科门类,其下开设五个一级学科:艺术学理论、音乐与舞蹈学、戏剧与影视学、美术学、设计学。事实上,国内高校对艺术学科也一直高度重视,在2005年,教育部和国务院学位办已经批准设置了艺术硕士专业(MFA),培养艺术创作的运用型人才,逐步与国际接轨。因此,虽然在中国,艺术学是一个新兴的学科门类,但从作为一个有着深刻内涵的学科,艺术学具有广泛而坚实的理论基础。

早在两千多年前的古希腊,哲学家柏拉图就用对话的方式开始探讨艺术和美的问题,亚里士多德的《诗学》以及古罗马维特鲁威的《建筑十书》是系统的诗学与建筑学专著。整体来看,西方人对艺术的研究经历了艺术论、艺术哲学和艺术科学三个阶段。从古希腊到17世纪是艺术论时期。18世纪到19世纪上半叶是艺术哲学时期,主要有谢林、黑格尔关于艺术和艺术史的哲学研究。而自19世纪中叶以来则进入艺术科学时期,艺术学作为一个学科也正是在这一时期得以产生。艺术学的产生和发展首先得益于艺术社会学和艺术心理学的研究。丹纳1865年出版的《艺术哲学》是运用社会文化学的方法研究艺术的典范;格罗塞的《艺术的起源》则是运用社会学和人类学的方法研究原始艺术的佳作。19世纪下半叶和20世纪初,由于西方实验心理学的发展,弗洛伊德等人开始用心理学方法研究艺术,促进了艺术心理学的产生和发展。纵观西方艺术哲学的历史,可以发现,艺术是美学的最主要研究对象。1750年,德国哲学家鲍姆加通的《美学》一书使美学从哲学中分离;1900年前后,德国德索创办的《美学与一般艺术学》杂志以及出版的《美学与一般艺术学》专著使艺术学从美学中分离出来。20世纪西方的艺术学科得到飞速发展。一大批艺术理论和批评大师不断涌现,出现了本雅明、阿多诺、约翰·伯格、沃林格尔、沃尔夫林、克莱夫·贝尔、科林伍德、杜夫海纳、苏珊·朗格、阿恩海姆、贡布里希、潘诺夫斯基、弗莱、格林伯格等一流大师,不仅从各个方面丰富和推进着艺术理论研究,也从大量的艺术现象中演绎出了精彩的艺术观念,为后世研究提供了极其丰富的理论基础和启发。

而从西方艺术学的学科发展来看,也强调艺术理论与艺术实践的二者并重。如前所述,在古希腊时代,艺术学与哲学有着扯不清、道不明的关系。如柏拉图径直将其哲学方法与艺术家的创作相类比,而亚里士多德就认为艺术是对自然的模仿,而模仿是人类的天性与本能,是我们获得知识的一种方式。在漫长的历史进程中,艺术一方面与政治、社会、宗教和科学起着同等重要作用,另一方面也为人类提供了审美的享受,由此而提升人类的精神,成为与自然学科相对的人文学科中的一个有机部分。至 19 世纪,各门人文学科相继确立,艺术与哲学、历史、地理学、人类学等学科并立而生,成为学院教学与研究的学科。艺术学科被视为具有内在关联的美的艺术(Fine Art)的综合体系,起先主要指绘画、雕刻、建筑、音乐,后来包括诗歌、文学、戏剧、舞蹈等。正是因为艺术被纳入人文学科的知识宇宙,18 世纪以来的重要哲学家诸如康德、黑格尔、赫尔德都论述艺术,马克思、恩格斯也不例外。研究者的学术成果与哲学家的论述奠定了"艺术科学"的哲学和方法论基础。在 19 世纪,德语国家将艺术史与音乐学确定为独立的研究学科,率先在大学里建立艺术史系与音乐学系,随之在英语国家普及开来。在国际上,艺术领域的学位有两种类型:一种是创作型,其最高学位是"艺术硕士"(Master of Fine Arts),获得这个学位就可以在相关创作和表演领域教学;另一种是研究型,最高学位是博士(PHD)。

而从词源学的角度来考证的话,在古拉丁语中,艺术一词为 ars,类似希腊语中的"技艺",在希腊人和罗马人那里,还没有不同于技艺的"艺术"概念。我们现在称之为艺术的东西,他们认为不过是技艺而已。中世纪,出现了"自由艺术"这一学科门类。"文法、修辞学、辩证法、音乐、算术、几何学、天文学"这七个门类被一个专用名词"七种自由艺术"代替(或用"概括")了。到了文艺复兴时期,人们又恢复了艺术一词的古老意义:技艺。一直到17世纪,美学问题和美学概念才慢慢从作为技艺的艺术中分离出来,到18世纪后期,这种分离更明显,出现了美的艺术与实用艺术之间的区别。而这个时候,出现了一个著名的事件:艺术的命名。1746年,法国哲学家巴托出版的《简化为单一原则的美之艺术》一书,首次为现代艺术命名。他提出了"美的艺术"概念,这使他成为美学史上第一个明确区分出美的艺术系统的人。在他看来,美的艺术的目的就是给人以愉悦,这样的艺术主要有五种:音乐、诗歌、绘画、雕塑和舞蹈。几乎在同时,德国哲学家鲍姆加通出版了《美学》。鲍姆加通从希腊语中选择了 Aesthetica 来命名这门学科,认为美学是研究感性学的学科。他是历史上第一个提出专门研究艺术和美的思维的哲学学科——美学——的人。鲍姆加通在界定美学概念时,将感性学这个概念与美创造性地结合起来,从而确立了美学的研究对象。为美的艺术命名和为美学命名这两件看似并无关联的事件,标志着现代艺术观念的出现。如果说传统的艺术概念偏重于技艺、技能和工艺的内涵,突出其实用和工艺的含义。那么当巴托采用"美的艺术"这个概念时,其潜在含义就在于将一切"非美的"东西排除在外。这样一来,艺术慢慢获得了其自主性。而到了狄德罗编《百科全书》时,艺术最终简化成了"art"一词,并具有了其特定的内涵。在中国古典美学史上,古人对"艺"的理解过程也与西方大致相同,在古代,"艺"就是指才能或技巧。礼、乐、射、御、书、数,古人称为"六艺"。在对"艺术"进行了词源学的考证后,我们可以对艺术的内涵及其内在规定性稍加总结:首先,艺术最初是指一种技艺;其次,艺术在后来慢慢演变成了一种创造美的技艺。

在中国,虽然艺术学学科成立较晚,但中国艺术的发展却源远流长。虽然在中国古典艺术中重实践,但不可否认的是,在中国古典艺术和美学史上,也曾出现过艺术理论发展的高峰期。中国艺术理论的第一高峰和原创期出现在汉魏六朝时期,此一时期涌现了谢赫的《画品》、宗炳的《画山水序》、王微的《叙画》等著名画论。唐宋时期，张彦远写出了世界上最早的系统的艺术史专著《历代名画记》，从轩辕一直叙述到唐代会昌时期，体大虑周，奠定了中国美术的理论基础。郭若虚的《图画见闻志》对绘画的历史意识及绘画史学科意识逐步自觉。20世纪中国形态的艺术研究正式开始建构。王国维、蔡元培、鲁迅、陈师曾、黄宾虹、傅雷、傅抱石、丰子恺、潘天寿、朱光潜、宗白华、马采、李泽厚等著名艺术理论家、艺术史家和艺术家为中国艺术理论与实践做出了重要贡献。与此同时，中国艺术在漫长的历史进程中又形成了自己独有的民族风格和特色，如中国画与西方油画、中国戏曲与西方话剧等都有着明显的区别。中国古人以其独特的思维方式，创造出迥异于西方的艺术作品和艺术理论，例如“外师造化，中得心源”“水墨画”、“意境”、“留白”等范畴都是中国古典艺术的精髓，这种别具一格的艺术精神至今依然深深贯穿在艺术创作、艺术批评以及艺术理论的研究中。笔者作为湘潭大学一名教师，结合自身多年教育与研究等经历，发现我校艺术学专业虽成立较晚，但作为文学的学科建制，其历史渊源却也由来已久。湘潭大学文艺学研究有着久远的历史和雄厚的力量，该学科经过彭燕郊、萧艾、张铁夫、季水河、何云波等几代学者的开拓发展，取得了突出成就。其旗下的艺术理论与批评方向侧重研究东西方古典艺术的美学关系、传统艺术与现代艺术造型的比较、艺术批评基本理论和方法的研究等问题，注重传统艺术与现代艺术的多方位、多角度的比较性理论研究，有利于宏观性地认识艺术的现代与传统的关系，对当代艺术的发展提供了实践指导。

二、理论与实践并重的合理建构

除了学科建设的理论渊源之外，强调理论与实践并重，也是艺术学学科当下发展的一种必然要求。

从学科的支撑以及与邻近学科的关系来看，艺术学虽然是一门较为年轻的新兴学科，但是，它与一些相关的理论学科却有着相当密切的关联。如艺术学学科与中国语言文学下的文艺美学专业就有着诸多复杂的纠葛,而学界也一般认为艺术学与文艺是最为接近的两个学科。两个学科都有相似的理论渊源,如柏拉图、亚里士多德、康德、黑格尔等学者就将艺术与文学理论结合在一起。此外,艺术学与文艺学在研究方法上也颇有共通之处,如20世纪以来的形式主义、阐释学、符号学、结构主义等批评方法。同时,随着当前文艺学的扩界、文化研究的兴起等原因,文艺学与艺术理论的关联更为密切。因此,在当下艺术学成为独立学科以及各学科划分而使文艺二分的背景下,我们在理论上仍然要注意跨学科的交流与合作,积极利用学科结构内部资源,整合艺术理论和文学研究的分散力量,促进学科之间的对话和交流,从而为艺术理论打下坚实的基础。目前国内的艺术学理论对艺术普遍原理、艺术规律的研究尚显薄弱,而借助博大精深、十分成熟的文学研究中吸取力量深化艺术理论研究不仅可以丰富艺术理论的研究领域,也可以极大地提升艺术理论研究的深度,使艺术理论体系建设更加成熟完善。湘潭大学艺术理论与实践专业作为中国语言文学学科下的二级学科,借助中国语言文学学科强大的平台支撑,利用跨学科的交流与融合优势,已经培养了一大批既具有坚实的艺术理论基础,又具有高超艺术创作能力和艺术鉴赏水平的跨学科人才。虽然,艺术学与文学在理论与实践上有诸多渊源契合,然而在艺术学的研究实践中证明,艺术学与文学毕竟是不同的学科,有着自身的研究对象和发展规律。文学依赖语言,而艺术随着艺术门类的不同,其手段也不一样,尤其是视觉文化的兴起,人们重新认识到,文学与艺术的不同媒介手段带来的区别。如以文学与图像的关系来说,文学依赖文字,图像则不然;文学要求人们思考,诉诸形象思维,而图像则诉诸视觉,讲究直观印象。可见,不管是从学科的内涵和外延,还是从学科发展的流变来看,文学和艺术毕竟不同,在理论与实践的整合中要注意二者的区别。

从专业人才的需求来看,由于过去对艺术理论的功能认识不足,导致人才培养上出现诸多缺陷,无法满足现代社会的需求。过去的艺术教育只是一味地重视艺术的实用功能和商业意义，忽视艺术所应具有的教化功能及人文价值，将受教育者置于艺术旁观者的位置之上。如特定的艺术技能的培训，而忽略了相关艺术理论的教学，势必会使学生缺乏理论的深度而成为柏拉图意义上的“艺匠”。当前，在国家大力推行素质教育战略的背景下，各大美术学院纷纷敞开校门，尽可能多地招收学生，各大综合性的院校也纷纷开设艺术类学科，但是落后的观念和认识导致在实践人才的培养上的努力都打了折扣。理论是实践的基础，理论认识的不足直接导致了实践人才培养的缺陷。艺术并非纯属欣赏品，艺术教育也非纯属培养机械复制时代的艺术大匠，而是要培养兼具理论高度，同时又具有实践能力的全面型人才。而当前人文学科发展的现状也是强调人才的培养要能理论联系实践，因此，在艺术学学科建设中，我们不能厚此薄彼，而应当保持二者的良性互相融和发展。此外，艺术不仅以其特有的审美符号实现育功“成教化、助人伦”的教能，提升人的精神境界，它还对国家政治与体制产生建构作用，“乐以道和”即是说艺术能营造和谐社会。艺术更是现代科学的催化剂，意大利文艺复兴时期的艺术家达·芬奇几乎对现代科学各领域都做出了开创性的贡献，我国宋代的沈括也把艺术与科学视为一个整体加以研究，而从哥白尼、牛顿到爱因斯坦，这些伟大的科学家都承认艺术在其科学发现中所起的无可替代的作用。在中国古代和西方现代，艺术是创造性思想和科学的重要源泉，也是构成人生教育的有机组成部分。在市场经济高度发达的今天，艺术不仅可以直接转化成为经济效益，艺术在生产、消费中的融合也使其进一步走向日常生活，与人们的生存息息相关。因此，加强艺术学学科建设中理论与实践的并重对推进创新人才培养机制，推进现代化建设有着重要意义。培养兼具理论高度，同时又具有实践能力的全面型人才，有利于人才培养目标的真正实现。

从学校的教学资源来看，我国高等教育艺术学专业也面临着办学规模与师资水平不协调的矛盾，导致艺术学的理论与实践在实际教学中存在诸多问题。截至 2011 年，全国拥有艺术学博士点的单位仅有十几家，拥有艺术理论硕士点的单位也才50多家。艺术理论国家级重点学科则更少，仅有东南大学1个，省级重点学科只有如北京师范大学、北京服装学院、南京艺术学院等为数不多的几家，省级人文社会科学重点研究基地也只有2个：山东艺术学院文化产业基地、杭州师范大学艺术教育基地。而且，目前已开设艺术学研究的高校多为一些艺术类院校以及一些具有传统优势的综合性大学，即便如此，此类高校的艺术教育也普遍存在着师资数量不足、教师知识结构单一、学历水平较低的问题。虽然我国几乎所有高校都开设了艺术类公共课程，但大学艺术教学由专业课向公共通识课的变革也意味着教师急需增强研究素质、提高学历水平。而且，艺术学升级为独立学科门类，势必在国内高校中兴起艺术教育、艺术研究的热潮。因此，预计在未来比较长的一段时间里，精通艺术理论，又熟练掌握一至二种艺术创作的高端人才将有一个较大的缺口。为解决这个问题，现代高校可采取加强师资力量、加强学术成果与交流创造更多优质实习平台相结合的措施。一方面，鼓励学生积极参加全国性乃至国际性的重大赛事，通过竞技增强实践运用能力，扩展学生眼界，使艺术类学生的培养与业界接轨。近年来，湘潭大学在实际教学的环节中注重理论与实践的结合，积极鼓励学生参加各级各类艺术竞赛，捧回国内外奖励40多项；先后与英国邓迪大学、法国巴黎高等美术学院、英国格拉斯哥艺术学院、帕斯艺术学院、韩国公州大学等国外著名的艺术类高校开展艺术交流活动，并建立起了良好的合作关系，培养的学生获得了社会及业界的好评。另一方面，大力引进高学历人才，加强对青年教师的培养和学术成果的借鉴交流，提升教学质量，优化教学资源，创建深厚的学科平台和坚实的学科根基等。运用多重力量为艺术学提供深厚的学科背景，保证其无限的学科潜力和活力，做到传统与现代的结合，理论与实践的结合，历史与创新的结合。

最后，从当前学科建设的发展目标来看，艺术学专业建设强调理论与实践的结合也有其现实的合理性。在传统的艺术学专业建设中,艺术实践是其重点,而与其相关的艺术理论则一直是文学界、艺术学界研究的核心对象。二者一直处于一种相当游离的状态,甚至理论研究者与实践创作者相互敌视。但事实上,艺术理论研究以其对普遍性的艺术规律的探讨和研究为其他艺术学科提供着理论基础,而且艺术理论从绘画、建筑、音乐、电影等多种艺术种类中总结归纳艺术规律,探讨艺术本质,它不仅一方面丰富着艺术史研究,同时也提升了艺术实践的深度,从而反哺新兴的艺术种类发展,比如工业设计、动画创作、数码艺术等。2011 年国务院学位委员会、教育部颁布的《学位授予和人才培养学科目录》,正式把艺术学列为一个独立的学科门类,其下设五个一级学科:艺术学理论、音乐与舞蹈学、戏剧与影视学、美术学、设计学(可授艺术学、工学学位),其中艺术学理论被提升为艺术学大门类下的一级学科,可见学术界、教育界对该艺术理论方面人才培养的高度重视,而这也说明了艺术学专业建设中理论与实践并重的可行性和必要性。因此,艺术学在理论与实践学科建设的发展应以科学发展观为指导,密切关注国内外艺术学理论成果与艺术实践成果,运用“理论与实践相结合”的研究方法,坚持“引进来和走出去相结合”研究路径,着力建构开放的学术交流与合作机制,为我国艺术文化事业的发展提供知识上的支持;并大胆创新艺术类学生培养模式,进一步密切与国内外艺术类高校和社会各艺术界团体与组织的合作与交流,不断将科研优势转化为艺术文化产业的优势。这将极有利于高素质人才的培养。

由上可见,在艺术理论的发展过程中,艺术学强调理论与实践的融会贯通,从艺术的词源学发展来看,艺术一词自身也包含着将理论与实践二者融为一体的内涵建构,而从艺术学学科的当下发展来看,理论与实践也是其学科建设中不可或缺的两个层面。

函授英语网络化教学模式初探*

张剑锋　张群慧　杨文中　肖湘雄

网络化给函授学生带来了各方面的影响，使函授学生出现了许多与以往不同的新特点，使函授教育面临了许多新问题、新任务。随着世界经济和科学技术的发展，日趋频繁的国际交流与合作使得英语的重要性日益突出，英语作为世界上应用最广泛的语言之一，已被许多国家列为国民素质教育中的重要组成部分。我国继续教育教学工作也始终把英语教学视为所有课程教学的重中之重。不但所有专业的课程教学计划和培养方案中都开设了英语这门课程，而且通过成人高等教育学位英语考试也是获得继续教育学士学位证的必要条件。然而我国现有的函授英语教学模式受到诸多因素的影响，已经出现了极大的不适应性，在一定程度上制约和削弱了函授英语教学的质量和效果。

---

* 课题来源：湖南省普通高等学校教学改革研究项目“网络化背景下的成人高等教育函授教学模式创新研究”（湘教通 2012[2012]401 号）。

作者简介：张剑锋（1976—），男，湘潭大学继续教育学院助理研究员、教学管理科科长，研究方向：教育人力资源管理；张群慧（1974－），女，番禺职业技术学校教师，研究方向：课堂教学管理；杨文中（1980－），男，湘潭大学继续教育学院讲师，研究方向：行政监督；肖湘雄（1973－2010），男，湘潭大学公共管理学院副教授，研究方向：人才战略与规划。

一、当前我国函授英语教学现状及弊端

我国的函授教学是成人高等教育的一种教学方式。传统函授教学的两大环节是自学和面授，是通过以“自学为主，面授为辅”的教学形势来组织教学，这样的教学方式已经不能适应当今英语教学的发展趋势，其弊端主要有以下几点：

1. 面授时间受限，教学质量难以保证

普通高等教育全日制本科生的英语教学一般为240学时，分四学期进行，每周授课学时为4到6课时，课时充足，能够给予学生“接收知识—复习知识—运用知识”的缓冲过程，保证了教学质量。相反，函授英语教学集中面授的时间不超过30个学时，学时极度缩水，所教授的内容也相应缩水，缺乏连贯性，甚至有的学生因为工作原因无法抽身来校上课，学生学习积极性不高，大大降低了教学质量。

2. 面授课程内容繁杂，学生难以在短时间内消化

一方面，英语是一种语法众多而又变幻无穷的语言，本身学习起来难度较大，对于英语水平普遍偏低的函授学员来说更是难上加难，而面授英语教学所用教材多以普通高等本科或是高职高专教材为主，函授学生的学习能力和理解能力差别很大，教材不具备与学生的兼容性。另一方面，面授英语教学方式基本上属于“满堂灌”的“填鸭式”教学，学习内容繁多冗杂，在短短几天的面授时间里，全面掌握英语教学中词的含义、用法、惯用词组的固定搭配、动词的变化形式，仅通过课堂教学来掌握和提高英语水平是不现实的。

3. 自学过程难以把握，整体自学效果欠佳

首先，在自主学习期间，失去了英语老师生动的视听教学，英语课文对于广大学员来说只是一些复杂难懂的符号，不但要花费相当

多的时间来理解课文,而且即使读懂课文也只能是"哑巴英语",能写不能说。其次,自学就应当有自学方法,函授学生英语基础相对薄弱,如何正确掌握一门不熟悉学科的学习方法与技巧是要靠长时间的摸索的。最后,自主学习最突出的是"自主"二字,如何保证在工作劳累了一天以后挑灯夜读,或是工作一周等到周末本该放松时拿起书本复习,是要靠学生相当的自制力的,对于一般函授学生来说都有难度,这些都导致了整体自学效果不佳。

在这种情况下,我们迫切需要开发一种新的英语教学模式,使广大函授学员能够在没有老师的辅助下,有充裕的时间,轻松地掌握英语课文的听、读、写、说。

二、网络化英语教学平台的优势特点

进入21世纪以来,现代计算机网络技术飞速发展,使得英语教学的信息化、数字化和网络化实现变为可能,我们可以通过计算机将函授英语教学内容数字化、信息化,并编制相应程序,采用友好的界面,运用多媒体技术,通过视、听、说等多种方式,提高学员兴趣,使英语学习变得更轻松。网络化英语教学的优势特点主要有:

1. 网络化英语教学平台可以给英语学习提供一个良好的语言教学环境

以多媒体课件为基础的网络教学能做到图文并茂、有利于调动学员的各种感观,刺激学员的敏感的神经,使他们更专注于学习,提高兴趣,增强记忆能力,在模拟的环境中全面训练学员读、写、听、说四种基本语言能力,使语言学习现场化、真实化。

2. 网络化英语教学平台有利于学员合理安排和利用学习时间

通过网络化英语教学平台,学员可以合理安排和利用自已的学习时间,变"突击记忆"为"分散记忆",既可以处理好工学矛盾,又可以避免集中面授带来的疲劳学习。任何人的语言学习都离不开记忆,记忆主要分为短时记忆和重复记忆两种,高强度的短时记忆很难让人在语言学习中有所收获,只有长期反复地学习才能让学员真正理解和掌握学到的知识,网络教学恰恰可以弥补面授教学的不足,不管老师在不在,学员都可以打开电脑进行自主学习。

3. 网络化英语教学平台可以有效督促和监控学员的学习情况

网络化英语教学平台系统可以跟踪个体的学习历史和学习进展、学科知识结构的掌握情况和学习绩效等信息。这种纵向比较,可以使函授学生清楚自己的学习成效与进步,有利于改进和提高他们的自我监控策略和自我评价策略。通过程序的控制,网络教学平台可以给学员设定账号,自动记录学员在各个课程中学习的时间及效果,促使学员主动学习。

三、网络化函授英语教学平台的构建

一个成功的网络英语教学平台主要应包括两方面的内容:一是课程内容教学,包括课程生词背诵、课文读诵、句型与语法学习。二是课程训练与作业。教师可通过此模块布置和检查学员的作业。

函授英语网络化教学平台的课本应选用贴近日常生活、简单商务活动的内容,并选用卡通、动漫或是模拟情景教学,以提高学员的兴趣。

1. 账号管理模块

为了保证教学资源的有效利用,网络教学平台首先应建立账号管理制度,账号权限分三级:超级用员账号、教师账号、学生账号。超级用户账号一般授权给各函授站点系统管理员,能够授权建立函授班级、指定函授英语辅导教师、授权并管理函授学员进入教学平台学习。教师账号的权限主要为布置和检查学员作业,通过网络对学员进行答疑和辅导。学生账号则是由每个函授站的系统管理人员按学生名册编制,在校期间可以根据学号和密码通过互联网自行登入教学软件进行课程学习和作业。学生账号应具有时效性,一般以学生修业年限或是英语课程教学时间为有效期,以充分节约和利用系统资源。

2. 课程教学模块

本模块以英语教材课程为单位,每节课程包括单词学习、课文读诵、语法训练三部分。课程内容应做到通俗易懂,以场景教学为纲,模拟现实生活的英语环境。单词学习、课文读诵主要是对每节课中的生词和课文进行领读和背诵,并可让学员自主调整朗读单词和课文的语速,让学员能听清读懂。课程教材中所有英语单词都应具备取词功能,并与电子英语词典(比如《朗文双解英汉词典》等)相关联,能够自由地查出某个单词的词义、音标、发音及例句,方便学员对课文的自主学习和理解。只看只听不读是语言学习的大忌,从一定程度上减低了学员学习和记忆的效果。在传统英语教学中一般由英语教师带读生词和课文,而在网络教学中我们同样可以引入这种机制,我们可以要求学员给自已的电脑安装麦克风,实时采集学员读诵英语单词和课文的音频,大家都知道声音的音频是以波形的形势存储在电脑中的,这样我们就可以通过标准英语教师发音和学员读诵英语的发音的波形比对来评价学员对英语单词和课文的掌握程度,并可以采取四级评分标准,配上鼓励性语言,实时反馈给学员。如优秀为“太棒了,这是地道的美式英语”,良好为“读得不错哦,你真行”合格为“过关了,不过还可以更好哦”,不合格为“还没过关哦,请你继续努力”。遇到不合格的学员,发音软件自动让学员重复练习,直到过关为止。单词记忆同样是语言学习的重要部分,我们可以让单词听写以闯关的形式进行,并限定时间,一般在单词听写中以 30 秒为限,超过时间或单词听写错误都为闯关失败。在单词听写过程中,一般以系统读英语,学员写出英语为主,也可以选择系统报中文,学员写英语，还可以插入英译汉模式，多种教学模式交错进行能有效地促进和提高学员的学习质量。语法练习可以分两类：一种是列举式教学，即以课程为单位，采取列表的方法将本课的语法内容全列出来。二是训练式教学，通过病句改错或是将一个完整的句子打乱来让学员通过鼠标拖拽重新组成完整的句子来学习语法知识。病句改错和句型重组都可以采用百分制进行评价，学员练习完成都可以马上获得自已的成绩。

3. 课程考核及作业模块

本模块主要检查函授学员完成在线学习任务，并通过网络作业形式，检查学员的学习效果。函授学员在通过账号登录网络英语教学平台的同时，系统即自动记录学员在各个模块学习的时间，如在单词记忆模块学习时间、课文读诵时间、语法练习时间等，通过此功能完成日常教学考勤工作，未达到足够学习时间系统可以自动统计汇总，教师以此为依据扣除该学员课程平时成绩。教师发布给网络作业和课程教学模块中的单词训练、课文背诵、语法练习类似，所不同的是课程作业既有时间限制又有次数限制，不管是单词背诵、课文读诵还是语法练习，学员选定答案后都不能更改，成绩以百分制计算作为学员考试的部分平时成绩。

总而言之，网络化英语教学的好处很多，它能有效地解决学员的工学矛盾，并能给函授学员营造一个良好的、互动的、场景式学习环境。由于基础英语教学各不同专业之间的差异性较小，所以不同学校不同专业的同一层次的函授学员可以共用同一网络教学平台，可以大幅度降低办学成本，提高英语教学的学习质量，函授英语教学网络化势在必行。函授英语教学网络化模式将对函授英语教育改革以及函授学习型社会的发展产生非常有力的推动效应。

参考文献：

[1]应永祥. 网络时代普通高校函授教学模式创新研究[J]. 浙江师

范大学学报(社会科学版),2009(2):115-117.
[2]毛海燕.多元互动教学模式探讨——函授高级英语教学改革研究[J].继续教育研究,2005(3):94-95.
[3]李爱芝.基于网络多媒体的函授英语教学探析[J].中国成人教育,2011(11):143-145.
[4]黄莲莲,王浩兰.成人函授英语教学改革探析[J].理论导报,2010(4):41.
[5]奚丽云.成人函授英语教学法探讨[J].法制与社会,2008(1):251-252.
[6]王建梅,孙春雷.对我国大学英语多媒体网络化教学的再思考[J].外语界,2005(4):13-18.
[7]孟力力,徐枚.外语共同课网络化教学与外语教学改革展望[J].齐齐哈尔大学学报(哲学社会科学版),2002(5):81-82.
[8]江娇.对大学英语多媒体网络化教学的反思[J].中国科技信息,2007(11):240-241.
[9]许卉艳,赵明学.研讨式教学模式在英语专业本科教学中的实践[J].中国高等教育,2011(7):54-55.
[10]应永祥.网络语境下成人高等教育教学模式创新[J].中国高等教育,2008(24):49-51.

成人高等教育立交桥构建探析*

张伶俐　陈淑华

2010 年《国家中长期教育改革和发展规划纲要(2010－2020)》提出:“加大发展继续教育”,“构建灵活开放的终身教育体系”,“搭建终身学习立交桥,促进各级各类教育纵向衔接、横向沟通,提供多次选择机会,满足个人多样化的学习和发展需要”,这为我国成人高等教育指明了改革和发展方向。我国的成人高等教育主要包括函授、自考、电大、网络教育等形式的本专科学历教育以及各类培训等非学历教育。目前我国成人高等教育各种教育形式之间、不同层次之间、不同类别之间缺乏沟通和衔接,自成体系;资源比较分散;教育质量有待提高。在终身教育背景下,改变成人高等教育这种条块分割的状况,构建成人高等教育立交桥是成人高等教育改革和发展的方向,也是目前成人高等教育面临的重要问题。

---

* 课题来源:湖南省普通高等学校教学改革研究项目“终身教育视野下成人高等教育‘立交桥’构建研究”。

作者简介:张伶俐(1969.11),女,湘潭大学发展规划与学科建设处副研究员,研究方向:高教管理、教育史;陈淑华(1964.1),女,湘潭大学发展规划与学科建设处,中级职称,研究方向:图书情报。

一、成人高等教育立交桥的构建和实践状况

成人高等教育立交桥是指以成人高等教育为枢纽,外部与社会、普通高等教育相互沟通,内部不同层次、不同形式成人高等教育相互贯通,内部与外部各要素之间相互衔接的教育结构模式。构建成人高等教育立交桥的目的一是促进各级各类高等教育纵向衔接、横向沟通,提供多次选择机会,满足个人多样化的学习和发展需要;二是整合资源,形成合力,提高成人高等教育质量,以便实现可持续发展;三是促进终身教育体系和学习型社会建设。

1. 国外成人高等教育立交桥的实践状况

西方发达国家非常重视继续教育,为了实现各类教育或学习的相互衔接,促进学习者在不同类型或层次的学习机构间转移,许多国家已经建立高等教育立交桥,并付诸实践。美国在 20 世纪 50 年代基本完成了对高等教育体系和结构的建设,形成了社区学院、学院、大学三级系统一体化的高等教育体系。其办学形式多样,公立与私立大学并存,全日制与非全日制并行,不存在普通高等教育与成人教育的区分,通过实行选修制、学分制、大学联合办学制和相对统一的课程标准来建立高等教育立交桥。日本通过法律保障和专门的机构——终身学习局以及灵活的招生入学制度建立了立交桥。德国则将“回归教育”付诸实践,在“学习——劳动——学习”与“学校教育——职业教育——职业生活——学校教育”之间构筑起具有德国特色的成人高等教育立交桥。澳大利亚、英国、新西兰等国家建立了新的国家资格框架,使正规教育证书与非正规教育证书、学历证书与职业资格证书能够相互承认和沟通。国外对高等教育立交桥的研究和实践为我国成人高等教育的发展提供了可资借鉴的经验。

2. 我国成人高等教育立交桥的构建和实践状况

我国在构建成人高等教育立交桥方面进行过不少探索，主要表现在：自考与其他教育形式的衔接沟通，如部分高校试行的高职专科与自考本科相衔接的专接本方案等；职业培训和学历教育的相互认证，如岗位培训与大专学历沟通、衔接的办学模式等。此外，开放大学、继续教育学分互换制度等也在积极探索，如电大尝试建立宽进严出的开放教育模式；上海尝试以社区学院为依托，整合高职、成人专科、电大和自考等各种教育资源，在一定条件下，各类教育机构认可从其他教育机构获得的相应学分；北京在探索成人高校与企业联合开办大专班模式上，将职工企业内部培训成果或以往学习经历通过认证折合为学分，部分课程予以免修。通过探索，初步形成了一些具有中国特色的成人高等教育制度，例如，现代远程教育制度、高等教育自学考试制度、同等学力申请学位制度等，为构建和完善成人高等教育立交桥与终身学习体系奠定了基础。但是目前我国成人高等教育不同阶段教育之间还缺乏有效衔接，不同类型教育之间缺乏有效沟通，成人高等教育立交桥构建任重道远。学习他国的先进经验和方法，完善终身学习体系，构建成人高等教育立交桥势在必行。

二、构建成人高等教育立交桥的对策建议

1. 健全法规保障机制，加大政策支持力度

构建成人高等教育立交桥需要政策法规提供宏观层面的政策支持和发展方向的结构框架，亟待借助法规的全局性、强制性、规范性和严肃性来明确政府、管理机构、承办机构以及学习者的权利和义务。西方许多国家在建立终身教育体系方面，出台了相应的法律法规。而我国这方面至今尚未单独立法，对构建终身学习立交桥，实现成人高等教育不同类别之间、内部与外部之间的互联互通缺乏政策

和法律支持。目前已有的相关政策法规条款比较简约抽象,缺乏可操作性,对我国成人教育发展未能有效的发挥引领和规范作用。为了加快人力资源强国建设步伐,也为了尽早建成便于成人学习和培训的立交桥,应该制定体现我国成人教育发展特色的《继续教育法》或《终身学习法》,并加强对成人教育法规执行情况的督察,为构建成人高等教育立交桥提供政策支持和法律保障。

2. 发挥社会力量,实现办学渠道多元化

构建成人高等教育立交桥是一个复杂的系统工程,不仅需要教育部门和学校的力量,而且需要社会各界的力量,促进成人高等教育机构多元化。首先,政府机构和学校要一如既往地重视成人高等教育的发展,根据社会的发展需要和成人个体的需求,开展灵活多样的成人高等教育,满足成人多样化的发展需要。其次,鼓励企业兴办成人高等教育,对于举办成人高等教育的企业给予一定的政策支持和优惠条件,鼓励校企联合,实现校企资源共享,促进成人理论能力的提升和实践能力的提高。再次,要鼓励和支持民间组织或个人开办成人教育,保证尽可能多的成人接受高等教育,提高全民素质。最后,充分利用现代远程教育,形成由各级各类办学机构组成的成人高等教育网络。总之,应该动员和鼓励社会各方面的力量参与成人高等教育办学,大力支持和积极举办多种形式、不同层次、多种规格的成人高等教育,形成政府办学为主和社会各界力量参与办学相结合的成人高等教育新体制。

3. 深化成人高等教育改革,增强发展活力

构建成人高等教育立交桥需要有一套合理可行的教学管理模式和管理制度。成人高等教育必须深化改革,创新管理制度,增强办学活力,提高教育教学质量。

一是健全宽进严出的学习制度。改革成人教育招生制度,实行完全开放和更加灵活的招生模式。完善成人同等学力入学制度,拓

宽成人进入职业院校和成人高校的通道,尽可能使更多的成人拥有学习机会。对符合入学资格要求者实行免试入学、随时注册的办法。建立弹性学制,鼓励在职人员利用业余时间学习,工学结合,分阶段完成学业。以质量为核心,加强多种教育形式的相互沟通,满足学生的个性化需求。保证在教学大纲一致、学时相同的情况下,允许学生在几种教育形式之间自由选课。让不同的教育形式适应不同学习对象的教育需求,构建不同教育形式互通的立交桥。在毕业出口上,严格把关,保证质量。对于未达到教学目标要求的学生,不予毕业。

二是建立学分积累与转换制度。将学习者参与的非学历继续教育按照一定标准折合为学分,允许将继续教育学分在不同的教育机构之间进行转换。例如,职业学校和继续教育机构可将学习者拥有的职业资格、技能等级证书、以及将经认定的先前学习经历和专业工作经验等折合为相关专业的相应学分。建立学习者个人继续教育学分"账户",如果累积的学分达到规定要求,便可获得相应的文凭或者证书。这样有助于学习者灵活多样地选择适合自己的学习方式,将各种学习成果有机结合起来,减少重复学习,提高学习效率。

三是完善学习成果认证制度。通过考试、测试、成绩及证书审查等办法评价非正规教育(如培训、进修等)和非正式教育(自学和社会实践等)的学习成果。我国现有的高等教育自学考试制度、职业技能鉴定、外语等级考试、计算机等级考试等都是以考试为主要手段的学习成果认证制度。在不断完善各种资格考试制度的同时,积极探索以能力水平为主要依据的多样化学习成果认证方法,促进各种学习成果的互认与衔接,为学习成果认证搭建立交桥。

四是建立各类型、各层次成人高等教育沟通衔接制度。成人高等教育形式上分为函授、自考、电大、夜大和网络教育等,类别上包括学历与非学历教育,层次上分为专科和本科。打通成人高等教育与普通高等教育之间的壁垒,在招生录取、学制年限规定、专业与课程设置等方面搭建合作平台,学分、文凭互认,实现资源共享,减少重复与浪费现象。例如,高考落榜生达到一定分数,无需考试可以直接就读成人高等教育;普通高校允许成人高等教育专科生参加专升本考试,攻读本科学位。

4. 整合资源,形成合力

整合资源、形成合力是构建和完善成人高等教育立交桥的重要途径。打破壁垒,实现资源共享,是我国成人教育事业发展的现实要求。目前,成人高等教育发展的壁垒阻碍依然存在,要搭建成人高等教育立交桥,构建终身学习体系,需要开发利用各种教育资源,并充分发挥其优势作用。成人高等教育的有关部门、学校和培训机构应该积极探索在成人高等教育领域形成合力的理论和实践模式,寻求整合资源、排除障碍和解决问题的途径,建立合作网络,及时沟通、交流,促进成人高等教育的改革和发展。学校和培训机构要实现资源共享,建立互利互惠的合作关系,在联合行动中实现双赢的目的。总之,要发展现代化成人高等教育,统筹各种教育资源,形成成人学习网络,充分整合、开发和利用教育资源,构建成人高等教育立交桥,以便实现各级各类成人高等教育机构之间的相互认同、相互衔接、资源共享和功能增值,使各类成人高等教育相互贯通、相互交融,提升整体发展能力,提高教育教学质量,实现可持续发展。

成人高等教育立交桥的构建是一项系统工程,涉及观念、制度、政策等多种因素,需要政府、社会和学校多方面共同参与、整体规划、协调推进。建立健全成人教育法律法规,赋予并落实成人高校和教育机构办学自主权;创新成人高等教育教学管理模式和管理制度;整合资源,形成合力,搭建相互沟通、相互衔接的成人高等教育立交桥,是推动成人高等教育持续发展的重要举措。

参考文献:

[1]刘湘豫,郑铭. 国外继续教育“立交桥”构建探析[J]. 成人教育,2009(12).

[2]王立慧,徐文清. 搭建成人学历教育“立交桥”的思路设计——兼

论成人教育、网络教育、自考教育的融合发展[J].现代教育管理，2012(3).
[3] 李亚春.以现代远程教育为核心　构建多种教育形式的立交桥[J].继续教育研究,2004(5).

大学机构知识库建设现状与问题*

周永红　王宏峥　周宝蓝

引言

大学是国家的重要创新机构，经过长时间的发展已经积累了一定的知识创新成果，包括大学师生的学术研究成果及其他活动成果等。这些成果一方面需要系统完整地保存，另一方面又需要相应平台将这些成果向校内师生和社会公众展示甚至提供服务。机构知识库是数字网络环境下获取和保存一个或多个大学学术研究成果的数字化集合；同时也是用以管理和传播该机构及其成员所创造的数字资源的一系列服务。目前国际上许多大学已纷纷开始建立大学机构知识库，有些在促进知识创新成果的有效保存与共享利用方面取得了较好的效果。

---

* 课题来源：湘潭大学第七批教学改革研究项目“图书馆学本科专业课的专题教学组织与探索”。

作者简介：周永红（1974－ ），女，湘潭大学公共管理学院副教授，研究方向：高校信息资源管理；王宏峥，湘潭大学公共管理学院硕士生；周宝蓝，湘潭大学图书馆馆员。

一、加强大学机构知识库建设的意义

建设大学机构知识库的主要目标是促进大学知识创新成果的保存与开放利用。加强大学机构知识库建设，主要有以下意义：

1. 有利于降低学术性信息资源的采购成本

知识创新需要相应的研究文献作支撑。为满足大学师生的科研和创新需求，高校大量的经费用于采购 CNKI、万方、Springlink 等电子期刊数据库，而其中也包括了大学师生自身的学术研究成果。如果大学都能对本校的相关成果较好地保存并提供共享利用的话，可以绕过出版商对科研工作者学术成果的垄断，降低对数据库商的依赖，缓解由学术性资源采购所带来的成本压力。

2. 有利于促进大学内的知识共享与知识创新

大学机构知识库本身作为一个知识创新成果的展示和学术交流共享平台，可以跨越传统出版方式所带来的出版时滞，实现校内和相关学术领域内科研工作者的交流，有利于促进知识共享。大学科研工作者的学术成果往往与本校的教学和专业设置是密切相关的，经过长期的积累已形成了一定的知识沉淀。建设机构知识库，有利于把大学已有的学术科研成果进行整合，挖掘知识资源之间的内在联系，方便师生存取利用，更好地促进知识创新。

3. 有利于提升大学的学术地位和社会影响

目前大学图书馆只是零散地收藏一些师生的学术科研成果，而且大部分是印刷型的公开出版发表的成果。对于大学来说，可通过机构知识库，系统收集师生的学术研究成果及相关的活动成果等。这样收集的不只是一些有关本校教学科研活动的文献资料，而是可以上升为大学知识资产的学术科研成果和活动成果。如能通过特定的平台向社会展示的话,可切实提高大学的学术地位和社会影响。

二、大学机构知识库建设现状

1. 总体情况

国外机构知识库建设起步较早。如 2005 年 CNI、ISC 以及 SURF 基金会就针对大学开展了名为“创建机构知识库战略”的调查,调查对象涉及到澳大利亚、加拿大、美国和十个欧洲国家——比利时、法国、英国、丹麦、挪威、瑞典、芬兰、德国、意大利以及荷兰。调查指出有的国家大约只有 5% 的大学建立了机构知识库,如芬兰等:而有的国家基本上是全面开发,比如德国、挪威以及荷兰,机构知识库已成为其高等教育部门的公共基础设施建设项目。再如日本,根据日本文部省的调查报告显示,其大学机构知识库的建设已呈现出快速发展趋势,2003 年时开始有大学机构知识库对外开放,2005 年时已增加到 6 所,2006 年时已增加到 36 所,2007 年时已增加到 81 所,目前其所有的国立大学基本上都建设了机构知识库,并开通了相应的服务平台。

为调查中国机构知识库建设现状,笔者调查了英国诺丁汉大学的 OpenDOAR(Directory of Open Access Repositories)和南安普顿大学的 ROAR(Registry of Open Access Repositories)两个知名的机构知识库注册登记和服务站点。根据 OpenDOAR 的统计显示:截至 2012 年 12 月 20 日,中国大陆地区当前已被 OpenDOAR 收录的注册机构知识库数量为 34 个;被 ROAR 收录的国内机构知识库有 84 个,其中有 19 个机构知识库无任何资源记录。由于 ROAR 和 OpenDOAR 的注册和登记标准有所差异,所以我们统计到的注册知识机构库数量有较大出入,这是因为在这两个站点登记的许多机构知识库并不是严格定义上的机构知识库,有的属于学科知识库或其他类型的资源库。如果以所收录资源条目数量为依据对中国大陆地区机构知识库的规模进行比较排名，能够排进前十位的大学机构知识库只有厦门大学学术典藏库，其他九个都是由中国科学院直属的各专业研究所负责开发与建设的。根据统计结果，目前已在 OpenDOAR 和 ROAR 注册登记的中国大陆地区的大学机构知识库只有 8 个，比较有影响的是厦门大学、北京大学、清华大学的机构知识库。相比较而言，中国大陆地区的大学机构知识库建设整体上还处于初步发展阶段。

2. 具体调查与分析

以厦门大学学术典藏库、北京大学机构知识库和清华大学机构知识库为例，分别对其机构知识库收藏资源条目、资源类型、浏览方式等进行了调查统计，截至 2012 年 12 月 20 日，调查统计结果见表 1。

通过调查发现，大学机构知识库的资源类型主要以大学师生公开发表的期刊论文为主；所提供的服务功能主要以检索、浏览和相关链接为主；此外，由于经费和开发能力有限，绝大部分机构知识库都应用了开放源代码 DSpace 软件。

表 1　大学机构知识库基本情况

名称	资源条目数(条)	资源类型	浏览方式	其他服务	软件支撑
厦门大学学术典藏库	17335	期刊文献、预印本、会议论文、技术报告、研究报告、工作文稿等	院系、发布日期、作者、题名、主题、个人专集、提交日期	RSS 订阅	DSpace
北京大学机构知识库	6831	期刊论文、会议论文、工作文档、研究报告、数据集等	合集与专题、发布日期、作者、题名、主题	RSS 订阅	DSpace

续表

名称	资源条目数(条)	资源类型	浏览方式	其他服务	软件支撑
清华大学机构知识库	78130	著作、会议论文	合集与专题、发布日期、作者、题名、主题	RSS 订阅	DSpace

资料来源：根据厦门大学学术典藏库 http://dspace.xmu.edu.cn:8080/dspace/handle/2288/205、北京大学机构知识库 http://ir.pku.edu.cn/、清华大学机构知识库 http://ir.lib.tsinghua.edu.cn/的调查结果整理。

三、大学机构知识库建设中存在的主要问题

国内外大学机构知识库建设虽然已取得一定成绩，但目前还存在以下主要问题：

1. 还不够重视大学机构知识库的建设

目前世界上还有很多国家都还不是很重视大学机构知识库建设。如在中国大陆地区，还只有 8 所大学建设了机构知识库，其中具有一定国际知名度，获得业界广泛认可的机构知识库更是凤毛麟角。如果再从已建机构知识库的大学占所有大学的比例来看，则这个数据更加小，表明大多数大学都还没有重视自身机构知识库建设。当前中国大陆地区发展较好的几个大学机构知识库，如北京大学机构知识库、清华大学机构知识库等，都是在中国高等教育文献保障系统(CALIS)的支持下开始建立的，其开发软件、用户界面与服务功能大多趋同，鲜有特色。

2. 入藏内容还很少

从已经开始建设的机构知识库来看，绝大多数入藏内容还很少。如根据对厦门大学学术典藏库、北京大学机构知识库和清华大学机构知识库的调查发现，三个机构知识库中所收藏的文献资源类型多以发表后的科研论文为主，而实验数据、图片、视频、演示文稿和其他灰色文献资源的入藏量还很少。再根据 OpenDOAR 的数据统计和笔者的检索浏览，发现中国大陆地区其他大学机构知识库所存储的内容也存在同样的问题。入藏内容的有限性既不能系统完整地保存本校的知识创新成果，也无法满足大学师生获取和共享利用知识成果的需求。有些大学虽然已经开始建立机构知识库，实际上资源采集与利用长时间处于停滞状态。

3. 服务功能有待完善

目前大学机构知识库所提供的服务功能还很有限，基本还停留在资源条目的添加阶段。如厦门大学学术典藏库、北京大学机构知识库和清华大学机构知识库所提供的服务功能主要以检索、浏览和相关链接为主，下载和 RSS 信息订阅等功能还很有限，也没有提供相应的交流服务平台。部分大学的机构知识库仅仅是为了保存学术科研资料，并没有向师生和社会公众开放，还没有真正发挥机构知识库应有的功能。

4. 缺乏相应的共享激励机制

在国内外机构知识库的建设过程中，大多缺乏相应的共享激励机制，普遍存在师生未能主动积极提交成果的现象。实践证明仅仅依靠加大宣传并不是提高机构知识库资源采集率的最佳方式。因为作者在决定是否提交学术成果之前往往有很多的考虑，如有些在提交过程中还要考虑是否会存在知识外泄风险等；另外师生要提交成果的话，有些还要进行知识库系统的操作学习，如果大学没有相应的规定或激励机制的话,很多师生都是持保守态度的。如厦门大学学术典藏库虽然通过宣传和图书馆员的代存储行为在一段时期内提高了资源的采集率,但近几年资源提交的增速明显放缓,这与大学科研成果数量的急剧增长是相违背的。

5. *存在知识产权风险*

机构知识库中的成果在共享利用中会面临两种不同的知识产权风险:一是由成果使用者剽窃或抄袭机构知识库内部成果而给内容提交者带来的知识产权风险;二是来自于与传统学术出版上的利益冲突,这主要体现在公开出版的成果上。由于当前的学术出版机构在收录作者论文时,通常会与作者本人签订一个知识产权转让或知识产权许可协议,因此机构知识库在收录已发表的学术科研成果时,学术出版商可能会对该成果的收录和使用提出异议。当前大学机构知识库在处理所收集资源的版权问题时普遍缺乏相应的配套措施。如厦门大学学术典藏库仅仅是在首页对所提交资源的版权问题做了一个书面的说明,当所采集资源出现版权纠纷时,该机构知识库只是声明将对所采集资源做移除处理,缺乏面对各种复杂版权问题时的一整套处理方案。

6. *缺乏相应的政策保障与经费支撑*

对于大学机构知识库的建设,目前还只有德国、挪威、荷兰、日本等少数国家将其纳入到高等教育部门的公共基础设施建设项目中来,而包括中国在内的很多国家都还缺乏相应的政策保障和经费支撑。如中国目前只有各个大学图书馆对本校师生的学术成果进行分散保存的自发行为,高等教育部门还没有做出硬性的政策规定,也没有将其纳入到高等教育公共基础设施建设高度。没有政策的保障,也无法争取到相应的专项经费支撑。如厦门大学学术典藏库几乎是在一种零投入的状态下进行的,虽然短期内取得了一定效果,但从长远来看,机构知识库的长期发展必然需要相应的经费支撑,因为作者的利益补偿、系统软硬件的维护、服务功能拓展所带来的成本提升等都需要相应的经费来支撑。

结语

机构知识库的建设是一个涉及到诸多领域的系统性课题。如在建设项目论证阶段,需要考虑到法律法规、政策制度、资金支持等外部因素;在机构知识库的开发与建设阶段,需要涉及软件开发与二次开发、元数据和互操作技术、数据库建设与维护等技术要素,以及资源采集、管理与利用等管理要素;在机构知识库的运行阶段,需要顾及到机构知识库所涉及到的各方利益,包括机构、机构内部成员和外部用户在内的各方利益因素,等等。随着知识共享和知识创新的推进,以促进大学知识创新成果保存与开放利用为目标的机构知识库将会越来越重要,这也对大学机构知识库建设提出了新要求。

参考文献:

[1]孙颉,陈昌林. 日本大学机构知识库的发展及启示[J]. 图书情报知识,2011(1):120-124.

[2]Gerard van Westrienen, Clifford A, Lynch 著,卢宏娟译. 13 国大学机构知识库发展概况[J]. 图书情报工作动态,2005(11):10-18

[3]Raym Crow. The Case for Institutional Repositories: A SPARC Position Paper. [EB\OL]. [2012-12-20]. http://www.arl.org/bm~doc/instrepo.pdf.

[4]Lynch C. Institutional repositories: essential infrastructure for scholarship in the digital age. [EB\OL]. [2012-12-20]. http://www.arl.org/resources/pubs/br/br226/br226ir.shtml.

[5]The Directory of Open Access Repositories [EB/OL]. [2012-12-20]. http://www.opendoar.org.

[6]The Registry of Open Access Repositories [EB/OL]. [2012-12-20]. http://roar.eprints.org.

关于高校图书馆人力资源管理的思考*

——以湘潭大学图书馆为例

杨红梅

“教授如果考核不合格,有可能聘你当副教授,如果再不合格,有可能让你到图书馆去。”深圳大学副校长李凤亮就深大人事改革发表的言论被媒体报道后,遭到国内图书馆界人士的强烈谴责。深圳图书馆馆长吴晞就直言:“说这番话的人对图书馆工作很无知。”然而李凤亮校长言论所反映出来的高校图书馆人力资源管理困境却实实在在摆在各高校图书馆面前,甚至有过之而无不及。作者仅以湘潭大学图书馆多年人事工作经验,谈谈对目前高校图书馆人力资源管理的看法。

* 作者简介:杨红梅(1981 -),女,湘潭大学研究生院馆员,研究方向:信息管理。

一、高校图书馆图书馆人力资源管理现状

1. 图书馆员成分复杂问题

目前,我国高校图书馆员的整体素质普遍偏低。一方面,图书馆员工队伍复杂,水平参差不齐,知识结构不尽合理,年龄结构老龄化;另一方面,高校图书馆员工队伍存在的"三多三少"(女职工多、工人多、老弱病残多、高级职称少、高学历少、专业人员少)现象还比较严重。以湘潭大学图书馆为例,截至2010年10月,职工数104人,其中女性83人,男性21人,男女比例为1:4。而图书馆2010年9月举行的一次全馆范围的竞聘中发现,馆内年龄在50岁以上女性馆员和55岁以上男性馆员人数为21人,比例达到20%。这部分人大多要求去阅览部等相对较轻松的岗位工作,然而相对轻松的岗位毕竟是有限的,如果按照学校现在的进人政策,再过5-8年,这一矛盾将无法调和。

此外我校图书馆目前拥有副高以上职称25人,占24%,但是拥有副高以上职称人员中,45岁以上馆员达到18人,比例达72%,未来五年退休的副高以上人员为8人,而目前图书馆每年得以晋升副高职称的人数约为年均1人。

我校图书馆本科以上学历人员比例高达75%以上,硕士及以上学历人员比例也高达20%,但是同时拥有本科、硕士全日制学历学位的人员仅6人,其他大多是通过函授、自考、在职教育等方式所取得的文凭。并且馆员的专业配置欠佳,图书情报专业人员所占比例仅为10%左右,其他基础专业以哲学、中文、文秘、行政管理居多,理工科毕业生极为罕见。

另外,馆员成分复杂指的是错综复杂的馆员背景。经统计,现在的图书馆馆员中90%以上的馆员与学校有着千丝万缕的关系。关于图书馆"一帝(子弟)三后(博士后、教授后、领导后)"的现状,也

是困扰图书馆日常人力资源管理的一大难题。此外,大量临时工从事着与馆员们相似的工作,却拿着远低于正式工的工资,且临时工同样复杂的背景更加给图书馆的日常管理带来了麻烦。

2. 馆员身心健康问题

困扰图书馆馆员身心健康问题主要分为三类:

一类是自然原因造成的。与馆员平均年龄偏高所对应的事实就是他们中的很多人的因为身体原因无法从事相关工作,比如眼花,许多馆员抱怨无法将书籍按种次号进行排列,因为他们根本无法看清楚那些条码上的字。

一类是家庭原因造成的。女性在成家立业之后,作为职业工作者、妻子、母亲等多重社会角色的扮演者,她们为了兼顾家庭和事业,可谓心力交瘁,倍感力不从心。由此可见,女性特殊的角色定位和纷繁复杂的家庭琐事,在一定程度上阻碍了女性聪明才智的正常发挥。此外,近年来女性馆员离婚率呈现日益上升的趋势。目前图书馆女性馆员离异人数 9 人,占女性馆员的 10%。她们大多是因为前夫的原因留在高校,离异后独自抚养子女,生活的压力非常重,因此在身体上和精神上状态都不如一般的馆员。

还有一类是工作性质造成的。由于馆内许多厅室长年只有一个馆员坐班,他们与外界缺乏相应的交流与沟通,再加上其他问题,一定程度上也造成了精神疾病的发生。

3. 馆员发展瓶颈问题

在不少高校中,图书馆被认为是后勤服务机构,而不是学术研究基地已由来已久。相对于院系汇聚了高学历的研究人员,有一些高校的图书馆,还是解决高校引进人才家属安置工作之地,图书馆的地位并不高。因此,对于一些年轻、有学历的馆员来说,心理的落差是非常大的。特别是在课题申报、职称评审上,图书馆员没有任何优势。学术上受院系压制,行政发展又不如机关有优势,年轻馆员的发展遭遇一道又一道瓶颈，于是拼命地想走出去，而馆员发展的瓶颈也逐步演化为整个图书馆发展的瓶颈。

4. 合同工素质低

湘潭大学目前拥有的合同工的种类繁多。有专门从事学工工作的思政老师、班主任，有院系自己聘用的办公室、机房工作人员，对于这些合同制工作人员的基本要求都是具有大专或本科以上学历，唯独图书馆的合同制工人没有要求（当然图书馆的合同制工人的人均工资也比其他种类的偏低）。

就湘潭大学图书馆而言，目前有21名合同工，全部为女性，平均年龄40余岁，最高学历为高中毕业，多为校内人员亲戚。很多人上岗前连电脑都没有摸过，英文字母也不认识，却从事和普通馆员一样的工作。如果说图书馆接受学校的人员分配是出于无奈，那么自己可以主动选择的合同工为什么要如此低标准？

二、解决策略

1. 人员流入与流出常态化

图书馆不同于院系，片面要求高学历人才显然是不现实的。即使是招聘了硕士、博士进入图书馆，很多人也不过是以此为跳板留在高校。当然人员的流出并不代表是一件坏事，那些流出的人员日后对于图书馆而言也许就是一笔财富。

在不违背高校对人才高素质限制的条件下如何塑造一支较稳定的馆员队伍呢？是否可以借鉴现有的学生辅导员保研政策，从本校不同专业的应届本科毕业生中招聘同工同酬的合同制员工，给予这批学生推免攻读我校图书馆学专业学位的硕士研究生资格，但是保留其入学资格2年，即2年后才能正式入学。在其攻读硕士学位期间给其配备两名硕士生导师（一名来自院系图情专业，一名来自图书馆),同时允许其在图书馆继续工作,享受在职研究生馆员同等待遇,毕业后一定比例人员留校,但留校条件必须设定其五年内不得离开图书馆,这样至少保证了10年左右的时间队伍的固定化,同时也培养了一批既具备图情专业知识,又具备其他学科背景的图书馆员。如果这个政策实施效果好,后续可以跟进的是放开此类学生保研的专业。

2. 学校政策的扶持

湘潭大学图书馆现有职工104人,其人数是一般院系的2倍,然而在课题分配等很多问题上,让图书馆的馆员与院系、机关的人员去竞争。论学历比不上院系教师,论关系比不上机关人员,课题拿不到,职称不易上,自然会打击馆员的积极性。因此在课题分配、职称评定时,能否单独给图书馆指标,以此鼓励馆员的积极性;此外,在学校学术委员会等评审组成员中,至少也要安排1名图书馆相关人员,否则在教育与学术事务时,很难有人顾及图书馆的利益。

3. 关心职工身心健康

关心职工身心健康的重点在于预防,一方面可以尽量避免馆员在独立岗位上工作时间过长,每半年就对此类岗位进行轮换,将他们从单独一人的工作环境带回至团队环境中;另一方面,在不影响工作的条件下,适当的工作间闲聊和窜岗行为虽然不值得提倡,但至少应当是允许的。此外,定期举办各种类型的文体活动,这些对于馆员身心健康发展有很好的预防作用。

2010年10月武汉科大图书馆发生管理员砍杀学生致1人死亡事件,警方透露案犯患有精神疾病,但未向学校说明。此类恶性事件或许只是一个巧合,但图书馆必须提高警惕。对于已经有疾病的馆员,特别是精神方面疾病的馆员,除了适当减少工作量,对于其日常的生活也应予以关心,该治疗的要治疗,该休养的要休养,绝对不能允许武汉科技大学图书馆类似事件的发生。

4. 加强合同工管理

加强合同工管理，首先要设置合同工的准入门槛，只有符合条件的合同工才有资格被聘用。比如学历、年龄、是否接受过相关培训、培训是否合格，等等。其次，加强对于已聘用合同工的培训，培训的内容应包括图情知识的培训，信息技术的培训，礼仪、服务态度等的培训。再次，完善合同工的考核和退出机制。最后，适当提高合同工的待遇，吸引高素质的人才加入。

但话又说回来，我们需要那么多的临时工吗？以湘潭大学图书馆为例，除了21名合同工外，每个厅室还有多名勤工助学的学生协助书籍的上架整理工作。笔者在对湖南省其他省内高校进行调研时发现，就总人数而言，湘大图书馆的员工总数并不是最多的，但是临时工所占比例偏高的问题却是一般高校所未有的。造成这一问题的主要原因一是由于湘潭大学图书馆大楼当年设计的理念的问题，造成现有厅室小而多；二是由于没有采用一卡通系统，图书馆不得不在每个厅室都安排人员坐班、值班。其实只要引入一卡通系统，再安装上视频监控系统，然后稍微改造一下图书馆房间的布局，以层为单位进行打通，撤销每个厅室内的借还系统，实行通借通还，那么至少可以减少30%以上的人力。也就无所谓再聘临时工的问题。

三、总结

每所高校图书馆都有自己的特点，鉴于笔者所处的立场，也许考虑的不周全，谨以此文，记录笔者对所在高校图书馆日常人力资源管理的思考，以供大家探讨。

参考文献：

[1] 肖渝. 浅议影响高校图书馆和谐发展的因素及对策[J]. 湖北第

二师范学院学报,2010(6):133 - 135.

[2] 为构建社会主义和谐社会努力奋斗[N]. 人民日报, 2006 - 10 - 12(1)

[3]深圳新闻网. 差教授“发配”图书馆? 深大副校长遭谴责[EB/OL]. (2010 - 09 - 21)[2010 - 11 - 29]. http://news.sznews.com/content/2010 - 09/21/content_4946296.htm.

[4] 网易新闻中心. 武汉科大图书馆管理员砍杀学生致1人死亡[EB/OL] (2010 - 10 - 21)[2013 - 10 - 10]. http://news.163.com/10/1021/08/6JGP33FQ00011229.html.

图书在版编目(CIP)数据

高等教育研究. 2013 / 湘潭大学发展规划与学科建设处编, 湘潭大学教务处 . — 湘潭: 湘潭大学出版社,2014.6

ISBN 978-7-81128-594-9

Ⅰ. ①高… Ⅱ. ①湘… ②湘… Ⅲ. ①高等教育—中国—文集 Ⅳ. ①G649.2-53

中国版本图书馆 CIP 数据核字 (2014) 第 113443 号

责任编辑: 姚海琼
封面设计: 刘 扬
出版发行: 湘潭大学出版社
社 址: 湖南省湘潭市 湘潭大学出版大楼
电话(传真): 0731-58298966 0731-58298960
邮 编: 411105
网 址: http://press.xtu.edu.cn/
印 刷: 长沙理工大印刷厂
经 销: 湖南省新华书店
开 本: 880×1230 1/32
印 张: 13.75
字 数: 367 千字
版 次: 2014 年 6 月第 1 版 2014 年 6 月第 1 次印刷
书 号: ISBN 978-7-81128-594-9
定 价: 30.00 元